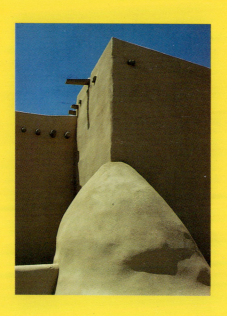

USA SÜD-WEST

Verlegerin:	Aileen Lau
Herausgeberin:	Irene Khng
Assistenz:	Emma Tan
	Catherine Khoo
DTP Design & Layout:	Sares Kanapathy
	Michelle Ng
Produktion:	Brian Wyreweden
Illustrationen:	Soon Chieu Gwat
Umschlagentwurf:	Susan Harmer
Karten:	Hong Li
Übersetzung:	tectum text, Berlin

© Sun Tree Publishing Limited
Alle Rechte vorbehalten

Vertrieb: GeoCenter Verlagsvertrieb GmbH, München

ISBN: 3-89480-530-7
Printed in Singapore

USA SÜD-WEST

Erika Schelby

Herausgeberin
Irene Khng

I N H A L T

EINFÜHRUNG

Gewaltig, kraftvoll & dynamisch – Einführung 1
Der Raum in Zahlen – Der Südwesten neu definiert – Die Merkmale der Region – Durch die Lebensbereiche
    Daten auf einen Blick 6

GESCHICHTE, REGIERUNG & WIRTSCHAFT

Eroberer, Cowboys & Indianer – Geschichte 11
Die ersten Menschen – Die Pithouse-Pueblo-Zeit – Die ersten Europäer – Die Missionare – Die mexikanische Republik – Deal mit dem Südwesten – Die Indianerkriege – Der Weidelandkrieg
    Die Ballade von Billy the Kid 14

Staatswerdung & Unionspflichten – Regierung 23
Gesetz von 1934 – Regierungsaktivitäten
    John Wesley Powell 28
    Die Rüstungsindustrie 30

Ungeheure Bodenschätze – Wirtschaft 33
Bergbau – Forschung und Entwicklung – Landwirtschaft – Tourismus
    Solarenergie 36
    Zocken in Las Vegas 42

LAND UND NATUR

Geformt, geschliffen & geschnitten – Geographie & Klima 45
Dramatische Skulpturen – Klimatisches Wechselspiel – Der Colorado
    Die Entstehung des Grand Canyon 52
    Acequia Madre: Das System des „Mutterkanals" 54

Lebensraum auf weitem Feld – Flora & Fauna 57
Der Kaktus – Florales Leben – Durchs Weideland – Jenseits der Rache der Elche – Vögel
    Das Saguaro-Ökosystem – Bosque-del-Apache-Wildschutzgebiet
    Der Viehtrieb 62
    Die Wahl der Nationalblumen .. 66
    Vögel im amerikanischen Südwesten von Morten Strange 68

BEVÖLKERUNG UND KULTUR

Ein ethnischer Flickenteppich – Menschen 73
Native Amerikaner – Hispanier – Anglo- und andere Amerikaner – „Schneevögel"
    Die Rituale der Navajo 79
    Aus dem Leben eines Ranchers 80

Alles nach Wahl – Religion 85
Christianisierung – Die Penitentes – Spiri-

INHALT

tualität – Mormonische Inspiration – Die
Ära Brigham Young
   Der mormonische Einfluß im Süd-
   westen 90
   Festtage der Pueblo-Indianer 94

Vermischte Traditionen – Kunst 97
Spanisches Erbe aus dem Mittelalter – Lateinische Moderne – Postexpressionismus – Künstlerkolonie Taos – Zeitgenössische Kunstszene – Eine literarische Widmung
   Die Adobe-Architektur –
   Lehmbauten 100
   Der Südwesten des Frank Lloyd
   Wright 103
   Die *Kachina*-Tänze und -Puppen der
   Hopi 104

**Die Kunst des Handwerks –
Kunsthandwerk 111**
Die Entwicklung der Weberei – Die Webindustrie – Silbergeschmeide – Heishi-Muschelschnüre – Das Erbe der Töpferei
   Der *Concha*-Gürtel und die Kürbis-
   blütenkette 116
   Die Zuni-Fetische 117

**Riten, Rituale & Rodeos –
Kultur & Festivals 121**
Fiestas de Santa Fe – Die Zuni-Shalako-Zeremonie – Die Zeremonie der Apachen – Festivals & Rodeos – El Santuario de Chimayó – Die Pueblo-Zeremonien – Weihnachtsfeiern

   Feiertagsdaten und die Pueblo-
   Etikette 126
   Die großen Festivals 132

REISETEIL

**Unterhaltung an allen Ecken –
Las Vegas 137**
Die Faszination des Spielens – Downtown – Der Strip – Hotels wie Sand am Meer – Vegas Vics Charisma
   Hochzeit made in Las Vegas 140
   Kleines Spieler-Einmaleins 150

**Urgestein der Ewigkeit –
Grand Canyon 153**
Die Südkante – Die Äonen erzählen – Der große Überblick – Die Nordkante – Praktische Informationen
   Der Havasu Canyon 160
   Grand Canyon: Wanderwege .. 164

**Schlichte Beredsamkeit –
Südliches Utah 167**
Moab – Arches National Park – Canyonlands National Park – Anasazi-Gespenster
   Bryce Canyon National Park ... 170
   Butch Cassidy und
   Sundance Kid 176

**Der Schoß der Erde –
Indianerland 181**
Monument Valley – Navajo National Mo-

I N H A L T

nument – Die Hopi-Dörfer – Canyon de
Chelly – Window Rock & Gallup
   Die Ruinen
   des Chaco Canyon 188

Duke City – Albuquerque 197
Die Altstadt – Downtown – Uptown
   Das internationale Ballonfest
   von Albuquerque 200
   Auf zum Kamm
   der Sandia Mountains 208

Hispanisches Erbe – Santa Fe 211
Das erwachte Santa Fe – Santa Fes Umland
   Festivals und Märkte
   in Santa Fe 216
   Die Oper von Santa Fe und die
   Kammermusik-Festspiele 220

Künstler & Enklave – Taos 227
Taos erleben – Umlandtour
   Das Nationaldenkmal
   der Großen Sanddünen 232
   Kit Carson 235

**Höhlen, Pueblos & Geisterstädte –
Neu-Mexikos Südwesten** 239
Die antiken Städte – Land des Bergbaus –
High-tech-Wüste – Erholung und heiße
Quellen in der Wüste – Der Wilde Westen
Gila National Forest
   Das Bosque del Apache National
   Wildlife Refuge 244
   Geisterstädte 248

**Weißer Sand & Abgründige Dünen –
Neu-Mexikos Südosten** 251
Stalaktiten in der Wüste – Erholsame Enklaven – Das Mescalero -Apachen-Reservat
Futuristische Landschaft
   Das Mesilla Valley: Chili und
   Geschichte 254
   Das White Sands National
   Monument 256

Kakteen und Papago – Tucson ... 261
Downtown – Der Weg nach Westen – Südlich der Grenze – Bergexkursionen
   San Xavier del Bac –
   Die weiße Taube in der Wüste 264
   Biosphäre 2 268

**Boomtown in der Wüste –
Phoenix** 275
Innenstadt – Das Erbe von Phoenix – Scottsdale – Das Umland von Phoenix
   Schwierigkeiten in der Wüste vermeiden: Ein Kurzführer 280
   Frank Lloyd Wrights Meisterstück:
   Taliesin West 282

**Loblied auf den Westen –
Zentral-Arizona** 287
Architektur und Ökologie – Romantischer Westen – Ein Stück Vergangenheit – Sedonas Comeback – Flagstaff
   Der Mogollon Rim 296
   Petrified Forest
   National Park 298

INHALT

UNTERNEHMUNGEN

Heißluftballons & Wildwasserfahrten
Sport & Erholung **301**
Ballonfahrten – Radfahren – Camping – Fischen und Jagen – Golf – Wandern und Bergtouren – Reiten und Lama-Trekking – Felsenklettern – Mineralien sammeln – Tennis – Wassersport – Tiere beobachten – Wintersport
    Flußfahrt über den
    Rio Grande 303
    Zuschauersport 304

Decken, Silber & Keramik –
Shopping **313**
Wärmste Empfehlungen – Die zeitgenössische Szene – Kunst – Wo man einkauft
    Die Handelsposten 316

Scharfer Chili und Knofel –
Essen & Trinken **325**
Produkte aus Neu-Mexiko – Die Kochkunst der Pueblo – Die traditionelle Küche Neu-Mexikos – Neue Südwestküche – Internationale Küche – Restaurants
    Das Weinland Neu-Mexiko 328

Abendliches Remmidemmi –
Nachtleben **337**
Las Vegas bei Nacht – Jazz und Tanz in Neu-Mexiko – Western in Tucson – Phoenix & Scottsdale – Unterhaltung ganz anders

ZUM NACHSCHLAGEN

Reisetips **345**
Informationen zur Reisevorbereitung

Adressen **349**

Fotonachweis **354**

Register **355**

KARTEN

Amerika-Südwest 134
Las Vegas 138
Grand Canyon 158
Indianer- & Four-Corner-Land 184
Albuquerque 198
Santa Fe 214
Neu-Mexiko 243
Tucson und Umgebung 266
Phoenix 278

Die Landschaft des Südwestens betont

und ergänzt die Harmonie mit deutlichen Kontrasten.

die Pracht der Natur

Die normalerweise stacheligen und wenig reizvollen Kakteen

blühen in vielen Farben und Formen im Kaktusland.

Die Spuren der Ureinwohner, Hispanier und Angloamerikaner weben den

Flickenteppich einer unverwechselbaren kulturellen Identität.

GEWALTIG, KRAFTVOLL & DYNAMISCH

Einführung

Willkommen in Amerika-Südwest! Betrachtet man die weite Region des Südwestens aus einiger Entfernung, so erscheint sie so gleichförmig wie alles andere, was man von weitem sieht. Je näher man jedoch kommt, desto unverwechselbarer und vielfältiger werden die Details.

Auf den ersten Blick ist diese gewaltige und überraschend schöne Gegend sicher Teil des uniformierten Amerika, zieht man aber die dünne Decke nur etwas weg, verändert sich das Bild gewaltig. Plötzlich kommen Komplexität und Kontrast zum Vorschein, ein Land mythologischer Dimension und subtiler Feinheit, das einen heiß machen oder kalt lassen kann, aber nie ein laues Gefühl hinterläßt. Es ist voller geschichtlicher Ereignisse und zugleich ein Zentrum von Wissenschaft und Technologie. Man kann es lieben oder hassen, aber nicht indifferent bleiben. Der Südwesten ist für Amerika das,

Junge, strahlende Ureinwohner in ihrer Stammesbekleidung.

Der Lake Powell ist einer der beiden großen Stauseen in der Nähe des Grand Canyon.

was Griechenland für Europa ist, die Wiege der Zivilisation. In anderen Teilen der USA kann man Schlachtfelder besichtigen, Mount Vernon oder Alamo, ein junges Jamestown und ein noch jüngeres Williamsburg. Aber um die stolzen Überreste einer alten Kultur zu erleben, muß man in den Südwesten gehen.

Neben den Altertümern belegt diese Region einen besonderen Platz in der Chronik Nordamerikas. Ihre landschaftliche Beschaffenheit, die schroffen Berge, tiefen Canyons und heißen Wüsten, steht wie ein Hindernis gegen die Gezeiten der Geschichte. Vor allem aber ist der Pioniergeist, die Auffassung, grenzenlos Energie zur Verfügung zu haben, die Hartnäckigkeit, der ausgeprägte Individualismus, verbunden mit den eingeschränkten Möglichkeiten, die den Entdeckern, Pionieren und Trappern auf ihrem Weg zum Pazifik zur Verfügung standen, eine vitale Komponente der amerikanischen Psyche. Im Südwesten sagen viele Menschen, daß dieser ganz besonders Geist noch durchaus lebendig sei – heute natürlich transformiert. Er verlor viel von seiner naiven Arroganz gegenüber der Natur, stieß an Grenzen, wurde sich seiner eigenen Limits bewußt, lernte Respekt vor der Umwelt kennen und schaffte es, einen Einblick in das reiche Erbe der nativen Amerikaner und der Spanier zu verschaffen, die seit Urzeiten dort leben oder im Falle der Spanier seit 500 Jahren. Die zeitgenössische Bedeutung der Grenzen ist weniger in materieller Hinsicht zu suchen, sondern

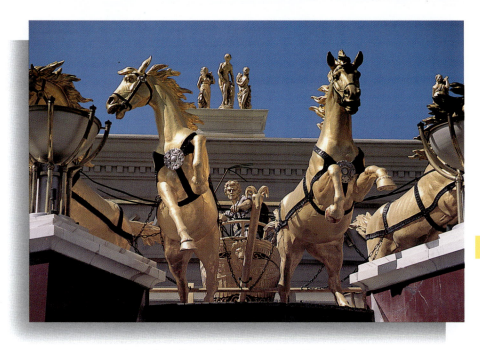

Die alten Römer lassen grüßen: Fassade eines Einkaufszentrums in Caesars Palace.

eher im Bereich intellektueller Bedingungen und der Vorstellungskraft im Rahmen des *way of life* der Menschen im Südwesten. Heute lebt ein erheblicher Teil der Bevölkerung in den großen Städten des Südwestens, aber diese blühenden Zentren einer neuen Wüstenzivilisation in Phoenix, Tucson, Las Vegas und Albuquerque sind wie Sterne in einer Ecke des Universums im Verhältnis zur ungeheuren Leere des Raums.

Der Raum in Zahlen

Paradoxerweise blieb der gegenwärtige Südwesten weitgehend unbewohnt. Es gibt nur noch wenige andere Länder mit weniger als einem Menschen pro Quadratkilometer. Dieses Land ist wie geschaffen für einen Adam und eine Eva, die sich vorgenommen haben, eine ganze Gesellschaft zu begründen. Catron County im Westen Neu-Mexikos ist so ein Beispiel: Es hat eine Bevölkerungsdichte von nur 0,1 Menschen pro Quadratkilometer und dazu einen ungeheuren Viehbestand. In Catron County läßt die Anzahl der wilden und domestizierten Tiere die der Menschen weit hinter sich.

Heute leben mit der fortschreitenden Urbanisierung der USA bereits drei von vier Menschen an Orten mit mindestens 2500 Einwohner pro Quadratkilometer. Gleichzeitig sind weite Regionen leer und werden immer leerer. Es mag sein, daß es einzelne Gegenden gibt, die mit Umweltschäden zu kämpfen haben, weil sie überweidet sind, aber andere sind para-

Die lange, einsame Straße führt zum Monument Valley mit seinen berühmten Monolithen.

diesisch unbevölkert. Viele Gegenden des Südwestens haben heute weniger Einwohner als vor hundert Jahren. Riesige Indianerreservate nehmen viel Land ein, und noch mehr ist geschützt durch Nationalparks, Monumente, Wälder und unkultiviertes Land. Aber seltsamerweise gehört jede einzelne Quadratmeile irgend jemandem: entweder der Regierung oder indianischen Nationen (wobei die nativen Amerikaner glauben, daß man Land nicht „besitzen" kann), oder es ist in Privatbesitz.

Der Südwesten neu definiert

Was im Südwesten abgeht, hat klar umrissene Bilder in der Vorstellung der Menschen in den USA und im Ausland hinterlassen. Die Welt weiß mehr als genug über den mythologisierten Cowboy, den stereotypen Indianer, den goldgierigen Eroberer. Sie weiß alles über Viehherden und Revolverhelden. Millionen haben die Wildwest-Filme mit ihren eindimensionalen Schurken und Helden gesehen, und Millionen haben den Grand Canyon bestaunt, im Film oder auf Papier.

Der Südwesten, wie jede wirklich bemerkenswerte natürliche oder kulturelle Erscheinung auf Erden, verdient und erfordert jedoch mehr. Bevor Sie diese Region selbst entdecken, wäre es eine gute Idee, alle vorgefaßten Ideen eine Weile zu vergessen. Und wenn das unmöglich erscheint, könnten Sie wenigstens versuchen, sie so lange zu ignorieren, wie Sie

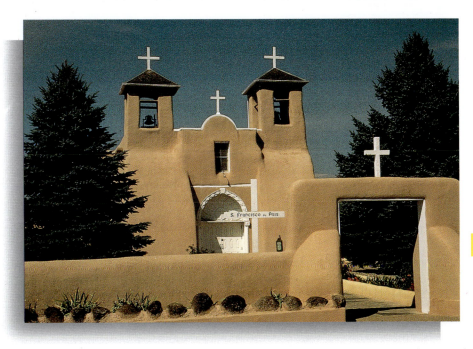

Die schöne Lehmziegel-Bauweise der San-Francisco-Kirche in Rancho de Taos ist unter den spanischen Missionen weit verbreitet.

unterwegs sind. In der Zwischenzeit kann man dann vieles entdecken.

Ein sinnvoller Ausgangspunkt wäre eine Definition des Südwestens, von denen es einige gibt. Es waren einmal Kentucky, Tennessee, Mississippi und Alabama, die den Südwesten ausmachten, aber als die Regierung der Vereinigten Staaten zwölf Millionen Dollar für Louisiana zahlte, verschoben sich alle Grenzen. Dies geschah wiederum bei der Annexion von Texas im Jahr 1845 und 1848 mit dem Vertrag von Guadelupe Hidalgo, der die Inbesitznahme des Südwesten von Mexiko abschloß. Historiker arbeiten mit einem Konzept, das Texas und Kalifornien in den Größeren Südwestens durch *Spanish Borderland Southwest* einschließt. Der Terminus „*aboriginal (eingeborener) Southwest*" stammt von den Anthropologen und Archäologen und kommt den Intentionen dieses Buchs am nächsten: Er umfaßt Arizona, Neu-Mexiko, das südliche Colorado, das südliche Utah und einen Teil Nevadas.

Die Merkmale der Region

Der trockene Südwesten hängt vom lebenspendenden Wasser ab. Ohne die jährliche Schneeschmelze in den Rocky Mountains, die die Flüsse im Frühjahr und Sommer anschwellen läßt, könnten Landwirtschaft, Tiere, Pflanzen, Menschen und Industrie nicht überleben. Künstliche Bewässerung ist dort eine alte Kunst. Die Ureinwohner waren Experten darin, mit dem kostbaren Wasser sorg-

Daten auf einen Blick

Die fünf südwestlichen Staaten Arizona, Colorado, Nevada, Neu-Mexiko und Utah umfassen eine Fläche von 1 385 650 km². Das entspricht etwa der Größe von Deutschland, Frankreich und Spanien zusammen.

1 mile   1,6 km
1 square mile   2,6 km²

Arizona: der Grand-Canyon-Staat

Fläche: 295 260 km² (114 000 sq miles), sechstgrößter Staat der USA
Waldbestand: 7 947 440 ha, (19 384 000 acres)
Bevölkerung: 3 749 693 (1991), an 23. Stelle in den USA
Bevölkerungsdichte: 22 Einwohner je km²
Ethnische Zusammensetzung: 80,8 % Weiße, 3,0 % Schwarze, 5,6 % native Amerikaner, 18,8 % Hispanier
Bevölkerungswachstum: 2,3 % (1990–91)
Regierung: Wurde am 14. Februar 1912 als 48. Staat Mitglied der USA
Hauptstadt: Phoenix, mit einer Bevölkerung von 2,2 Millionen Einwohnern im Einzugsbereich
Städte: Flagstaff, Phoenix, Sedona, Sun City, Tempe, Tucson
Wirtschaft: Hauptwirtschaftszweige sind verarbeitende Industrie, Tourismus, Bergbau und Landwirtschaft
Durchschnittseinkommen: 16 401 $ (1991)
Nationalmotto: *Ditat Deus* (Gott bereichert)
Nationalblume: Blüte des Saguaro
Nationalvogel: Kaktuszaunkönig
Nationalbaum: Paloverde
Höchste Erhebung: Humphrey's Peak 3916 m (12,633 ft)
Klima: Trocken und sonnig in den südlichen Regionen und ebenso auf dem nördlichen Plateau. Heiße Sommer, milde Winter. Starker Schneefall in den nördlichen und zentralen Gebirgen

Colorado: hundertjähriger Staat

Fläche: 269 596 km², (104,091 sq miles), achtgrößter Staat der USA
Waldbestand: 8 784 580 ha, (21 338 000 acres)
Einwohner: 3 376 669 (1991), an 26. Stelle in den USA
Bevölkerungsdichte: 12,5 Einwohner je km²
Ethnische Zusammensetzung: 88,2 % Weiße, 4,0 % Schwarze, 12,9 % Hispanier
Bevölkerungswachstum: 2,5 % (1990–91)
Regierung: Wurde am 1. August 1876 als 38. Staat Mitglied der USA
Hauptstadt: Denver, mit 1 629 900 Einwohnern im Einzugsbereich
Städte: Boulder, Colorado Springs, Denver, Greeley, Pueblo
Wirtschaft: Verarbeitende Industrie, Forschung und Entwicklung, Tourismus, Landwirtschaft, Raumfahrt, Elektronik
Durchschnittseinkommen: 19 440 $ (1991)
Nationalmotto: *Nil Sine Numine* (Nichts ohne göttlichen Willen)
Nationalblume: Rocky-Mountain-Akelei
Nationalvogel: Spornammer
Nationalbaum: Colorado-Blaufichte
Höchste Erhebung: Mount Elbert mit 4474 m, (14 433 ft)
Klima: Reichlich Sonne, trocken, hohe Temperaturunterschiede. Alpines Klima auf den hohen Bergen, heftiger Schneefall im Winter

Nevada: Beifuß-Staat, Kriegskind, Silber-Staat

Fläche: 286 353 km² (110,561 sq miles), siebtgrößter Staat der USA
Waldbestand: 3 660 480 ha (8,928,000 acres)

---

fältig umzugehen. Sie bauten angepaßte Dämme und Kanäle. Die Hohokam im heutigen Arizona bauten Kanäle und fluteten ihre Felder aus dem Fluß Gila seit 300 v. Chr. Nachfolgebauten dieser uralten Bewässerungskanäle werden heute in

Bevölkerung: 1 283 832 (1991), an 38. Stelle in den USA
Bevölkerungsdichte: 4,5 je km²
Ethnische Zusammensetzung: 84,3 % Weiße, 6,6 % Schwarze, 3,2 % Asiaten, 10,4 % Hispanier
Bevölkerungswachstum: 6,8 % (1990–91)
Regierung: Wurde am 31. Oktober 1864 als 36. Staat Mitglied der USA
Hauptstadt: Carson City
Städte: Carson City, Las Vegas, Reno
Wirtschaft: Spielhöllen, Tourismus, Bergbau, verarbeitende Industrie, Forschung und Entwicklung, Landwirtschaft, Handel, Transport
Durchschnittseinkommen: 19 175 $ (1991)
Nationalmotto: *All for our country*
Nationalblume: Beifuß
Nationalvogel: Bergdrossel
Nationalbaum: Kiefer und Zuckerhutfichte
Höchste Erhebung: Boundary Peak mit 4074 m (13,143 ft)
Klima: Halbtrocken bis trocken. Heiße Sommer, milde Winter

Neu-Mexiko: Land des Entzückens

Fläche: 314 926 km², (121,593 sq miles), fünftgrößter Staat der USA
Waldbestand: 7 595 660 ha (18 526 000 acres)
Bevölkerung: 1 547 721 (1991), an 37. Stelle in den USA
Bevölkerungsdichte: 4,9 je km²
Ethnische Zusammensetzun: 75,6 % Weiße, 2,0 % Schwarze, 8,9 % native Amerikaner, 38,2 % Hispanier
Bevölkerungswachstum: 2,2 % (1990–91)
Regierung: Wurde am 6. Januar 1912 als 47. Staat Mitglied der USA
Hauptstadt: **Santa Fe**, mit 60 000 Einwohnern
Städte: Albuquerque, Alamogordo, Farmington, Gallup, Las Cruces, Roswell, Santa Fe, Taos
Wirtschaft: Forschung und Entwicklung, Tourismus, Dienstleistung, verarbeitendes Gewerbe, Bergbau, Handel, Landwirtschaft
Durchschnittseinkommen: 14 844 $ (1991)
Nationalmotto: *Crescit Eundo* (Es wächst, wie es vergeht)
Nationalblume: Yucca
Nationalvogel: Erdkuckuck = Roadrunner
Staatsbaum: Pinie
Höchste Erhebung: Wheeler Peak mit 4080 m (13,161 ft)
Klima: Trocken, ständiger Sonnenschein, warme Sommerr, milde Winter im Süden und zentralen Rio-Grande-Tal. Alpines Klima auf den Bergen mit Schnee im Winter

Utah: Bienenstock-Staat

Fläche: 219 888 km², 84 899 sq miles, elftgrößter Staat der USA
Waldbestand: 6 655 940 ha (16 234 000 acres)
Einwohner: 1 770 212 (1991), an 35. Stelle in den USA
Bevölkerungsdichte: 8,3 je km²
Ethnische Zusammensetzung: 93,8 % Weiße, 0,7 % Schwarze, 4,9 % Hispanier
Bevölkerungswachstum: 2,7 % (1990–91)
Regierung: Wurde am 4. Januar 1896 als 45. Staat in die USA aufgenommen
Hauptstadt: Salt Lake City
Städte: Brigham City, Logan, Ogden, Orem, Provo, Salt Lake City
Wirtschaft: Dienstleistung, Handel, verarbeitende Industrie, Forschung und Entwicklung, Bau
Durchschnittseinkommen: 14 529 $ (1991)
Nationalmotte: *Industry*
Nationalblume: Mormonentulpe
Nationalvogel: Seemöwe
Nationalbaum: Blaufichte
Höchste Erhebung: Kings Peak 4194 m (13,528 ft)
Klima: Trocken, mit heißen Wüstengebieten im Südwesten und alpinem Klima im Nordosten

Phoenix benutzt. Als die Spanier sich entlang dem Rio Grande niederließen, wandten sie ihre eigenen Kenntnisse über Bewässerungsanlagen an. Diese Techniken hatten sie wiederum von den Mauren übernommen, während diese

Heitere Grünschattierungen im Rocky Mountain National Park betonen die aufregende Vielfalt im Südwesten.

Spanien beherrschten. Viel später leisteten auch die Mormonen ihren weitertreibenden Beitrag.

Eine besondere Bautechnik kam voll zu Tragen. Die Spanier müssen sich in der Neuen Welt wie zu Hause gefühlt haben, als sie die Lehm-(*Adobe*-)bauten sahen. Ihre frühen Dokumentaristen verglichen die indianische und die spanische Methode. Der noch immer bewohnte *Pueblo Taos* in Neu-Mexiko, der als ältester, ständig bewohnter mehrstöckiger Lehmbaukomplex in den Vereinigten Staaten gilt, stammt aus der Zeit, bevor Kolumbus nach Amerika kam.

Die Technik, Ziegel aus sonnengetrocknetem Lehm herzustellen, geht zurück auf das alte Mesopotamien. Sie ist über 9000 Jahre alt und wurde auf der ganzen Welt benutzt. Wo immer das Klima derart ist, daß die Ziegel durchtrocknen können, findet man Lehmbauarchitektur von Asien über Afrika bis nach Europa. Lehmziegel sind praktisch und haltbar. Sie isolieren gut und sind feuerfest. Und das beste von allem: Man kann den Lehm formen wie Skulpturen. Dem Südwesten würde ohne Lehmbauten viel von seinem Charme fehlen.

Durch die Lebensbereiche

Auf der Reise durch den Südwesten kommt man unglaublicherweise durch sechs oder sieben unterschiedliche Klimazonen der Erde. Jede Zone hat eine eigenes Ökosystem, das jeweils auf der Weite und Höhe des Landes beruht und alle Lebensbereiche, die Tiere, Pflanzen und das Klima umfaßt.

Der Südwesten reicht von der Lower Sonoran, Upper Sonoran, Übergangs-, kanadischen, Hudsonian bis zur arktisch-alpinen Zone. Nur die feuchte, tiefe tropische Zone fehlt. Was das bedeutet, merkt man, wenn man innerhalb von kurzer Zeit eine Art natürlicher Zeitreise macht und aus einer saharaähnlichen Umgebung in ein alpines oder fast arktisches Klima kommt. Wenn man beispielsweise von der knallheißen, sonnengebleichten Upper-Sonora-Wüstenzone mit dem Wagen in die Berge fährt, kommt man durch die grüne Zone hoher Bäume des kanadischen Forstes, überquert die Hudson-Baumgrenze und kann sich nur eine Stunde später in einer anderen Welt finden, zwischen arktisch-alpinen Flechten in kühler Bergluft.

Die Variationsbreite von Klima, Flora und Fauna im Südwesten ist erstaunlich. Je höher man klettert, desto grüner wird es. Oder man kann auch oben anfangen, auf einer trockenen Hochebene und hinunter in ein Tal oder einen Canyon steigen, um sich dort in einer subtropischen Oase zu erfrischen. Szenerie und Klima ändern sich ständig.

Sie werden überrascht sein, wenn Sie die präkolumbianischen Ruinen von Mesa Verde oder den Chaco Canyon besuchen. Nationalparks, Geisterstädte, eine Ballon- oder Wildwasserfloßfahrt warten auf Sie – oder das Leben der Navajo- oder der Pueblo-Indianer oder hervorragende Museen und Galerien, ein spanisches Dorf aus dem 17. Jahrhundert, wo die Menschen eine Sprache sprechen, die direkt auf die Zeit des Cervantes zurückgeht, eine Fiesta mit überschwenglichen Hispanier, eine uralte indianische Tanzzeremonie sowie schließlich eine abwechslungsreiche, aufregende Küche. In Nostalgie für den alten Westen schwelgt man auf einer Touristenranch, in einer Geisterstadt oder bei einem Rodeo.

Wintersport im trockenen Südwesten.

Morgens kann man prähistorische Petroglyphen studieren und nachmittags die Zukunft besuchen – das größte Radioteleskop der Welt. Der kulturelle Mix von Ureinwohnern, Hispaniern und ethnisch unterschiedlichsten amerikanischen Sitten und Gebräuchen hat einen ganz eigenen Schlag hervorgebracht. Probieren Sie einfach mal!

EROBERER, COWBOYS & INDIANER

Geschichte

Mehr als 600 Millionen Jahre war das Gebiet des heutigen Colorado-Plateaus von einem warmen Salzwasserozean überspült. Große Teile von Arizona, Neu-Mexiko, Colorado und Utah sind von dem längst verschwundenen Meer bedeckt gewesen. In seinem Gezeitenstrom hinterließ es viele Sedimentablagerungen, bis der Druck zusammengepreßter tektonischer Platten vor 60 oder 80 Millionen Jahren die Erdkruste aufwarf und so die Rocky Mountains entstanden. Die Meeresablagerungen vermischten sich mit dem Magmagestein und wurden mit ihm in die Höhe geschleudert.

Die Erde rumorte weiter unter ihrer instabilen Kruste. Vor zehn Millionen Jahren drückte sie beständig das vollständige Colorado-Plateau um 3000 m in die Höhe. Gleichzeitig formten Wind und Wasser das Land: Erdreich in einer Höhe von über 1500 m wurde im Lauf der Zeit durch die Erosion ausgewaschen.

Im selben Zeitraum fraß sich der gewaltige

Der faszinierende Cliff Palace im Mesa Verde National Park.

Colorado seinen Weg tief in die Erde. Milliarden Tonnen Schutt und Felsen riß er mit sich, bis schließlich die gigantische Ausschürfung des Grand Canyon geschaffen war. Doch das Werk ist nie vollendet. Diese Wunder sind erdgeschichtlich nur ein Zwischenstadium.

Die ersten Menschen

Völker aus Asien waren die ersten Menschen, die im Südwesten eintrafen. Die Wissenschaft kann den exakten Zeitraum noch immer nicht bestimmen. Doch neue Ausgrabungen und Beweismittel datieren den Zeitpunkt auf 40 000 Jahre zurück. Sicher ist nur, daß die asiatischen Stämme während des Pleistozäns über die Landbrücke zwischen Sibirien und Alaska eindrangen und dann bis in den Süden wanderten.

Etwa vor 20 000 Jahren betrat der Sandia-Mensch die Szene. Er benutzte Werkzeug in einer Höhle nahe Albuquerque in Neu-Mexiko; er jagte Mastodons, Mammuts und urzeitliche Kamele in dem fruchtbaren Grasland und den feuchten Wäldern, die den Staat in jener Zeit bedeckten. Auch der Clovis-Jäger und der Folsom-Mensch lebten in Neu-Mexiko, während der Conchise-Mensch im Südosten Arizonas jagte. Nomadische Jäger erschienen in Nevada vor etwa 10 000 bis 20 000 Jahren.

Die Pithouse-Pueblo-Zeit

Mit der Zeit entwickelten sich im Südwesten unterscheidbare Kulturen. Unterirdische *Pithouses* („Erdwohnungen") und Ackerbau (Mais, Bohnen und Kürbisse) ermöglichten ein seßhaftes Leben. Die Vorfahren der heutigen amerikanischen Indianervölker im Südwesten waren die Hohokam in Zentral-Arizona, die Anasazi der Vierländergegend (wo die Grenzen von Arizona, Colorado, Neu-Mexiko und Utah aufeinandertreffen) und die Mogollon-Mimbres im südlichen Neu-Mexiko.

Die Anasazi lebten mehrere hundert Jahre in *Pithouses* in Neu-Mexiko. Danach bauten sie *Pueblos*, Lehmbausiedlungen. Die erste Phase begann um 750 bis 800 n. Chr., etwas später als bei den Mogollon-Mimbres und den Hohokam. Die Menschen krochen aus ihren Erdlöchern hervor und errichteten Steinhäuser oder, im Fall der Wüstenbewohner Hohokam in Arizona, Lehmziegelbauten. Während der Pueblo-II-Periode tat sich die Anasazi-Kultur als die höchstentwickelte Gesellschaft im Südwesten hervor. Das Goldene Zeitalter der Anasazi dauerte etwa 200 Jahre, grob geschätzt von 1000 bis 1200 n. Chr. In diesen zwei Jahrhunderten bauten jene frühen Amerikaner ganze Städte und mehrstöckige religiös-gesellschaftliche Zentren, verfeinerten die architektonische Planung und errichteten über 70 „Vororte" im San-Juan-Bassin und verbanden dieses Netzwerk von Pueblosiedlungen mit einem rund 2000 km langen, pfeilgeraden Straßennetz, das vom Flugzeug aus gesehen werden kann.

Die Fähigkeiten dieser frühen Bauherren sind umwerfend. Besucher im

Chaco Canyon, in Mesa Verde oder im Canyon de Chelly sind baff angesichts der schieren Großartigkeit und Schönheit dieser Ruinen. Sie dokumentieren kulturelle Errungenschaften ersten Ranges. Dennoch wurden die meisten dieser großartigen Orte ganz plötzlich verlassen. Die Wissenschaftler haben bis heute noch keine plausiblen Antworten auf dieses mysteriöse Geschehen.

Möglicherweise führten Überfälle durch nomadisierende Prärie-Indianer aus dem Norden zum Verlassen der Pueblosiedlungen. Noch vor der Ankunft der Spanier, wahrscheinlich im 13. Jahrhundert, drangen die Prärie-Indianer bis zum Volk der Pueblo im Südwesten vor. Die Pueblos nannten alle Angreifer „Apache", was soviel wie Feind oder Dieb heißt. Viel später wurden die dominanten Nomadenstämme als Navajos und Apachen bekannt. Doch jahrhundertelang vor dem endgültigen Friedensschluß im 19. Jahrhundert waren die Ackerbau treibenden Pueblo ein leichtes Ziel für die kriegerischen Nomaden.

Die ersten Europäer

Die Ankunft der Europäer war das nächste einschneidende historische Ereignis im Südwesten. Im April 1528 landeten 400 Spanier nahe der Tampa Bay in Florida. Nur vier Männer überlebten den Schiffbruch der *Pánfilo Narváez*: Alvar Núñez Cabeza de Vaca, Edelmann und Schatzmeister des Königs, Kapitän Alfonso de Castillo, Sohn eines Arztes aus Salamanca, Andrés Dorantes und der in

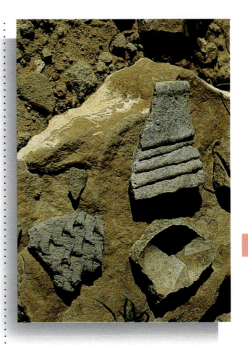

Tonscherben aus dem Chaco Canyon entstammen der Zeit um 8500 v. Chr.

Marokko geborene Esteban, meist „der Maure" oder „der schwarze Araber" genannt.

Diese vier gestrandeten Männer machten den größten Widerstandsfähigkeitstest der Geschichte durch. Acht Jahre lang kämpften sie sich als „weiße, barfüßige Indianer" durch einen unbekannten Kontinent und marschierten fast 10 000 km, bis sie die Westküste Mexikos erreichten. Das Geheimnis ihres Überlebens lag in der Übernahme der Lebensweise der Eingeborenen. Sie wurden zu Freunden und Kampfgenossen der einheimischen Menschen, lernten als Jäger und Sammler in der freien Natur zu leben und benutzten deren medizinische Kenntnisse, um Krankheiten zu heilen. Die Wanderer wurden bald als weise

Die Ballade von Billy the Kid

The Kid ist ein flexibler Held der amerikanischen Legende, ewig wandelbar je nach Geschmack und Vorlieben der Zeit. Er war und ist, um einen Satz von Joseph Campbell zu zitieren, „ein Archetyp, eine mythische Persona aus dem *Helden mit den tausend Gesichtern.*" Nun gut, vielleicht hatte Billy nicht ganz so viele – aber fast.

Je nach Interpretation wurde Billy the Kid bezeichnet als böser Gesetzloser; Robin Hood der unterdrückten Spanier des Südwestens; der brave Kerl, der abrutschte; das junge Opfer eines kaputten Elternhauses; das betrogene Unschuldslamm; der letzte Dreck; der teuflische Desperado; der James-Dean-Rebell, der nicht weiß, was er tut; der freiheitsliebende und antiautoritäre Westernanarchist; der treue Freund und Rächer; der häßliche und widerwärtige kleine Verlierer; und der kühne, ewig junge, strahlende romantische Held.

Über ihn wurde ein unsterbliches Lied, „The Ballad of Billy the Kid", geschrieben. Hinzu kommen noch zahllose Filme, Groschenhefte und Bücher, die die Legende von Billy wieder und wieder erzählen. Im Moment ist er erneut schwer in Mode. Stammt der Film aus jüngerer Zeit, tragen die Gesetzlosen und Cowboys gestylte „Staub"-Mäntel und sehen wie gelackte Asphaltcowboys aus, die von Beverly-Hills- oder New-York-Designern eingekleidet wurden.

Aber was ist die wahre Geschichte von Billy the Kid? Die Grenze zwischen Wahrheit und Dichtung ist extrem dehnbar, und so gibt es bis heute noch viele unbeantwortete Fragen. Aber das ist ja das Schöne daran und vor allem jener Boden, auf dem Legenden gedeihen.

Billys Geschichte

William H. Bonney wurde 1859 in New York City geboren und kam als Kind mit seiner Familie nach Kansas und schließlich nach Neu-Mexiko. Die Zeiten waren rauh im Bergarbeiterlager von Silver City, wo Billy aufwuchs, und familiäre Werte galten nicht viel.

Der kleine William rutschte bald in die Kleinkriminalität ab. Es folgte ein Mord in Arizona (kein vorsätzlicher). Er floh zurück nach Neu-Mexiko, wo er sein Dasein als Spieler und Viehdieb fristete. Er war ein hervorragender Reiter und ziemlich gut mit dem Schießeisen. Er sprach fließend Spanisch und besaß einen gewissen Charme und die wunderbare Fähigkeit, Freunde zu gewinnen. Er war auch ungemein erfindungsreich im Ersinnen ständig neuer Namen, um dem Arm des Gesetzes zu entwischen.

Im Sommer 1877 kam er in Lincoln County an und war bald in einen erbarmungslosen Weidelandkrieg verwickelt. In jener Zeit war das Lincoln County in Neu-Mexiko so groß wie South Carolina und wurde von sogenannten *Rings* beherrscht. Die Führer dieser Verbindungen

---

Schamanen betrachtet. Ihr guter Ruf eilte ihnen voraus, und sie wurden von jedem Stamm willkommen geheißen. Die Männer wanderten aufgrund eines Gerüchts über ein südliches Meer den ganzen Weg dorthin, wo sie sich schließlich mit ihren Landsleuten in Mexiko vereinigte.

Während dieser acht Jahre entwickelte Cabeza de Vaca seine lebenslange Zuneigung für die Indianer. Kein Mensch hat so viel über die Neue Welt (oder die Alte Welt, vom Standpunkt der nativen Amerikaner) erforscht, praktisch unbewaffnet und zu Fuß.

Auf der Grundlage der Berichte Cabeza de Vacas – und später eines Franziskanerpriesters, Bruder Marcos de Niza – schickte der kluge Don Antonio de Mendoza, der neue Vizekönig Neuspaniens, den jungen Francisco Vásquez de Coronado als Kommandant einer Expedition los, um Berichte über gewisse Städte und deren Goldreichtum zu überprüfen. Coronado begann die langwierige Reise

waren neofeudale Großrancher und monopolistische Kaufleute. Dieses Interregnum war von einem Rechtsvakuum geprägt, in einem Gebiet, das nicht mehr spanisch, aber auch noch nicht ganz amerikanisch war. Rauhe Burschen und gnadenlose Viehbarone versuchten die Macht an sich zu reißen. Die Texas Rangers zum Beispiel jagten die Schurken aus ihrem Staat hinüber ins gesetzlose Lincoln County. Dort wurden zwischen den Viehbaronen Privatkriege um Land, Geld und Macht geführt.

The Kid wurde Angestellter und Gefolgsmann von John H. Tunstall, einem jungen aristokratischen Engländer und Viehzüchter. Tunstall mochte The Kid, und vielleicht wäre aus Billy doch noch etwas geworden, wenn er seine Stelle behalten hätte. Doch Tunstall war der lokalen „Mafia" zu erfolgreich auf der Spur. Er wurde ermordet. Seine Gefolgsleute brachen zu einem Rachefeldzug auf.

In einem der Kämpfe erschossen Tunstalls Rächer den Sheriff. Die Gruppe, die sich selbst Regulators, „Selbsthilfegruppe", nannte, versteckte sich bei Fort Summer. Billy jedoch wurde geschnappt. Durch eine spektakuläre und tollkühne Flucht entzog er sich der Einkerkerung. Am 14. Juli 1881 wurde er jedoch vom neuen Sheriff Pat Garrett in Fort Summer gestellt und erschossen. Er starb kurz nach seinem 21. Geburtstag. Ihm wurden 21 Morde zur Last gelegt, für jedes seiner Lebensjahre eine Person.

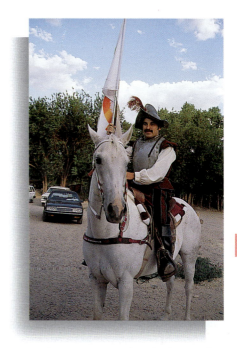

Eine Erinnerung an die Eroberer, die ersten Europäer im Südwesten.

im Frühjahr 1540 mit 1000 Männern: Berittenen, Fußsoldaten, Indianern und Bediensteten.

Coronado besuchte Hawikuh, eine Stadt der Zuni. Die Indianer waren keineswegs erfreut und griffen an. Beide Seiten erlitten wenig Verluste, doch Gold gab es keines. Die Jagd nach Schätzen endete in Hawikuh, aber die Erforschung ging weiter. „Ich habe beschlossen, Männer in die gesamte Umgebung auszusenden, mit dem Befehl, herauszufinden, ob es irgend etwas Wertvolles gebe und eher jede Unbill zu erleiden, als das Unternehmen abzubrechen", schrieb Coronado am 3. August 1440 dem Vizekönig. Seine Offiziere entdeckten die Hopi-Dörfer, die Himmelsstadt Acoma, den Grand Canyon, den Colorado und die Pueblos Tiguex, Taos und Pecos. Die Indianer wurden entsprechend den Wünschen des Vizekönigs respektvoll behandelt.

Die Armee verbrachte zwei Winter im Pueblo Tiguex am Rio Grande und strapazierte die Gastfreundschaft der Pueblo-Völker. Schließlich brachte Coronado seine Leute zurück nach Mexiko.

Erst 1598 ergriffen die Spanier durch Don Juan de Oñate formal Besitz von allen Gebieten in Nuevo Mexico. Mit ihm kamen 200 Siedlungswillige, mitsamt ih-

Verlassene Türme der Hovenweep-Ruinen,
Überbleibsel der Anasazi-Siedlungen.

ren Familien, Hausrat, Saatgut und Werkzeug. Oñate jedoch verstrickte sich in eine gnadenlose Vergeltungsaktion gegen die aufständischen Acoma-Pueblos. Seine spanischen Pioniere protestierten, und so enthob Philipp III. von Spanien Oñate seines Amtes.

Die Missionare

1610 erkor eine neuer Gouverneur, Don Pedro de Peralta, Santa Fe zur Hauptstadt von Neu-Mexiko. Spanische Bauern beackerten das Land, und die Franziskaner begannen mit ihrer Missionsarbeit in der ganzen unerforschten Gegend.

Die Missionsstationen des Südwestens wurden zusammen mit den *Presidios*, den Garnisonen, zu den wichtigsten Einrichtungen der spanischen Grenze. Außer als Seelenfänger mühten sich die Franziskaner, in der jungfräulichen Wildnis ökonomisch unabhängige Selbstversorgerzentren zu schaffen, die den Siedlern als Stützpunkt dienten.

Doch Dürrezeiten, Hungersnöte, Groll gegen die spanische Herrschaft und religiöse Intoleranz gegenüber der eingeborenen Bevölkerung führte 1680 zum Pueblo-Aufstand. Alle 33 Missionen Neu-Mexikos wurden zerstört. Viele der Siedler und 21 Franziskaner wurden getötet. In Arizona, damals noch Teil Neu-Mexikos, gab es nur drei Missionen. Doch auch sie wurden verwüstet.

1692 eroberte Don Diego de Vargas, Graf von Brazinas, Neu-Mexiko zurück und wurde neuer Gouverneur. Bald nach seinem Amtsantritt wurden die Missionen wiedererrichtet.

Etwa in dieser Zeit kam ein außergewöhnlicher Jesuitenpater nach Arizona tätig, der die Lage verbesserte. Pater Eusebio Francisco Kino, in Tirol geboren und in Deutschland erzogen, gründete eine Mission in Sonora, kümmerte sich um die Pima-Indianer und begann 1700 mit dem Bau der berühmten **Mission San Xavier del Bac** in der Nähe von Tucson. Die erste Kirche wurde während eines Aufstands zerstört, doch zwischen 1783 und 1797 wieder aufgebaut. Heute ist sie das schönste Beispiel der spanischen Barockarchitektur des Südwestens.

Da er viel umherreiste, lebte Pater Kino praktisch die meiste Zeit im Sattel. Er besaß nie ein Bett. Er schlief auf zwei Kalbshäuten, deckte sich mit indianischen Decken zu und benutzte den Sattel als Kissen. Er fühlte sich den Indianern stark verbunden. Da er die Pimas häufig besuchte, entdeckte er das unbekannte Arizona – und fand dennoch Zeit für seine großartigen Leistungen. Er pflanzte Obstbäume und richtete Werkstätten ein.

Patere Kino wurde zum Viehzüchter, der weitläufiges Weideland nutzte, und dafür sorgte, daß die Menschen, die für ihn arbeiteten, ihren Lebensunterhalt verdienten.

Bis zu seinem Tod im Jahr 1711 hatte der geschäftige Pater Kino 29 Missionen in Arizona und Sonora gegründet – einige davon existieren noch heute. Seine Compadres bescheinigten ihm, daß er starb, wie er gelebt hatte: arm und voller Bescheidenheit.

Die mexikanische Republik

Während das Leben im Grenzland von Neu-Mexiko unter de Vargas und den folgenden Dekaden zu einem neuen Gleichgewicht der Kräfte fand, begann seit 1580 der Zusammenbruch des aufgeblähten spanischen Reiches. Die Engländer zerstörten 1588 die spanische Armada, und die Holländer erlangten nach langen Kämpfen die Unabhängigkeit von Spanien. Das Reich zerrieb sich in Konflikten mit den Protestanten, bekämpfte britische Piraten, die von der englischen Krone ermächtigt waren, spanische Schiffe zu plündern, und es sah sich mit neuen Nationalstaaten konfrontiert. Im Neuspanien (Mexiko) des 18. Jahrhunderts hatte niemand Zeit oder Geld übrig, um sich um das nördliche Grenzland zu kümmern. Die Siedler, Missionare und Pueblos in Neu-Mexiko, fühlten sich im Stich gelassen. Sie hatten mit nomadisierenden indianischen Angreifern zu kämpfen.

1822 erlangte Mexiko seine Unabhängigkeit. Zwei Jahre später konstituierte es sich als Republik. Neu-Mexiko wurde Teil davon. Der neue Staat übernahm radikal die republikanischen Ideale und säkularisierte umstandslos die Missionsstationen des Südwestens. Die Patres flohen, und die Schulen wurden geschlossen. Es gab im ganzen Land Unzufriedenheit und Rebellionen. „Der Krieg mit den Navajos frißt uns langsam auf", schrieb 1845 der Gouverneur Neu-Mexikos, Manuel Armijo. Felder konnten nicht mehr bestellt werden, die Armut wuchs, und Menschen flohen aus Angst um ihr Leben aus ihrer Heimat.

Daß gewinnsüchtige anglo-amerikanische Händler feindliche Nomaden mit modernen Gewehren ausstatteten, machte die Sache auch nicht leichter. Bewaffnete und berittene Marodeure plünderten die Dörfer und Pueblo-Siedlungens und verkauften den angloamerikanischen Händlern, die ihnen zuvor die Waffen besorgt hatten, das Diebesgut.

Bald nach dem Ende der spanischen Herrschaft kamen französische und angloamerikanische, abenteuerliche Trapper ins Land. Ein lebhafter Handel begann am **Santa Fe Trail**, was die Verbindungen zur ökonomischen Potenz der USA schuf und den Weg für die amerikanische Expansion bereitete.

Symbol der spanischen Könige in der Mission San Xavier del Bac.

Deal mit dem Südwesten

Während des Mexikanischen Krieges (1845–1848) befahl Präsident Polk dem Colonel Stephen Watts Kearny, Neu-Mexiko und Kalifornien mit seiner kleinen Freiwilligenarmee in friedlicher Absicht zu besetzen – falls das möglich wäre.

In klassischer Manier behauptete Kearny, daß er als Beschützer von Freunden und keineswegs als Eroberer käme. 1846 zog er in die Hauptstadt Santa Fe ein, ohne daß auch nur ein Schuß fiel. Arizona wurde 1848 eingenommen. Letztendlich gaben die USA im Friedensvertrag von Guadulupe Hidalgo ihr Einverständnis, Mexiko 15 Millionen US-Dollar für Neu-Mexiko und Kalifornien zu bezahlen. Die endgültige Grenze zwischen Mexiko und den USA wurde im Gadsen-Kaufvertrag von 1853 festgelegt, nachdem noch ein südlicher Landstreifen ebenfalls eingefordert wurde.

Die Postkutsche diente als Hauptverkehrsmittel für die Bewältigung der unglaublichen Entfernungen in dieser Gegend.

Die folgenden Jahrzehnte erlebte der Südwesten turbulente Zeiten, doch war er keines der großen Schlachtfelder des **Bürgerkriegs**. Sowohl die Konföderierten als auch die Unionstruppen marschierten aber durch das Land, verteidigten oder eroberten Forts, schlugen ein paar Schlachten mit mäßigen Verlusten und versuchten Blockaden zu errichten oder zu brechen. Für eine kurze Zeit sagte sich auch Arizona von der Union los. Die Rebellen wurden jedoch in der Schlacht von Glorietta in Neu-Mexiko am 27. März 1862 geschlagen.

Die Indianerkriege

Weitaus schmerzlicher als der Bürgerkrieg waren die Missetaten marodierender Indianer. Sicherlich war das, was die Weißen einander im Bürgerkrieg antaten, wenig dazu geeignet, den Nomaden die Unrechtmäßigkeit ihres Handelns vor Augen zu führen. Überfälle auf die friedfertigen Pueblo-Indianer und die Weißen nahmen zu.

Durch die westliche Expansion der Angloamerikaner und den wachsenden Strom der Pioniere verloren die Ureinwohner immer mehr Land. Die Stämme wanderten fort oder wurden vertrieben.

Schließlich zog Colonel Kit Carson 1863 gegen die Navajo, mit dem strikten Befehl, entweder den Frieden zu sichern oder das Volk auszulöschen. Er zerstörte seine Ernten und Lebensmittelvorräte, verbrannte die Erde und brach im folgen-

Eine handfeste Erinnerung an den Wilden Westen.

den Winter im Canyon de Chelly in Arizona schließlich ihren Widerstand.

Im eisigen Winter begaben sich die hungernden Navajo auf ihren tödlichen *Long Walk*, den langen Marsch in das Reservat auf unfruchtbarem Land bei Fort Summer. Die Regierung internierte dort zwei Erzfeinde: Apachen und Navajo. Es war ein Desaster, und die Situation verschlimmerte sich noch, als 2000 Indianer an den Pocken starben. Die Umstände waren unmenschlich.

Die grausame Behandlung der nativen Amerikaner brachte die Ostküstenbewohner auf, was zur Gründung der „Friedenskommission" führte. 1867 verabschiedete der Kongreß ein Gesetz, das die „Peonage", die Versklavung indianischer Gefangener, verbat. Weitere Internierungen im Reservat bei Fort Summer wurden für gesetzeswidrig erklärt. Die Navajo erhielten 1868 ein weitläufiges Reservat in Neu-Mexiko und Arizona. Im Gegenzug für den Frieden sagte die Regierung zu, zehn Jahre lang jede Person mit Ziegen, Schafen und Gütern im Wert von fünf Dollar zu unterstützen.

Der blutige Krieg gegen die Apachen in Arizona zog sich noch bis 1900 hin. Einer der vielen Stämme, die Chiricahua, kämpfte unter ihrem berühmten Häuptling Geronimo bis zu dessen Gefangennahme im Jahr 1886.

Der Weidelandkrieg

Der Westen wurde buchstäblich wild – diesmal wegen der Rindviecher. Die Spanier hatten Rinder, Schafe und Pferde in den Südwesten eingeführt, und so wurde die Viehzucht von Anfang an eines der Standbeine ihrer kolonialen Wirtschaft. Jenseits der Ackerbau treibenden Pueblo, waren auch für die Prärie-Indianer Rinder – die Büffel – lebensnotwendig.

Durch das sprunghafte Wachstum der USA wurde der Südwesten zum Großlieferanten von Rind- und Schaffleisch. Nach dem Bürgerkrieg stieg die Nachfrage rapide an. Viehzucht wurde zum boomenden Wirtschaftszweig. Großinvestoren, unter ihnen reiche Engländer und Schotten, rafften enorme Ländereien zusammen. Das Land wurde verschachert, erworben durch betrügerischen Mißbrauch des *Homestead Act*, des Landverkaufs durch die Regierung – manchmal auch einfach ohne irgend-

Felsenzeichnungen auf dem Newspaper Rock in Canyonlands in Utah.

welche Rechte in Besitz genommen. Es kam zum Einsatz von Stacheldraht, und die Weidelandkriege begannen. Die Viehbarone konnten bis zu tausend Männer aufbieten, um ihr Reich zu verteidigen.

Doch schließlich führten die gigantischen Ranches (manche verfügten über Millionen Hektar Land) zur Überproduktion. Ein Markteinbruch sorgte 1883 für den Kollaps. Es kam noch schlimmer: Eine fünfjährige Dürrezeit und extrem kalte Winter töteten tausende Tiere.

Gleichzeitig brachten die Eisenbahnen immer mehr *Homesteaders* nach Westen. Die *Nesters*, „Nesthocker", wie sie spöttisch genannt wurden, bauten ihre Häuser inmitten umzäunter Farmen und sorgten dafür, daß umherstreifendes Vieh nicht ihre Felder zertrampelte. Das wiederum brachte die großen Viehzüchter in Rage. Die Zäune behinderten den freien Durchgang zu den Weiden, sie wurden durchschnitten und die Herden über das Farmland der *Nesters* getrieben. Nach ein paar Jahren gab es bereits so viele Nesters, daß die großen Rancher schließlich aufgaben. Die wilden Tage des offenen Weidelandes und der großen Viehtriebe waren vorbei.

Durch die Eisenbahn veränderte sich auch der Bergbau. Der Transport von Erzen und Maschinen wurde erleichtert. Manche Minenstädte versanken im Bankrott. Doch die überlebenden Städte etablierten sich und wurden gesetzestreu. Die Bühne war nun frei für Souveränität und die Ankunft des 20. Jahrhunderts.

STAATSWERDUNG & UNIONSPFLICHTEN

Regierung

Geschrieben vom Kontinentalkongreß der Vertreter der 13 britischen Kolonien in Nordamerika, der bis 1789 kurz nach der amerikanischen Revolution in Philadelphia tagte (*Continental Congress*), enthält die *Northwest Ordinance* aus dem Jahr 1787 die Regeln, nach denen die Territorien festgelegt wurden, sowie die Bedingungen, die eingehalten werden mußten, um vom Kongreß als Mitglied der Vereinigten Staaten aufgenommen zu werden.

Für jedes Territorium der Vereinigten Staaten wurde vom Kongreß ein Gouverneur, ein Minister und drei Richter ernannt. Sobald ein Territorium 5000 „freie" Einwohner hatte, wurde eine Legislative gebildet.

Um als Staat anerkannt zu werden, mußte ein Territorium über eine gewisse Zeit beweisen, daß es sich selbst verwalten konnte, es mußte eine ausrei-

Die südwestlichen Staaten Arizona, Colorado, Nevada, Neu-Mexiko und Utah wurden zwischen 1864 und 1912 Mitglied der USA.

Das State Capitol von Denver, der Hauptstadt Colorados.

chende Bevölkerungsanzahl vorweisen und seine eigene Verfassung schreiben. Wenn die Einwohner eines Territoriums diese Vorgaben erfüllt hatten, konnten sie einen Aufnahmeantrag in die Vereinigten Staaten stellen. Bei einigen dauerte es Jahrzehnte, bis sie soweit waren.

Im Jahr 1863 wurde das Territorium Neu-Mexiko geteilt – der Westen wurde zu Arizona. Die staatliche Anerkennung schafften die Südwestler erst spät. Arizona und Neu-Mexiko hatten bis 1912 immer wieder anzuklopfen, um in die Union aufgenommen zu werden. Colorado wurde 1876 und Nevada 1864 aufgenommen. Utah führte eine langandauernde Kontroverse über die Polygamie bei den Mormonen. Das Land wurde 1896 aufgenommen, nachdem es sich von diesen ehelichen Praktiken verabschiedet hatte.

Die Rechte der einzelnen Staaten innerhalb der Union wurden 1791 durch die amerikanische Verfassung und mit den *Tenth Amendment* (Anhang) geregelt.

Unter anderem dürfen die einzelnen Staaten keine Verträge abschließen, Allianzen oder Konföderationen bilden; keine Münzen prägen; Ehrentitel verleihen; Import- oder Exportsteuer erheben; Armee oder Marine unterhalten; einen Krieg führen; oder die Rechte der Bürger ohne Gerichtsverfahren diskriminieren beziehungsweise aberkennen .

Die Verfassungen der einzelnen Staaten unterscheiden sich, und in vielen Fällen bleibt dem Volk eine Anzahl von Rechten vorbehalten oder sind

Die feinen Skulpturen der Indianer vor dem State Capitol in Salt Lake City künden von den guten Beziehungen zwischen Mormonen und Ureinwohnern.

Volksabstimmungen möglich. Und, wie es so schön heißt, jegliche Politik ist lokal und kann in dieser Hinsicht tatsächlich von Bürgerinitiativen beeinflußt werden.

Die fünf südwestlichen Staaten wählen Gouverneure, andere hohe Beamte und die gesetzgebende Gewalt, die aus einem Oberhaus und dem Senat besteht. Die Legislative tritt jährlich ab Januar 30 bis 60 Tage zusammen.

Die südwestlichen Staaten entwikkelten eigenständige Charakteristika, die jeweils mit ihrem individuellen Ursprung und ihrer Entwicklung zu tun haben. Volkstum der nativen Amerikaner und spanisches Erbe sind am stärksten in Neu-Mexiko vertreten. Das moderne Utah geht auf mormonische Ideologie zurück, Elastizität und harte Arbeit. Colorados Charakter ist geprägt vom frühen Bergbau, was auch für Arizona gilt. Tucson jedoch konnte viel von dem „Südlich-der-Grenze"-Ambiente erhalten, und im nördlichen wie im südlichen Teil des Staates bleibt viel Land den Navajo, Hopi, Pima und Papago vorbehalten.

Das Gesetz von 1934

Die Regierung garantierte den Indianern die Bürgerrechte im Jahr 1924. Armut, Ausbeutung, Hunger, Schmutz, schlechter Gesundheitszustand und Vernachlässigung waren in den Reservaten weit verbreitet. Die Population nahm laufend ab und war erheblich geringer als zu spanischer Kolonialzeit. Entsprechend dem

Der Gouverneurspalast von Santa Fe, heute ein Museum, ist das älteste Regierungsgebäude in der ältesten Hauptstadt der Vereinigten Staaten.

Niedergang der indianischen Bevölkerung (*indigenous peoples*) schrieb der vorherrschende Zeitgeist vor, die Indianer zu amerikanisieren, zu zivilisieren und zu christianisieren. Das bedeutete, daß alles Indianische exzorziert werden mußte. Bisherige Nomaden sollten eine schulische Ausbildung erhalten und bekamen Land, so würden sie zu nützlichen Mitgliedern der Gesellschaft.

Wie wir heute wissen, hatte diese Zuteilungspolitik im *Dawes Act* von 1887 die Folge, daß die nativen Amerikaner um noch mehr Land gebracht wurden. Im Jahr 1887 hatten die amerikanischen Indianer 138 Millionen Acres Land, als das Gesetz außer Kraft gesetzt wurde, waren es nur noch 52 Millionen Acres. Während dieser Zeit fragte niemand:

Verstehen sie diese ausländische Idee von persönlichem Besitz? Können sie überhaupt Land bebauen?

In der Schule wurden indianische Kinder bestraft, wenn sie ein Wort ihrer Muttersprache verwendeten. Die Selbstwertschätzung der nativen Amerikaner wurde systematisch ausgemerzt. Ihnen wurde beigebracht, daß ihre Kultur barbarisch sei. Reformer argumentierten, es sei am besten, sie zu assimilieren. Im unerschütterlichen Glauben, Gutes zu tun, dachten diese Leute nicht im geringsten daran, daß der Weg zur Hölle mit guten Vorsätzen gepflastert ist.

Im Jahr 1926 gab die Regierung eine Studie über die Lage der Indianer in den Reservationen im Südwesten in Auftrag, die 1928 als *Meriam Report* veröffentlicht

Im Navajo-Reservat in Arizona.

wurde und den traurigen Zustand der Indianer ins öffentliche Bewußtsein hob. Pläne für eine tiefgreifende Verbesserung wurden erarbeitet, aber die große Depression, die das ganze Land ins Elend stürzte, brachte jegliches soziale Engagement zum Stillstand.

Als John Collier – ein Freund von D.H. Lawrence und Georgia O'Keeffe –, ein Dichter, Sozialarbeiter und scharfer Kritiker der Art und Weise, wie mit den Indianern umgegangen wurde, *Commissioner* für indianische Angelegenheiten wurde, begann er, die Dinge wieder in Schwung zu bringen und war Architekt des *Indian Reorganization Act* aus dem Jahr 1934. Dieses Gesetz gilt als „New Deal" für die nativen Amerikaner. Es legte fest, daß kein weiteres Land aus der Hand der Stämme genommen werden könne, daß die Reservationen durch Regierungsland vergrößert werden sollten; daß die indianischen Gruppen sich eine eigene Verfassung geben konnten und daß sie ihre eigenen Geschäfte gründen konnten. Das Gesetz schrieb vor, vom Kongreß genehmigte Entwicklungsdarlehen zu geben; es unterstützte die Ausbildung von Indianern, die die Führung ihres Volkes in die Hand nehmen sollten. Völlig neu war auch, daß der Hauptteil der Gesetzgebung durch ein Referendum der Betroffenen verabschiedet werden sollte.

Die meisten Stämme des Südwestens stimmten für das Gesetz. Nur die größte Gruppe, die Najavo, stellten sich dagegen. Für sie war alles, was vom *Bureau of*

John Wesley Powell

Im Jahr 1826 waren James O' Pattie und Ewing Young die beiden ersten Weißen, die den Grand Canyon sahen, und im Jahr 1853 gab der Kongreß eine Studie in Auftrag, die die günstigste Trassenführung für die interkontinentale Eisenbahn finden sollte. In den fünfziger Jahren des 18. Jahrhunderts wuchs das Territorium der Vereinigten Staaten ungeheuer an. Es erstreckte sich vom Atlantik bis zum Pazifik. Westlich des Mississippi jedoch waren große Landstriche unbevölkert, nicht kartographiert und noch nicht als Staaten anerkannt. Die ersten vier berühmten *Pacific Railroad Surveys* wurden von der Armee erstellt und galten als Prototypen der folgenden Studien. Eine dieser Untersuchungen führte im Jahr 1867 John Wesley Powell durch, ein junger, einarmiger Veteran des Bürgerkriegs, der eine einzigartige Vision zur Entwicklung dieser Region hatte, die vom tiefen Verständnis für den ariden Westen und seine Bevölkerung bestimmt war.

Er wurde 1834 im Umland von New York in einem kleinen Dorf geboren, überlebte üble Kämpfe in der Schule, durch sein Eintreten für die Abschaffung der Sklaverei ausgelöst. Diese Auffassung hatte er von seinem Vater übernommen, einem methodistischen Prediger. Der Junge, der Bücher verschlang und begeistert lernte, interessierte sich für die Naturgeschichte und -wissenschaft, arbeitete hart auf der Farm seiner Eltern und wurde sehr jung, mit 18 Jahren, Lehrer einer einklassigen Schule.

Er lehrte nicht nur, sondern forschte gleichzeitig und sammelte Pflanzen. 1860 war er bereits als Naturforscher anerkannt und konnte auf eine Sammlung von 6000 Pflanzen verweisen. Im Bürgerkrieg meldete er sich als Freiwilliger, um gegen die Sklaverei zu kämpfen. Als geborener Führer wurde er bald Unteroffizier, dann Leutnant und in den engeren Kreis um General Grant berufen. Selbst als er einen Arm in der *Battle of Shiloh* verlor, diente er weiter und wurde am Ende des Krieges im Rang eines Majors entlassen.

Als Professor leitete er 1867-1868 die erste Expedition in die Rocky Mountains, die erfolgreich verlief und zur berühmten Expedition zum Colorado River im Jahr 1869 führte, wobei ihn neun Leute begleiteten. Sie war wagemutig, extrem gefährlich und dauerte 100 Tage. Powell veröffentlichte eine Zusammenfassung dieses Unternehmens unter dem Titel *Explorations of*

Indian Affairs kam, unglaubwürdig. Darüber hinaus wollten die Najavo ihr traditionelles Stammesgefüge nicht aufgeben. 1950 stimmte der Kongreß ihrer Selbstverwaltung zu.

Regierungsaktivitäten

Trotz ihrer Unterschiede haben die fünf südwestlichen Staaten viele Gemeinsamkeiten. Sie teilen das alte präkolumbianische Erbe, die geographische und geologische Beschaffenheit des Colorado-Plateaus, die Wüsten und Gebirge, zwei große Flüsse, die Trockenheit, Klima und das ständige Bewußtsein der Wasserknappheit. Alle fünf Staaten verbindet die Schönheit der Natur in ungeheur leerem Raum mit städtischen Zentren und High-tech-Forschung und Industrie.

Die Bundesregierung spielte eine große Rolle, als es um das wirtschaftliche Schicksal des modernen Südwestens und sein Engagement im High-tech-Bereich und der damit verbundenen Industrien ging. Es begann mit dem Bau des Hoover-Damms, setzte sich fort mit der Entwicklung der Atombombe und den Atomtestgebieten, die zu einem rapiden Wachstum militärischer Anlagen und Forschungs- und Entwicklungseinrichtungen führte, schließlich zur Militär-

the Colorado River and Its Canyons. Die zweite Expedition zum Green- und Colorado River im Jahr 1871 fand zu Wasser und zu Land statt.

Mit seiner 1878 präsentierten Veröffentlichung *Report on the Arid Regions of the United States* war er seiner Zeit weit voraus. Das Werk, ein brillanter Blick in das Leben und die Gedankenwelt der Region, enthielt den Entwurf für eine umweltgerechte landwirtschaftliche Entwicklung, Bewässerung und Aufforstung des Westens. Aber Powells Reformpläne waren zu intelligent, zu weit vorausgedacht.

Als der sogenannte gesunde Menschenverstand und der Kongreß sein Pläne verworfen hatte, übernahm Powell die Leitung des neuen *National Bureau of Ethnology.* Er war außerordentlich interessiert an der Kultur der nativen Amerikaner. Sein fünfbändiges Werk *Handbook of the American Indians* wurde posthum im Jahr 1907 veröffentlicht und enthielt seine gesammelten Erkenntnisse über das Leben und die Kultur der Indianer. Es war das seinerzeit umfassendste Werk zu diesem Thema.

Die Liebe und seine Visionen zum ariden Westen und seinen Bewohnern ist Powells tiefgreifendste Hinterlassenschaft.

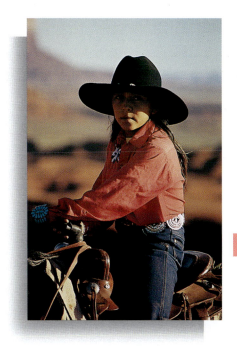

Junger Navajo, Angehöriger eines unverwüstlichen und mutigem Volkes.

industrie (siehe Rahmentext S. 30). Präsident Roosevelt prognostizierte der Region eine grundlegende Veränderung. So kam es. Der Damm hievte den Südwesten in eine Zukunft der Landwirtschaft und in ein industrielles Kraftpaket.

Vor Abschluß des *Manhattan Project* hatte nie jemand etwas über das abgelegene Nest **Los Alamos** in den Bergen bei Santa Fe gehört. Das war der Ort, wo eine geheime Stadt mitten im Ödland entstand und eine Gruppe weltweit führender Naturwissenschafter um Robert Oppenheimer zusammenkam. Drei Jahre lang arbeitete sie fieberhaft daran, „Fat Man" zu entwickeln, die erste Atombombe. Sie wurde am 16. Juli 1945 in der Wüste des südlichen Neu-Mexiko gezündet. Der Deckname dieses Geländes war Trinity. Ein makabrer Zufall wollte es, daß die ersten spanischen Siedler diese gottverlassene Gegend *Jornado del Muerto* nannten, Reise in den Tod.

Nach dem Zweiten Weltkrieg wurde der *America Nuclear Highway* entlang der Nord-Süd-Achse zwischen den Raketensilos bei Cheyenne in Wyoming und der White Sand Missile Range in Neu-Mexiko gebaut. An der Strecke liegen die wesentlichen Fabriken wie die Rocky-Flats-Nuklearwaffenfabrik bei Denver, das Kommandozentrum des North American Aerospace Defense Command (NORAD) tief in den Bergen von Colorado Springs; die US-Airforce-Akademie von

Die Rüstungsindustrie

Mitten in der großartigen Landschaft des Südwestens versteckt liegt die Szenerie des Kalten Krieges. Wenn man durch dieses verlassene Land reist, kann es sein, daß man sie nicht einmal wahrnimmt. Aber sie ist da. Währen des Zweiten Weltkriegs begann sich die Militärindustrie aus den industriellen Zentren in den Westen zu verlagern. Dieser Trend verstärkte sich während des Kalten Krieges. Strategische Überlegungen spielten die Hauptrolle, die Fabriken und Entwicklungsstätten weg von den dichtbesiedelten Zentren in den für diesen Zweck idealen Südwesten zu verlagern.

High-tech-Unternehmen

Arizona wurde die Hauptproduktionsstätte der Militärunternehmen McDonnell Douglas, Hughes Aircraft & Hughes Missiles Systems, Allied Signal, Intel und Motorola. Colorado und Utah nehmen einen hohen Stellenwert im militärischen Forschungs- und Entwicklungsbereich (F+E) dieser Unternehmen ein. Beide sind auch Raketenhersteller: sie werden in Martin Marietta in Denver, von Unisys in Thiokol und Hercules Poder in Utah gebaut. Das wiederum zog die Firmen an, die sich auf High-tech-Militärelektronik und Kommunikationssysteme spezialisiert hatten. Sie konzentrieren sich rund um die Raketenfabriken.

Die Luftwaffe wurde zum Eckpfeiler des Kalten Krieges, seitdem sie exotische Hardware testete und flog, wobei sich der Südwesten in den achtziger Jahren zum Airforceland par exellence entwickelte. Man vergab die Militäraufträge in der Region, und immer mehr Gesellschaften eröffneten Zweigniederlassungen in der Nähe der Militärbasen. Immer dicht am Kunden, waren diese Filialen Auge und Ohr ihrer Muttergesellschaften.

Los Alamos & Sandia

Es gibt im Südwesten zwei beherrschende Militärzentren: Los Alamos in den Bergen bei Santa Fe und Sandia in Albuquerque, beide in New Mexico. Sie zogen eine ganze Gemeinde von High-tech-Firmen und Zulieferbetrieben nach sich. Los Alamos, das seine Karriere mit der Atombombe begann, entwickelte in der Folge weitere Waffensysteme. Sandia ist der nicht-nukleare Partner und kümmert sich um F+E vom Start bis zum Ende. *It makes the weapons work.*

Beide Forschungseinrichtungen bearbeiten heute auch weitere Bereiche. Sandia beispielsweise ist verantwortlich für Sicherheit der Atombombenlager, Demontage und aller weiteren Sicherheitseinrichtungen. Darüber hinaus liegt die Verifizierung der internationalen Rüstungskontrollverträge in den Händen von Sandia, wo das größte einschlägige Programm entwickelt wurde.

Umweltbusineß

In Sandia werden auch die Abfallprodukte der Militär- und Weltraumtechnologie zur kommerziellen, friedlichen Nutzung entwickelt. Darunter beispielsweise ein strahlungsresistenter integrierter Schaltkreis für die Weltraumfahrt und *Rolamite*, eine Schaltung, die für automatische Waffen entwickelt wurde und heute Kernstück des Airbags ist. Sandia ist auch führend in der Entwicklung parallel schaltbarer Minicomputer, sogenannter SANDACs. Aber es geht noch weiter. Intelligente Roboter und Highwayführungssysteme, batteriegetriebene Fahrzeuge, fortschrittliche Autotechnologie überhaupt, Geophysik, Geomechanik, Kohlenstoff-Technologie und Umweltsicherheitsprodukte sind Bereiche von F+E. Sandia steht auch in vorderster Front von F+E zweier Gebiete, die in der Regel als unvereinbar gelten: nämlich Energie und Umwelt.

Die gutbezahlten Militärspezialisten sorgten für einen raschen Anstieg des durchschnittlichen Einkommens im Südwesten. In den ausgehenden vierziger Jahren lag das Durchschnittsgehalt noch ein Viertel unter dem nationalen Durchschnitt. Zwischen 1972 und 1986 wuchsen in dieser Region – entgegen dem Nettoverlust industrieller Abeitsplätze im ganzen Land – die Arbeitsstellen um 30 Prozent. Der Kalte Krieg ist vorüber, und der Südwesten muß sich eine neue, friedliche Grundlage für seine Zukunft suchen.

Das nationale astronomische Observatorium von Neu-Mexiko, ein gelungenes Beispiel von High-tech-Entwicklungen in der Wüste.

Colorado Springs; das Los Alamos National Laboratory in Loa Alamos; Sandia National Laboratories und Kirtland Air Force Base mit ihren überragenden Forschungseinrichtungen, Phillips Laboratory – all das in Albuquerque. Die White Sands Missile Range liegt bei Alamogordo. In Utah wurde die ausgedehnte Hill Air Force Base bei Ogden in den späten dreißiger Jahren eröffnet, und zehn weitere riesige Militärbasen folgten während des Zweiten Weltkriegs, wodurch wiederum die Militärindustrie mit Firmen wie Thiokol Chemical Corporation und auch Hewlett Packard angezogen wurden. Im Laufe der Zeit wurde Hill Air Force Base die Raketenhauptstadt im Südwesten. Arizona entwickelte sich zum Luftfahrtzentrum, Nevada wurde Atomtestgebiet.

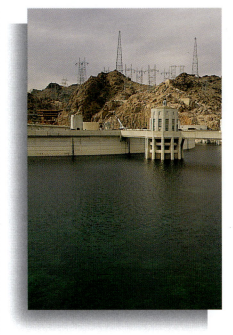

Der Hoover-Damm, ein riesiges Projekt der Bundesregierung.

UNGEHEURE BODENSCHÄTZE

Wirtschaft

Viehzucht und Landwirtschaft waren die traditionellen Standbeine der Wirtchaft im Südwesten, bevor der Militärbereich die Region in ein High-tech-Forschungs- und Produktionszentrum verwandelte. Der Reichtum an Bodenschätzen aber war das auslösende Moment der industriellen Entwicklung.

Bergbau

Selbst in den trostlosesten Gegenden Colorados wird nach Öl gebohrt.

Arizona kam während des ersten Bergbau-Booms im Jahr 1736 zu seinem Namen. Hunderte von Prospektoren und Bergleuten zogen aus Neuspanien nach Norden zu einer eben gefundenen, reichen Silbermine direkt an der heutigen Grenze zu Mexiko. Die Mine hieß „Arizonac".

1828 fanden die Prospektoren eine reiche Goldader südlich von Santa Fe und kurz darauf weiteres Gold, was zu einem Sturm auf Arizona führte, bis die Minen wenige Jahre später erschöpft waren. Als der Goldrausch

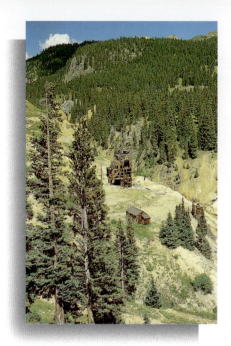

Aufgelassene Silbermine in den Bergen von San Juan in Colorado.

im Jahr 1849 Tausende nach Kalifornien zog, wählten einige Individualisten eine andere Marschrichtung. Charles D. Poston und der Deutsche Hermann Ehrenberg entdeckten ein großes Kupfervorkommen bei Ajo. Es wurde bald ein belebtes Zentrum des Bergbaus, und Poston wurde bekannt als „Vater von Arizona".

In der folgenden Zeit boomten der Bau der Eisenbahn und der Bergbau gleichzeitig. Zunächst konzentrierte sich das Interesse auf Gold und Silber, weil die Preise für diese Edelmetalle hoch genug waren, um den umständlichen Transport mit Lasttierkolonnen zu finanzieren. Es war unmöglich, andere Bodenschätze wie Kupfer, Kohle und später Öl auf solch ineffektive Weise zu transportieren. So kamen die Eisenbahnen gerade zur rechten Zeit, um schwere Maschinen zu liefern und Kohle und Erze mitzunehmen.

Zunächst lag Kalifornien bei der Goldbergförderung an der Spitze, wurde 1900 von Colorado überholt, gefolgt von Arizona, das den ersten Platz im Silber- und Kupferbergbau innehielt. Neu-Mexiko förderte viel Silber, etwas Kupfer, nahm aber den ersten Platz bei Kohle ein. Das „schwarze Gold" wurde bei Gallup, Raton und Santa Fe gefördert.

Forscher wie John Wesley Powell hatten bereits sehr früh Kohlevorkommen unter dem Colorado-Plateau gefunden. In den fünfziger Jahren dieses Jahrhunderts mußten die rapide wachsenden Städte wie Los Angeles, Phoenix und Tucson neue Ernergiequellen erschließen und Strom „importieren". Die reichen Kohlevorkommen am Kaiparowits-Plateau in *Four Corner*, wo Arizona, Colorado, Neu-Mexiko und Utah sich treffen, zog alle Aufmerksamkeit auf sich. Viel Kohle wurde innerhalb der Reservate der Navajo und Hopi entdeckt.

Auf dem Colorado-Plateau fand man auch umfangreiche Vorkommen an Erdöl, Ölschiefer, Gas und Uran. Die einflußreiche *Utah Construction and Mining Company* befand, daß Gas und Öl zu wertvoll seien, um für Elektriziät verbrannt zu werden, und schloß mit dem *Najavo Tribal Council* einen Vertrag, wonach 12 400 ha Land exploitiert werden konnten und die Navajo 15 Cent pro Tonne Kohle erhielten. Die Gesellschaft baute nahe bei Farmington in Neu-Mexiko auch einen Kraftwerkskomplex.

Besonders die Eisenbahn begünstigte das Wachstum von Industrie und Bergbau.

Während der nächsten Jahre diskutierte eine Reihe großer Versorgungsbetriebe darüber, wie ein großangelegter Energie-Entwicklungsplan auf dem Colorado-Plateau zu verwirklichen sei. Der Große Plan, wie er genannt wurde, sah einen gewaltigen Komplex aus Kohle- und Atomkraftwerken vor, der dem boomenden Südwesten und Kalifornien eine unendliche Menge billiger Energie liefern könnte. Im Jahr 1964 wurde die WEST (*Western Energy Supply and Transmission*) gegründet. Sie bestand quasi aus dem Who's who der großen Versorgungsbetriebe, insgesamt 21. Die energiehungrigen Entwickler bauten zunächst das Four-Corners-Kraftwerk aus, um dann im Tagebau die Black Mesa zu erschließen, den heiligen Berg der Hopi.

1966 unterzeichneten die unerfahrenen Hopi den unverschämten Pachtvertrag mit der Peabody Coal Company trotz des Widerstands konservativer Dörfer.

Der Krieg um die Bodenschätze begann. Industrie, Politiker, die Regierung und Umweltschützer fochten einen wütenden Kampf aus um Wasserrechte, überdimensionale Bauprojekte am Colorado River, die schädlichen Auswirkungen des Baus von Kraftwerken am Colorado-Plateau, die Verwüstungen durch den Tagebau und die enormen Umweltschäden. Zwangsläufig wurden die Hopi und Navajo enorm in Mitleidenschaft gezogen. Aus ihrem ländlichen Leben katapultierte man sie in Hilfsarbeiterjobs auf Minen und Anlagen. Häßliche Städte wuchsen empor. Die

Solarenergie

Solarspiegel zur Stromerzeugung in den Sandia Laboratories.

Vielleicht, wenn alles gut läuft, gehören die Schlachten um die Energie bald der Vergangenheit an. Es wäre möglich, daß niemand mehr die Umwelt durch Tagebau ruinieren muß. Vielleicht können wir klarkommen, ohne unsere archäologischen und paläontologischen Schätze zu zerstören. Und vielleicht, ganz vielleicht, könnte es auch sein, daß wir die Luft über unseren Bergen nicht weiter verpesten, weil es eine Energiequelle gibt, die frei und üppig zur Verfügung steht: die Sonnenkraft im Südwesten.

Sandia Labs

In Neu-Mexiko sind einige der besten Wissenschaftler des Landes dabei, zu versuchen, die Energie der Sonne mittels einer wettbewerbsfähigen Technologie nutzbar zu machen und damit Öl und Gas abzuhängen. Diese Technologie muß zuverlässig und umweltsicher sein. Das alles zu erreichen, erfordert ein entschiedenes Umdenken. Die Sandia National Laboratories in Albuquerque betreiben die *National Solar Thermal Test Facility* und das *Solar Thermal Design Assistance Center*, eindrucksvolle Einrichtungen, die aussehen wie aus einer zukünftigen Zivilisation. Man muß sich ein großes Feld mit 222 computergesteuerten Solarpanels vorstellen, die ihre Spiegel wie Blüten einer gigantischen Blume nach der Sonne ausrichten, das Sonnenlicht sammeln und diese konzentrierte Energie alle auf einen Solarempfangsturm reflektieren, der 62 Meter hoch ist. Sandia Labs entwickeln auch Parabolreflektoren, die das Sonnenlicht zweiachsig einfangen und eine hohe Konzentratioon der Solarenergie auf engem Raum versprechen. Auch wird gerade an einer Sieben-Meter-Schüssel gebastelt, um im Bereich der Konzentrationsforschung weiterzukommen. Dieses hochentwickelte Solarpanel soll leichtgewichtig und kostengünstig sein.

Eine andere Form der Solarenergieverwertung, die in Zusammenarbeit mit dem Department of Energy und der kommerziellen Solarindustrie gründlich untersucht wird, ist das Dish-Stirling-System (Schüssel-und-Bewegungs-System). Dabei wird eine große Solarschüssel verbunden mit einem Hitzeempfänger und einer Ausdehnungsmaschine, die mit Sonnenenergie via Empfänger in Bewegung gesetzt wird. Diese Maschine hat ein geschlossenes System, das mit Gas gefüllt ist. Wenn das Gas erhitzt oder abgekühlt wird, dehnt es sich aus oder zieht sich zusammen. Der daraus resultierende Druckunterschied bewegt die Kolben in der Maschine, die mechanische Energie erzeugt. Dieses Dish-Stirling-System schafft eine Nettoenergieausbeute von 29 Prozent und liegt derzeit mit an der Spitze der bisher erreichten Effektivität.

Luftverschmutzung nahm ein gefährliches Ausmaß an. Trotz eines diesbezüglichen Abkommens blies das Black-Mesa-Kraftwerk täglich 1500 Tonnen Asche, Schwefeldioxid und Salpetersäue in die Luft – mehr, als in New York City anfällt.

Wenn dieses System erfolgreich weiterentwickelt werden kann, besteht Hoffnung, damit eine gegenüber herkömmlichen Energiequellen wettbewerbsfähige Solaranlage zur Stromerzeugung auf den Markt bringen zu können. Mit diesem System ließen sich kleinere Ortschaften oder ganze Fabriken versorgen. Welch ein Segen für die Umwelt! Sandia ist auch führend auf den Gebieten, wo die bisher widerstrebenden Bereiche Energieerzeugung und Umwelt in Einklang gebracht werden. Die Forschungen des Labors könnten erneuerbare Energien erzeugen und die Umwelt nicht belasten.

Die Umwelt entgiften

Ein verwandtes und faszinierendes neues Betätigungsfeld ist Solar Detox, eine solarunterstützte Luftreinhalte-Technologie. Zur Zeit sind diese solargetriebenen Einrichtungen, die ein Werkzeug bei der Reinigung der Umwelt sein können, noch nicht auf dem Markt. Aber die Zukunft der solaren Detox-Anlagen ist glänzend. Sandia entwickelte erfolgreich solare Paraboltröge mit einer Länge von 210 m, die bis zu 100 Liter verunreinigtes Wasser pro Minute reinigen können. Von den schätzungsweise 280 Millionen Tonnen Risikoabfall in den USA pro Jahr dürften 75 Prozent verschmutztes Wasser sein.

Die bestehenden Methoden, dieses Wasser zu reinigen, sind nicht wirkungsvoll oder befördern die Gifte einfach in die Luft. Die solare Entgiftungsanlage setzt den Paraboltrog als Reaktor ein, der die gefährlichsten Substanzen zerstört: Lösungsmittel, Pestizide, Brennstoffbestandteile, Holzschutzmittel und Farbstoffe. Keine weitere Behandlung des Wassers ist notwendig. Das Laboratorium geht davon aus, daß diese praktische Technologie innnerhalb der nächsten Jahre zur Verfügung stehen wird. Als nächsten Schritt will Sandia Ende der neunziger Jahre eine Anlage zur Verfügung stellen, die Böden auf solarem Weg dekontaminiert.

Schließlich kam es zum Skandal. Die Hopi fanden Freunde unter den Aktivisten, die mit Hilfe eines Berichts der *Four Corner Commission* die Ziele der Planer demaskierten. Der Bericht sprach von einem „umfangreichen, weitgehend nicht ausgebildeten Arbeitskräftepotential unterentwickelter Gruppen", womit die Navajo und Hopi gemeint waren. Der Native American Rights Fund begann, mit finanzieller Unterstützung der Ford-Foundation, den legalen Kampf für die Rechte der *Natives*. Native Amerikaner, der Sierra Club, die mächtigste amerikanische Umweltorganisation, die National Wildlife Federation und einige andere Gruppen klagten gegen die Peabody Coal Company, die den Tagebau betrieb, und gegen Innenminister Roger Morton. Die Geschichte vom Black-Mesa-Abbau – von den tiefreligiösen Hopi „Engel des Todes" genannt – schlug wie eine Bombe in den Medien und in Washington ein. Aber das war nur der Anfang eines facettenreichen Kampfs um die Bodenschätze, der sich bis heute fortsetzt.

Bei einem anderen sehr bekannten Vorfall wurde den nativen Amerikanern zur Erweiterung ihres Reservats unbrauchbares Land gegeben, von dem sich herausstellte, daß darunter ungeheure Schätze verborgen lagen: nämlich 30 Prozent des leicht abbaubaren Kohlevorkommens der USA und 40 Prozent des Uranvorkommens, außerdem Öl und Gas. Eine Art poetische Gerechtigkeit scheint hier am Werk zu sein.

Seit der Unerfahrenheit um die Black-Mesa-Geschichte sind die nativen Amerikaner einen weiten Weg gegangen. Sie bestehen auf dem Recht auf Selbstbestimmung, fairen Handel, bil-

Der eindrucksvolle Glen-Canyon-Damm am Lake Powell wurde trotz der Proteste von Naturschützern gebaut.

den ihre eigenen erstklassigen Rechtsanwälte aus, und einige ihrer Kinder konnten erfolgreich auf Havard abschließen. Aber es bestehen weiterhin unterschiedliche Auffassungen zur Ausbeutung der Bodenschätze im Hopi-Land: Die Hopi und ein großer Teil der Navajo wollen das ererbte Land erhalten, andere sehen das Einkommen aus den Kohle- und Ölvorkommen als Segen, der die fortbestehende Armut und Unterentwicklung ihrer abgelegenen Reservate vermindert.

Die Kontroverse über die Kohle hat sich inzwischen nach San Juan Basin im nahe gelegenen Neu-Mexiko verlagert. Die Gegend birgt über 200 Milliarden Tonnen Kohle, 15 Prozent davon unter öffentlichem Land. Eine der größten Uranminen befindet sich ebenfalls im Grants Uranium Belt im San Juan Basin und verursacht schwerwiegende Gesundheitsschäden durch den Abbau und die ständige Haldenabstrahlung.

Dazu kommt, daß die ungeheuren Kohlevorräte in einer paläontologischen Zone liegen, in der prähistorische Ruinen der bedeutenden Anasazi-Chacoan-Zivilisation mit Hunderten von Bauten noch nicht ausgegraben sind.

Forschung und Entwicklung

Durch seine Bergbauzeit hat der Südwesten einen enormen Sprung gemacht und kann heute mit den führenden Forschungszentren der Welt konkurrieren. Die Forschungs- und Technologieparks wiederum haben wie ein Magnet Investoren angezogen. Die großen und hochentwickelten Forschungs- und Entwicklungseinrichtungen des privaten Sektors und des Militärs beschäftigen Zehntausende und gaben Milliarden Dollar im Südwesten aus. Zusätzlich förderten die staatlichen Ausgaben bei zivilen Projekten, besonders im Wasserbau, das Wachstum der Bevölkerung und der Wirtschaft insgesamt.

Mit der Umstrukturierung der amerikanischen Wirtschaft schlossen in den siebziger Jahren Fabriken der traditionellen Industriezweige im „Rost-Gürtel", die Menschen wurden arbeitslos, aber neue Fabriken moderner Produktionszweige wurden andernorts errichtet. Der wachsende Südwesten scheint wie ein natürlicher Hafen zu sein. Plötzlich wollten die Menschen im „Sun-Belt" leben und arbeiten, emigrierten in großer Zahl in den Süden, fanden Jobs und blieben.

Zwei der größten öffentlichen Projekte waren 1963 der Glen-Canyon-Damm und das Central-Arizona-Projekt. Eine tiefgreifende Kontroverse umgab den Bau des Damms. Er speichert Wasser, kontrolliert die Überflutungen und erzeugt Elektrizität. Umweltbewahrer schrien laut auf, weil ein riesiges Gebiet unter Wasser gesetzt und das Ökosystem sich verändern würde. Der Damm wurde trotz dieser Proteste gebaut, und die Täler an der Grenze zwischen Arizona und Utah beim Navajo-Gebirge werden seit 1963 vom Lake Powell bewässert. Das riesige Reservoir mit 2880 km Uferlänge wurde zur populären Glen Canyon Na-

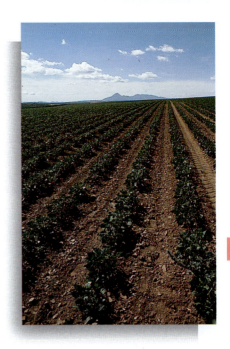

Bohnen stehen in der Wirtschaft und der Küche ganz obenauf.

tional Recreation Area, die von jährlich über drei Millionen Menschen besucht wird. Auch das 3,5 Milliarden Dollar teure Central Arizona Project (CAP) war äußerst umstritten, brachte die Umweltschützer auf, änderte aber das Leben von zehn nativen amerikanischen Stämmen grundlegend, die jetzt mit Wasser versorgt werden und Landwirtschaft betreiben können. CAP pumpt ungeheure Mengen Wasser vom Colorado über eine Entferung von 536 km in die Wüstengebiete von Phoenix und Tucson. Die Arbeitslosigkeit in einem Reservat dort war unerträglich hoch, jetzt können die ansässigen Indianer dort vom Ertrag der Landwirtschaft leben.

In den vergangenen Jahren führte das Ende des Kalten Krieges zu einem

Ziegen sind eine „landwirtschaftliche Rarität".

einschneidenden Wandel im Südwesten. Durch die verminderten Militärausgaben mußten Industrieanlagen und Militärbasen schließen. Lokale und staatliche Verwaltungen bemühen sich darum, Wirtschaftszweige anzusiedeln, die weniger von der Rüstung abhängig sind.

Während der achtziger Jahre wuchs die Anzahl der Arbeitsplätze in Arizona um 43 Prozent und damit um das Doppelte des nationalen Durchschnitts. Das Land profitiert von einem Exodus aus Kalifornien. Im Finanzjahr 1992 siedelten sich 50 Gesellschaften neu in Arizona an und schufen damit 13 000 Arbeitsplätze. 27 dieser Firmen kamen aus dem hart getroffenen Kalifornien, wo die Kosten höher liegen. Um der Entwicklung hin zum 21. Jahrhundert einen kräftigen Schub zu geben, verabschiedete das hochtechnologie orientierte Arizona 1993 eine weitreichende Umweltgesetzgebung. Der Staat kämpft auch darum, die Rüstungsindustrie zu halten oder neu zu gewinnen, indem er Steuerpausen anbietet.

Zwei der führenden nationalen Forschungseinrichtungen, Los Alamos und Sandia, die jeweils tausende Wissenschaftler beschäftigen, liegen in Neu-Mexiko. Die *Brainpower* dieser Region soll größer sein als sonstwo in den Vereinigten Staaten. Beide Einrichtungen werden vom Kongreß erheblich subventioniert, stehen aber unter dem Druck, Partner aus dem privaten Sektor zu finden und sich so zu profilieren, daß sie zu Amerikas Ziel beitragen können, auf dem Welt-

Grand Canyon Railway. Trotz der offensichtlichen Leere dieses riesigen Landes ist der Tourismus ein wachsender Wirtschaftszweig.

markt der Zukunft bestehen zu können. Neu-Mexiko subventionierte Intel mit einer Milliarde Dollar, um 1000 Arbeitsplätze im nichtmilitärischen Bereich zu schaffen. Intel stellt dort in Rio Rancho bei Albuquerque den Pentium-Chip her. Weitere 700 Arbeitsplätze sind von Motorola geplant.

In den nächsten Jahren will der Staat Neu-Mexiko jährlich 11 000 bis 12 000 Arbeitsplätze für seine 1,5 Millionen Einwohner neu schaffen. Immer noch konnte eine Reihe von Airforce-Einrichtungen gehalten werden: die Airforce-Basen in Kirtland, Cannon, Holloman und die White Sands Missile Range. Momentan profitieren diese Basen von Schließungen in anderen Teilen des Landes. Die Airforce hat vor, das heute schon führende Phillips Laboratory an die absolute Spitze der Weltraumforschung zu hieven.

Landwirtschaft

Trotz all der Forschung, dem Bergbau, den High-tech Fabriken und Militärbasen bleibt die Landwirtschaft – wie in den frühen Tagen der Besiedlung – einer der bedeutenden Wirtschaftssektoren im Südwesten. Rinderfarmen dominieren den weiten Raum. Schafe, Mastschweine und Geflügel werden auch, aber in geringerem Umfang aufgezogen. Colorado führt in diesem Industriezweig mit einer jährlichen Produktion von annähernd drei Millionen Stück Vieh. Neu-Mexiko hält mit 1,4 Millionen Rindern den zweiten Platz, Arizona erzeugt eine Million,

Zocken in Las Vegas

Der unablässige Thrill endloser Spielautomaten.

Man stelle sich einmal vor: 22 Millionen Menschen kamen im Jahr 1992 nach Las Vegas, viele aus Gewohnheit, andere zu besonderen Events, aber fast alle kamen, um zu spielen. Die Stadt und die staatliche *Gaming Control Commission* sammeln darüber eifrig Informationen.

Was unternehmen die Menschen in Las Vegas also? 90 Prozent spielen, und zwar durchschnittlich 4,9 Stunden pro Tag. Geldspielautomaten (*Slot machines*) sind äußerst populär und werden von 51 Prozent der Spieler am häufigsten frequentiert. Black Jack steht auf dem zweiten Platz mit 23 Prozent, und Video-Poker folgt mit 21 Prozent, Lottoautomaten (*Keno machines*) schließlich mit 12 Prozent. Der Quarter, die 25-Cent-Münze, ist die beliebteste Geldeinheit, die von 65 Prozent der Besucher eingesetzt wird. 18 Prozent waren so mutig, Ein-Dollar-Scheine zu spielen, und 16 Prozent geizten mit einem Nickel, der 5-Cent-Münze. Den gewagteren James-Bond-Stil findet man eher an den Spieltischen beim eleganten Roulette, wo 45 Prozent der Spieler 5 Dollar einsetzten und 26 Prozent mit dem Mindesteinsatz von 2 Dollar ihr Glück versuchten. In Wirklichkeit folgt die Hälfte der Besucher James Bond nicht so ganz auf den Fersen, wenn sie ehrlich sind: Sie geben zu, mit einem Budget von 300 Dollar oder weniger auskommen zu müssen, während im Durchschnitt exakt 454 Dollar ausgegeben werden.

Die Spielindustrie

Wenn man jetzt im Kopf behalten hat, daß jährlich 22 Millionen Menschen kommen, von denen 90 Prozent scharf aufs Spielen sind, beginnt die Geschichte ziemlich lukrativ auszusehen. Im Jahr 1971 nahmen die Kasinos 400 Millionen Dollar zu versteuernden Gewinn vom spielversessenen Publikum ein. Innerhalb der nächsten zwei Jahrzehnte bis Ende 1992 wuchs der zu versteuernde Gewinn in Clark County, in dem

Utah 900 000 und Nevada 500 000 Rinder.

Landwirtschaft findet man hauptsächlich in den Tälern des Rio Grande und anderer Flüsse, in den bewässerten Regionen in Südarizona, Nordwest-Neu-Mexiko und Teilen von Utah. Hauptertröge aller fünf Staaten sind Weizen, Gerste und Alfalfa. Neu-Mexiko erzeugt Pe-

kannüsse, Chili, Trauben, Äpfel und Baumwolle. Colorado produziert Zwiebeln, Hafer, Zuckerrüben, Mais, Kartoffeln, Äpfel, Pfirsiche und Birnen. In Nevada wachsen Knoblauch, Zwiebeln und Kartoffeln, in Utah Äpfel und Kirschen und in Arizona Zitrusfrüchte, Zuckerrüben, Sorgho, Mais, und auf bewässerten Feldern gedeiht Baumwolle.

Las Vegas liegt, einschließlich der kleineren umliegenden Spielorte in Nevada auf eine Summe von 42 Milliarden Dollar – jährlich. Das ist wirklich eine eindrucksvolle Zahl.

Ein Blick auf die Wachstumsrate des Spiels zeigt, daß Las Vegas seit 1971 ununterbrochen und ungebremst boomt. Die niedrigsten Wachstumsraten lagen im Jahr 1982 bei 2,76 Prozent und im Jahr 1991 bei 1,82 Prozent, beides Krisenjahre. Die höchsten Raten kamen Mitte der siebziger Jahre zustande und 1980, 1987, 1988 und 1990. Sie reichen von 11,64 Prozent bis zu 22,85 Prozent. Man muß eigentlich nicht hinzufügen, daß Nevada das höchste Spielsteuereinkommen aller 50 Staaten der USA hat.

All diese Aktivitäten erfordern Personal. Gemäß dem *Employment Security Department* des Staates Nevada waren im Dezember 1992 in Clark County (Las Vegas) 169 500 Menschen direkt in den Hotels, Spielhallen und Unterhaltungsbereichen angestellt.

Die literarische Seite

Spielen scheint so alt zu sein wie die Menschheit. Als Gegengift zu den Statistiken hier einige amüsante Beobachtungen:
„Die Stärke von Monaco (und Las Veags) ist die Schwäche der Welt." – Herbert A. Gibbons.
„Ich muß mich so lange darüber beschweren, daß die Karten schlecht gemischt sind, bis ich ein gutes Blatt auf der Hand habe" – Jonathan Swift.

Tourismus

Mit dem unermeßlichen Raum und der Leere des Landes verbinden sich andererseits spektakuläre landschaftliche Gebilde. Der Südwesten ist ein Ort, an dem die Natur noch absolut das Sagen hat. Daß Tourismus eine rentable Branche ist, bezeugt die hohe Popularität des Süd-

Eines der Freizeitvergnügen in den „Rockys": Skifahren.

westens. Reisende mögen den Südwesten und kommen in wachsender Anzahl. Beiden inländischen Reisezielen rangieren die südwestlichen Staaten unter den Top ten. Im Jahr 1992 wurde Santa Fe bei einer Leserabstimmung der Zeitschrift *Traveler* als die weltweit beste Destination gekürt. Der Tourismus erreicht in Arizona einen Umsatz von 6,8 Milliarden Dollar und beschäftigt allein in Phoenix 150 000 Menschen in tourismusnahen Bereichen. 22 Millionen Besucher bereisen den Staat jährlich, davon 2,6 Millionen Ausländer aus Kanada, Mexiko, Deutschland, Japan, Frankreich und Großbritannien. Die Anzahl deutscher Besucher in Arizona stieg 1993 um 18 Prozentpunkte. Was für Arizona gilt, gilt auch für die anderen Staaten.

GEFORMT, GESCHLIFFEN & GESCHNITTEN

Geographie & Klima

Der großartige Südwesten ist unbestreitbar das interessanteste geologische Laboratorium der Erde. Dort, wo die nordamerikanischen Erdschichten auf die ozeanische Ebene stießen, konnten die Rocky Mountains und das Colorado-Plateau entstehen. Ursprünglich wurde dieses Gebiet von Erhebungen und vulkanischen Bewegungen geprägt, und bald schon hinterließen Wind und Wasser durch unablässige Erosion als geradezu meisterhafte „Bildhauer" über Millionen von Jahren hinweg ihre Spuren. Wo sonst auf dieser Erde findet man eine solche Fülle imposanter Landschaften – zusammengepreßt, aufragend, zerklüftet, zerschnitten, gemeißelt, geschliffen und poliert? An keinem anderen Ort dieser Welt sind Schluchten und Berge in den auffallendsten Farben der Expressionisten zu sehen. Herrlich

Ein sanfter Hauch von Herbststimmung über dem Colorado.

Geologische Erhebungen: ein 3200 Meter hohes Segment des Waterpocket Fold im Capital Reef National Park in Utah.

das wechselnde Licht, wenn es die Berge in purpurrote und rosa Farben taucht. Die Wolken leuchten wie Lavendel, die Felsen erstrahlen in tiefem Rot und die Gesteinsschichten golden, grau, violett und rotbraun gegen den weiten, lichtblauen Himmel.

Dramatische Skulpturen

Die hinreißende Landschaft des **Arches National Park** im Südosten von Utah ist beispielhaft für die beinahe künstlerisch vollendete geologische Ausformung durch Wind und Wasser. Der Park ist be-

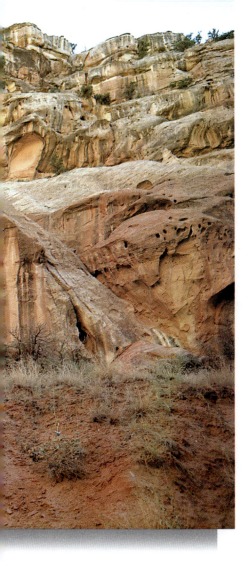

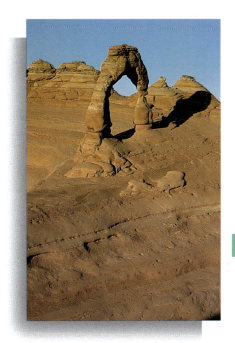

Einer der kunstvollen Bogen im Nationalpark, nicht weit von Moab.

rühmt für seine natürlichen Steinbögen und Skulpturen hoch oben auf einem Felsplateau über der Colorado-Schlucht und wirkt auf den ersten Blick wie ein versteinerter Wald. Vor 300 Millionen Jahren war dieses Gebiet noch von einem Meer überflutet. Riesige Mengen von Sedimenten lagerten sich auf dem Boden ab. Während der Pennsylvanischen Periode verringerte sich das Wasser, verdampfte schließlich durch die enorme Sonneneinstrahlung und kristallisierte. Am Ende dieser Periode hatte sich eine 930 Meter dicke Salzschicht gebildet. Millionen Jahre der Erdentwicklung gingen ins Land und hinterließen Schichten von Sedimenten auf dem Grund des Beckens. Ständige Erosion sorgte für erste Erhebungen. Schließlich konnte der fragile Dom aus Salz das Gewicht all der Schichten nicht mehr aushalten und brach zusammen. Das Salz wurde durch die Schichten gedrückt. Zufällige Erhebungen formten die Sedimente weiter aus. Die Erosion fraß sich durch das Salz, Wasser hat es ausgewaschen, versickerte in Spalten und gefror. Die komplizierte Alchemie der Erde setzte das Werk

Der schneebedeckte Gipfel des Sandia in Neu-Mexiko, einer der größten Bergkämme der Region.

äonenlang fort, bis ein Wald aus steinernen Spitzen und zierlichen Brücken erschaffen war.

Wasser und Wind formten die ungewöhnliche Landschaft dieser Region, wobei der letzte Schliff vom Material abhing, auf das sie einwirkten. Im **Bryce Canyon** ist Wasser der meisterhafte Bildhauer gewesen. Es schuf ein vielfarbiges Wunderland aus Türmen und Felsspitzen, die zu einem phantastischen fremden Planeten zu gehören scheinen.

Man schätzt, daß sich in Bryce der Zyklus von Gefrieren und Tauen mehr als 200mal im Jahr vollzieht. Frost treibt das Gestein auseinander, es wird gespalten und zerbirst. Das nachfolgende Tauwetter wäscht dann die Trümmer aus. Der Wind tut ein übriges und bläst die einzelnen Teilchen fort. Bis heute hat die Erosion den Bryce Canyon in ein Amphitheater für Riesen verwandelt. Es ist angefüllt mit Formen aus weichem Sandstein in den lebhaftesten Farben.

Grob gesagt ist die Topographie des Südwestens wie eine große Schale mit zwei flachen Griffen, einem hohen Rand und sehr tiefen Rissen im geriffelten Boden geformt. In der Mitte erstreckt sich das hochgelegene, halbtrockene Colorado-Plateau, das von Mesas, Bergen und dem Steilhang des Mogollon Rim durchzogen ist. Die Risse sind Flußbetten und Schluchten, vor allem die Mutter aller Schluchten, der **Grand Canyon**. Die größten Gebirgskämme bilden den Rand des Gefäßes, so die Gebirge von San Francisco, Gila, Santa Catalina und die White

Mountains in Arizona, die Sierra Nevada, die Wasatch- und Uinta-Ketten in Utah, die Sacramento-, Sangre-de-Christo-, Jemez- und Sandia-Gebirgskämme in Neu-Mexiko und die San Juans im Süden Colorados. Mit Ausnahme von Südarizona ist der Südwesten im ganzen ein hochgelegener und gebirgiger Landstrich. Bleiben schließlich noch die zwei großen flachen Henkel der Schüssel, auf der einen Seite die flache Wüste im Süden Arizonas und auf der anderen die hochgelegenen Prärieebenen im Osten von Neu-Mexiko.

Klimatisches Wechselspiel

In sechs von sieben Lebenszonen in diesem Gebiet sind die Klimaunterschiede erheblich. Nur zweierlei ist konstant: reichliche Sonneneinstrahlung und mangelnde Feuchtigkeit. Bewölkte oder regnerische Tage sind selten. Zwar gibt es auch Regengüsse und Gewitter, doch kurz darauf klärt sich der Himmel wieder auf, und die Sonne brennt erneut. Die Temperaturen wechseln drastisch zwischen Tag und Nacht, mitunter bis zu 60° Celsius. Nachts, besonders im Sommer, ist das Wüstenklima angenehm kühl. Ein Gewitter im Juli oder August kann das Thermometer in nur einer Stunde erheblich abfallen lassen.

Das riesige Colorado-Plateau ist zumeist heiß und trocken. Es sind dort schon Temperaturen von 50° Celsius im Schatten gemessen worden. Die durchschnittliche Niederschlagsmenge beträgt bei 254 mm pro Jahr. Weil es aber

Hohe frische Birken bilden einen kühlen Kontrast in der Wüste.

auf zwischen 1500 und 3400 Meter Höhe liegt, gibt es dort auch einen richtigen Winter. Im Januar und Februar kann es Temperaturen unter Null, Stürme und dichtes Schneetreiben geben, so daß die Navajo manchmal aus der Luft mit Notrationen versorgt werden müssen.

Etwa von der Mitte des Rio-Grande-Tals an haben die südlichen Gebiete des Südwestens, vor allem in Arizona, mildere Wintertemperaturen. Selbst in Albuquerque kann es passieren, daß man sich frühlingshaft anzieht, um vormittags Golf zu spielen, am Nachmittag aber schon in Wintersachen durch den Ort schlendert.

Über 2000 Metern nimmt die Niederschlagsmenge wesentlich zu. Abhängig von der Höhe und Lage kann sie jährlich

Die wunderschön geformten Sandsteintürme im Bryce Canyon bieten ein beeindruckendes Schauspiel.

erhebliche Mengen erreichen, in den Höhenlagen in Form von Schnee.

Der Colorado

Als die Angloamerikaner erstmals die surrealistische Schluchtenlandschaft des Südwestens erblickten, waren sie der Meinung, daß dies ein nutzloses Ödland sei. Leutnant Joseph C. Ives, ein Ingenieur der Armee, hielt 1858 auf einer Erkundungsreise nach befahrbaren Flüssen im Westen in seinen Aufzeichnungen fest: „Wir sind die ersten Weißen und

über Bescheid wußten, wie wichtig Flußtäler für ein halbtrockenes Land sind. Ein Spanier war es auch, der den Colorado mit seinem ersten europäischen Namen benannte: *El Rio de Bueno Guia*, der Fluß der Guten Führung.

Die alten Wüstenzivilisationen nutzten das Wasser der großen Flüsse, beispielsweise des Nils und von Euphrat und Tigris, um Land fruchtbar zu machen. Ähnlich verlief die Entwicklung der Zivilisation des Südwestens, wo die zwei großen Flüssen das Ödland zur Blüte brachten: der Colorado und der Rio Grande, der eine 2320, der andere 2816 km lang. Ohne das Wasser dieser Flüsse wären regionales Wachstum und Leben in der Region unmöglich.

Die Geschichte der beiden Flüsse hat viel gemein, doch der Colorado ist weit mehr zum Gegenstand massiver Eingriffe durch den Menschen gemacht worden. Er entspringt in 4340 m Höhe in den eisigen Gipfeln der Rocky Mountains, in der Nähe des Lake of the Clouds, und wird mit jährlichen Schneemassen von beträchtlichem Ausmaß gespeist. Dort beginnt der Colorado seine weite Reise, immer abwärts in Richtung des Cortéz-Meeres. Vor langer Zeit gelangte der Fluß vollständig dorthin, später aber, als die Menschen sein Wasser am gesamten Verlauf nutzten, ist ihm so viel Wasser entzogen worden, daß er im salzverkrusteten Boden zu versickern drohte, ehe er das Meer erreichen konnte.

Unter allen Flüssen ist der Colorado das größte Arbeitstier. Sein Wasser teilt sich auf sieben US-Staaten und Mexiko

mit Sicherheit auch die letzten, die diese nutzlose Gegend durchstreifen." Der Colorado würde „für immer unbeachtet und ungestört" bleiben. Weit gefehlt! Heute werden ökologische und ökonomische Kämpfe um das Wasser des Colorado ausgefochten.

Die Spanier jedoch waren nicht so hart in ihrem Urteil, weil sie besser dar-

Die Entstehung des Grand Canyon

Jegliche geologische Schöpfung ist lediglich ein Vorspiel zum **Grand Canyon**. Deshalb wird gern vom „offenen Buch der Geschichte" gesprochen. Man kann es lesen, wenn man von seinen Rändern aus bis auf den Grund des Canyons hinabsteigt. Die Felsformationen entlang dem Grund der Schlucht sind zwei Milliarden Jahre alt, älter als jede andere Felsschicht der Welt.

Der Colorado, der in den Rocky Mountains entspringt, schneidet sich seinen Weg hinunter durch die Berge bis zum Cortéz-Meer und überwindet dabei einen Höhenunterschied wie kein anderer Fluß in Nordamerika. Auf dieser Strecke entwickelt sich ein weites Netzwerk von Zuflüssen mit einer Fläche von 634 000 Quadratkilometern, die dem Fluß zusätzlich Wasser und Kraft bringen. All diese Bäche und Flüsse aus den Bergen verschmelzen mit dem Colorado, bevor er den Grand Canyon erreicht.

Das Wasser des Grand Canyon hat auf seinem Weg abwärts den Fels mit hoher Geschwindigkeit ausgewaschen und ständig geschliffen, und es kann keinen Zweifel darüber geben, daß der Fluß eine wichtige Rolle bei der Formation des Grand Canyon spielte. Doch es gibt verschiedene Theorien darüber, wie hoch dieser Anteil gewesen ist. Geologen weisen darauf hin, daß sich Flüsse normalerweise den einfachsten Weg zum Meer suchen, dieser Fluß jedoch zieht seine Bahn durch das Hochland.

Man vermutet, Lavaschichten aus vulkanischen Eruptionen könnten den ursprünglichen Lauf des Colorado blockiert und ihn somit gezwungen haben, seine Richtung zu ändern. Dort, wo sich der Fluß seinen Weg durch das Gebirge geschnitten hat, steigt das Land an. Diesen Effekt kann man leicht nachvollziehen. Stellen Sie sich vor, Sie halten ein Messer und wollen altes Brot schneiden. Zur gleichen Zeit hält eine zweite Person das Brot und drückt es kräftig gegen das Messer. Die verdoppelte Kraft und die Schnittkraft sind das, was auch in den Canyons Wirkung zeigte.

Während der langen präkambrischen Ära (vor zwei Milliarden bis vor 600 Millionen Jahren) existierte ursprünglich auf dem Gebiet des Grand Canyon eine Gebirgskette. Das Gestein jener sogenannten Wurzelzone ist auf dem Grund des Grand Canyon sichtbar. Sie sind die Überreste dieser alten Berge. Vor 1,3 Milliarden Jahren kam es zu gebirgsbildenden Prozessen, indem sich glühendes Magma mit ungeheurer Wucht in den Zoroastgranit hineinzwängte und die Brahma- und Vishnuschichten auf die unterste Ebene des Grand Canyon drängte. Geschmolzenes Magma kristallisierte und lagerte sich als schmale Lagen von Rosenquarz im Inneren der Schlucht ab.

Während all dieser geologischen Turbulenzen wurde das ursprüngliche Gebirge ausgewaschen und senkte sich bis unterhalb des Meeresspiegels. Ein flacher Ozean bedeckte daraufhin das Land. Dieser wechselseitige Prozeß zwischen Land und Meer wiederholte sich viele Male. Über einen langen Zeitraum hinweg lagerten sich Sedimente ab und hinterließen eine enorme Menge an Fossilien in jeder Schicht, die man heute wie eine Geschichte der Vergangenheit lesen kann.

Schließlich, nach Hunderten von Millionen Jahren, ungefähr vor 70 Millionen Jahren, entstand die jüngste Gebirgskette, die Rocky Mountains. Das gesamte Colorado-Plateau wurde hochgeschoben, während der Fluß unablässig seinen Weg durch den Grand Canyon auswusch, so wie wir ihn heute sehen.

auf. Der Colorado trägt eine Zwangsjacke von vielen hundert Kilometern Pipelines, Tunneln, Entwässerungsgräben und Äquadukten. Er speist tausende Kilometer Kanäle, versorgt 30 Wasserkraftwerke und füllt Dutzende Reservoire hinter großen Dämmen. Zahlreiche Pumpstationen müßten jedes Jahr 20 Milliarden Kubikmeter Wasser bewegen. Aber das Wasser des überforderten Flusses wird knapper: Er führt nur 17 Milliarden Kubikmeter mit sich, und fast 2,5 Millionen davon verdunsten an der Oberfläche der riesigen Stauseen.

Winter in den höheren Regionen des Südwestens.

In jedem Jahr messen die Wissenschaftler ängstlich die Tiefe des Schnees. Wenn sich der Schneefall nicht einstellt oder Trockenheit den normalen Wetterverlauf stört, sind große Verluste im Südwesten zu erwarten. Mehr als 20 Millionen Menschen und Millionen Hektar von Ackerland brauchen das Wasser aus dem Colorado.

In der Vergangenheit scherte sich kaum jemand darum, was es die Umwelt kosten würde und welche Nebeneffekte auftreten könnten, wenn man in den natürlichen Lauf des Flusses eingreift. Begeht die Natur den Fehler, mit ihren Wohltaten so verschwenderisch umzugehen, dann sorgen die Menschen schon dafür, diesen Irrtum zu korrigieren. Mit ungeheurem Energieaufwand und dem Optimismus dieser Periode begann man 1900 mit dem Bau eines 22 km langen Kanals, um dem Colorado Wasser abzuzweigen und damit große Gebiete zu bewässern. Der *Grand Ditch* ist damit der Vorläufer aller folgenden Seitenkanäle.

Das gewaltige Wasserverteilungsprogramm hatte zum Ergebnis, daß der Colorado inzwischen verunreinigt und gefährdet ist. Als Hauptverschmutzer gilt Salz. Zwar nimmt der Fluß auch unter natürlichen Bedingungen Salz aus dem Flußbett auf. Doch je mehr Wasser an der Oberfläche der riesigen Reservoire verdunstet, desto salziger wird er. Nutzt man dies salzige Wasser für die Bewässerung, zerstört es den Boden. Im ganzjährig bewässerten Landwirtschaftsparadies in der Gegend um Yuma mußte eine 260

Acequia Madre – Das System des „Mutterkanals"

Die Acequia ist ein hochentwickeltes Bewässerungssystem.

Im Gegensatz zu der außerordentlichen Zuversicht in riesige Bewässerungsprojekte für den Colorado überdauerte in Nord- und Zentral-Neu-Mexiko ein effektives Bewässerungs- und Speichersystem viel kleineren Ausmaßes. Es konzentriert sich auf die *Acequias*, Bewässerungsgräben. Als sich die ersten Spanier im Rio-Grande-Tal vor ungefähr 400 Jahren niederließen, war die Urbevölkerung in den Pueblos schon aufs beste damit vertraut, ihre Gärten zu bewässern. Die Spanier hatten Bewässerungs- und Speichermethoden wiederum von den Arabern gelernt und verbanden nun ihre eigenen Kenntnisse mit dem Wissen der nativen Amerikaner.

Auf diese Weise entwickelte sich aus drei Kulturen ein Landwirtschaftssystem mit eigenen Begriffen, Gewohnheiten und Traditionen, das bis zum heutigen Tag genutzt wird. Interessanterweise haben viele Begriffe aus diesem Bereich ihre Wurzeln im Arabischen. *Pobladores* beispielsweise sind Ansiedler. Diese erhielten ursprünglich einige *Suertes*, etwas Land, das groß genug war, um sich mit einer Farm selbst zu versorgen. Mehrere dieser Farmländer zusammen bildeten einen *Rancho* oder eine *Sabana*, ein ausgedehntes Feld. Ein Stück Land hatte auch einen *Altiob*, eine Anhöhe, die oft als Terrasse oder *Ancones* angelegt war und als Obstgarten genutzt wurde. Etwas tiefer gelegen befand sich die *Joya*, das Juwel. Es war das fruchtbarste Stück Land, auf dem Gärten, *Huertas* und *Jardines*, wuchsen. Unterhalb der Joya lag die *Vega* oder das Weideland und das niedrigste Landstück, das an den Fluß grenzte, die *Cienega*.

Soviel zu den linguistischen Wortspielen. Doch was steckt dahinter? Es ist das Know-how einer Landwirtschaft mit hochalkalischen Böden, Wasserspeichern und eines kunstvollen Bewässerungssystems, das auf Schwerkraft beruht. Im Jahr 1531 veröffentlichte Gabriel Alonso de Herrera, der oft als Vater der modernen Landwirtschaft angesehen wird, in Spanien ein Buch mit dem Titel *Obra de Agricultura*. Vertraut mit seiner Lehre, neigten die ersten Spanier entlang des Rio Grande dazu, noch vor einer Unterkunft oder Kirche einen öffentlichen Kanal zu bauen. Bis zum heutigen Tag ist es eine ehrenvolle Aufgabe, Vorsitzender der Bewässerungskommission von Neu-Mexiko zu sein.

Ein weiteres Wahlamt ist das des *Mayordomo*, des Kanalchefs, der der *Acequia madre* vorsteht. Der sogenannte Mutterkanal kontrolliert die Verteilung des Wassers zu den einzelnen Schleusentoren und Farmern. In jedem Frühjahr schließen sich die Kommunen wie schon seit Jahrhunderten zusammen und reinigen die Kanäle. Historiker sind der Meinung, daß jene Acequia-Gemeinde die älteste Form von Demokratie begründete, die von Europäern in den Vereinigten Staaten praktiziert worden ist.

Heutzutage ist es schwierig, seinen Lebensunterhalt mit den kleinen historischen Farmen am Rio Grande zu bestreiten. Doch mit Ausnahme von wenigen großen Apfelplantagen brauchen die meisten Leute einen zusätzlichen Job, um zu überleben. Es stellt sich als neue Herausforderung im Kampf um die Wasserrechte, die alten Wasserrechte zu verlieren oder sie zu verteidigen.

Millionen Dollar teure Entsalzungsanlage errichtet werden, um dieses Problem zu bewältigen.

Der Dammbauwahnsinn zog ebenfalls Umweltveränderungen nach sich. Unter normalen Umständen befördert der Fluß täglich die enorme Masse von 380 000 Tonnen Schlamm ins Meer. Mit all den künstlichen Barrieren verfängt sich nun der gesamte Schlamm in den Reservoiren. Eiskaltes Wasser sammelt sich so auf dem Boden dieser Seen, und wenn es in den Fluß ausgelassen wird, gefährdet es viele Spezies.

Technokratische Ingenieure, von ihren Gegnern „Wasserbüffel" genannt, propagieren zusätzliche Wasserverteilungsprojekte. Langsam beginnen die Menschen aus ureigenstem Interesse das Wasser für ihre Zukunft zu sichern. Die Wüste zwingt zum klügeren Gebrauch der wichtigsten Lebensader des Südwestens. Tucson erwies sich als Vorreiter.

Seitdem sich der Südwesten mit einer kritischen Wasserverknappung konfrontiert sieht, gibt es keine andere Alternative, als den bisherigen verschwenderischen Weg zu verlassen. Vorbei sind die Tage, als man noch wassersaufende Bäume aus gemäßigteren Klimazonen an die Straßen pflanzte. Heutzutage praktiziert man in Tucson und vielen anderen Städten Trockenpflanzung. Der Einsatz heimischer Pflanzen, die nur wenig oder gar kein Wasser brauchen, ist so populär geworden, daß man schon von einer Bewegung sprechen kann.

Tucson hat Gesetze erlassen, die Wasserregulierer für Toilettenspülungen

Kunstvoll geformte Konturen des Colorado.

Duschen und Wasserhähne vorschreiben. Abwasser wird aufbereitet und für Parks und Golfplätzen genutzt. Dadurch verbraucht Tucson nur halb soviel Wasser wie Las Vegas. Die Hauptstadt des Glücksspiels jedoch lebt immer noch im Überfluß – mit riesigen Swimmingpools und künstlichen Teichen, die sich in der Sonne aufheizen, bis das Wasser verdunstet, und mit bunt erleuchteten Springbrunnen, die Wasser in einen Himmel voller Neonlichter schießen, als ob es kein Morgen gäbe.

Dabei ist keineswegs nur der Wasserverbrauch zu beachten; der Energiebedarf ist ebenfalls enorm: Allein eines dieser Hotelmonster in Las Vegas benötigt soviel Energie wie eine Stadt mit 60 000 Einwohnern.

LEBENSRAUM AUF WEITEM FELD

Flora & Fauna

Entsprechend der unterschiedlichen Geographie und den sechs Lebenszonen haben sich die Flora und Fauna des Südwestens vielfältig entwickelt. Der Bergrücken der Rocky Mountains beginnt in Kanada, zieht sich durch den Südwesten und endet etwa 40 km vor der US-mexikanischen Grenze. In den Rockys regnet und schneit es ordentlich, doch 75 Prozent des Landes westlich des Mississippi erhalten weniger als 20 mm Niederschlag pro Jahr. Die Pflanzen und Tiere in dieser Region haben sich wunderbar an diese Bedingungen angepaßt.

Hübsche Wüstenblumen blühen fröhlich um den Orgelpfeifenkaktus.

Wenn die Leute an die Wüste denken, sehen sie zumeist Sanddünen wie in der Sahara vor sich. Man findet tatsächlich solche Ekken (White Sands und Great Sand Dunes National Monuments in Neu-Mexiko und im südlichen Colorado), aber normalerweise sind die südwestlichen Wüsten voller Leben. Es ist ganz einfach „Das regen-

Datura meteloides, ein Stechapfel.

Wetterbedingungen. Das Klima veränderte sich also vor 35 000 bis 50 000 Jahren, somit mußte sich auch die erfinderische Rose umstellen. Freilich hätte sie auch einfach aussterben können wie so manche andere Spezies. Aber sie überlebte und verwandelte ihre Dornen in scharfe Abwehrstacheln. Ihr Körper verlor seine schlanke Eleganz und wurde plump oder flach und wenig anziehend. Aber das hebt zumindest die exquisite Schönheit und die leuchtenden Farben der Blüten hervor, die nur einmal im Jahr aufknospen.

Um Verdunstung zu vermeiden, tragen diese cleveren Gewächse einen Mantel aus Wachs. Wie andere Pflanzen, nehmen auch Kakteen das Wasser über ihre Wurzeln auf. Doch sie wandeln es auf

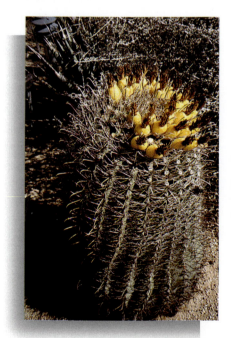

Die Silhouette des Tonnenkaktus ist unverkennbar.

arme Land", wie die Naturschutzpionierin und Autorin Mary Hunter Austin 1903 schrieb.

Der Kaktus

Beginnen wir mit einem stachligen Symbol des trockenen Südwestens. Gertrude Steins „Eine Rose ist eine Rose ist eine Rose" ist plötzlich ein Kaktus. Um in der Wüste zu überleben, war sich die wunderschöne Rose nicht zu fein, sich selbst in einen Ocotilla zu verwandeln.

Die Botaniker glauben, daß Kakteen möglicherweise von der Rose abstammen. Als die tektonischen Platten sich verschoben und die Rockys entstanden, wurden Landmassen emporgeschoben und blockierten die bisher üblichen

Es ist nicht ungewöhnlich, daß Straßenränder von einem Blütenteppich bedeckt sind.

chemischem Weg in eine Art hitzebeständiges Gel um. Kakteen müssen das Wasser sehr schnell absorbieren, da ein Regenfall in der Wüste sofort versickert. Das Wasser wird dann als Gel in besonderen Zellen gespeichert, was zum Anschwellen des Kaktus führt. Von diesem internen Wasserspeicher zehrt der Kaktus auch über lange Dürreperioden hinweg.

Im Südwesten gibt es über 200 verschiedene Kaktusarten. Manche sind winzig, andere, wie der Saguaro, wachsen bis zu 12 m hoch. Manche haben bildhafte und klangvolle Namen: Stachelbirne, Orgelpfeife, Alter Mann, Teddybär, Ocotilla, Königin der Nacht, Saguaro carnegia gigantea, Igelkaktus, Tonne, Feigenkaktus, Teufelsklaue, Bienenstock, Nadelkissen und Fischhaken.

In Arizona blühen die meisten Kakteen zwischen März und Mai. Fast alle sind gesetzlich geschützt. Viele stehen auch auf der Liste für bedrohte Pflanzenarten. Die Ironie will, daß ohnehin Vorsicht bei diesen Pflanzen geboten ist, denn sie haben beachtliche Waffen und wissen sie zu nutzen. So sollte man keinen Kaktus berühren, wenn man nicht von Widerhakendornen und tückischen Nadeln gespickt werden will.

Dalea fremontii, der Indigostrauch.

Florales Leben

Die trockenen und halbtrockenen Regionen des Südwestens haben noch viele weitere Pflanzenfamilien außer den Kakteen: zähe Mesquitesträucher, Kreosoten, Eisenbäume, Wüstenmalven, Grünholz, eine ganze Bandbreite an Hartgräsern und viele Blumen und blühende Sträucher unterhalb der Lower-Sonoran-Zone. In der Upper-Sonoran-Zone in bis zu über 2000 m Höhe findet man Pinien, Lärchen, Yucca, Weiden, Fremontpappeln, Beifuß, Goldastern, Stechapfel, Felsenrosen, Sonnenblumen und viele andere Büsche und Blumen.

Dies ist auch die Heimat der allbekannten Tamariske, eines kleinwüchsigen, luftigen Busches mit feingliedrigem, fedrigem Blattwerk und mit purpurnen Blüten im Frühjahr. Zwischen 1899 und 1915 wurde die Pflanze eingeführt, um die Bodenerosion zu stoppen. Seither wuchert sie wie Unkraut, wurde zu undurchdringlichem Dickicht und geriet außer Kontrolle. Es ist fast unmöglich, sie auszurupfen, und die Wurzeln saugen unmäßig viel Wasser. Rancher und Ranger raufen sich die Haare wegen ihr.

Am anderen Ende der Skala der Lebenszonen rangieren die Übergangs-, kanadischen, Hudson- und arktisch-alpinen Ökosysteme. Die sechs Zonen überschneiden sich, und es gibt Ausnahmen von der Regel. Im mittleren Bereich in Höhen von etwa 2500 bis 3000 m sind die gesamten Rocky Mountains von dichten Koniferenwäldern bedeckt. Das gleiche

Solch glühende Blütenpracht findet man gelegentlich im Südwesten.

Die Kustillea, „Malerpinsel" genannt, trägt ihren Namen zu Recht.

gilt für jene Gebiete der Rockys, die sich südlich über den Südwesten erstrecken. Dort wachsen Douglas- und andere Tannen, Drehkiefern, Engleman- und Ponderosafichten. Kleine Espenbestände wachsen ab der Höhe von 2800 m. Zwischen diesen Wäldern breiten sich die lieblichen Wiesen und Hochtäler aus, die Parks genannt werden.

Die prächtigen Colorado-Blautannen gedeihen entlang den Wasserläufen, ebenso wie Weiden, Schachtelhalme und Heidelbeeren. Buschige Blühpflanzen mit tiefreichenden Wurzeln gibt es zuhauf, wie Sandkraut, Küchenschelle, Flohkraut, Kustillea, Galliarda, Bürstenpetersilie und Goldschweifblumen. Bartfäden verwandeln den Boden um die Ponderosafichten in ein blaues Blütenmeer, und der kleine Bergkugelkaktus setzt sich selbst eine Krone aus leuchtend rosa Blüten aufs Haupt. Man sieht die anmutige Rocky-Mountains-Akelei, den Schneeballsteinbrech, Mormonentulpen und die wilde blaue Verwandte des Rittersporns. Im Juni weben Primeln einen weißen Teppich über sanfte Hänge, während der Gefranste Enzian und die Iris *missouriensis* in den Parks erblühen.

Weiter oben, in der Hudsonzone über 3400 m, sind die Lebensbedingungen schwieriger. Fichten, Tannen und Kiefern wachsen in dieser kalten und windgezausten Umgebung nur verkrüppelt. Auch die Blumen schmiegen sich dicht an den Erdboden. Doch die kleinwüchsige Primel, die Kustillea, Enzian und andere alpine Pflanzen erstrahlen

Der Viehtrieb

In den siebziger Jahren des 19. Jahrhunderts war Socorro County ein wilder undd offener Landstrich. Riesige Ranches wurden zu dieser Zeit gegründet, doch die Schaf- und Rinderzüchter hatten Probleme, ihren Viehbestand auf den Markt zu bringen. Es war die Übergangszeit zwischen den Tagen des freien Umherschweifens und der neuen Ära der eingezäunten Weiden. Die Rancher konnten ihr Vieh nicht nach Soccoro bringen und es von dort verladen, weil es im Rio-Grande-Tal zu viele kleine Farmen gab.

Nach ein paar frustrierenden Jahren beschlossen die Viehzüchter, eine kleine private Eisenbahn bis zu einem kleinen Flecken 43 km westlich von Socorro zu bauen. Weitläufige Pferche und Laderampen wurden errichtet. Ein neues Kuhdorf am Ende der Gleise, Magdalena mit Namen, entstand. Die Einwohner von Magdalena beharren darauf, daß von 1880 bis in die zwanziger Jahre in keinem anderen Ort der USA so vieel Rinder und Schafe verfrachtet wurden wie bei ihnen.

Cowboyleben

Die San-Augustin-Ebene ist ein Markstein der Geschichte der historischen „Hufeautobahn". Im geschäftigsten Jahr wurden 150 000 Schafe und 21 677 Rinder entlang dieser Route zur Eisenbahn in Magdalena getrieben. Sie kamen aus dem fernen östlichen Arizona. Die Cowboys jener Zeit hatten einen harten und schmutzigen Job, sie litten unter extremer Kälte, Hitze und Einsamkeit und lebten ohne jegliche Annehmlichkeiten. Sogar Schlaf war ein Luxus. Während eines Viehtriebs waren zwei oder drei Stunden Schlaf pro Nacht die Regel. Die erschöpften Cowboys holten ihren Schlaf beim Dösen im Sattel nach. Ein treues und guttrainiertes Pferd konnte ziemlich unabhängig mit einem schlafenden Mann auf seinem Rücken arbeiten.

Die Cowboys hatten klangvolle Namen wie Major Few Clothes (wenig Klamotten), Old Nate (alte Pobacke) und Santa Fe Scott. Manchmal sahen sie ein Jahr lang keine Stadt. Wenn der Vietrieb sich also Magdalena näherte, gierten die Cowboys nach einer anständigen Rasur, mehr noch aber danach, den Saloon zu stürmen. Auf jeden Fall war die Verherrlichung der Cowboys eine Erfindung späterer Zeiten. Ein altes Cowboy-Lied aus dieser Zeit bestätigt das mit einer augenzwinkernden Warnung:
Höre, junger Mann, auf meinen Rat:
Bevor du Cowboy wirst, ist es besser,
du schneidest dir die Kehle durch mit'm Messer.

Überflüssig zu sagen, daß die Cowboys jenseits dieses Grummelns ihr Los sehr schätzten. Möchtegerncowboys auf Zeit mit dem unwiderstehlichen Drang, an dem Leben auf den Weiden teilzunehmen, können sich zu einem *Gila Cattle Drive* im alten Stil anmelden. Jedes Frühjahr muß das weitverstreute Vieh im Hinterland eingesammelt, gefesselt und gebrandmarkt werden. Anschließend werden die Herden zu ihren Sommerweiden auf freiem Land in der Gila-Wildnis im südwestlichen Neu-Mexiko getrieben. Im Herbst läuft es umgekehrt. Das Vieh wird auf die unteren Weidegründe verbracht, um zu überwintern.

Die Gäste leben auf einer Ranch und in Lagern. Das Abenteuer vermittelt die American Wilderness Experience Inc., Boulder, Colorado (siehe Adressenteil).

während der kurzen Blütezeit in einem Feuerwerk satter, leuchtender Farben.

Die höchste Zone gibt es nur auf den Berggipfeln jenseits der Schneefallgrenze in einer Höhe von 3800 m. Dies ist die rauhe Welt der Flechten und anderer widerstandsfähiger Pflanzen, wie das nur fünf Zentimeter hohe Vergißmeinnicht.

Durchs Weideland

Der Südwesten ist Rinderland. Pferde, wilde Mustangs und Schafe sind ebenfalls Mitstreiter im nie endenden Kampf um Wasser und Futter. Es gibt nun auch ein wiedererwachtes Interesse am Büffel, vielmehr am Büffelfleisch. In den USA

Pferde spielen für die Menschen dieser Region eine wichtige Rolle.

leben derzeit 130 000 Büffel gegenüber 75 000 vor zehn Jahren.

In dem riesigen Catron County in Neu-Mexiko, wo nur 0,3 Menschen pro Quadratkilometer leben, übertrifft eine prachtvolle Elchherde von 7000 bis 10 000 Tieren die Zahl der Menschen im Verhältnis vier zu eins. Meistens weiden sie auf öffentlichem Gebiet im Gila National Forest, doch da Elche wenig geneigt sind, menschliche Grenzzäune oder Eigentumsrechte zu berücksichtigen, durchbrechen sie wie einst die Cowboys während der Weidelandkriege die Stacheldrahtzäune und zerstören fröhlich die hilflosen Vogelscheuchen, die zu ihrer Abschreckung aufgestellt wurden. Sie würden sogar durch die Hauptstraßen marschieren und in Gärten eindringen, wo sie alles, was sie sehen, abfressen. Die Rancher von Catron County behaupten, daß die grasfressenden Elche den Kampf gewinnen werden. Denn seit Rancher öffentliches Land von der Regierung pachten, kann es sein, daß etwa 3000 Rinder, das sind neuen Prozent des gesamten Tierbestands des Countys, den Gila National Forest wieder verlassen müssen, um mehr Elche weiden zu lassen. Das Waldland kann nicht so viele Tiere ernähren, ohne daß es zur Überweidung kommt.

Die Elche haben keine natürlichen Feinde mehr, außer dem Menschen und dem schrumpfenden Lebensraum. Experten behaupten, daß der Lebensraum im Wald wildlebende Tiere weit effizienter ernährt als Rinder. Umweltgruppen

Der gleichmütige Ausdruck des Büffels belegt sein Erbe aus uralten Zeiten.

wollen den Wolf wieder einführen, um eine natürliche Balance zu schaffen. Aber Wölfe mißachten Abgrenzungen ebenso wie Elche, und das macht die Rancher vorsichtig. In der Zwischenzeit vermehren sich die Elche rapide.

Ein durchdachtes Tierweltmanagement, Erhaltung, Vorsorge gegen Lebensraumzerstörung, Umweltschutz sowie ökonomische Opfer in ländlichen Gebieten sind die sensiblen und komplizierten Bestandteile auf der Suche nach einem neuen ökologischen Gleichgewicht.

In den Nationalparks, in Denkmalschutz- und Erholungsgebieten sind Flora und Fauna geschützt. Im Südwesten ist das Schutzgebiet riesig, eine Million Hektar allein an Nationalparks.

Hinzu kommen noch sechs Millionen Hektar Indianerreservate. Auf diese Art kann jenseits des Bevölkerungswachstums und des Entwicklungsschubs der neuen Wüstenzivilisation das Tierreich gedeihen.

Jenseits der Rache der Elche

Das zurückgezogen lebende Dickhornschaf bewohnt die zerklüfteten Gegenden der Berge und der Hochlandwüsten. Berglöwen, Schwarzbären, Elche, Graufüchse, Präriefüchse, Kojoten, Rotluchse, Dachse, Maultierhirsche, Weißschwanzhirsche, Gabelantilopen, Javelina (ein Wüstenwildeber), Hasen und Biber sind weitverbreitete Säugetiere im Südwesten. Doch es gibt auch exotische Tiere, die sich

Der Hirsch ist in bergigeren Gegenden heimisch.

in unzugänglichen Schlupfwinkeln der Gegend verbergen, wie das importierte afrikanische Gnu. Hinzu kommt, daß niemand weiß, wie viele der schönen und extrem scheuen persischen Steinböcke in den Florida Mountains in Neu-Mexiko leben. Offizielle Quellen schätzen ihre Zahl auf etwa 900, die Rancher behaupten, es seien 1200. Diese Steinböcke sind so geschickt und behende, daß sie nicht gezählt werden können.

Des weiteren gibt es in diesen Regionen noch Präriehunde, Stachelschweine, Stinktiere, Backenhörnchen, Eichhörnchen und weitere Nagetiere in ziemlich großer Zahl.

Reptilien und Amphibien kommen stellenweise selbst in den Wüstengebieten vor. Am meisten verbreitet sind Vi-

Der Schwarzbär.

Die Wahl der Nationalblumen

Groß und aufrecht: der riesige Saguaro.

Einst wurde eine Gruppe von Abgeordneten des Frauenkongresses gebeten, eine Nationalblume für die Weltausstellung 1893 in Chicago auszuwählen. Die Damen wiesen diese Idee zurück, beschlossen aber, darüber in ihren Heimatstaaten zu entscheiden. Möglicherweise hat ein Farmer aus Vermont die Idee gehabt, daß jeder Staat seine eigene Staatsblume wählen sollte. Der Gedanke gefiel und wurde umgesetzt.

Viele der Staatsblumen haben eine Geschichte aus Fakten und Folklore. Im Südwesten wurde für Arizona die wächserne, weiße Blüte des Saguaro als Staatsblume erwählt. Der Riesenkaktus ist ebenso für die Tierwelt wie für den Menschen von Bedeutung. Viele Vögel leben in den Saguaros. In jedem Juli sammeln die Frauen der Papago- und Pima-Indianer die saftigen, rotfleischigen Früchte und stellen daraus Sirup und einen starken zeremoniellen Wein her. Auch der Samen wird genutzt. Man macht aus ihm eine Art Butter oder backt ihn im Kuchen mit.

Die Akelei Colorados, die Columbine, wurde 1820 von Edwin James entdeckt, einem jungen Botaniker aus Neuengland. Er gab dieser anmutigen, „unbekannten" Pflanze den Namen. Die Frauen von Colorado hingegen bevorzugten die grelle Wildnelke und kämpften für die Akzeptanz dieser einheimischen Wildblume.

Nevadas Beifuß ist auf den ersten Blick nicht sehr hübsch, doch der Staat ist stolz auf die Wahl dieser landestypischen Pflanze. Der widerstandsfähige Beifuß liefert Nahrung und Zuflucht für Tiere, Brennstoff für Menschen und Schutz in der Wüste. Die Alten behaupten, daß dort, wo er wächst, der Alfalfa blühen wird.

Der Yucca Neu Mexikos wird auch Seifenholz, Spanisches Bajonett, Lampe Gottes und Gottes Kerzenleuchter genannt. Nach einer Legende soll ein Pater, der sich in der Wüste verirrt hatte, eine große Zahl riesiger weißer Blumenstengel erblickt haben, die sich gegen die dunkle Silhouette der Berge abhob. Voller Ehrfurcht und seinen Hunger und Durst vergessend, rief er aus: „Las Velas de Dios!"

Ein weiteres Ereignis geschah 1541, als Coronado die Ebenen des südöstlichen Neu Mexiko durchquerte. Er sah Tausende von Yuccablumenstengeln (nach ihrer Blütezeit), die wie Bajonette aufragten. Er nannte die Gegend *Llano Estacado*, Pfahlebene. Der Yucca gehört zur Familie der Liliengewächse. Indianer und die ersten spanischen Siedler gruben die Wurzeln aus und machten eine hervorragende Seife daraus.

Die Mormonentulpe aus Utah mit ihrem gelb-, braun- und purpurgefleckten Blütengrund ist nicht nur wunderschön, sondern erzählt auch

pern, Klapperschlangen, Eidechsen und Kröten. Auch Fledermäuse sind zahlreich, während die Wüstenschildkröte auf der Liste gefährdeter Tierarten steht.

Vögel

Was Vögel angeht, ist der Südwesten ein Paradies für Vogelfreunde mit mehr als

Yucca schidigera, die Mojave-Yucca.

eine dramatische Geschichte. Einst, so heißt es, lagen viele indianische Krieger tot auf einem Schlachtfeld. Am nächsten Morgen war der Boden mit dieser weißen Lilie bedeckt. Der Große Geist erschien vor den Überlebenden und sagte ihnen: „Eßt die Knolle dieser Lilie und ihr werdet nicht verhungern." Die Männer aßen die Knolle, kämpften nie wieder auf einem Land, wo die Mormonentulpe wuchs, und übernahmen die Blume als ihr Friedenssymbol. Die Knollen wurden tatsächlich gegessen, auch von Weißen. Die ersten Mormonensiedler, denen eine Heuschreckenplage die Ernte vernichtete, wären ohne diese Notnahrung verhungert.

450 Arten, die entweder dort leben, durchziehen oder das Gebiet als Winterquartier benutzen. Die Vogelwelt reagiert besonders empfindlich auf Umweltverschmutzung und Verlust des Lebensraums. Jährliche Vogelzählungen von freiwilligen Helfern im ganzen Land ergeben wichtige Daten. Ornithologen nutzen diese Informationen als ein Frühwarnsystem, das Störfaktoren und den damit verbundenen Rückgang der Populationen anzeigt.

Wer durchs Land streift, sollte Ausschau halten nach Turmfalken, Fliegenschnäppern, Ochsenpirolen, Rabenarten, Lerchen, Baumschwalben, Blauammern, Tyrannvögeln, Rosenfinken, verschiedenen Specht- und Falkenarten, Tauben, Buschhähern, Drosseln und Meisen, Kaktuszaunkönigen und flatternden Wolken von Kolibris.

Man begegnet auch dem spaßigen Erdkuckuck, der in Amerika Roadrunner heißt, Wachteln, Präriehühnern, Waldhühnern, Fasanen und Truthähnen auf einem Feld oder in manchen Ecken der Wüste. Besondere Aufmerksamkeit sollte man der großen Horneule und dem Goldadler zollen.

Das Saguaro-Ökosystem

Der Riesenkaktus Saguaro fungiert in Arizona als Mini-Ökosystem und als Wolkenkratzer für Vögel. Fünf Vogelarten sind auf ihn angewiesen: der Goldspecht, der Gila-Specht, der Fliegenschnäpper, die Zwergohreule und die kleinste Eule der Welt, die winzige Zwergeule. Diese fünf ständigen Untermieter sind exzentrische aber emsige Haushälter. Sie leben in einer Art Symbiose mit dem Saguaro, ähnlich wie kleine Pilot-

Vögel im amerikanischen Südwesten – von Morten Strange

Den größten Teil des Jahres ist es im südwestlichen Wüstenbuschland so trocken, daß man seine Wäsche, kaum daß sie aufgehängt wurde, wieder abnehmen kann. Manche Leute finden es äußerst langweilig, stundenlang über endlose Straßen zu fahren, wo nichts Abwechslung bietet, andere jedoch meinen, daß dies die großartigste Wildnis der Welt sei. Mit welcher Einstellung man auch losfährt, niemand kann die Canyons des Colorado besichtigen, ohne sich vom Anblick dieser spektakulären Landschaft beeindrucken und überwältigen zu lassen.

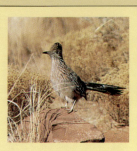

Der Große Erdkuckuck, amerikanisch: Roadrunner.

Einzigartige Bewohner

Diese Gegend ist in vielerlei Hinsicht bemerkenswert, auch was die Vogelbeobachtung angeht. Im Südwesten leben nicht sehr viele Vögel, es gibt nur relativ wenig einheimische Spezies. Aber diejenigen, die man dort findet, sind faszinierende Spezialisten, die sonst nirgends in den USA auftauchen. Der **Große Erdkuckuck** beispielsweise ist einer der merkwürdigsten amerikanischen Vögel. Er wurde bereits in vielen Büchern und Magazinen vorgestellt und ist sogar eine bekannte Comicfigur. Er gehört zu den Kuckucken der Cuculidae-Familie. Der amerikanische Name *Roadrunner*, Straßenläufer, beinhaltet, daß er selten fliegt. Er zieht es vor, über das Buschland mit langen, raschen Schritten zu rasen, um nach seiner Nahrung Ausschau zu halten.

Der **Gila-Specht** hackt sein Nestloch in die riesigen Saguaro-Kakteen, die typisch für den Südwesten sind. Der **Kaktuszaunkönig** baut sein sperriges Nest auf den Zweigen von Kakteen oder Dornbüschen. Der **Abertfink**, der **Phainopepla** (ein Fliegenschnäpper) und der **graue Laubwürger** sind weitere Spezies, die hauptsächlich in den Halbwüsten des Südwestens vorkommen.

Im südlichen Arizona lohnt es sich, nach einigen Spezies Ausschau zu halten, die sonst nirgends in Amerika vorkommen: der **Schwarzfalke**, die **bärtige Zwergohreule**, der **Stricklandspecht**, der **Nageschnäbler**, **Dickschnabel-** und **Tropenkönigsvögel**, **Gelbbauch-**, **Schwarzhauben-** und **Braunbrustfliegenschnäpper**, der nördliche **Königssatrap**, der große **Tyrannvogel**, der **Graubrusthäher**, die **Zügelmeise**, die mexikanische **Chickadee-Meise**, der **Luciasänger**, der **Rotkopfsänger**, der **bunte Rotschwanz**, die **Leberprachtmeise** und der **Gelbaugenschneefink**.

Sicherlich ist die Liste sehr lang, doch fehlen immer noch die **Kolibris**, die mit fünf oder sechs Spezies hinzukommen. Aber dies beweist, daß die scheinbar tote Landschaft Arizonas und der übrige Südwesten dennoch über einige der hervorragendsten Vogelbeobachtungsgebiete der USA verfügen. Leidenschaftliche Vogelbeobachter reisen von weither an, nur um diese Vögel zu sehen.

In Arizona sind der Cave Creek Canyon und der westlich davon gelegene Madera Canyon sowie die Florida Wash einige der besten Plätze, um die besonderen Spezies des Südwestens zu beobachten. Auch im Carr Canyon in den Huachura-Bergen gibt es viele seltene Vögel. An einem guten Tag kann man 60 oder 70 verschiedene Vogelarten an jedem dieser Plätze erspähen. Das ist, gemessen an üblichen Standards, nicht sehr viel, aber einige von ihnen sind ganz besondere Arten, die man sonst nirgends in Amerika sieht. Die ergiebigsten Plätze liegen südlich und südöstlich von Tucson und sind von der Stadt aus leicht zu erreichen. Wer auch immer in dieser Gegend ist, sollte die einmalige Gelegenheit zur Vogelbeobachtung nicht versäumen.

Einige Mitglieder der Fasanenfamilie **Phasianidae** kommen im Südwesten vor, vor allem das **Steppenhuhn** mit seinem aufsehenerregenden Paarungsverhalten und die **Montezuma-Wachtel**. Nur weiter östlich, wo die Buschlandwüste des Südwestens in die Prärie übergeht,

Das Steppenhuhn kommt häufig vor.

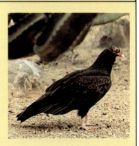

Der Truthahngeier.

findet man das **Präriehuhn**, während das **Spitzschwanzwaldhuhn** mehr Richtung Westen und Norden, wo die Rocky Mountains beginnen, vorkommt.

Truthahngeier leben überall in den Vereinigten Staaten, doch sind sie besonders typisch für den Südwesten, wo man sie neben den Straßen auf überfahrene Tiere lauern sieht. Durch Wildwestfilme erlangten sie eine gewisse Berühmtheit: Es sind jene Geier, die über dem sterbenden Cowboy kreisen. Sie werden auch häufig als Bussarde bezeichnet, obwohl sie nicht zur Falkenfamilie gehören.

Es gibt überhaupt einige unterschiedliche Namensgebungen in den Staaten. Ein amerikanischer **Sperlingsfalke** ist dem europäischen Turmfalken sehr ähnlich, ist jedoch eigentlich kein tatsächlicher Falke, wenn auch ein Angehöriger der Falkenfamilie. Auch das **Rotkehlchen** Nordamerikas sieht keineswegs wie das europäische aus.

Der ursprüngliche Lebensraum des Wüstenbuschlands wurde vielerorts in der Nähe kultivierten Landes durch Bewässerung und den Bewuchs importierter Pflanzen verändert. Viele der Vögel in landwirtschaftlich genutzten oder städtischen Gebieten sind nicht unbedingt typische Spezies des Südwestens, jedoch anpassungsfähige Arten, die man überall in den Staaten findet. Einige wurden auch aus anderen Kontinenten eingeführt und haben sich in den künstlichen Lebensräumen niedergelassen. Aber man entdeckt unter ihnen auch einheimische Vögel. Kolibris lassen sich gern an künstlichen Futterplätzen nieder, die sehr beliebt sind im Südwesten. Diese Futterplätze locken einige Kolibris an, die ansonsten überhaupt nicht zum Vorschein kommen, wie die Breitschnabel- und Blaukehlkopfkolibris. Spatzen und Finken kann man häufig in bewohnten Gebieten beobachten, ebenso wie den Haubentrupial.

Anziehendes Gewässer

Wasser zieht Vögel immer an. In dieser Hinsicht ist der Südwesten keine Ausnahme. Man findet dort zwar keine „Arizona-Spezialisten" wie unter den Landvögeln, aber dennoch gibt es in dieser Gegend eine erkleckliche Anzahl wunderbarer Flüsse und Seen mit reichlich Vögeln, die man beobachten kann. **Seetaucher** und der seltene **Ohrentaucher** nisten dort in erheblicher Menge ebenso wie zahlreiche **Enten**, wie die **Amerikanische Pfeifente**, **Blauflügelkrickenten** und **Ruderenten**. Unter den Schnepfenvögeln erspäht man den **Amerikanischen Säbelschnäbler**, den **Schneeregenpfeifer**, den **Langschnabelbrachvogel**, die **Entenschnepfe** und den eigentümlichen **Wilsonwassertreter**, der wie eine Ente auf der Wasseroberfläche paddelt anstatt wie andere Schnepfen entlang dem Flußufer herumzustolzieren.

Während der Wanderzeit und im Winter sind die Feuchtgebiete im Südwesten übersät mit Zugvögeln und überwinternden Gästen aus dem Norden: **Seetaucher**, **Gänse**, **Schwäne**, **Enten** und **Kraniche**. Manche Baumnister lassen sich ebenfalls in den Waldgebieten an den Ufern nieder.

...Vögel im amerikanischen Südwesten

Der San Pedro River im Süden, der Havasusee im Westen und der Davis-Stausee im Nordwesten sind einige der ausgewiesenen Plätze Arizonas, wo die Vogelwelt sich niederläßt. Corn Creek in Nevada, gerade außerhalb von Las Vegas, ist eine berühmte Wüstenoase. In Süden Neu-Mexikos gibt es den Perchastausee-Nationalpark und das Bittersee-Wildschutzgebiet. Im zentralen Neu-Mexiko ist insbesondere das Bosque-del-Apache-Wildschutzgebiet bekannt als Wasservögel- und Kranichsammelplatz. Der Conchassee im Nordosten wirkt wie ein Magnet auf Vögel in dem ansonsten extrem trockenen und dürren Land.

Weitere Informationen

Wer sich für die Vogelwelt des Südostens interessiert, sollte sich auf jeden Fall ein Bestimmungsbuch ins Reisegepäck packen. Etwas teuer, dafür aber umfassend ist das Werk „Die Vögel der Welt" von Andrew A. Gosler. Ausführlicher sind mit Sicherheit die in den USA speziell für diese Regionen erstellten Bücher, die vor Ort erworben werden können. Allgemeinere Informationen vermitteln *A Field Guide to the Birds of North America* von der National Geographic Society oder noch genauer *A Field Guide to Western Birds*, gesponsort von der National Audubon Society, der den Südwesten bestens abdeckt.

Leidenschaftliche Hobbyornithologen mit guten Englischkenntnissen können die lokale „Hotline" anrufen, auf der die aktuellen Beobachtungsplätze mitgeteilt werden. Auch kann man darüber den Kontakt zu anderen Vogelbeobachtern herstellen. Die Nummern lauten in Neu-Mexiko (505) 662 2101, in Arizona (602) 798 1005 in Tucson und in Phoenix (602) 832 8745, in Utah (801) 538 4630.

fische, die sich in der Nähe großer Haie aufhalten. Der Saguaro hat sich keinesfalls die Begleitung von Räubern angelacht, sondern der pflanzliche Wüstenfürst und seine Untermieter haben eine nützliche Wechselbeziehung aufgebaut. Eine Hand wäscht die andere.

Hunderte von Nistlöchern wurden von den Vögeln in den Saguaro gepickt, doch der Riesenkaktus zeigt sich unbeeindruckt von der regen Bautätigkeit. Jede Wunde überzieht er sofort mit einem leimartigen Saft. Die Nistlöcher sind im Sommer schön luftig und im Winter kuschelig warm. Der Fürst sorgt für frisches Wasser (Saft, der herausgepickt wird) und ein exzellentes und kostenfreies Restaurant mit köstlichen Saguaro-Früchten und Samen. Für soviel Gastfreundschaft befreien die fünf Untermieter den Wolkenkratzer von Insekten und anderen Übeln. Jede Vogelart bevorzugt zum Nisten und Brüten eine andere Höhenlage, und eine jede ist ein Spezialist für bestimmte Insekten und Schädlinge. So geraten sie nicht aneinander, jede hat ihr eigenes Territorium. Auch andere Vögel von Falken bis Finken leben im Saguaro-Heim. Doch im Gegensatz zu den fünf Dauermietern können sie es verlassen, wenn sie wollen.

Schrumpfende Feuchtgebiete und Luftverschmutzung haben den Lebensraum der Wasservögel erheblich dezimiert. Doch Beobachter würden dies im Südwesten kaum vermuten, da einer der drei Hauptrouten der Nord-Süd-Migration von Enten und Gänsen über diese Gegend führt. Manche fliegen durch diesen Luftkorridor Richtung Mexiko,

Der wilde Präriehund, eine nette, aber falsche Bezeichnung.

andere bleiben im mittleren Rio-Grande-Tal zum Überwintern.

Bosque-del-Apache-Wildschutzgebiet

Im Winter wimmelt es im Bosque-del-Apache-Wildschutzgebiet am Rio Grande in der Nähe von Soccoro von Enten, Gänsen und Küstenvögeln. Die Anzahl schwankt von Jahr zu Jahr, aber es gibt dort auf jeden Fall Zehntausende von Schnee- und Kanadagänsen, Tausende von Dünenkranichen und einige der stark gefährdeten Nordamerikanischen Kraniche. Wildenten, Seetaucher, Taucher, Ibisse, Silberreiher und Reiher sind ebenso vertreten wie Falken und Goldadler (siehe Rahmentext S. 244).

Ein Rehbock stellt sein Geweih zur Schau.

EIN ETHNISCHER FLICKENTEPPICH

Menschen

Die bunte Mischung dreier Kulturen gehört zum Alltag des Südwestens. So war es schon seit Jahrhunderten. Wer durch diese Region reist, wird dem kunterbunten anglo-indianisch-spanischen Patchwork überall begegnen. Das kulturelle Zusammenspiel ist der immerwährende Faden, den die Historienfabrik des Südwestens von Anfang an wob. Dieser Faden garantiert in einem Umfeld rapider sozialer Veränderungen die stabilisierende Qualität der Kontinuität. Doch gab es unter den nativen Amerikanern, den Hispaniern und Angloamerikanern im Lauf der Zeit Konflikte und Ungerechtigkeiten, deren Folge große Armut war. Im großen und ganzen haben diese drei Volksgruppen gelernt, sich zu behaupten und sich gegenseitig zu schätzen. Das Leben im Südwesten wäre in der Tat sehr dürftig ohne die Würze dieses Cocktails unterschiedlicher Kulturen.

Ein nativer Amerikaner mit prächtigem Silber- und Türkisschmuck.

Native Amerikaner

Die nordamerikanische Indianerpopulation von zwei Millionen wird zahlreicher

Balanceakt zwischen Tradition und Moderne.

eingeschätzt als sie es 1492 war. Annähernd 400 000 davon leben in 44 Reservaten, die über Arizona und Neu-Mexiko verteilt sind. Das größte ist das riesige Navajo-Reservat mit sechs Millionen Hektar Fläche.

Die **Navajo** sind die größte Gruppe der nativen Amerikaner. Einige Clans führen noch ein einfaches ländliches Leben, züchten Schafe und ziehen es vor, in *Hogans* zu leben, jedenfalls die meiste Zeit. Andere schätzen moderne Annehmlichkeiten und Häuser ebenso wie die anderen Amerikaner. Doch gibt es bedauerlicherweise viel Arbeitslosigkeit.

Die Navajo sind Meister der Web- und der Silberschmiedekunst. Ihre Decken und Teppiche sind hervorragend in der Qualität und hinreißend schön in Farbe und Mustern. Der unverwechselbare Navajo-Silberschmuck mit Türkisen ist nichts für Mauerblümchen. Die individuellen Stücke sind auffallend und expressiv. Sie sollen gesehen und gezeigt werden. Wie überall in der Welt bei den Völkern nomadischer Herkunft dient der Schmuck als transportable Bank und wird am Körper herumgetragen. Ein Navajo in Festtagskleidung und mit allem Schmuck aus seinem Besitz behängt, macht dies deutlich. Er oder sie ist ein beeindruckender Anblick.

Eine weitere Gruppe nativer Amerikaner, die **Apachen**, lebt in mehreren Reservaten in Arizona und Neu-Mexiko. Sie waren schon immer recht erfolgreiche Geschäftsleute. Die **Jicarillo-Apachen** (*Jicarillo* heißt „kleiner Korb") in den Ber-

Geist und Kreativität der Navajo fließen am Webstuhl ineinander.

gen des nördlichen Neu-Mexiko waren tatsächlich meisterhafte Korbflechter. Heutzutage finden sie es lohnender, sich als Wirtsleute des rustikalen Stone Lake Lodge zu betätigen. Die fischreichen Seen und große Jagdveranstaltungen sorgen für zusätzliche Einkommensquellen.

Die **Mescalero-Apachen** leben in einem knapp 190 000 Hektar großen Reservat in der Nähe von Ruidoso im Süden Neu-Mexikos. Sie betreiben eine Herberge namens Inn of the Mountain Gods, züchten Vieh und handeln mit Nutzholz.

Die **Pueblo-Völker** sind die ältesten Pioniere. Sie waren im präkolumbianischen Südwesten die Stadtplaner, Astronomen, Ingenieure, Landwirte und Künstler. Ihren Ursprung kann man bis zu den Einwanderern aus Asien zurück-

verfolgen, die sich nach und nach von Jägern und Sammlern zu seßhaften Bauern entwickelten. Die Seßhaftigkeit führte über Tausende von Jahren zu den entwickelten Kulturen der Anasazi, der Hohokam und der Mogollon-Mimbres.

Aus bis heute ungeklärten Gründen gingen alle drei Zivilisationen unter – mehrere hundert Jahre, bevor die ersten Europäer ihren Fuß auf den nordamerikanischen Kontinent setzten. Die hochentwickelten Pueblos im Canyon de Chelley, Chaco Canyon, Casa Grande und die 5000 Häuser der Hohokam-Siedlung in Snaketown bei Phoenix wurden abrupt verlassen. Hier wie überall ist der Zusammenbruch einer Zivilisation kaum durch einen einzigen Grund verursacht. Vielleicht war es die Kombina-

Ein Taos, ein indianisches Pueblo.

tion von ausgelaugten Böden, Dürrezeiten, die Invasion von Feinden, Krankheiten und die deutlicher werdenden klimatischen Veränderungen, die zu diesem mysteriösen Ende führten.

Die Menschen dieser Gruppierungen ließen sich an anderen Orten nieder und wurden zu Vorfahren der Pueblo, wie wir sie heute kennen. Die **Pima** und die **Papago** leben im Süden Arizonas. Die meisten jedoch siedelten sich entlang dem Rio Grande und seiner Nebenflüsse an, sowie in Acoma, Laguna, Zuni und auf den Hopi Mesas in Arizona. *Pueblo* ist das spanische Wort für Dorf. Die Spanier benannten so alle amerikanischen Indianer, die in Dörfern lebten.

Beginnen wir mit den Pima und Papago in Arizona. Die Pima sind die Nach-

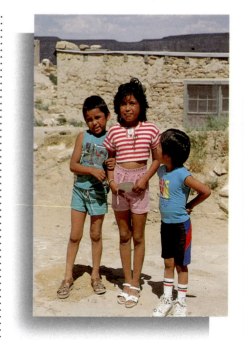

Verjüngung von Acoma Pueblo.

kommen der ersten meisterlichen Handwerker und Ingenieure des regenarmen Landes, der Hohokam. Sowohl die Pima als auch die Papago kultivierten spezielle Wüstenfeldfrüchte, darunter dürreresistenten Mais, Bohnen, Pfeffer, Melonen, Kürbisse und Amarant. Einige dieser Pflanzen entwickelten erstaunliche Widerstandskräfte und paßten sich den Wüstenbedingungen an. Wissenschaftler und Gärtner von heute haben diese robusten und wasserkonservierenden Feldfrüchte wiederentdeckt.

Die **Hopi** wanderten um das 12. Jahrhundert in die Black-Mesa-Gegend in Arizona ein. Ihre Stadt Oraibi gehört zu den drei ältesten ständig bewohnten Orten der Vereinigten Staaten (die anderen beiden sind Acoma und Taos Pueblo). Heute leben die Hopi in zwölf Dörfern, die auf dem ersten, zweiten und dritten Mesa in ihrem eigenen Reservat liegen. Ihr Land liegt inmitten des Navajo-Reservats. Das hat zu einigen Auseinandersetzungen mit den weitaus zahlreicheren Navajo geführt. Der Anspruch der Hopi auf das Land ist uralt. Komplizierte Vergleichsverhandlungen und Umsiedlungen wurden vorgenommen, um den Konflikt zu lösen.

Die Sprache der Hopi gehört zur Familie des Uto-Aztekischen, einem großen Sprachstamm mit weitverzweigten Ablegern. Selbst auf jedem der drei Mesas sprechen die Hopi unterschiedliche Dialekte. Bis heute ist das Hopi-Reservat weit abgelegen und schwer zu erreichen. Die Hopi, ein friedfertiges und tief religiöses Volk, votierten für das *Reorganization Act* von 1934 und haben seit jeher ihre Angelegenheiten und lokalen Verwaltungen unabhängig organisiert.

Es gibt 19 Pueblo-Stämme in Neu-Mexiko. Die **Zuni** leben größtenteils in der gleichnamigen Stadt im Zuni-Reservat entlang der Grenze zu Arizona. Die Zuni haben gute Beziehungen zu den Hopi und teilen mit ihnen viele ähnliche Gebräuche, Werkzeuge und die Techniken der Trockenlandbebauung.

Die Sprache der Zuni unterscheidet sich jedoch total von den anderen Pueblo-Sprachen. Linguisten vermuten, daß auch sie der uto-aztekischen Familie zuzuordnen ist. Die Zuni tun sich als Bildhauer von Tierfetischen und als Silberschmiede hervor. Ihre zierlichen „Nadelstich"-Silberarbeiten mit Türkisen, Muscheln und Jett sind weithin berühmt.

Acoma, die Himmelsstadt, klebt wie ein Adlernest auf einem riesigen Sandsteinblock, mehr als 120 m über dem Talgrund. Es ist sehr alt. Die erste Besiedlung geht bis um 900 n.Chr. zurück. Seit 1075 lebten dort Menschen in Pueblos. Die

Acoma sprechen die Keresan-Sprache. Die Frauen der Acoma, später auch mehr und mehr Männer, fertigen exquisite Tongefäße. Sie sind dünn, aber so hart, daß man mit ihnen kochen kann. Wenn man dagegenschnippst, klingt es wie feines Kristall. Die Pueblo züchten Vieh und betreiben Trockenlandwirtschaft.

Die anderen Pueblo-Stämme sind Laguna, Isleta, Sandia, Santa Ana, Jemez, Zia, San Felipe, Santo Domingo, Cochiti, Tesuque, Pojoaque, Nambe, San Ildefonso, Santa Clara, San Juan, Picuris und Taos. Unter den Pueblo-Dörfern am Rio Grande ist **Taos** das bekannteste. 1992 wurde es zum Weltkulturerbe ernannt.

Die Flußpueblos gediehen jahrhundertelang am Rio Grande (dem Großen Fluß) und seinen Nebenläufen. Jedes Dorf bildet eine souveräne und unabhängige Einheit. Man könnte sie vielleicht mit Stadtstaaten vergleichen oder in gewisser Weise mit den Freien Städten des mittelalterlichen Europa. Mit Ausnahme der Zuni sprechen die verschiedenen Pueblo in Neu-Mexiko entweder die Keresan- oder die Tanoan-Sprache, mit lokalen Variationen.

Um gemeinsame Einigkeit, Zusammenarbeit und Stärke zu erlangen, gründeten die Pueblo nördlich von Santa Fe eine Vereinigung, *The Eight Northern Indian Pueblos Council, Inc*. Ihr Kredo beginnt folgendermaßen: „Ein bißchen in jener Zeit und für immer. Wir sind die Acht aus dem Norden, wir sind eine Familie. Wir glauben an uns selbst, wir glauben an die Acht aus dem Norden.

Das Wiedererwachen der rauhen und wilden Tage des Wilden Westens.

Für das Menschsein eines jeden zu sorgen ist unser Leitsatz." Dieses Statement, in ihren eigenen Worten formuliert, zeigt deutlich die starke gemeinschaftliche Orientierung der nativen Amerikaner.

Hispanier

Die Hispanier haben ihren eigenen, gutentwickelten Gemeinschaftssinn und ihre Tradition. Alles dreht sich um die Familie, was besonders unter den „alten" Siedlern stark ausgeprägt ist. Nur wenige Familien des Südwestens können auf eine Linie bis ins 16. Jahrhundert verweisen. Es gibt, besonders im Norden Neu-Mexikos, immer noch Dörfer und kleine Städte, die komplett spanisch sind. In dieser Berggegend ist das Leben hart, und

Die Rituale der Navajo

Die Navajo nennen sich selbst das Diné-Volk. Aus Alaska und Westkanada eingewandert, kamen sie erst relativ spät in den Südwesten, etwa vor 500 bis 1000 Jahren. Die Navajo-Sprache kennt kein Wort für Religion, obwohl die Kosmologie der Navajo vielfältig, poetisch und kompliziert ist. Sie basiert auf einem wandelbaren Universum. Gemäß der nomadischen Tradition ist die Welt der Navajo aktiv und nicht statisch. Die Helden ihrer Mythen wandern suchend von Ort zu Ort, und selbst die Götter reisen umher. In diesem Kosmos des dauerhaften Fließens streben die Zeremonien und Priester danach, das Gleichgewicht, die Ordnung und die Schönheit wiederherzustellen und auszubalancieren. In dieser Philosophie erschaffen die Gedanken des Beobachters die Welt. Für einen Nicht-Navajo klingt das wie Quantenphysik.

Die Vision der Navajo

Das ganze Leben der Navajo und das gesamte Universum werden vom Heiligen Wind festgelegt. Dieser Bewegungsmacher ist keine separierte Entität wie die westliche Seele, sondern Teil eines Ganzen. Vielleicht kann man ihn den Atem des Kosmos nennen. Alles kommt in zusammengehörenden Hälften daher: Mann und Frau, Leben und Tod, Licht und Dunkelheit.

Es gibt zwei Arten des Daseins: die Menschen und die Heiligen Leute. Zu den göttlichen Gestalten gehören die Wandelbare Frau, Mutter Erde, Vater Himmel, die Sonne, die Heldenzwillinge, der Monstermörder, der Geboren-fürs-Wasser, auch der Erste Mann und die Erste Frau sowie der gewitzte Kojote und viele andere mehr. Die Heiligen Leute können menschliche Gestalt annehmen und haben ähnliche Schwächen wie die griechischen Götter.

Die Zeremonie

Die Navajo-Zeremonien werden von Sängern geleitet. Sie sind die Überbringer des Traumrades mit einem phänomenalen Gedächtnis, die komplexe Riten und Gesänge vorbringen: wie Weg der Verwundung, Weg der Feinde oder Weg der Nacht. Diese wiederum sind eingewoben in die Rituale des Heiligen Wegs, des Bösen Wegs oder des Lebenswegs, entsprechend den Bedürfnissen desjenigen Menschen oder Patienten, für den sie aufgeführt werden.

Zu jeder Zeremonie gehört das Sandmalen: ein Hilfsmittel von starker Symbolkraft. Man „malt" mit einem dünnen Sandstrom, der aus der Hand auf den Boden rieselt. Diese Kunst entwickelte sich im Land der Regenbogenerde, im Monument Valley und in der Painted Desert, wo der Sand viele Farben hat.

Eine lange Geschichte wird während der Rituale vorgetragen. Jede Zeremonie kann von einem bis zu neun Tagen oder Nächten dauern. In diesem Zeitraum wird das Sandmalen zur geheiligten Bühne für den Auf- und Abtritt der Götter. Ihre Kräfte, die wohltätig, aber auch gefährlich sein können, werden durch das Malen von freundlichen Bildnissen in den Sand herbeigelockt, damit sie heilen, Frieden stiften, zusammenbringen und ordnen, auf daß alles wieder gut und schön in der Welt werde.

---

reich wird man schon gar nicht. Doch die Menschen beharren stolz auf ihrem Land und ihrer Lebensweise, die sie oft gegen den Fortschritt verteidigt haben.

In den größeren Städten sind die Hispanier ein lebendiger Teil der gesamten Mischung. Einige leben noch in ihren angestammten Umgebungen, andere rücken in ärmeren Wohnvierteln zusammen und haben unter Straßenkämpfen und Jugendbanden zu leiden.

Das gesamte soziale Universum der Hispanier ist komplex. Es reicht von der Elite mit tiefreichenden Wurzeln im Südwesten über kleine Bauern in alten Bergdörfern bis zu den etablierten Hispaniern

Aus dem Leben eines Ranchers

Charakteristischer Pferch im Südwesten.

Stellen Sie sich vor, Sie wären ein aufrechter kleiner Rancher mit 250 Stück Vieh auf gepachtetem Land. Sie mästen Ochsen, was einfacher ist als die mühevolle Aufzucht von Kühen und Kälbern. Ochsen werden sechs Monate aufgepäppelt und dann zum Schlachten verkauft. Kühe hingegen kalben und nähren ihre Jungen. Der Rancher hält sich eine solche Herde und versucht mit ihr seinen Bestand aufzubessern.

Im Frühjahr steht der Rancher im Morgengrauen auf, füttert die Pferde, bevor er sich selbst zum Frühstück niedersetzt, dann reitet er hinaus, um mit seinen Kühen und Kälbern Haschmich zu spielen. Es ist die Zeit, in der die Rinder ihr Brandzeichen bekommen, was heißt, daß der Rancher jedes einzelne Vieh in rauhem und teilweise bewaldetem Land finden und eintreiben muß. Ein Kuh braucht je nach Qualität des Weidelandes 12 bis 66 Hektar zum Grasen. Wenn man also 250 Stück Vieh hat, ist schon eine Menge Weideland nötig. In den Bergen ist die Saison wegen der Schneefälle im Winter kurz. Weiter unten ist das Land trocken oder halbtrocken mit spärlicherer Vegetation. Auf jeden Fall braucht man sehr viel Zeit, alles Vieh aufzutreiben. .

Einmal eingetrieben, wird die Herde in einen Pferch verbracht, und dann beginnt die Arbeit mit dem Brandeisen. Das Jungvieh wird gegen Krankheiten geimpft, und männliche Kälber werden kastriert. Es ist eine harte, staubige und schweißtreibende Arbeit. Danach wird das Vieh auf die Sommerweide getrieben.

Für den Rancher bringt jede Saison eine spezielle Arbeitsbelastung. Erhalt und Pflege des Weidelandes steht im Sommer im Vordergrund. Zäune sind kaputt, Pfosten verottet, Brunnen und Wasserlöcher müssen gereinigt und instand gesetzt werden. Im Herbst wird das Vieh wieder eingesammelt, einige werden verkauft, der Rest auf verschiedene Winterweiden verbracht. Die

(oder *Latinos* oder *Chicanos*, die Bezeichnungen wechseln, aber gemäß dem jüngsten Handbuch für Autoren der *Los Angeles Times* ist Latino der korrekte Begriff) und den Millionen Wirtschaftsflüchtlingen aus Lateinamerika.

Die hispanische Beständigkeit, Bescheidenheit und Loyalität hat etwas Liebenswertes. Entdeckt man ein kleines Restaurant, eine Bäckerei oder einen Gemüseladen, der seit vielen Jahren am selben Ort existiert, so gehört er gewiß einer hispanischen Familie. Die Lokalität ist normalerweise sehr authentisch, korrekt in der Preisgestaltung, niemals arrogant, und sie strahlt stets eine gewisse Wärme aus. Mit diesem Charme wird so ein Restaurant wohl kaum zum Kettenlokal

Forstverwaltung der Vereinigten Staaten gibt Rotationspläne heraus, um die Vegetation zu schützen und um Schäden durch Überweidung zu vermeiden.

Im Winter wird das Leben etwas ruhiger, vorausgesetzt das Wetter spielt mit. Denn während eines Schneesturms oder eines Kälteeinbruchs hat der Rancher schwer zu kämpfen, um seinen Viehbestand vor Schaden zu bewahren.

Viehzucht heute

Es ist gar nicht so einfach, heutzutage ein Rancher zu sein. Im Südwesten nutzen die Rancher reichlich öffentliches Land. Doch Umweltschützer kritisieren seit langem die künstlich niedrig gehaltenen Weidegebühren als Zusatzgewinn für die Viehzuchtindustrie und zum Nachteil für die Umwelt. Nach gründlicher Prüfung plant die Regierung nun, die Weidegebühren grundlegend zu erhöhen. Der Widerstand ist enorm. Aber wenn dieser Plan gesetzlich verankert ist, sollen die zusätzlichen Einnahmen zur Regeneration überweideten und verwüsteten Weidelandes genutzt werden.

Hinzu kommt, daß sie derzeit mit einem Preisverfall von Rindfleisch zu kämpfen haben. Eine gesunde Ernährung verlangt einen reduzierten Verbrauch roten Fleisches. Die Menschen essen nun sehr viel weniger rotes Fleisch und statt dessen mehr Fisch und Geflügel. Die Folge ist, daß viele Rancher auf der Kippe ihrer Existenz stehen. Wer weitermacht, muß noch um einiges härter arbeiten.

umgewandelt. Kein cooler Innenausstatter hat je die Chance, diese hartverdiente Patina einem Lifting zu unterziehen.

Es ist schon komisch, daß ausgerechnet zu dem von den Staaten am meisten ignorierten spanischen Vermächtnis des Südwestens das amerikanische Ursymbol gehört, der Cowboy. Er trat zuerst als spanischer *Vaquero* in die Welt. Des Cowboys Leder-*Chaps* entstammen dem spanischen *Chaparejos*, jenem Schutz an den Beinkleidern, der Verletzungen durch Dornen oder Kaktusstacheln vorbeugen soll. Das Seil am Sattel ist das *Lariat*, das Lasso. Und die gesamte Viehzuchtindustrie wurde von den Spaniern durch ihre ersten Importe von Rindern, Pferden, Schafen und Ziegen begründet.

Anglo- und andere Amerikaner

Seit sich der amerikanische Südwesten in der zweiten Hälfte des 19. Jahrhunderts gebildet hat, sind viele Kaukasier und einige Schwarze und Asiaten in das Gebiet eingewandert. Die Chinesen waren am Bau der Eisenbahn beteiligt und blieben schließlich, um anderweitig ihr Glück zu suchen. Die Japaner siedelten sich als Farmer an der Grenze zwischen Neu-Mexiko und Colorado und bauen seit Generationen Gemüse an.

Die ersten Menschen deutscher Herkunft waren Jesuitenmissionare im Gefolge der Spanier. Pater Kino gehörte zu ihnen. Die französischen Padres folgten ihnen nach. Im 19. Jahrhundert kamen deutsche Kaufleute und deutsch-jüdische Bankiers nach Santa Fe und Albuquerque. Weitere wurden Rancher, ebenso wie die Engländer und die Schotten. Auch die Iren kamen in den Südwesten, während viele Bergarbeiter Polen und Slowaken waren.

Heutzutage ist die Bevölkerung des Südwestens vorwiegend weiß, und sie wächst schneller als in den übrigen Ver-

Freizeitkleidung im modernen Wilden Westen.

einigten Staaten. In den siebziger und achtziger Jahren flohen viele Menschen vor der wirtschaftlichen Stagnation in den alten industriellen Herzländern in den boomenden *Sunbelt*. In Arizona sind beispielsweise 50 Prozent aller produzierenden Arbeitsplätze in der Hochtechnologie-Industrie. Das rasche Wachstum führte zur Verbreitung von Fertighäusern und von Wohnwagensiedlungen, die mittlerweile ein nützlicher aber häßlicher Teil der Stadtlandschaft sind.

„Schneevögel"

Nicht unerwähnt bleiben sollte, daß der Südwesten auch zu einem Mekka der **Pensionäre** wurde. Angelockt von der Weite der Landschaft, dem warmen Klima mit milden Wintern (außer in den Bergen), niedrigen Lebenshaltungskosten und bezahlbaren Mieten, flohen die Senioren vor kalten Wintern, städtischer Hektik und hohen Steuern aus dem Osten, Norden und Mittelwesten. Viele Menschen ließen sich in kleinen bis mittelgroßen Gemeinden nieder.

Alle Rentnerstädte, die für Menschen über 55 entworfen worden waren, expandierten, besonders in Arizona. Sun City (40 000 Einwohner) ist die bekannteste. Dort gibt es knapp 500 Hektar Golfplätze, mehrere Freizeitzentren, Fortbildungskurse, Büchereien, ein Kunstmuseum und ein Symphonieorchester. Diese Lebensweise ist nicht jedermanns Sache. Viele Rentner ziehen Kontakte mit Kindern und Erwachsenen vor.

Romantische Reminiszenz an den guten alten Buffalo Bill.

Eine weiße Hochzeit im Südwesten.

Die Einheimischen des Südwestens haben den Begriff „Schneevögel" für eine weitere Rentnergruppe geprägt. Wie Zugvögel wandern diese amerikanischen Senioren jeden Winter Richtung Süden. Manche kommen mit ihren Wohnwagen, andere mieten Apartments. Es gibt gut ausgestattete Campingplätze mit Freizeitmöglichkeiten. Die Stadt Truth or Consequences im Süden Neu-Mexikos ist mit ihren heißen Quellen und Kureinrichtungen einer der beliebtesten Überwinterungsorte für diese unternehmungslustige Spezies.

ALLES NACH WAHL

Religion

Die amerikanische Verfassung garantiert die Freiheit der Religionsausübung, aber ein aktueller Spruch des Obersten Gerichtshofs entschied, daß damit nicht die Freiheit der Indianer geschützt sei, ihre Religion entsprechend ihren Traditionen zu praktizieren. Es ging dabei um den Gebrauch von Peyote, dem Drogenpilz, durch ein Mitglied einer Kirche der nativen Amerikaner. Er wurde wegen eines Vergehens verurteilt, in diesem Fall wegen Drogenbesitzes, obwohl Peyote zu den religiösen Riten dieser Kirche gehört. Im Nachspiel dieses Falles erreichte ein nativer amerikanischer Anwalt, Walter Echo Hawk aus Colorado, daß der Kongreß den „Native American Free Exercise of Religion Act of 1993" einführte.

Der kunstvoll gearbeitete Hauptaltar in San Jose de Garcia del Rio, eine Anspielung auf das Mittelalter.

Christianisierung

Der Sturm auf die religiöse Freiheit der amerikanischen Indianer erreichte in der Zeit von 1880 bis zum Ersten Weltkrieg seinen Höhepunkt. Das war die Zeit, in der alles, was mit der Tradition der

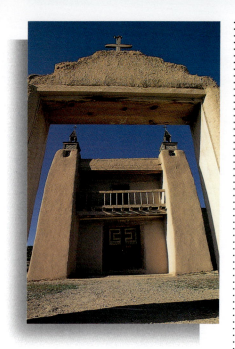

San Jose de Garcia del Rio ist die älteste Kirche der Region.

tige religiöse heidnische Bräuche bis heute aufgeführt. Generationen haben diese improvisierte Volkskunst gepflegt. Der Dezember ist ein besonders geschäftiger Monat mit einer faszinierenden Besetzung der Charaktere.

Es gibt *Matachine*-Tänzer und *Abuelos*, Wollmonster mit gigantischen Pelzköpfen, die von den Bergen kommen und die Kinder fragen, ob sie brav gewesen seien. Es gibt die Moralspiele *Las Posadas* und *Los Pastores* mit Engeln und Teufeln und schließlich die Weihnachtsnacht mit der *Miso del Gallo*, der Messe des Hahns. Und dann gibt es da die berühmten Lichtspiele, die *Farolitos*, bei denen lebende Flammen dem Chistkind am Weihnachtstag den Weg weisen.

nativen Amerikaner zu tun hatte, ausgerottet werden mußte und alles angloamerikanische und christliche mit Gewalt reingedrückt wurde. Jahrhunderte zuvor zeigten sich selbst die Spanier toleranter gegenüber der Realität und duldeten eine Verquickung indianischen und katholischen Glaubens und der Rituale. Diese Mischung ist bis heute spannend. Die Pueblo halten ihren Gottesdienst in christlichen Kirchen ab, aber mit ihren traditionellen Zeremonien und Tänzen. Diese Mischkultur hat einen eigenen Namen: *Genizaro*. Der Hang zur Dramatisierung verbindet beide.

In den spanischen Gemeinden von Neu-Mexiko und dem südlichen Colorado werden viele Moritaten und präch-

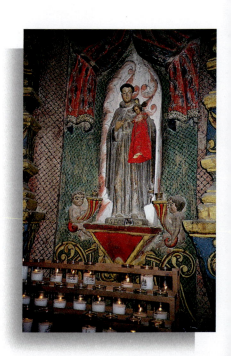

Innenansicht von San Xavier del Bac.

Vor dem tiefblauen Himmel strahlt die weiße Kirche von Isleta einen einladenden Charme aus.

Die Penitentes

Das katholische Neu-Mexiko hat eine andere einzigartige hispanische Institution, häufig mit falsch verstandenen Geheimnissen verbunden: *Las Penitentes*. Im späten 18. Jahrhundert, als sich die Spanier auf dem Abstieg befanden und Neuspanien unzufrieden war, wurde die abgelegene nördliche Grenze fast vergessen. Die Leute fühlten sich sitzengelassen. Indianische Überfälle nahmen zu, und Priester waren rar. Als Antwort auf die spirituellen Bedürfnisse entstand eine Bruderschaft, *La Fraternidad Piadosa de Nuestro Padre Jesus Nazareno*, gegründet von Männern in der Grenzregion, die mit ihrem ganzen Leben eintraten. Sie kümmerten sich um Kranke, bestatteten die Toten, speisten die Hungrigen, kümmerten sich um die Gottesdienste und halfen den Mitgliedern der Gemeinde, so gut es ging. Die Treffen wurden in einem besonderen Gebäude abgehalten, der *Morada*. Bis heute werden überall im Norden Neu-Mexikos *Moradas* unterhalten.

Der Name Penitentes wurde angenommen, weil das Leiden Christi der zentrale Punkt in der Religion der Bruderschaft war. Sie legten Gewicht auf Bestrafungen, auf Selbstflagellation, trugen ein schweres Kreuz und stellten die Kreuzigung nach. Am Karfreitag wurde ein Bruder ausgewählt und ans Kreuz geschlagen. Grausame Gerüchte und Geschichten wuchsen um diese Sitten, die die Brüder in den Untergrund zwangen. Im 19. Jahrhundert mißbilligten die

Die indianischen Tänze spiegeln häufig die Nähe zu Tieren wider, von denen man glaubt, daß sie auf einer höheren spirituellen Ebene stehen.

katholischen Geistlichen scharf die Bruderschaft und klagten sie der Rebellion gegen die Kirche an. Die Penitentes verschwanden völlig aus der Öffentlichkeit und tun bis heute Gutes. Nur ihr Eifer, sich selbst Leiden aufzuerlegen, wurde gemäßigter, und mit der Kirche machten sie im Jahr 1947 ihren Frieden.

Spiritualität

Für die amerikanischen Indianer ist Spiritualität Bestandteil ihres Lebens. Es ist nicht etwas, was man in einer separaten Schublade aufbewahrt, sondern ein ständig gegenwärtiger Daseinszustand, wie der Heilige Wind der Navajo. Die Pueblo-Siedlungen beispielsweise hatten immer eine religiöse Dimension. Ihre konservative Regierungsform war und ist in einigen Fällen bis heute Theokratie.

Die einst nomadisierenden Navajo andererseits leben weit verstreut und sind spirituell individualistischer geprägt, weniger formal fixiert. Zeremonien und Rituale werden aufgeführt, wenn es notwenig ist und nicht nach dem Kalender. Die Navajo „borgen" sich auch religiöse Ideen und Praktiken von ihren Nachbarn und transformieren sie so, daß sie in ihre eigene Weltsicht passen.

In der Navajo-Mythologie schuf der Große Geist zuerst den Vater Himmel, dann die Mutter Erde. Alles Leben kam von diesen beiden universalen Formen. Auf „Sandgemälden" halten sie ihre Hände und Füße gekreuzt, um die Einheit zu symbolisieren; der Regenbogenwäch-

Kiva, eine Zeremonienkammer, die in einigen Siedlungen nativer Amerikaner gebildet wurde.

ter ist ihr Wachposten zur Ewigkeit. Der Körper des Vaters Himmel umfaßt die Sterne und ihre Konstellationen; der Körper von Mutter Erde ist ein See namens „Ort der Entstehung". Die vier heiligen Pflanzen, Mais, Bohnen, Kürbis und Tabak, sind aus diesem See geboren; ihre Wurzeln gehen direkt wieder in die Erde zurück. Alles Leben, alle Fruchtbarkeit kommt von der Mutter Erde.

Die Ziffer Vier ist symbolisch und heilig. Sie bezeichnet die vier heiligen Berge, die vier Winde, die vier Jahreszeiten, die vier Altersabschnitte des Menschen, die vier Elemente, die vier Himmelsrichtungen. Jede Farbe hat eine Bedeutung und spricht eine Sprache.

Native Amerikaner haben einen außerordentlich reichen Schatz oraler Literatur: Hunderte von Mythen eines Stammes wurden mündlich überliefert, weil sie keine geschriebene Sprache kannten. Wenn man sie nicht anders festhalten konnte, mußte eine Geschichte erzählt oder gemalt werden. Worten wurde eine so umfassende Macht zuerkannt, daß sie die Wirklichkeit überzeugen konnten, sich nach ihnen zu gestalten. Worte erschaffen, wie auch Gemälde und Zeichnungen. Sie sind Formen einer umfassend verstandenen Art zu „schreiben".

Solche, die Wissen innehaben, sich erinnern, heilen und singen, werden auch die „Wortaussender" genannt. Diese Poeten senden Worte aus, öffnen sich den Worten der Geister, empfangen Visionen, transzendieren die Realität und bringen sie als Essenz der Zeit, des

Der mormonische Einfluß im Südwesten

Bernard de Voto sagte, daß Brigham Young der erste Amerikaner gewesen sei, der es geschafft habe, die Wüste zu kolonisieren.

Am Anfang hatten die Mormonen keine Ahnung von Bewässerungstechniken oder trockener Landwirtschaft. Als sie sich in Utah niederließen, mußten sie hart im Nehmen sein, bis sie in der Wüstenzone zu überleben lernten. Fleißig und ausdauernd nahmen sie die Knochenarbeit auf sich. Weil sie von ihrer Umwelt, den „Ungläubigen", als unmoralisch angesehen wurden, konnten sie ihrer Lage auch nicht einfach entfliehen. Sie mußten bleiben, sich durchbeißen und die Wüste zum Blühen bringen – und sie schafften es.

Als die Mormonen sich zum Great Salt Lake aufmachten, gehörte Utah noch zu Mexiko. Erst kurz danach wurde das Land von den USA annektiert. Trotz neuer Gefahren ließen sie sich in sechs benachbarten Staaten nieder, zielbewußt zwar, aber sehr vorsichtig, ohne Aufsehen zu erregen und jeder Konfrontation aus dem Weg gehend. Sie gründeten Niederlassungen, wurden befriedender Faktor der Region.

Ihre Einstellung zu den Indianern war von Respekt und Ebenbürtigkeit geprägt. Mormonen lernten indianische Sprachen und erhielten von den nativen Amerikanern Unterstützung, als es ihnen ganz schlecht ging, während der Jahre des Hungers beispielsweise, als ihre ersten Ernten durch Heuschrecken zerstört wurden.

Der mormonische Beitrag zur amerikanischen Geschichte wird genauso ignoriert wie der spanische. Beiden fiel auf, daß es den Leuten aus dem Osten an Hochachtung vor den Taten und Entdeckungen anderer fehlte. Amerikaner „entdeckten" den Grand Canyon, den Pikes Peak und den Colorado River, obwohl sie alle den nativen Amerikanern und Spaniern längst Heimat waren.

Aber während Indianer und Spanier entlang des fruchtbaren Tals des Rio Grande siedelten, entwickelten die Mormonen ein eindrucksvolles Bewässerungssystem der Wüste.

Die bescheidenen Mormonen gerieten in eine offizielle Untersuchung, als der frühere deutsche Revolutionär und spätere Innenminister (1871-1881) Carl Schurz und Präsident Rutherford B. Hayes die zerstörerische Ausbeutung öffentlichen Landes und Forstes stoppen wollte. Hayes ordnete eine Studie an und beauftragte damit Major John Wesley Powell.

Der Beitrag der Mormonen

Powell stellte fest (siehe Rahmentext Seite 52), daß der jährliche Niederschlag westlich des 100. Meridians unter 510 mm lag. Er nahm sich dann die Landwirtschaft der Mormonen vor, besuchte viele ihrer Gemeinden und sah sich die Bewässerungstechnik an, die sich immer in kleine-

Ortes und des Seins zurück. Die Berge, die Flüsse und *Hogan*, die Heimstätte, sind heilig. Der Hogan ist ein Modell des Kosmos und rund wie die Sonne. Das Dach repräsentiert den Himmel. Dann gibt es unter den Mythen der Navajo – und anderer – den *Trickster*. Er führt seine Streiche aus und ist die Personifizierung des Unvorhersehbaren, der Komik, der Amoral, des Spielerischen und Verschlagenen. Oft trägt er eine Maske und erscheint in Form eines Kojoten, kann aber auch in andere Verkleidungen schlüpfen. Wie er es liebt, andere zum Narren zu halten! Wie gerne er alle Regeln bricht! Er stiehlt, verführt, verursacht jede Art von Chaos … und überlebt. Der Trickster läßt die nativen Amerikaner auch über sich selbst lachen.

Mormonische Inspiration

Die Geschichte der Mormonen ist so außerordentlich, daß es schwierig wäre, sie

rem Rahmen abspielte. Powell kam zu dem Schluß, daß dieses Vorgehen das günstigste war, daß etwas größere Staudämme gebaut werden sollten, aber vorsichtig, ohne in die fragile Umwelt einzubrechen und die Mormonen selbst das Bewässerungssytem entwerfen sollten.

Die heute technologiefanatische Beherrschung des Colorado und des riesigen Lake Powell können nicht unbedingt als Reflexion auf seine Visionen verstanden werden. Die Väter einer Idee kann man selten verantwortlich machen für den Mißbrauch durch ihre Epigonen.

Die Mormonen hatten umsichtig den Weg einer neuen Erschließung der Wüste gebahnt. Und interessanterweise war es auch ein Mormone, der Bankier Marriner Eccles, der Jahre vor Maynard Keynes gefordert hatte, die Regierung solle die *Great Depression* durch massive Beschäftigungsprogramme überwinden.

Präsident Roosevelt, der im Jahr 1934 für einen ausgeglichenen Haushalt eingetreten war, fragte sich bald, ob der Bankier aus Utah nicht doch recht haben könnte. Im Jahr 1935, als elf Millionen Amerikaner arbeitslos waren, jeder Dritte, schaltete Roosevelt um und ließ sein Arbeitsbeschaffungsprogramm anlaufen. Der Hoover-Damm war einer der erfolgreichen Projekte.

Die Überlegungen eines Mormonen katalysierten die konsequente Entwicklung zum modernen Südwesten.

vollständig einzuführen. Die Kirche der Heiligen des Letzten Tages wurde im Jahr 1830 in Fayette im Staat New York vom 25-jährigen Joseph Smith gegründet. Der Junge hatte schon in frühem Alter Visionen. Im Jahr 1827 wurde ihm der verborgene Ort geheimer Niederschriften in einer Vision strahlenden Lichts offenbart, und er diktierte engen Freunden das „Buch Mormon". Es wurde im Jahr 1829 veröffentlicht. Zwei andere Bücher der Offenbarung folgten. Joseph Smith wurde Prophet einer neuen Religion. In einer Vision sagte Gott zu Joseph, er solle seine Leute um sich scharen und ein neues Jerusalem in Frieden und Harmonie bauen, das von einem Patriarchen und einen Herrscher geführt werde. Die Kirche würde den Besitz aller ihrer Mitglieder verwalten.

Schwerpunkte der neuen Religion waren die Offenbarung, keine Trennung zwischen Kirche und Staat, die Zahlung der Steuern durch die Kirche, Polygamie, ein gemeindebezogenes Wohlfahrtssystem, das als kommunistisch bezeichnet wurde, die Sitte, en bloc zu wählen und sich für die Antisklaverei-Konvention auszusprechen sowie der Ruf zu missionieren. Heute ist das Missionsnetz der Mormonen über die ganze Welt gespannt und noch äußerst aktiv.

Von diesem noch bescheidenen Ausgangspunkt aus entwickelten die Mormonen fast einen unabhängigen Staat namens *Deseret*. Dieser konzentrierte sich zunächst auf Utah, sollte sich aber von San Diego bis zum Pazifik ausdehnen. Die Regierung der Vereinigten Staaten war ziemlich besorgt über eine derartige Bil-

Die Statue von Brigham Young beherrscht das Stadtbild von Salt Lake City – entsprechend den Verdiensten des Führers um die mormonischen Kirche.

dung eines Staates innerhalb des Staates. Der Bürgerkrieg jedoch lenkte Washington ab und rettete die Mormonen vor einer militärischen Intervention.

Überraschenderweise waren die Mormonen schon bei ihren frühen Anstrengungen erfolgreich. Sie ließen sich in Missouri und in Illinois nieder. Im Jahr 1842 wurde die prosperierende Stadt Nauvoo rasch zur größten Stadt von Illinois. Ihre Nachbarn hatten allerdings Angst wegen der etwas seltsamen Methoden der Mormonen und waren gleichzeitig neidisch auf deren Erfolge.

Das eindrucksvolle und stattliche Welthauptquartier ist sicherlich um Meilen entfernt vom bescheidenen Anfang der mormonischen Kirche.

Im Jahr 1844, als Joseph Smith ankündigte, er wolle für die Präsidentschaft der Vereinigten Staaten kandidieren, hatten seine Feinde genug. Er und sein Bruder wurden wegen Verrats und Konspiration ins Gefängnis gesteckt. Der Mob ermordete beide im Juni 1844.

Die Ära Brigham Young

Die unterdrückten Mormonen wählten Bringham Young als Nachfolger Smiths. Unter seiner außerordentlichen Führung entschieden sie sich für die Wildnis Utahs in der Nähe des Great Salt Lake – ein einsamer Ort, genau passend für die religiösen und sozialen Outlaws, weit entfernt von allen feindlichen Nachbarn. Dort wollten sie hart arbeiten, um ein Land zu schaffen, das sich landwirtschaftlich eigenständig versorgen konnte.

Am Ende des Bürgerkriegs war das neuerbaute Salt Lake City zur zweitgrößten Stadt des Westens herangewachsen. Der Aufschwung des Bergbaus und die kräftige Expansion Amerikas nach Westen verursachte Besorgnis unter den Führern der Mormonen. „Gold und Silber", sagte Brigham Young, „ruinieren jede Nation." Aus Sorge, überrollt zu werden, entwickelten die Mormonen eine einzigartige und effektive Wirtschaftsstrategie, mit allem Geschäfte zu machen, außer mit Gold und Silber.

Mit der Zeit wurde die Kirche sehr einflußreich. Sie hatte ihre eigene Handelskammer, Industrieverbände und Zei-

Festtage der Pueblo-Indianer

Jäger beim Büffeltanz im Pueblo San Ildefonso.

Johannes Paul II. im Jahr 1993 in die USA kam, um den Weltjugendtag in Denver zu begehen, dankte er den nativen Amerikanern für ihr besonderes Erbe, das sie mit in die Kirche brachten.

Die Scheidelinie, die man im Kopf haben sollte, damit religiöse Zeremonien nicht auf das Niveau einer Unterhaltungsshow gezerrt werden, ist äußerst empfindlich. Viele Pueblo laden gerne Gäste und Touristen ein, an ihren Festen teilzuhaben. Andere schließen die Öffentlichkeit aus und wollen während ihrer Feierlichkeiten vor allem nicht fotografiert werden.

Unglücklicherweise gibt es Touristen, die das nicht verstehen wollen. Das kann zu Unannehmlichkeiten führen. Man sollte einmal in die Mokassins eines nativen Amerikaners schlüpfen: eine Invasion neugieriger Menschen stürzt über sein Dorf, jeder glotzt in sein Fenster und stört das Privatleben. Wenn er beten und tanzen möchte, reagieren Besucher wie der Mob von der Presse auf der Jagd nach Exotischem.

Viele Pueblo wollen aber nicht zulassen, daß ihre Feste, die sie in Ehren halten, zu einem Zirkus oder Zoo verkommen. Sie sind bereit, ihre Kultur und Tradition zu teilen, aber sperren sich dagegen, wenn diese Offenheit ausgebeutet wird. Solange Besucher sich respektvoll und zivilisiert verhalten, sind sie gern gesehen.

Bei den Festen sind katholische Liturgie und indianische Riten und Rituale verquickt. Als Papst

Traditionelle Tänze

Festtage finden in der Regel zu Ehren der Jungfrau Maria oder lokaler Heiliger statt. Andere hängen zusammen mit Pow-wows, Maistänzen, Volksfesten oder der Vesper. Sie alle unterscheiden sich bei den einzelnen Pueblo-Gemeinden und müssen auch nicht jedes Jahr gleich ablaufen. Der Tanz spielt die Hauptrolle bei den Feierlichkeiten. Manchmal wird in der Kirche getanzt, öfters auf dem Dorfplatz. Am bekanntesten sind die Tänze des Hirschs, Büffels, Adlers und der *Matachine*. Die Tänzer kostümieren sich bunt und bemalen ihre Gesichter.

Im *Deer*-Tanz wird das Tier um Verzeihung gebeten, weil sein Leben für die Ernährung des Menschen genommen wurde. Er umfaßt auch eine Danksagung an alles Gute, was vom Hirsch kommt, wie die Haut, aus der Lederbekleidung hergestellt wird. Ein Trommler und zwei Sänger begleiten den Tanz. Zwölf Männer und eine Reihe von Frauen in leuchtenden Kostümen mit Muschelketten, Klapper-Muscheln und Girlanden führen den Tanz auf. Die Männer tragen

tungen. Sie besaß oder kontrollierte Unternehmen, Immobilien, Banken, Landwirtschaft und große Versorgungsbetriebe. Erfolgreich bewarb sie sich um staat-

liche Investitionen und Militäreinrichtungen im Staat Utah.

Ein dunkler Fleck in der Geschichte der Mormonen ist das Massaker am

Geweihe, Schwänze und Stöcke, mit denen die Beine des Hirschs angedeutet werden.

Der *Buffalo*-Tanz steckt volle dramatischer Pantomime und komischer Komplikationen. Die Tänzer sind oft nackt bis zur Hüfte und tragen riesige, wild aussehende Köpfe des Bisons, komplett mit Gehörn. Muscheln, kurze Röcke, Schärpen, Rasseln, Federn und Mokassins gehören zum Kostüm. Dramatisiert wird die Jagd mit dem Einfangen des Tieres und seinem Tod. Clowns toben durch die Tänzer und konterkarieren damit die ernste Darstellung der Jäger.

Der *Eagle*-Tanz stellt die spirituelle Suche nach dem Großen Geist dar, wobei der Adler der Botschafter ist, der aufsteigen und den Schöpfer erreichen kann. Dieser Vogel steht bei den Indianern für Mut, Majestät und Großzügigkeit. Er tötet nur, um für Nahrung zu sorgen. Die Kostüme sind besonders auffallend. Eine Kappe mit einem langen, gelben Schnabel schmückt den Kopf. Beide Arme stecken in Adlerschwingen. Jeder Tänzer ist Adler und macht mit seinem Niederkauern, Hopsen, Gleiten und Hochfliegen das Tier lebendig.

Die *Matchines*, wahrscheinlich in Nordafrika entstanden, sind Teil katholischer Tradition in nahezu allen spanisch sprechenden Ländern und stellen den Kampf zwischen Gut und Böse dar. Die kunstvoll bekleideten Epigonen tanzen würdig, begleitet von einer Violine und einer Gitarre, und schmücken eine Prozession, die eine Statue der heiligen Jungfrau Maria trägt.

Hauptcharaktere sind die zwölf Apostel, ein König, eine Königin, ein junges Mädchen in weißem Hochzeitskleid und Schleier. Clowns in fürchterlichen Monsterkostümen bringen alles durcheinander. Sie symbolisieren die tierische Seite des Menschen, tragen Bullen-, Affen- oder Schweinemasken. Später wird der Bulle in einem rituellen Kampf getötet, und die Menge tobt vor Begeisterung – es ist der Triumph über das Böse, und das kleine Mädchen, die Reinheit, die Unschuld, ist gerettet.

Mountain Meadow im Jahr 1857. Einer der zentralen Figuren dieses grausamen Akts war John D. Lee, Mitglied der Mormonen seit 1837. Er war zunächst Leibwächter von Joseph Smith, später von Brigham Young. Im Sommer 1857 kamen zwei größere Trupps Pioniere aus Arkansas und Missouri auf ihrem Weg nach Kalifornien durch Salt Lake City. Das war zu einer Zeit, als sensationsheischende Zeitungsberichte über ihre Sitten und die Polygamie hochgekocht wurden. Die öffentlichkeitsscheuen Mormonen vermieden den Kontakt mit anderen soweit wie möglich. Es kam zu Spannungen und Provokationen, als die Pioniere in Salt Lake City waren.

Später, als sie weiterzogen, wurde die Gruppe aus Missouri von Indianern angegriffen. Bewaffnete Momonen kamen ihnen zu Hilfe und retteten sie. Auch die Gruppe aus Arkansas wurde überfallen, und zwar von Indianern und John D. Lee mit seinen Leuten. Beim folgenden Massaker wurden 137 Menschen umgebracht, darunter Frauen und Kinder.

Da die Mormonen traditionell gute Beziehungen zu den Indianern unterhielten, wurde John D. Lee des Massakers beschuldigt. Lee kam vor Gericht und wurde im Jahr 1875 für schuldig befunden und am Ort des Massakers erschossen. Er bestand bis zum Schluß darauf, daß die Verantwortung für diese Greueltat die mormonische Kirche trage.

Neben den Mormonen gibt es im Südwesten natürlich auch die ganze Bandbreite der protestantischen Kirchen und Enklaven anderer Religionen wie des Islam, des Buddhismus und des Hinduismus. Heute leben die verschiedenen Glaubensrichtungen tolerant nebeneinander.

VERMISCHTE TRADITIONE

Kunst

Als Jan Mostaert, Hofmaler bei Margarethe von Österreich, Regentin der Niederlande, im 16. Jahrhundert seine Gemälde über die Neue Welt und insbesondere „Die Eroberung Amerikas" schuf, hatte er den neuen Kontinent bis dahin noch nicht zu Gesicht bekommen. Er lauschte einfach den Berichten und Geschichten und überließ sich seiner unerschöpflichen Vorstellungskraft. Umfassendere bildliche Darstellungen von Nordamerika hinterließ die bürgerliche Klasse jener begeisterten Forscher in der ersten Hälfte des 19. Jahrhunderts, die zugleich auch Künstler waren. Manche von ihnen reisten allein durch das Land – wie der Student und Maler indianischen Lebens, **George Catlin**. Andere wiederum waren Teil einer Gruppe, wie der Schweizer **Karl Bodmer** und sein wissenschaftlicher Auftraggeber, der preußische Prinz Maximilian. Catlin und Bodmer befaßten sich mit den nördlichen Regionen, während **John Mix Stanley** der erste Künstler war, der den Südwesten darstellte. 1846 war er auf dem Santa Fe Trail auf Reisen, wo er dem Kaufmann und

Weiche und runde Formen machen den Adobe-Stil auf der Rancho de Taos Spanish Mission aus.

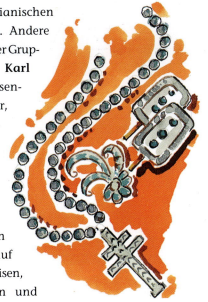

Schriftsteller **Josiah Gregg** begegnete. Im Jahr der unblutigen amerikanischen Eroberung hielt er sich in Santa Fe auf und wurde später von Colonel Steven Kearny angeworben, mit einem Treck der Armee nach Kalifornien zu reisen. Interessanterweise sah Stanley dort, wo andere nur feindliche Wüste erlebten, Leben und hinreißende Schönheit. Seine romantischen Porträts und Szenen der Ureinwohner haben eine lebendige Ausstrahlung. Stanleys Bilder sind Bestandteil des *Emory Report* von 1848.

Spanisches Erbe aus dem Mittelalter

Die Kunst der Völker in dieser Region lebte auf der Grundlage der spanischen Ko-

Die barocke Fassade der Kirche San Xavier del Bac.

Gemälde im Great Kiv auf dem Coronado Monument.

lonialerfahrung fort. Das Leben an der nördlichen Grenze zum spanischen Reich ist niemals einfach gewesen. Es war weit entfernt von den Annehmlichkeiten der eleganten Hauptstadt von Mexiko, und die Kunst jener Gebiete spiegelt diese Umstände wider. Sie ist von der Grenze geprägt und entweder religiös bestimmt oder würdigt das praktische Leben. Folglich findet man die höchste Vollendung in religiöser Architektur, beim Weben und in Stickereien, bei der Herstellung schöner Kleider, schmiedeeiserner und ornamentaler Zinnarbeiten, beim Gold- und besonders Silberschmieden sowie bei der einheimischen Kunst des *Santero*, der die Schutzheiligen herstellte. Traditionell malte man *Santeros* auf flache Tafeln, *Retablos*, schuf umfangreiche

Im Inneren der Kirche San Xavier del Bac.

reien, die man nirgendwo sonst finden kann. Diese Arbeiten haben jene anziehende, ursprüngliche Kraft und die Abstraktion früher christlicher Schöpfungen. Die prachtvollen Missionskirchen im Südwesten sind lebendige Beispiele für diese spezielle Kunst, und das Museum für internationale Volkskunst in Santa Fe hat Amerikas beste und umfangreichste Sammlung.

Lateinische Moderne

Als der Südwesten (nord-)amerikanisiert wurde, nahm der kommerzialisierte Import religiöser Statuen zu, und ein Niedergang der Künste in diesem Gebiet setzte ein. In neuerer Zeit hat es gegen diesen

Altarwände für Kirchen, *Reredos*, oder schnitzte und bemalte Skulpturen, *Bultos*, aus Holz.

Die Künstler im kolonialen Südwesten hielten an der unverfälschten Beschränkung und Zurückhaltung der europäisch mittelalterlichen Kunst fest. Ein *Santero* blieb anonym. Er schnitzte zu Ehren Gottes und hatte kein Interesse daran, sein Werk zu signieren. Was spielte sein Ich schon für eine Rolle? Keine. Nur gelegentlich hinterließ er den Namen desjenigen Herrn, der das Werk bei ihm in Auftrag gegeben hatte. Und brauchte er Modelle, so suchte er sich Leute aus seinem Dorf.

Was sich in dieser extremen Isolation aus strenger Demut und Glauben entwickelte, sind Gemälde und Schnitze-

Bettdecken im Santa Fe Museum of International Folk Art.

Die Adobe-Architektur – Lehmbauten

Ein kubistischer Wohnblock im Taos Indian Pueblo.

Ist es nicht erstaunlich, daß die Menschen in verschiedenen Teilen der Welt, ohne miteinander Kontakt zu haben, identische Techniken und Methoden entwickelten? Es ist so, als habe eine Idee in der Luft gelegen und sei zur gleichen Zeit überall auf der Welt entwickelt worden. So etwa muß es mit der Adobe-Architektur gewesen sein, die 9000 Jahre alt ist.

Quellen der spanischen Eroberer belegen, daß sie nicht besonders erstaunt waren, als sie die indianischen Adobebauten sahen. Sie nahmen das als gegeben hin und begannen sofort, ihr Wissen gegenseitig auszutauschen.

Die Ureinwohner lernten eine einfachere Methode, Lehmziegel herzustellen und einen Feuerplatz zu bauen, was um einiges besser war, als Qualm an der Decke zu haben. Der typisch runde *Horno*-Ofen, den man in jedem Pueblo-Dorf und in vielen Reservaten im Freien sehen kann, ist ebenfalls ein spanischer Technologie-Import. Spanien übernahm diese Errungenschaften von den arabischen Mauren. Der „Bienenstock"-Meiler ist so alt wie die Landwirtschaft und wurde im antiken Vorderen Orient „erfunden".

Spanischer versus indianischer Adobe

Die Architektur der Adobebauten der indianischen Pueblos unterschied sich jedoch wesent-

Der reizvolle Hof eines Adobehauses.

lich von der spanischen Variante. Die Pueblobauten, wie man heute noch in Taos sehen kann, geometrische, nahezu kubistische Wohnhäuser als Blocks, die insgesamt wie eine Pyramide ohne Spitze aussehen.

Das spanische Haus dagegen war eingeschossig um einen Innenhof herumgebaut. Es hatte ein Steinfundament, war nach innen gerichtet und zeigte der Welt draußen die kalte Schulter, mit Ausnahme einiger sehr kleiner Fenster. Alles Leben spielte sich innen ab. Dieser Typ von Haus war natürlich eine Trutzburg, die verteidigt werden konnte. Später sahen Kirchen wie Forts aus, und entlang der gesamten spanischen Grenzgebiete, wo die Städte und Dörfer unter ständigen Angriffen der nomadisierenden Indianer litten, waren die Häuser im Rechteck um die Plaza gruppiert, damit das Vieh auf die Plaza getrieben und verteidigt werden konnte. Nach dem Frieden kam bei den Hispaniern das Portal, ein langgestreckter Vorbau, in Mode.

Auch die Stärke der Wände war sehr unterschiedlich. Die indianischen Konstruktionen waren zwischen 25 und 50 cm dick, während die Spanier bis ins 19. Jahrhundert hinein massive Wände von 75 cm bis zu 1,25 m bauten. Die Dächer jedoch entwarfen beide ganz ähnlich: mit einer Holzkonstruktion, die mit Erde abgedeckt wurde. Die Spanier konstruierten ihre Decken mit *Vigas*, Balken, und dünneren *Latillas*, um die Zwischenräume zu überbrücken. Das Trägergerüst wurde auf eine Konsole aufgelegt. Die äußeren und inneren Wände wurden mit feinem Lehm glatt verputzt, der gelegentlich gefärbt oder innen geweißelt wurde.

Nachdem der Südwesten zu den Vereinigten Staaten kam, nutzte man die Adobe-Bauweise für den Stil des Neoklassizismus, wie man ihn heute im Südwesten noch sehen kann. Beim Territorial-Stil wurde dem noch klassische Säulen hinzugefügt, Fenster- und Türstürze, Giebel und Verzierungen. Das Ergebnis ist ein elegantes Haus.

Das Vermächtnis des Adobe

Der Wendepunkt kam, als Schriftsteller, Forscher und Archäologen im Südwesten auftauchten

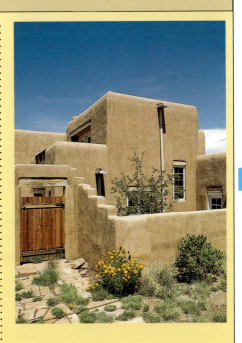

Architektur im Pueblo-Stil in Santa Fe.

und feststellten, wie bedeutungsvoll und einmalig dieses kulturelle Erbe war. Seit etwa 1910 richtete sich das Augenmerk auf die Vergangenheit. Historische Gebäude wurden erhalten, und die neue Architektur schuf den Pueblo-Revival-Stil. Die Bauten der Universität von Neu-Mexiko aus dem Jahr 1910 sind da gute Beispiele, andere, öffentliche wie private, folgten – der Stil setzte sich durch. Zehn Jahre später wurde in Albuquerque das KiMo-Theater in einer Abart, dem Pueblo-Art-déco, gebaut.

Seit den zwanziger und dreißiger Jahren experimentierten Architekten mit Material und Formen. Die gegenwärtigen Entwürfe nehmen Anleihen aus der Vergangenheit auf, studieren nordafrikanische und mediterrane Traditionen, inkorporieren postmoderne Trends und kreieren eine unverwechselbare und phantasievolle Architektur. Der Mann auf der Straße macht es sich einfach und nennt dies alles zusammen nur den „Santa-Fe-Stil".

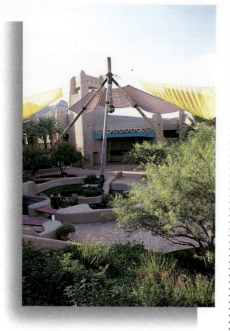

Grünflächen und Architektur im Pedregal Shopping Center.

mälde und beeinflußten die amerikanischen Künstler des abstrakten Expressionismus wie Jackson Pollock.

Die Wandmaler arbeiteten meist an der Ost- und Westküste, trotzdem inspirierte ihre Kunst die Hispanier im Südwesten. Zu den frühen Künstlern aus Neu-Mexiko gehören Margaret Herrera Chavez (1912), Edward Chavez (1917), Joel Tito Ramirez (1923) und Pedro Cervantez (1915).

In der folgenden Generation verlagerte sich die spanische Kunstszene hauptsächlich nach Kalifornien und Texas und fiel zeitlich zusammen mit dem Aufkeimen der *Chicano*-Bewegung, in die auch Literatur, Theater, Musik und Filmkunst eingeschlossen waren. Der hervorstechendste bildende Künstler im

kommerzen Trend eine starke Rückbesinnung sowohl auf die traditionelle spanische Kunst als auch auf ihren modernen Ausdruck gegeben.

Darüber hinaus existiert ebenfalls eine unübersehbare Präsenz der modernen lateinamerikanischen Kunst im Südwesten. Ursprünglich wurde sie stark von den kräftigen Farben der mexikanischen Künstler beeinflußt, die aus ihrem Land während politischer Unruhen fliehen mußten und sich dann in den Vereinigten Staaten niederließen.

Zu diesen Künstlern zählen die berühmten Maler von Wandgemälden Rivera, Siqueiros und Orozco, ebenso der hervorragende Maler Rufino Tamayo. Sie alle schufen in den Vereinigten Staaten zwischen 1930 und 1950 Wandge-

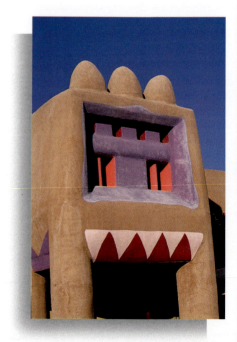

Lehmziegel im Jugendstil im Pedregal Shopping Center.

Der Südwesten des Frank Lloyd Wright

Man könnte behaupten, gäbe es den Südwesten nicht, Frank Lloyd Wright würde ihn erfunden haben. Er hat alle Qualitäten, die Wright an Landschaft, Form, Struktur und Licht schätzte. So ist es kein Wunder, daß der große Architekt sein Meisterstück, Taliesin West, in der Nähe von Phoenix als seinen persönlichen Wohnsitz, als Architekturbüro und Schule baute. Er verbrachte in den Jahren von 1938 bis 1959 jeden Winter in der Wüste von Arizona, bis er mit 91 Jahren starb.

Taliesien West

Für Wright war Architektur etwas Organisches, das sich in enger Symbiose und Harmonie mit der Umwelt entwickelt. Er baute Taliesien West aus dem Material der Sonora-Wüste, sammelte Felsbrocken und Sand mit seinen Schülern für die meisterhaften Strukturen, die quasi aus dem ariden Land erwuchsen. Dort, in dem 246 ha großen Anwesen auf zerklüfteten Felsen bei Scottsdale, sagte Wright, er könne „über den Rand der Welt hinausschauen".

Taliesien West steht heute unter Denkmalschutz. Der Komplex ist, dank des Genius seines Gründers, eine hochinnovative Komposition aus rohem Stein, kräftiger weißer Leinwand und Redwood. Das Gebäude hat einen mit Kies aufgeschütteten Hof, Pergolas und farbenfrohe Skulpturen. Taliesien West empfängt über 65 000 Besucher im Jahr.

Das Adobe-Abenteuer

Da Wright ein Haus als etwas Lebendiges sieht, wurde er neugierig darauf, was man mit Adobe machen könne. Aber der Pueblo-Revival-Stil, der gerade in Mode kam, entsetzte ihn. Dieser Stil gab vor, Adobe zu sein, war es in Wirklichkeit aber nicht. Architekten und Bauherren benutzten modernisierte Baumethoden, weil die handgeformten Lehmziegel für die meisten öffentlichen und privaten Bauten schon zu teuer geworden waren. Beton und andere Materialien waren ökonomischer, man konnte das Fertigprodukt mit einem dünnen Überzug wie Adobe aussehen lassen. Einige der beliebtesten Bauwerke in Neu-Mexiko wurden auf diese Weise hochgezogen, zum Beispiel das alte La Fonda Hotel in Santa Fe oder die westliche Fassade von John Gaw Meem der Zimmermann-Library der Universität von Neu-Mexiko in Albuquerque.

Jedenfalls entwarf Wright nur ein einziges Adobehaus in seinem Leben, und zwar für einen Zeitschriftenverleger aus El Paso. Er nannte es „The Pottery House", und es war in der Tat ein so erdnaher Adobe-Entwurf, daß er keinen besseren Namen hätte finden können. Im wahrsten Sinne das Wortes mußte das Haus geformt werden, nicht gebaut.

Der Verleger starb jedoch, bevor das Haus gebaut werden konnte, und der Plan wurde vergessen, bis ein Bauentwickler, Charles Klotsche, die Pläne in einem Buch entdeckte. Er verhandelte mit den Leuten der Frank Lloyd Wright Foundation in Taliesien West über die Verwendung der Pläne. Unter der Supervision der Taliesien-Architekten wurde vor einigen Jahren eine nur leicht veränderte Version auf einem 2,5 ha großen Grundstück in der Nähe des Santa-Fe-Staatsforstes gebaut. Von dort aus haben die Eigentümer eine wundervolle Aussicht über die Jemez- und Sandia-Berge.

Das 440 m² große „Pottery House" ist ein Kunstwerk, dessen stark ausgeprägte Linienführung haargenau in die Landschaft von Santa Fe paßt.

Südwesten während dieser Periode war Eugenio Quesado, 1927 in Arizona geboren. Seine expressionistischen Bilder in warmen, lebhaften Farbtönen waren eine Reflexion auf Emil Nolde.

Postexpressionismus

Die nächste Phase wurde von der Nachkriegszeit und den Postexpressionisten geprägt. Der Bildhauer Joseph A. Chavez

Die *Kachina*-Tänze und -Puppen der Hopi

Eine Kachina-Puppe der Hopi.

Seit mindestens tausend Jahren sind die Kachinas die wohlwollenden Geister und symbolischer Ausdruck der Religion der Hopi. Sie werden in Tänzen verehrt und teilen das Leben der Hopi in Form von rund 400 verschiedenen Puppen.

Die Hopi glauben, daß der Geist der Kachina auf dem Gipfel des San Francisco vom späten Juli bis zum Dezember lebt. Einer der Vulkane, 120 km von den Hopi-Dörfern entfernt, ist der Humphrey mit 3916 m Höhe, der höchste Berg Arizonas.

Die Hopi glauben, daß die Kachina von den San-Francisco-Bergen aus Regen und Schnee machen. Als naturverbundenes Volk haben sie die Wolken- und Sturmformationen über diesen Gipfeln von ihrer Heimat aus seit unendlicher Zeit beobachtet. Bald nach der Wintersonnenwende kommen die Kachinas hinunter in die Dörfer der Ebene, um zu beten und zu tanzen. Der Tanz zieht sich über mehrere Monate hin, meist am Samstag und Sonntag.

Spirituelle Bewegung ...

Die Tänze sind komplizierte und faszinierende Moritaten, heilige Riten, dramatisierte Mythen und eine wichtige Kunstform, die alles umschließt. Sie erzählen Geschichten durch ihre Bewegung, durch Lieder und rezitierte Gedichte. Die gesamte Plaza ist voll, und die Leute sehen auch von den Dächern aus zu. Clowns der Hopi übernehmen die Rolle der Götter in den geheiligten Zeremonien. Mit deftigen Streichen und humorvoller Verschmitztheit symbolisieren sie den Weg der Menschen, die vom Weg der Hopi abkommen. Die Eule Kachina mahnt, auf den richtigen Pfad zurückzukehren.

Der Kachina-Zyklus endet im späten Juli mit dem Haustanz. Bevor die Kachinas auf ihren Berge zurückkehren, werden ihnen alle Bräute des folgenden Jahres vorgestellt. Die Frauen tragen dabei weiße Kleider und bleiben still, während die Kachinas um sie herumtanzen und singen. Diese Kleider werden nur zu zwei weiteren Gelegenheiten getragen: Wenn die Frauen ihr erstes Kind der heiligen Sonne vorstellen und am Ende des Lebens, wenn sie in die Welt der Geister zurückkehren.

... und die Realität

Die farbenfrohen Kachinas sind Bilder der Geister und die Geister wiederum repräsentieren die Essenz der Dinge auf der Welt. Die Puppen sind traditionell aus den weichen, getrockneten Wurzeln des Baumwollbaums geschnitzt. Von der Geburt bis zur Pubertät erhalten die Hopi-Mädchen von den tanzenden Kachinas jedes Jahr zwei Puppen als Geschenk.

Über die Puppen lernen die Kinder die Mythologie und die Namen der einzelnen Kachinas kennen. Einige werden wie Babys behandelt, andere sollen die Kinder disziplinieren oder zu gutem Benehmen anhalten. Die Künstler der Hopi verschaffen sich eine Nebeneinnahme, indem sie diese Puppen für Sammler herstellen. Die Preise liegen zwischen 50 Dollar für eine einfache Puppe und bis zu 4000 Dollar für eine kunstvoll gearbeitete, anspruchsvolle Puppe.

Eine Skulptur von Glenna Goodacre in der Gallery Santa Fe's Fenn.

aus Albuquerque ist bekannt dafür, daß er seine organischen und doch abstrakten Formen unter Verwendung von Alabaster, Stein, Ton, Stahl und Chrom kreierte. Luis Jiménez schuf polychrome, komisch-heroische, pop-satirische Fiberglas-Skulpturen. Amado Peña war einer der aktiven Begründer der Chicano-Bewegung und erforschte die menschliche Figur und den Umgang mit Farbe. Die wild-dramatischen Arbeiten von Glynn Goómez setzten während des Vietnamkriegs ein, und Alex Sánchez' höchst originelle und paradoxe Bildsprache gilt als geistreiche, individuelle Bereicherung der Kunstszene mit Affinitäten zur Welt eines Lewis Carroll.

Im Jahr 1971 legte sich eine Gruppe von Künstlern auf eine Definition der Chicano-Bewegung fest. Sie wurde von dem Maler Mel Casas formuliert und hebt hervor, daß diese Bewegung die Suche „nach eigener Würde, Bewußtheit, Überlebenschancen, Humanität und Identität" anstrebt. Wenn Amerika bisher blauäugig wahrgenommen wurde, so sollte nun eine ganzheitliche Vision hinzukommen – „polychrom statt monochrom". Etliche hispanische Künstler jedoch hielten spürbar Distanz zur propagierten Ehe zwischen Kunst und Politik, da ihre künstlerische Freiheit dadurch verlorengegangen wäre.

Künstlerkolonie Taos

Rund 50 Jahre nach Stanley entdeckte eine amerikanisch/europäische Avant-

Die sichtbare Deckenkonstruktion ist charakteristisch für die Adobe-Architektur, hier im Santa Fe Museum of Art.

garde sehr später Romantiker im Jahr 1898 das neumexikanische Taos. Im Gegensatz zu dem, was die meisten Befürworter ausgeprägter Schulen meinen, sind nur wenige wirklich revolutionär, die meisten aber Abklatsch uralter Themen wie Klassik versus Romantik.

Die Gründer der Künstlerkolonie Taos waren akademische Maler auf der Suche nach unverdorbener Romantik, nach dem Wilden, Archaischen, Mystischen und Pittoresken. Sie waren Nachfolger des literarischen Romantizismus, der sich aus dem Deutschland

Töpferei hat sich zu einer eigenständigen Kunstform weiterentwickelt, die bis auf die früheste Zivilisation zurückgeht.

des 18. Jahrhundert schnell nach England und Frankreich verbreitete. Diese Gegenrevolution gegen den Rationalismus der Aufklärung erreichte die abgelegenen Berge Neu-Mexikos mit mehr als hundert Jahren Verspätung. Die Taos-Gruppe war vor dem industriellen Fortschritt geflohen, der als vulgär und brutal angesehen wurde. Diese Künstler sahen den Südwesten und die amerikanischen Indianer aus ihrer ganz eigenen Perspektive, nahmen mit einer feinen Sensibilität, die sicherlich zur Zeit der Besiedlung gefehlt hatte, die Idylle wahr.

Zwei Künstler aus New York, **Burt Phillips** und **Ernest Blumenschein**, waren die ersten Maler, die kamen und blieben. Oscar Bernighaus, Irving Couse, Herbert Dunton, Victor Higgins, Joseph Sharp und Walter Ufer folgten ihnen. Diese ersten Künstler wurden die „Väter von Taos" genannt. Über 325 Maler von einiger Bedeutung lebten und leben ständig oder vorübergehend in dieser kleinen Stadt. Die große **Georgia O'Keeffe** zog hingegen die Abgeschiedenheit des Dorfes Abiquiu vor.

Zeitgenössische Kunstszene

Die Kunstszene der neunziger Jahre lebt, und zwar gut, in Scottsdale, Phoenix, Tucson, Albuquerque und Taos. Santa Fe ist voll von Kunst und angeblich der drittgrößte Kunstmarkt der Vereinigten Staaten. Der gefeierte Santa-Fe-Stil wurde im Bereich Architektur und Design absolut *trendy*. All die Publicity kann etwas wirk-

Schlichtheit und eine hervorragende Deckenkonstruktion des Adobebaus.

lich Außergewöhnliches zum Klischee verkommen lassen.

Zahlreiche Galerien in Santa Fe zeigen Werke von Künstlern, die sich einen großen Namen gemacht haben, aber auch junge Talente, indianische Kunst, Westernkunst, Volkstümliches und Fotografie. Der Südwesten hat Fotografen geradezu angezogen – Ansel Adams, Laura Gilpin und Edward Weston. Schließlich, um die kurze Liste zu vervollständigen, hat man es auch mit rein regionaler Kunst und einer Menge Kitsch zu tun. Die hervorragenden Werke stecken zwischen den mittelmäßigen.

Man liegt nicht falsch, wenn man nach den Arbeiten der folgenden Künstler Ausschau hält: Roger Sprague, Richard Maitland, Ron Robles, Woody Gwyn, Tavlos, Louise Nevelson, Isamu Noguchi, Helen Hardin, Kirk Hughey, Allan Houser, Quick-to-See Smith, John Nieto und David Barbero. Internationale Anerkennung fanden Dan Namingha, ein Hopi, und Fritz Scholder. Native amerikanische Maler und Bildhauer aus dem gesamten Südwesten werden national und international beachtet.

Bei dieser Kunstszene bleibt es nicht aus, daß der Südwesten reich mit guten Museen bestückt ist. Die bemerkenswertesten sind das Heard Museum und das Museum of Art in Phoenix, das Tucson Museum of Art, das Albuquerque Museum, das Santa Fe Museum of Fine Arts, das Museum International Folk Art, das Museum Indian Arts and Culture, das Wheelwright Museum of the American Indian und das Millicent Rogers Museum in Taos. Außergewöhnliche Einrichtungen im Bereich Musik sind die Phoenix Symphonie, die Santa Fe Opera und das Santa Fe Chamber Music Festival.

Seit 1916 bis in die vierziger Jahre folgten Schriftsteller und andere Kreative den Malern nach Taos und Santa Fe. Die New Yorker Erbin Mabel Dodge Luhan ging nach Taos, baute eine Hazienda, führte einen herausragenden Salon und zog Hunderte berühmter Leute aus dem Norden an wie D.H. Lawrence, Willa Cather, Aldous Huxley, Carl Jung, Ansel Adams, Georgia O'Keeffe, Thornton Wilder und Leopold Stokowski.

Mary Austin lebte während ihrer letzten Jahre in Santa Fe. Ihr *Land of Little Rain* (1903) wurde zum Klassiker. Viele andere prominente Schriftsteller schrie-

Postmodernismus im Skulpturengarten von Shidoni.

ben über die Region: Charles Fletcher Lummis, Witer Bynner, Oliver la Farge, Frank Waters, Alivina Quam, Harvey Fergusson und Paul Horgan.

Eine literarische Widmung

N. Scott Momaday war der erste native amerikanische Schriftsteller, der internationale Anerkennung erreichte, als er den Pulitzerpreis für seinen Roman *House Made of Dawn* erhielt. Das war im Jahr 1969. In der Zwischenzeit hat sich viel geändert. Das Stereotyp des weißen Mannes vom „edlen Wilden" ist beinahe tot. Geht man in einen x-beliebigen Buchladen, findet man Belletristik und Sachbücher von nativen Amerikanern in Hülle und Fülle, darunter poetische Werke von Simon Ortiz aus Acoma und des Navajo Luci Tapahonso.

Erfreulicherweise hat Amerika auch festgestellt, daß der sprichwörtlich humorlose Indianer äußerst witzig sein kann. Die orale Tradition der nativen Amerikaner ist voller (den Kojoten zugeschriebenen) Tricksereien, Streiche und Clownereien, die Teil der Zermonien und des Lebens sind. Bestes Beispiel sind die *Muttonman*-Comics von Vincent Craig, einem Navajo-Bewährungshelfer. Im Jahr 1993 widmete sich selbst die altehrwürdige Smithsonian Institution in Washington DC dem Humor der Navajo: mit einer Ausstellung unter dem Titel „Muttonman entdeckt Kolumbus".

Neu-Mexiko zieht immer noch Schriftsteller an. In Santa Fe stolpert man buchstäblich nicht nur über darstellende Künstler, sondern auch über Autoren jeglicher Provenienz. Bei der letzten Zählung kamen 6600 Künstler im Santa Fe County zusammen. Die Indianer können auf die höchsten durchschnittlichen Verkaufszahlen verweisen.

Eine größere Anzahl von Künstlern kam von beiden Küsten in die Stadt und einige, die schon länger dort lebten, zogen in ruhigere Regionen weiter. John Nichols arbeitet auf dem Land bei Taos, der bekannte Krimiautor Tony Hillerman in Albuquerque, der Bühnenautor Mark Medoff schreibt und lehrt an der Universität von Neu-Mexiko in Las Cruces. Zane Grey, der Autor populärer Romane und Westerngeschichten, machte Millionen von Lesern mit Arizona vertraut.

DIE KUNST DES HANDWERKS

Kunsthandwerk

Textilkunst hat im Südwesten eine lange Tradition. Die Hispanier sind ebenso erfahrene Weber wie die Navajo aus Arizona und Neu-Mexiko. Die exquisite *Colcha*-Stickerei des kolonialen Neu-Mexiko erlebte ihr Revival und wird wieder hergestellt. Weben ist ein Handwerk, das von den Menschen in prähistorischer Zeit bereits in den Jahren zwischen 1050 und 1300 auf einen hohen Standard gebracht wurde. Heute sind die Stickereien überall begehrt.

Nach einer Legende der Navajo erzählte eine Spinnenfrau einer Navajofrau, wie man an einem Webstuhl webt. Der Spinnenmann erklärte dem Navajomann, wie sich Poesie gestaltet und wie man sie einsetzt. Die Pole und Fäden des Webstuhls waren aus Himmel und Erde, der Schußfaden kommt aus den Strahlen der Sonne und die Spindel aus dem Licht.

Decken der nativen Amerikaner in kräftigen Farben und Motiven.

Die Entwicklung der Weberei

Die geschichtlichen Hintergründe bei Hispaniern und Navajo sind unterschiedlich. Die Spanier

Die Weberei änderte die ökonomische Lage der Navajofrauen.

verfolgten eine Linie, nach der die Kolonien autark sein sollten. Um dieses Ziel zu erreichen, wurden unzählige Schafe importiert und die Pueblo, die bisher Baumwolle gewebt hatten, wurden angewiesen, Schafwolle zu verwenden.

Die nomadischen Navajo erwarben bald Schafherden – durch Tausch oder Diebstahl. Es dauerte nicht lange, und sie ließen sich, was bequemer war, nieder. Während der Pueblo-Revolte im Jahr 1680, an der die Navajo teilnahmen, wurden frühere Konflikte beiseite geschoben, als die Pueblo bei den Navajo Asyl fanden. Es fanden gegenseitige Heiraten statt, die Navajo gaben ihre Kenntnisse an die Pueblo weiter.

Interessant ist, daß bei den Pueblo die Männer die Wolle verarbeiteten und webten, während bei den Navajo Weben Frauenarbeit war. Navajomänner fanden es unter ihrer Würde, auf domestizierte Tiere aufzupassen. Das war einfache Arbeit, die Frauen und Kinder übernehmen konnten. Diese Entwicklung hatte soziale und ökonomische Folgen.

Mit der Zeit wurden die Frauen zu Besitzern des Reichtums, nämlich der Schafe, sie verfügten über die Rohstoffe und Produktionsmittel: die Wolle, das Spinnen, die Webstühle und das Weben. Der gesamte Produktionsprozeß wurde von Frauen kontrolliert. Im 18. Jahrhundert waren die Webereien der Navajo die besten bis zur nördlichen Grenze und im Süden bis Chihuahua. Natürliche Farbstoffe wurden aus Planzen und Insekten gewonnen. Eine der unglückseligen Kon-

Handarbeit aus Santa Fe.

ven Navajo arbeiteten diese Muster in Decken ein, die in Farbe und Qualität einzigartig waren. Zur gleichen Zeit entwickelte sich die Weberei in der Türkei und in Kurdistan rasant weiter, vor allem in den Mustern der Kelims.

Bis heute stellen die Navajo-Weberinnen erstaunlich schöne Decken her. Die Handwerkskunst setzt sich dynamisch wie eh und je fort. Hochwertige Decken, moderne oder alte Muster, werden von Sammlern in der ganzen Welt geschätzt. Die Familien an der spanischen Grenze stellten fast alles, was sie brauchten, selbst her, und dazu gehörten eben auch die Webereien. Die am weitesten bekannten Webereien wurden unter dem Namen *Rio Grande Blankets* zusammengefaßt. Die Industrialisierung

sequenzen war, daß die Navajofrauen teilweise versklavt wurden, weil ihre Webereien so begehrt waren.

Die Webindustrie

Navajo-Webereien entwickelten sich zu einer Kunstform. Viele berühmte Gestaltungen mit reicher, regionaler Vielfalt wie Ganado-, Two-Gray-Hill- und Crystal-Decken wurden während der ersten Jahrzehnte des 20. Jahrhunderts geschaffen. Die Händler, die die Handelsposten bei den Reservaten unterhielten, halfen dabei, im Osten neue Märkte zu erschließen, und brachten orientalische Muster mit, die von den Weberinnen aufgenommen wurden. Oft bestanden diese Vorlagen nur aus Linolschnitten. Die kreati-

Navajo-Schmuck ist oft ziemlich auffallend.

Der äußerst wertvolle, tiefblaue, harte Türkis, in einen verschlungenen Armreif eingefaßt.

im 19. Jahrhundert machte die Heimweberei überflüssig, aber in vielen Familien in den abgelegenen Gegenden Neu-Mexikos und Colorados überlebte das Handwerk bis ins 20. Jahrhundert. Chimayó im nördlichen Neu-Mexiko ist solch ein Dorf mit ungebrochener Tradition hispanischer Weberei. Als Künstler, Schriftsteller und Touristen die natürliche Schönheit und Kultur dieser Region entdeckten, erhielt das alte Handwerk plötzlich wieder einen neuen Stellenwert.

Ein anderes Zentrum der Weberei ist Los Ojos im Tal des Flusses Chama nicht weit von der Grenze zu Colorado entfernt. Spanisch sprechende Menschen kamen vor 200 Jahren in diese Region und züchteten dort *Churro*-Schafe. In den achtziger Jahren dieses Jahrhunderts gründeten Einheimische eine Kooperative, Ganados del Valle, die zur Selbsthilfe ermutigen, Arbeitsplätze schaffen und die arme ländliche Region entwickeln sollte. Das Projekt wurde erfolgreich und belebte die alten Webmethoden.

Auch die *Colcha*-Stickerei kommt ursprünglich aus Spanien und Mexiko. Und auch in diesem Fall, wie bei *Santos*, *Bultos* und *Retablos*, im Kapitel über Kunst besprochen, löste sich die Produktionsweise von der ursprünglichen, und es entstand in der Abgeschlossenheit des Nordens etwas Neues. Eine historische Verbindungslinie der Colcha-Stickerei führt ins 8. Jahrhundert zum Bokhara-Stich in Turkestan und eine andere nach China. Im 18. Jahrhundert, als alles Chinesische in Europa ungeheuer beliebt war, schwappte diese Mode auch nach Neuspanien über. Mexiko importierte chinesische Seidenstickereien, so daß man vermuten kann, daß einige dieser Stücke den Weg nach Norden fanden.

Die Frauen müssen die feinen Stiche auf der Seide aus dem fernen Orient genau studiert haben. Möglicherweise versuchten sie sie zu kopieren. Jedenfalls entwickelten sie ihre eigene Methode, die sich mit dem Garn, das sie aus ihrer Wolle herstellten, vereinbaren ließ. Die frühesten Zeugnisse dieser Colcha-Stikkerei findet man in einer Kirche in Santa Fe und stammen aus dem Jahr 1776.

Colchas sind üppige, farbenfrohe und barocke hispano-maurisch inspirierte Textiliengemälde. Statt eines Pinsels wird eine Nadel verwendet. Die Muster unterscheiden sich erheblich, aber viele enthalten Blumen. Hispanische Frauen stellen immer noch Colchas im nördlichen Neu-Mexiko her.

Silbergeschmeide

Silberschmiederbeiten sind eine weitere Handwerkskunst, die die nativen Amerikaner von den spanischen Kolonisatoren lernten. Die Navajo, Zuni und Hopi wurden begnadete Schmuckhersteller. Es gibt darüber viele Geschichten, und Augenzeugen berichten bespielsweise von einem Häuptling um 1860, Atsidi Sani, der der „Messermacher" oder „Alte Schmied" genannt wurde. Andere Navajo-Schmiede aus der Zeit zwischen 1850 und 1900 wurden bekannt unter folgenden Namen: der fette Schmied, der schreiende Schmied, der kleine Schmied, der häßliche Schmied, der immer hungrige alte Silberschmied, der ganz dünne Silberschmied, *Shorty Silversmith*, der lange Bart und *Jake the Silversmith*.

Navajo-Schmuck hält, was er verspricht. Innerhalb bestimmter Übereinstimmungen ist er ausgesprochen individualistisch und extravagant. Das Silber wird auf verschiedene Arten bearbeitet: gestampft, gefeilt, geprägt, ziseliert, abgegossen, gehämmert und verbogen. Einige Stücke sind ausgesprochen schwer: Ein Armreif kann bis zu einem halben Pfund wiegen. Andere sind geschmeidig und leicht. Die Form kann elegant, zurückhaltend oder überschwenglich gepägt und dekoriert sein.

Die Verwendung des Türkis ist ein unersetzliches Element des wunderbaren Navajo-Schmucks. Es war in prähistorischer Zeit ein hochbegehrtes Material, lange bevor es Silber gab. Archäologen haben viele Ketten, Halsreifen und Ohrringe aus Edelsteinen gefunden. Gegenwärtig wird Türkis hauptsächlich in Nevada, aber auch in Arizona und Neu-Mexiko gefunden. Die Steine jedes Fundorts sind unterschiedlich, haben verschiedene Schattierungen und Färbungen in Weiß, Grün und Blau, manche haben feine schwarze Linien. Türkis wird beurteilt nach Härte, Farbe und Markierungen. Harte, blaue Steine haben die höchste Qualität und den höchsten Preis.

Die Silberschmiedekunst der Navajo, die um 1860 begann, setzt sich bis heute fort. Ursprünglich stellten die Navajo den Schmuck nur für sich her, aber

Der *Concha*-Gürtel und die Kürbisblütenkette

Der Concha-Gürtel, ein Klassiker des Südwestens.

Zwei der bemerkenswertesten Silberarbeiten der Navajo sind der *Concha*- (auch Concho-) Gürtel und die Kürbisblütenkette (*Squash Blossom Necklace*). Auf spanisch ist eine *Concha* eine Muschel. Der unverwechselbare Navajo-Gürtel besteht aus ovalen oder gelegentlich runden Silber-Chonchas, die auf Ledergürtel appliziert werden.

Niemand kann mit Sicherheit sagen, woher die Muster stammen. Sie wurden als Haarschmuck östlich des Mississippi getragen und zierten mexikanisches Zaumzeug seit dem 17. Jahrhundert. Die Navajo übernahmen das Design, verarbeiteten es aber nach ihren eigenen Vorstellungen und schufen dadurch eines der beliebtesten ihrer Erzeugnisse und später des ganzen Südwestens. Heute ist der Concha-Gürtel so typisch für die Region (und den Santa-Fe-Stil) wie ein paar ordentliche Cowboystiefel, ein *Broomstick*-Rock oder die klassischen Jeans. Ein guter Gürtel ist eine Investition fürs Leben.

Conchas, die von Fachleuten gearbeitet wurden, sind geprägt und mittels einer exakten Technik mit Bogenrändern versehen. Der Ledergürtel ist entweder durch die *Concha* gewebt oder dahinter befestigt. Der früher stilisierte Typus wich einer phantasievollen Variationsbreite.

Der Weg der Kürbisblütenhalsketten

Die Kürbisblütenhalsketten sind ebenso eine typische Schöpfung der Navajo, die auf eine bemerkenswerte internationale Vergangenheit zurückblicken. Die Kürbisblüte begann ihre Karriere als stilisierte Darstellung einer jungen Granatapfelblüte oder auf spanisch einer *Granada*. Als solche zierte sie das Wappen der andalusischen Stadt Granada.

Die nächste Phase auf der Reise durch die Geschichte zog sie etwas herunter: Sie erreichte New York und wurde zur silbernen Verzierung an den schwarzen Hosen mexikanischer Männer. Nun stieg sie wieder auf zu höheren Teilen des Körpers und wurde als wunderbarer Halsschmuck verwendet. Jede Halskette hat in der Regel ein Pendant – ein anderes Ornament mit Geschichte. Die *Naja* oder Halbmondform war von Afrika bis Asien bei den Römern, Türken und Arabern bekannt.

Eine Kürbisblütenkette in all ihrer Herrlichkeit ist hoch angesehen bei Frauen und Männern der Najavo. Sie hat runde oder ovale Silberkügelchen, die sich mit den Kürbisblüten abwechseln sowie als Abschluß einen großes Gegenstück, die Halbmondsichel. Die Kügelchen sind glatt oder gerippt, und da sie in Handarbeit hergestellt werden, gibt es sie in unendlichen Variationen.

Einige Ketten bestehen aus reinem Silber, bei anderen wurde großzügig Türkis verwendet. Wunderbaren alten Schmuck kann man bei den Pow-wows und an Festtagen bewundern. Wie der Concha-Gürtel errang die Squash Blossom den Status eines modernen Klassikers im Südwesten.

Die Zuni-Fetische

In der Welt der Zuni steht alles im Kosmos miteinander in Verbindung. Die Beziehungen sind bestimmt durch Affinität und Ähnlichkeit. Innerhalb dieses allumfassenden Systems ist der Mensch das komplizierteste und verwundbarste Wesen. Tiere sind sterblich, haben Organe, sind also wie der Mensch und verwandt mit ihm. Aber Tiere sind gleichzeitig geheimnisvoll und haben Kräfte, die Menschen fehlen, daher stehen sie den Göttern unendlich näher als die Menschen. Dieser Vergleich erstreckt sich auch auf die Naturphänomene. Dadurch ist die gesamte Natur personifiziert.

Die Macht des Fetischs

Die meisten übernatürlichen Dinge der Religion der Zuni werden in Form von Tieren gesehen, die die Vermittler zu höheren Mächten sind. Die Zuni glauben, daß der Fetisch von der übernatürlichen Kraft des Tieres, das er repräsentiert, bewohnt wird. Der Talisman hilft dem Jäger, heilt den Kranken, bringt Erfolg im Krieg und beim Spiel, verspricht dem Besitzer ein langes Leben und viele Söhne und hilft gegen Zauber. Sammler erwerben Fetische und auch überraschend viele Städter, die etwas suchen, das sie glücklich, erfolgreich und reich macht.

Heute sind Fetische durchaus in Mode: Selbst das *Wall Street Journal* brachte neulich einen Beitrag auf der Titelseite über die Fetisch-Mode. Rechtsanwälte, Geschäftsleute und Wall-Street-Banker tragen einen Zuni-Talisman am Körper. Jeder, der einmal bei der Börse zugesehen hat, kann verstehen, warum das so sein muß. Sogar Präsident Clinton erhielt zwei Fetische zum Geschenk: einen Bären und einen Berglöwen. Er wurde angeblich dabei beobachtet, wie er einmal den Berglöwen aus seiner Tasche nahm.

Aber: Fetische, die man kaufen kann, wurden von den Zuni nicht gesegnet. Ihre Macht muß vom Vertrauen oder Glauben des neuen Eigentümers getragen werden.

Die Talismane der Zuni sind aus verschiedenen Muscheln geschnitzt, aus Steinen und Halbedelsteinen. Jede Farbe und Form hat eine Bedeutung. Die populärsten Fetische sind solche, die Tiere darstellen: Berglöwen, Bären, Dachse, weiße Wölfe, Kojoten, Wildkatzen oder Adler.

schon bald auch für Tausch und Verkauf. Die Handelsposten an den Reservaten wurden zu den Zentren, wo das Kunsthandwerk gehandelt, beliehen, gekauft und verkauft wurde. Viele dieser Handelsposten gibt es noch, und man kann dort Schmuck kaufen (siehe Seite 316).

Die Zuni sind bekannt für ihre verschlungenen und präzisen Nadelpunktarbeiten, bei denen ein exakt geschnittener Türkis in Silber eingelegt wird. Ebenso berühmt sind ihre Einlegeschmuckarbeiten in Silber, Türkis, Perlmutt oder Jett. Die Hopi haben immer etwas abseits der Modeströme gelebt, das Silberschmieden erst später gelernt als ihre Nachbarn. Ihre Arbeiten unterscheiden sich deswegen auch deutlich von anderen. Sie entwickelten die Auflagetechnik: Aus dem Silber werden Formen geschnitten, die ein negatives Muster bilden. Diese werden dann auf flache Silberstücke gelötet, wodurch plastische, modern wirkende Effekte entstehen.

Heishi-Muschelschnüre

Die konservativen Pueblo von Santo Domingo entwickelten eine weitere Besonderheit, *Heishi*-(Muschel-) Perlketten. Auch diese Kunst geht auf prähistorische Zeiten zurück sowie die antiken Türkis-

Schön gestaltete Tonarbeiten der Acoma-Pueblo im wiederentdeckten Mimbres-Design.

funde im nahe gelegenen Cerillos. Am Chaco Canyon fanden Archäologen über 50 000 Muschelketten, Anhänger und Halsketten. Viele wurden aus Edelsteinen aus Cerillos gemacht. Die ersten Heishi-Ketten aus Perlmutt und Edelsteinen wurden mit einer Kaktusnadel durchbohrt. In eine Halterung gefaßt,n sie wurde unter ständigem Wasserfluß zu Perlen geschliffen.

Santo Domingo ist immer noch ein Zentrum von Edelsteinarbeiten. Einige moderne Werkzeuge erleichtern die Arbeit. Die Kunsthandwerker der Pueblo stellen zierliche Ketten her. Eine fertige Schnur kann so dünn wie ein Faden sein. Die Ketten in vielen Varianten und Größen sind aus Türkis, Jett, Perlmutt, Knochen und Korallen.

Das Erbe der Töpferei

Die einst nomadischen Navajo tun sich durch Webereien und Silberschmiedearbeiten hervor, während Töpferei das ursprüngliche Handwerk der Pueblo ist. Diese Tradition reicht 2000 Jahre zurück.

Das kunstvolle Vermächtnis der präkolumbianischen Hohokam, Mogollon-Mimbres und Anasazi kann in vielen Museen des Südwestens bewundert werden. Der Schwarz-Weiß-Stil der Mimbres und Anasazi blühte zwischen 900 und 1100. Er ist elegant gezeichnet, plastisch, sparsam und wirkt modern.

Im Südwesten liegen tausende noch nicht erschlossener Ausgrabungsstätten. Die Archäologen und der Staat haben mit Vandalismus und Dieben zu kämpfen. Inzwischen haben 16 der modernen Pueblo-Dörfer dieses Erbe der Töpferei wieder aufgenommen. Gefäße werden ohne eine Töpferscheibe erstellt. Mit Stücken einer Kürbisflasche wird die Keramik geformt, luftgetrocknet, mit Applikationen aus Ton versehen und immer wieder mit Steinen poliert, bis die Oberfläche glatt und glänzend ist.

Der nächste Bearbeitungsschritt ist die zeitintensive Bemalung – dabei kann man zusehen. Viele der symbolischen Muster sind extrem komplex und geometrisch präzise. Ohne Schablone werden sie mit freier Hand aufgetragen, was ein unglaubliches handwerkliches Geschick und eine absolut ruhige Hand erfordert. Die Farben sind aus Mineralien oder Pflanzen. Einziges Werkzeug ist eine Bürste aus Yuccablättern. Der letzte Schritt scheint einfach, ist aber ein ganz empfindlicher Prozeß: nämlich das langsame Brennen zwischen Dungfladen.

Neben der anonymen Arbeit in den Pueblo-Dörfern gibt es auch Künstler, die ihre Werke signieren und Anerkennung aufgrund ihre außergewöhnlichen Arbeiten erhalten.

Die Pueblo aus Santa Clara stellen hochpolierte und skulpturierte Töpferwaren her. Der Ton wird schwarz, wenn er in sauerstoffarmer Luft gebrannt wird. Die Töpfer dämpfen dazu das Feuer mit pulverisiertem Dung. Auch im nahe gelegenen San Ildefonso ist die Töpferei Teil des Erbes der Pueblo, aber richtig berühmt wurden die Arbeiten erst durch Maria Martinez. Sie schuf raffinierte mehrfarbige und schwarz-weiße Ton-

Handgearbeitete dekorative Ornamente.

arbeiten. Das Dorf ist heute bekannt für wundervolle Qualitätsarbeiten.

In Cochiti machten sich die Kunsthandwerker seit dem Ende des vergangenen Jahrhunderts einen Spaß mit dem weißen Mann. Sie stellten aus weißem Ton Karikaturen von Patres, Cowboys, Händlern und Zirkuskünstlern her. Das Dorf ist auch bekannt für seine Figurinen wie die Gruppe um den Geschichtenerzähler: Um einen Erwachsenen gruppieren sich Kinder, die sich anschmiegen, herumklettern und zuhören.

Die Acoma sind Meister im Bewahren des erstaunlich modern wirkenden, aber tausend Jahre alten *Mimbres*-Designs. Einige Töpfer entwickelten diese Kunst weiter und spielen mit abstrakten Schwarz-Weiß-Formen.

RITEN, RITUALE & RODEOS

Kultur & Festivals

Im Südwesten wird leidenschaftlich gefeiert. Es gibt Hunderte von Festivitäten, große wie auch kleine, und sie alle aufzuzählen würde nur verwirren und könnte ein ganzes Buch füllen. Hinzu kommt noch, daß einige der wichtigsten Zeremonien der nativen Amerikaner kein festes Datum haben. Aus religiösen Gründen bleibt der Tag bis zur letzten Minute geheim. Die Festtage folgen in den unterschiedlichen Pueblos oft dem katholischen Kalender mit exakten Terminen.

Der Büffeltanz ist eine schauspielerische Darstellung der Jagd.

Einige Zeremonien sind grundsätzlich der Öffentlichkeit nicht zugänglich, während manche so innigst religiös und von den Einheimischen hoch geachtet sind, daß eine große Besucherzahl Probleme schaffen könnte. Es ist verständlich, daß die Gläubigen es nicht mögen, wenn ihre Hingabe zur Unterhaltung für Zuschauer und der tiefe Friede des Gottesdienstes empfindlich gestört werden.

Dieser Festivalkalender führt wie ein Kompaß zu den Hauptereignissen und den wiederkehrenden Daten. Auf der Reise durch den Südwesten sollte man jedoch

Ein indianischer Flötenspieler.

daran denken, sich aktuelle Veranstaltungskalender im Hotel, an der Flughafeninformation und in den lokalen Besucherbüros oder Handelskammern zu besorgen. Im Südwesten gibt es reichlich Platz, doch bei großen Veranstaltungen wird es voll.

Fiestas de Santa Fe

Die **Fiestas de Santa Fe** sind die ältesten Feierlichkeiten der Vereinigten Staaten. 1712 beschlossen die spanischen Herren von Santa Fe, die unblutige zweite Eroberung Neu-Mexikos durch Don Diego de Vargas im September 1692 durch ein Fest zu ehren. Seither wird dieses dreitägige Fest gefeiert. Das Jahr 1992 war nicht nur das 500jährige Kolumbusjubiläum, sondern auch der 300. Jahrestag der spanischen Wiedereroberung der Pueblo-Bevölkerung. Um Abbitte zu leisten und die Einheit der Spanier und der nativen Amerikaner zu betonen, wurde eine Versöhnungsmesse abgehalten. Zusätzlich erhielt das Symbol der Eroberung und die älteste Statue der Staaten, ein Abbild der Jungfrau Maria namens *Nuestra Señora de La Conquistadora*, einen neuen Namen: *Our Lady of Peace*, Unsere Frau des Friedens.

Nur wenige spanische Siedler, die als erste 1610 in das Gebiet kamen, überlebten die Feindseligkeiten der Pueblo-Revolte im Jahr 1680. Als sie nach Mexiko flohen, nahmen sie ihre Statue mit sich. De Vargas gelobte der Jungfrau Maria (repräsentiert durch die Statue), daß er

Viva la Fiestas de Santa Fe!

jährlich ein Fest zu ihren Ehren veranstalten werde, wenn die Rückeroberung friedlich verliefe.

Santa Fe platzt während des Festes aus allen Nähten. Es findet im September eine Woche nach dem *Labor Day* statt, es beginnt am Freitag und bietet drei Tage lang Unterhaltung auf der historischen Plaza von morgens bis Mitternacht. Es gibt Live-Musik, Tanz und Lustbarkeiten in den Straßen, einen großen Ball, einen besonderen Gottesdienst und religiöse Prozessionen, Theateraufführungen und Vorstellungen von Kunsthandwerk in den Straßen des Zentrums.

Zu den Höhepunkten gehört die feierliche Verbrennung der 12 m hohen Pappmachéfigur des *Zozobra*, des „Alten Miesepeters", im Fort Marcy Park, gefolgt von drei Paraden (siehe Rahmentext Seite 216).

Die Zuni-Shalako-Zeremonie

Kenner sind davon überzeugt, daß die **Zuni-Shalako-Zeremonie** das schönste alte Ritual ist, das in Amerika erhalten blieb. Die Termine für diese Zeremonie sind fließend, zwischen Ende November und Anfang Dezember. Standort des Shalako ist das alte Pueblo im Zuni-Reservat, auch „Dorf der Großen Kivas" genannt, in der Nähe der Grenze zwischen Neu-Mexiko und Arizona. In den meisten Pueblos gibt es nur zwei *Kivas*, runde zeremonielle Räume, doch in diesem Zuni-Dorf existieren gleich sechs, jedes mit einer eigenen Kiva-Gemeinde.

Sie tragen Farbe und Fröhlichkeit durch Albuquerque.

Für die Zuni bedeutet der Shalako die dramatische Neuinszenierung der Mythen. Er erinnert an die frühesten Dramen der alten Griechen. Wie die Hopi haben auch die Zuni Kachinas. Das Ritual beginnt, wenn die Kachinas vom heiligen See, vom heiligen Zentralplatz und vom ehrwürdigen Ort des Rats der Götter herabsteigen.

Der erste Darsteller tritt in Maske und Kostüm des Feuergotts auf. Er segnet die Schreine und Häuser der Zuni und tanzt. Dann folgt die Rückkehr der Kachinas des Rats der Götter. Sie gehen

Mit vollem Herzen bei der Sache: Zuni-Trommler.

durch das Dorf, verteilen Segnungen und tanzen ebenfalls. Wenn dann die Sonne untergeht, kommen die Shalakos ins Dorf. Sie tragen phantastische und kunstvolle Vogelmasken und sind drei Meter hoch.

Diese Riesen repräsentieren die Boten des Regenmachers. Sie beten bis Mitternacht für Fruchtbarkeit und Gesundheit von Mensch, Tier und Boden. Dann wird bis zum Sonnenaufgang getanzt. Die Zeremonie geht bis zum folgenden Morgen weiter und endet gegen Mitternacht mit dem Wettlauf der Shalakos.

Die Zeremonie der Apachen

Auch die White-Mountain-Apachen in Arizona haben ein bemerkenswertes Ritual, die **Zeremonie des Sonnenaufgangs**. Es handelt sich um ein Initiationsritual, das junge Mädchen in ihr Frausein geleitet. Seit es für die Familie des Mädchens zu kostspielig wurde, kann es nicht mehr jeder durchführen. Die Vorbereitungen dauern manchmal ein gan-

Feiertagsdaten und die Pueblo-Etikette

Regionalvorwahl für alle Nummern: 505

Pueblo	Festtage	Telefon
Acoma	2. September	252 - 1139
Cochiti	14. Juli	465 - 2244
Isleta	28. August	869 - 3111
Jemez	12. November	834 - 7359
Laguna	19. September	552 - 6654
Nambe	4. Oktober	455 - 2036
Picuris	9.–10. August	587 - 2519
Pojoaque	12. Dezember	455 - 3460
Sandia	13. Juni	867 - 3317
San Felipe	1. Mai	867 - 3381
San Ildefonso	23. Januar	455 - 2273
San Juan	23.–24. Juni	852 - 4400
Santa Ana	25.–26. Juli	867 - 3301
Santa Clara	12. August	753 - 7326
Santo Domingo	4. August	465 - 2214
Taos	29.–30. Sept.	758 - 9593
Tesuque	12. November	983 - 2667
Zia	15. August	867 - 3304
Zuni Shalako	Nov. oder Dez.	782 - 4481

Zusätzlich zu den Feiertagen folgen manche Pueblo dem katholischen Kalender und planen Tänze vor allem an Ostern und Weihnachten. Man sollte sich vorher telefonisch über geplante Tänze erkundigen. Telefonnummern siehe linke Textspalte.

Die Pueblo sind gastfreundlich, doch bleiben ihre Häuser privat. Um Begegnungen mit ihnen erfreulich zu gestalten, sollte man sich mit der Pueblo-Etikette vertraut machen.

• Jedes souveräne Pueblo lebt nach seinen eigenen Regeln.

• Ohne Erlaubnis sollten Sie nicht fotografieren, Tonaufzeichnungen machen, filmen oder zeichnen. Fragen Sie zuvor, und zahlen Sie auch auf Wunsch ein Entgelt. Während religiöser Zeremonien und Tänzen ist Fotografieren usw. strikt verboten.

• Sprechen Sie die Tänzer nicht an, bevor sie fertig sind. Sie sind nicht in der Lage zu antworten, da sie sich für die Zeit bis nach der Zeremonie geläutert haben.

• Applaus nach einem zeremoniellen Tanz ist unangebracht. Sie klatschen ja auch nicht in der Kirche.

• Klettern Sie nicht auf Mauern oder andere Bauwerke. Viele sind sehr alt und bröckelig.

• Pueblo-Kivas und Friedhöfe sind heilig und für Nicht-Pueblo verboten.

• Alkohol und Drogen werden nicht geduldet.

---

zes Jahr. Kunstvoll perlenbestickte Kleider aus Hirschleder müssen gefertigt, über hundert Leute eingeladen und Unterkünfte für die Gäste, Tänzer und Medizinmänner bereitgestellt werden. Hinzu kommen Berge von Essen, das Engagement der *Crown Dancers* und der Bau von Schwitzhütten für die Reinigung der Seele vor dem Ritual.

Die Zeremonie dauert vier Tage und Nächte. Sie soll dem Mädchen für die Zukunft Stärke, ein gutes Leben, Geduld und Heiterkeit bescheren. Meist wird das Ritual auf dem Festgelände des Stammeshauptquartiers in Whiteriver durchgeführt. Es gibt reichlich Tanz, Gesang und Festessen. Symbolismus ist während des Rituals jedoch vorherrschend. So erhält das junge Mädchen eine rituelle Massage von seiner Patentante. Dieses Berühren und Kneten überträgt alles Wissen über das Leben von der Älteren auf die Jüngere und formt das Mädchen zu einer vollständigen Frau.

Am letzten Tag werden Gesicht und Körper des Mädchens mit einer weißen Maismehlpaste bemalt, damit es der Gottheit „Weiße Frau" gleicht. Ein jeder segnet es mit dem Blütenstaub des heiligen Schilfkolbens. Die *Crown Dancers*,

Der Schmetterling erwacht in einem Tanz der Zuni-Pueblo zum Leben.

mit ihrem kunstvollen Kopfputz und nacktem und bemaltem Oberkörper, tanzen um es herum, um das Böse fernzuhalten. Die „Kronentänzer" repräsentieren wohlmeinende Geister, die den Kachinas der Hopi ähneln. Als Besucher hat man Glück, wenn man eine solche Initiationszeremonie miterlebt, denn es gibt keine feste Zeit dafür.

Festivals & Rodeos

Drei der interessantesten Festivals Arizonas finden im südlichen Teil des Staates zur Hochsaison statt. Ende Februar oder Anfang März feiert Tucson die viertägige **Fiesta de los Vaqueros**. Es ist ein großartiges Spektakel des spanischen Wilden Westens und das größte Rodeo Amerikas im Winter. Die Stadt ist erfüllt von Farben, Bewegung, Kostümen, der großen Tucson Rodeo Parade, Tänzen und gutem Essen.

Die **Yaqui-Easter-Lenten-Zeremonie** findet während der Karwoche in Old Pascua Village statt. Die Indianer, die vor etwa hundert Jahren von Mexiko nach Arizona einwanderten, bringen ihren eigenen Glauben in die christlichen Passionsspiele und Tanzrituale ein.

Ebenfalls eine einzigartige Feier ist das jährliche **Wa:ak Pow Wow Tohono O'odham** der Pima-Papago-Indianer im Februar oder März im wunderhübschen San Xavier del Bac in der Nähe von Tucson. Diese Mission, die „weiße Taube der Wüste", wurde vom bedeutenden Pater Kino gegründet und liegt im San-Xavier-

Ein intensiver und leidenschaftlicher Augenblick beim Büffeltanz.

Indianerreservat. Die Papago haben in der Nähe ein Dorf errichtet. Während des Festes führen sie ihre eigenen Tänze auf. Auch andere Stämme nehmen daran teil.

Arizona ist verrückt nach Rodeos. Die beiden Spitzenveranstaltungen im Valley of the Sun ist die **Parada del Sol** der Zureiter in Scottsdale im Februar und das **Phoenix Rodeo of Rodeos** im März. Beide glänzen durch prächtige Pferdeparaden und ziehen die besten Profis der Rodeocowboys des Landes an.

El Santuario de Chimayó

Im nördlichen Neu-Mexiko gehen Tausende von Menschen in der Karwoche auf Wallfahrt zum **El Santuario de Chima-** **yó**. Seit 1820 marschieren Jahr für Jahr bis zu 40 000 hispanische Katholiken kilometerweit in diese hübsche kleine Kirche in Chimayó. Sie kommen am Karfreitag, um zu beten, ein Gelübde zu erfüllen oder um geheilt zu werden.

Wegen der heilsamen Kräfte des *Pozito*, der Heilquelle, wurde der Santuario das amerikanische Lourdes genannt. Sie ist ein sandiges Loch im Boden eines kleinen Raums. Aus der Quelle schöpfen die Menschen eine Handvoll heilige Erde und glauben inbrünstig an deren Wunderwirkung. An den Wänden hängen Bilder und Danksagungen. Krücken so mancher Geheilten hängen an Nägeln und Haken. Die Atmosphäre der Kirche ist erfüllt von Gebeten aus 170 Jahren, die selbst Nichtgläubige überwältigen.

Eine Demonstration von Willen und Kraft beim All Indian Rodeo.

Die Hispanier sperren sich dagegen, die Pilgerfahrt zur Touristenattraktion werden zu lassen. So sollte man die Kirche besser nicht gerade an Ostern besuchen. Wer dennoch zur Karwoche dorthin geht, sollte höflicherweise Respekt und stillen Takt wahren. Auch Fotografieren ist in diesem Fall unpassend.

Die Pueblo-Zeremonien

Der **Maistanz** wird in den meisten Pueblos aufgeführt. Es beginnt mit einer Messe, oft mit anschließender Prozession. Dann kommen die nichtchristlichen Figuren und Riten, meist angeführt von den *Koshares*, den Clowns. Sie tauchen in Schwarz und Weiß gekleidet aus den *Kivas*, den Plätzen der Erscheinung, auf. Doch sind sie nicht nur Possenreißer, sondern verkörpern auch die verehrten Vorfahren.

Schließlich ertönen Trommeln aus weiter Ferne, die langsam näher kommen. Dann treten die Tänzer aus den Kivas auf. Die Frauen in schwarzen *Manta*-Kleidern mit roten und grünen Gürteln halten Immergrünzweige in den Händen und heilige *Tablitas* auf dem Kopf. Die Männer tragen kurze, bestickte Röcke, eine weiße Regenschärpe, Federn im Haar, Muscheln an einer Wade, ein Fuchsfell am Gürtel und schütteln Kürbisrasseln.

Ein kräftiger Stangenträger wirbelt die Stange geschickt über Tänzer und Zuschauer. Er segnet sie alle. Auch hier ist jede Farbe, jedes Ornament und Ge-

Initiation junger Menschen bei der Erntezeremonie.

räusch ein Symbol mit tiefer Bedeutung. Die Tänze bitten um Regen und Fruchtbarkeit und feiern das Leben.

Beeindruckend unter den Pueblo-Festen ist das **Taos Feast of San Geronimo**. Vor dem Hintergrund des blauen Himmels, der grünen Berge, der weißen Missionskirche San Geronimo und der goldbraunen, kubistischen Lehmziegelbauten des alten Pueblo wirken die leuchtenden Kostüme der Tänzer wie Blumen in einem Weizenfeld. Die Festlichkeiten beginnen am Abend des 29. September mit dem **Sonnenuntergangstanz** zum Rhythmus der Trommeln und dauern bis zum nächsten Tag. Eine Handelsmesse bietet zusätzliche Unterhaltung. Wettrennen entlang dem Sonnenlauf beschließen das Fest.

Erntezeremonie im Pueblo San Ildefonso in Neu-Mexiko.

Die großen Festivals

Jahrmärkte und Feste

Arizona
- **Ariziona Renaissance Festival**: Mitte Februar bis Ende März, nur am Wochenende. Hunderte von Kostümen, Musik, Theater, Essen, Handwerk, Spiele und Turniere. Östlich von Apache Junction und Gold Canyon am State Highway 60/89.
- **Chandler Ostrich Festival**: drei Tage Mitte März. Straußenrennen, Live-Musik mit Rock, Country, hispanischen und irischen Bands, Parade, Kunsthandwerk und internationaler Essensmeile. Innenstadt von Chandler.
- **Prescott Territorial Days** mit Frontier Days, Rodeo and Parade: sechs Tage Ende Juni und erste Juliwoche. Ein riesiges Festival mit Musik, Fiedlerwettbewerben, Rodeo und Feuerwerk in der historischen Goldminenstadt Prescott.
- **Navajo Nation Fair**: Anfang September. Indianisches Rodeo, Karneval, Pow-wow, Parade, Wahl der Miss Navajo, Kunsthandwerk, Essen in Window Rock.
- **Sunkist Fiesta Bowl Parade**: Ende Dezember. Sechs Kilometer lange Parade auf der Central Avenue mit farbenprächtigen Umzugswagen. Eine der schönsten Paraden des Landes.

Neu-Mexiko
- **Gathering of the Nations Pow-Wow**: zwei Tage Ende April. Großer indianischer Tanzwettbewerb mit Stämmen aus dem ganzen Land und Kanada. Wahl der indianischen Miß Welt. Albuquerque.
- **The Great Rio Grande Raft Race**: Mitte Mai. Wilde Mischung selbstgemachten Kunsthandwerks. Kanus und Kajaks in Wettstreit und Festschmuck auf dem Fluß. Albuquerque.
- **Old Lincoln Days** und **Billy the Kid Festival**: Anfang August in Lincoln.
- **Inter-Tribal Indian Ceremonial**: Mitte August. Großer Jahrmarkt und Tänze der Indianer im Red Rock State Park in Gallup.
- **Fiestas de Santa Fe**: erstes Wochenende nach dem Labor Day im September. Beginnt am Freitag und dauert bis Sonntag. Verbrennung des Zozobra, Paraden, Musik, Tanz, Prozessionen. Das älteste Fest der Vereinigten Staaten (seit 1712). Santa Fe.
- **State Fair and Rodeo**: riesiges Fest zwei Wochen Mitte September auf dem Messegelände in Albuquerque.
- **Shiprock Fair**: Ende September/Anfang Oktober. Riesiger Navajo-Jahrmarkt und Rodeo in Shiprock.
- **Albuquerque International Balloon Fiesta**: neun Tage Anfang Oktober. Die größte Heißluftballonveranstaltung der Welt mit mehr als 600 Ballons und Massenaufstieg zum Sonnenaufgang sowie besonderen Wettfahrten. Balloon Fiesta Park in Albuquerque.

Kunst, Musik & Theater

Arizona
- **Ballet Arizona**: Die Saison beginnt im Februar mit Vorstellungen durch das ganze Jahr an verschiedenen Orten in und um Phoenix.
- **Spring Festival of the Arts**: Kunstfestival Ende März und im Dezember in Tempe.
- **Jazz on the Rocks**: Mitte September. Jazzfans aus dem ganzen Südwesten strömen zu diesem Ereignis in der Nähe der Schluchten bei Sedona.
- **Annual State Championship Old Time Fidler's Contest**: Großer Fiedlerwettbewerb zwei Tage Ende September in Payson.

Weihnachtsfeiern

Die Weihnachtszeit ist im Südwesten und speziell in Neu-Mexiko etwas ganz Besonderes. Die Wurzeln in der fernsten Vergangenheit Europas sowie der für das alte hispanische Grenzland typischen kulturellen Transformation ließen etwas Einzigartiges entstehen. Das Fest der *Señora de Guadalupe*, der Schirmherrin ganz Amerikas, eröffnet am 12. Dezember die Saison mit Gottesdiensten, Prozes-

- **Valley of the Arts**: Ende Oktober. Ein Kunstfest mit Theater, Tanz, Musik und Kunst. Zu den Teilnehmern gehören das Heard Museum, Phoenix Art Museum, Phoenix Little Theater, Phoenix Symphony, Ballet Arizona, die Arizona Opera und andere Institutionen. In Phoenix und den Gemeinden im Valley of the Sun.
- **Annual Indian Market**: Dezember. Lieder und Tänze, über 100 native Amerikaner zeigen und verkaufen ihre Arbeiten im Pueblo Grande Museum.

Neu-Mexiko
- **Magnifico!**: die ersten beiden Maiwochen. Bildende und darstellende Künste auf 200 Veranstaltungen, Ausstellungen und Freiluftkonzerten. Albuquerque.
- **Tao Spring Arts Celebration**: zweiwöchiges Kunstfest in der zweiten Junihälfte.
- **Taos School of Music Chamber Music Festival**: Kammermusikveranstaltungen, Juni bis Mitte August.
- **Taos Arts Festival**: Kunstfest zwei Wochen im September/Anfang Oktober.
- **Santa Fe Opera**: Die Opernsaison dauert von Ende Juni oder Anfang Juli bis Ende August.
- **Santa Fe Chamber Music Festival**: Kammermusikfest von Mitte Juli bis Mitte August.
- **Santa Fe Spanish Market**: Ende Juli. Die größte und wichtigste Verkaufsausstellung hispanischer Kunst und Volkskunst im Südwesten.
- **Santa Fe Indian Market**: Mitte August. Die größte und wichtigste Verkaufsausstellung der Kunst der nativen Amerikaner.

Utah
- **Utah Shakespearean Festival**: Skakespeare-Festival Ende Juni bis Anfang September in Cedar City.

sionen und begeisterten Liedern. In dieser Zeit werden sieben Tage lang die *Las Posadas* aufgeführt. Gemeindemitglieder spielen die Geschichte von Maria und Joseph und ihrer verzweifelten Suche nach Unterkunft in Bethlehem nach. Jede Nacht findet das Stück und der Gesang in einem anderen Haus statt, bis das Christkind geboren wird.

Die nächste Moritat, die traditionell gespielt wird, ist *Los Pastores*, die Hirten, zusammen mit gräßlichen Teufeln. Während der zwei Wochen vor Weihnachten werden in Schulen und Kirchen in ganz Neu-Mexiko diese Stücke aufgeführt. Auch werden Lebensmittel für die Notleidenden gesammelt.

Als nächstes folgt die Mitternachtsmesse am Weihnachtsabend, *La Miso del Gallo*, die Messe des Hahns genannt. Es heißt, daß Heilignacht von der Krippe ein Hahn hochflog und stolz in die ganze Welt krähte: „Christus ist in Bethlehem geboren."

Und schließlich endet die Reihe der Feierlichkeiten am 6. Januar mit dem Umzug der *Los Tres Magos*, der Heiligen Drei Könige, einer Darstellung, die fast vergessen ist. Dazu gehören die wunderbar grauslichen *Abuelos*-Ungeheuer.

Doch der schönste und anrührendste Teil von Weihnachten ist der Brauch der Illumination. Tausende von Familien und Gemeinden füllen alljährlich Abertausende von kleinen, braunen Papiertüten mit Sand und einer Votivkerze in der Mitte und stellen die *Farolitos* auf Hausdächern, Bürgersteigen, Brunnen und Straßen auf. Für zwei Nächte, am Heiligabend und am ersten Weihnachtstag, werden Albuquerque, Santa Fe und Taos zu den schönsten Orten der Weihnachtszeit. Sie erstrahlen im Licht der Kerzen, die in der Dunkelheit des Winters leuchten.

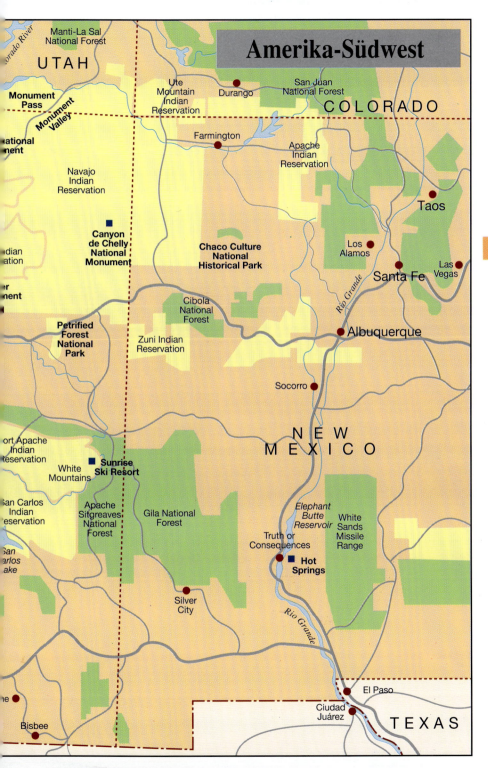

UNTERHALTUNG AN ALLEN ECKEN

Las Vegas

Vibrierend, vulgär, verachtenswert – wie man es auch bezeichnet, es trifft auf Las Vegas zu, eine der blühenden neuen Wüstenstädte in der unendlichen Ödnis des Südwestens. Es ist die Stadt mit der weltweit luxuriösesten Konzentration an güldenem Kitsch. Der Spitzname *Glitter Gulch*, Glitzerloch, trifft den Nagel auf den Kopf: Man erblickt eine Schlucht mit einem wahren Sturzbach an Neon und Glitter.

Ein Hauch von Schwermut vor dem eleganten Tropicana.

Es heißt, daß selbst die Kulturschickeria und die Bildungsschicht den Verlockungen von Las Vegas erliegen. Man kann darüber abfällig grinsen, aber wenn man sich einmal hineinziehen läßt, ist es um einen geschehen. Letztlich packt es jeden. Diese Stadt ist so amerikanisch wie *Apple pie*, oder noch mehr. Sie überhöht und verzerrt den *American dream* bis zu dem Punkt, wo er sich überschlägt und zum absurden Theater wird. Dann zeigt diese glitzernde Stadt, daß sie sich selbst auf den Arm nehmen kann – und lädt zum Mitmachen ein. Las

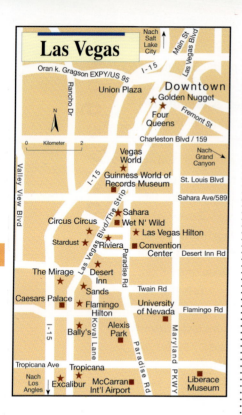

Vegas hatte eine unglückliche Kindheit. Es wurde 1850 durch die Anstrengungen geschickter und hart arbeitender Mormonen in die Welt gesetzt. Salt Lake City hatte gerade eine Postlinie nach Los Angeles eröffnet, doch die brauchte Schutz. So stellten die Mormonen ein Fort in die Landschaft und versuchten, Feldfrüchte anzubauen. Ein hoffnungsloses Unternehmen, denn der Boden war in der Wüste zu unfruchtbar. Eine Bleimine in den Potosi-Bergen erwies sich ebenfalls als Mißerfolg. So viele Fehlschläge ließen selbst die hartnäckigen Mormonen aufgeben.

Ansonsten passierte nicht viel, bis die Eisenbahn in den Westen kam. Land- und Wasserrechte wurden entlang der Linie aufgekauft, Parzellen wurden versteigert, und die Bevölkerung wuchs auf fast 1000 Seelen. 1911 wurde Las Vegas offiziell als Stadt in Büchern und auf Landkarten vermerkt. Aber das hatte nicht viel zu sagen.

Der große Umbruch kam mit dem Bau des Hoover-Damms, nur eine halbe Autostunde von Las Vegas entfernt. Dieses gigantische Projekt inmitten von Nirgendwo wurde 1931 begonnen und verursachte für mehrere Jahre einen Boom ohnegleichen.

Tausende von Arbeitern verdienten gutes Geld, arbeiteten in Hitze und Staub, hatten aber weder Komfort noch Unterhaltung als Ausgleich für ihre Plackerei. Zu diesem Zeitpunkt legalisierte der Staat Nevada in einer genialen Anwandlung das Glücksspiel. Eine Wachstumsindustrie wurde geboren. Den Arbeitern am Hoover-Damm verschaffte das Glücksspiel eine Flucht vor der Monotonie und die Möglichkeit, ihr sauerverdientes Geld loszuwerden.

Die Faszination des Spielens

Das Rezept funktioniert bis heute. Glücksspiel scheint die größte Wachstumsindustrie der Vereinigten Staaten zu sein, und so bekommt Las Vegas immer mehr Konkurrenz. Eine Reihe von Staaten hat das Lotteriespiel eingeführt, New Orleans kokettiert mit dem Gedanken, ein Glücksspielzentrum zu werden, und einige souveräne Stämme nativer Amerikaner erschlossen sich eine wunderbare Einkommensquelle: Sie eröffneten Bin-

Die Freemont Street, tief im Herzen des Glitter Gulch.

gostuben à la Las Vegas in ihren Reservaten, die zu erfolgreichen Unternehmungen wurden.

Zu Zeiten des Hoover-Damms war Las Vegas ein ziemlich rauher Ort ohne jeglichen Glitter. Die glamourösen Tage begannen erst, als der Gangster Benjamin „Bugsy" Siegel in die Stadt kam. Der Zweite Weltkrieg war vorbei, das Land erlebte eine Welle des Optimismus, und die Menschen waren bester Stimmung. Ein bißchen Glücksspiel konnte nicht schaden. Bugsy schritt zur Tat und baute das opulente Flamingo Hotel. Unglücklicherweise ging es bankrott, und Bugsys Kumpane erschossen ihn.

Heute wäre der Vater des modernen Las Vegas mächtig stolz, wenn er erleben könnte, was aus seinem Werk geworden ist: Das Flamingo gibt es immer noch, großartiger denn je, nur heißt es heute **Flamingo Hilton**. Das Glücksspiel floriert seit Jahren, protzige Kasinos und Hotels gibt es überall, und die Nacht wird in der hellerleuchteten und glitzernden Stadt zum Tag. Die Besucherzahlen sind derart umwerfend, daß Bugsys Hirn rotieren würde. Die Steigerungsrate betrug seit 1979 genau 222 Prozent. 1992 besuchten fast 22 Millionen Menschen Las Vegas, etliche Millionen aus Übersee, mit Japanern, Briten und Deutschen an erster, zweiter und dritter Stelle.

Las Vegas ist der Freizeitpark der USA. Es ist eine Disney-Welt für Erwachsene (zunehmend auch für Familien mit Kindern) und wurde aus ebendiesem Grund erschaffen. Natürlich gibt es auch

Hochzeit made in Las Vegas

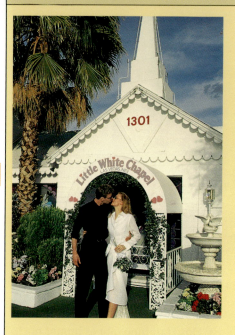

"Juristisch einwandfrei" – die Little White Chapel in Las Vegas.

In Las Vegas ist es einfach zu heiraten. Man braucht nur zwei Dinge: einen Nachweis, daß man über 18 ist und eine Heiratsgenehmigung, die man im Clark County Courthouse in der Third Street 200 S kaufen muß. Von Montag bis Donnerstag hat das Courthouse, die Kreisverwaltung, täglich von acht Uhr bis Mitternacht geöffnet. Am Wochenende und an Feiertagen kann man seine Genehmigung rund um die Uhr von Freitagmorgen um acht bis Sonntagabend um Mitternacht erwerben.

Mit der Heiratsgenehmigung ausgestattet, kann das Paar dann im Las Vegas Wedding Supermarket für die Zeremonie seiner Wahl einkaufen. Hochzeiten sind ein gutes Geschäft in der Stadt. Es gibt eine ganze Reihe von Gründen, in Las Vegas zu heiraten. Die Verwandten sind gegen die Eheschließung? Kein Problem. Lassen Sie sie einfach zu Hause. Sie sind jung und hoffnungslos verliebt? Las Vegas lächelt, versteht und denkt nicht daran, heiße Liebe mit einem Wust an bürokratischen Formularen zu ersticken. Sind Sie praktisch veranlagt? Eine Hochzeit in Las Vegas kostet wenig und bietet viel. Das frischgetraute Paar kann seine Hochzeitsreise gleich an Ort und Stelle verbringen. Die meisten Hotels in der Stadt verfügen über Hochzeitssuiten.

Sind Sie spontan? Abenteuerlustig? Unkonventionell? Ein Heimlichtuer? Völlig fertig? Las Vegas bleibt neutral und empfängt Sie mit offenen Armen. Es gibt keinen Tratsch. Man braucht sich nicht darum sorgen, was der Nachbar denkt. Man kann großartig und teuer heiraten oder ganz intim. Kurzum, man kann sämtliche Forderungen und Verwicklungen der Gesellschaft links liegen lassen und das tun, im guten wie im schlechten, was einem das Herz befiehlt.

Kirchlicher Segen

Wer will, kann sich auf eine zivile Trauung beschränken, die nur ein paar Minuten dauert. Die meisten Paare jedoch lassen sich in einer der Hochzeitskapellen der Stadt trauen. Die Gebühren sind gering. Der diensthabende Geistliche traut gegen eine „Spende". Wer dafür zahlen will, kann seine Trauung auf Video aufnehmen oder fotografieren lassen. Man kann soviel Blumen bestellen, wie man will, in einer Limousine vorfahren oder zu Fuß kommen, eine Rockgruppe oder ein Kammermusikensemble engagieren oder sein Lieblingsstück auf der Stereoanlage abspielen lassen. Die Kapellen bieten einen 24-Stunden-Service.

Einige der neuen Hotels haben Hochzeitskapellen an Ort und Stelle, wie das Excalibur und das Circus-Circus. Andere sind in den Gelben Seiten aufgeführt. Man kann sich auf jeden Fall auf eine Menge Zuckerguß gefaßt machen.

Im folgenden die hübschesten Kapellen am Las Vegas Boulevard: Little Church of the West, Candle Light Wedding Chapel, Little Chapel of Flowers, Silver Bell Wedding Chapel, Wee Kirk o' the Heather.

Las Vegas und Reno waren auch die Scheidungshauptstädte der Staaten. Das hat sich geändert. Heutztage liegt das Verhältnis von Hochzeiten zu Scheidungen bei zehn zu eins.

Die kühlen Gewässer des Wet N Wild Water Park sorgen in der ständigen Gluthitze für Erfrischung.

arbeitende Menschen in dieser rasant wachsenden Stadt, und das nicht nur im Glücksspiel-, Unterhaltungs- oder Sportgewerbe. Las Vegas ist der Standort der **University of Nevada** mit 20 000 Studenten. Es gibt Handel und Industrie und das Militär in der Ellis Air Force Base. Hinzu kommen noch die Menschen, die sich in Las Vegas zur Ruhe setzen.

Aber all das kommt kaum zum Vorschein. Man sieht nur das klare Wüstenleben, die plötzlichen Entwicklungsschübe, riesige grüne Golfplätze, unzählige glitzernd-blaue Swimmingpools in der Wüste (man hört schon die Umweltschützer aufstöhnen) und über allem die Vergnügungsviertel und protzigen Hotels von Las Vegas. Downtown und der Strip schlafen niemals.

Downtown

Echte Spieler ziehen den **Downtown**-Bezirk vor. Die vier Straßenzüge von der Main Street bis zum Las Vegas Boulevard mit der Freemont Street in der Mitte sind der wahre *Glitter Gulch*. Heutzutage ist dieses Areal nicht ganz so todschick wie der Strip, aber wozu auch, wenn man ohnehin nur spielen will? Dort hat man die besten Spielchancen bei Blackjack, Craps, einem Würfelspiel, oder Poker. Das **Binion's Horseshoe** ist ein Kasino für Eingeweihte: Es gibt dort praktisch kein Einsatzlimit. Hotels sind legitimiert, Spielautomaten aufzustellen, um eine bessere Rentabilität zu erzielen. Wenn die Unkosten niedriger sind, besteht die Möglichkeit, mehr auszuzahlen.

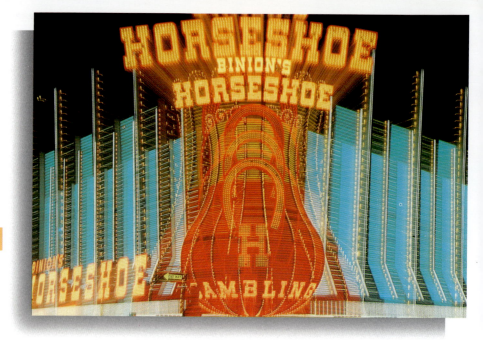

Mehr als nur ein Ort des Glücks für den eingefleischten Spieler: Binion's Horseshoe.

Der Strip

Der knapp sechs Kilometer lange **Strip** ist neuer und glamouröser als der Downtown-Bezirk. Dort findet man die Mammut-Hotels mit Tausenden von Zimmern, die Shows der Superstars und die riesigen Kasinos. Nirgendwo sonst in der Welt ist soviel Weltklasse-Entertainment auf so engem Raum konzentriert.

Entertainment wird in unterschiedlichen Kategorien angeboten. Die Superstar- oder „Headliner"(Prominenten-) Shows drehen sich alle um den Star. Die Production Shows sind ausstattungsintensive und teure Unternehmungen, die eine Laufzeit von mehreren Jahren haben. Lounge Shows sind preiswertere Darbietungen mit jungen Talenten. Und

Kleidung aus der Las-Vegas-Szene im Liberace Museum.

Der Strip schläft niemals.

schließlich gibt es noch die aussterbende Spezies der Mini-Revue, die vornehmlich Einheimische beglückt. In Las Vegas kauft man die Eintrittskarten im jeweiligen Hotel. Für Pauschalreisende gehören die Shows zum Reisepaket. Wenn nicht, muß man für Production Shows 20 Dollar und für Superstar-Shows 50 Dollar und mehr hinblättern.

In Las Vegas werden allenthalben „Extravaganzas", schräge Ausstattungen, angeboten. Im Caesars Palace beispielsweise wurde der Geburtstag des echten Julius Cäsar mit einer Torte aus 1820 Eiern und 42 Kilo Mehl gefeiert. Das nagelneue, pyramidenförmige Luxor Hotel festigt sein Image mittels einer Bootsfahrt für Gäste auf einem künstlichen Nil, der von der Rezeption bis zum Lift führt – auf ägyptischen Barken natürlich. Selbstverständlich gibt es im Luxor auch eine Nachbildung von Tutenchamuns Grab.

Hotels wie Sand am Meer

Die Menschen fliehen nach Las Vegas, um dem Trott des Alltags zu entkommen. In dieser neonglühenden Fata Morgana inmitten der Wüste kann sich jeder wie ein Großwesir oder die Königin von Saba fühlen. In dem Moment, in dem man ins Hotel eincheckt, ist man Teil des großen Glamours.

Werfen wir einen Blick auf die sagenhaftesten Hotels und die aufregendsten Hotelkasinos in Las Vegas. Das **Caesars Palace** lädt ins alte Rom ein. Das

Der Glanz ägyptischer Antike im Luxor Hotel.

gesamte Hotel ist diesem Thema gewidmet inklusive einer sechs Meter hohen Marmorkopie von Michelangelos David, von Kleopatras Barke und weiteren Insignien der Antike. Das Ganze ist ein protziges Konglomerat aus 1500 Zimmern, Superstar-Shows, einem Kasino, neun Restaurants, einem Kino, geheizten Swimmingpools, Heilbädern – einfach alles. Das Palace Court Restaurant ist das teuerste in Las Vegas. Dort kann man sich wie Nero oder Messalina auf einem römisch-bacchantischen Festmahl fühlen, wenn hinreißende und (politisch

Kasino. Außerdem bietet es die Superstar-Shows. Der neue Eigner, ITT-Sheraton, plant, eine Milliarde Dollar für den Ausbau des Hotels und für ein neues themenbezogenes Etablissement zu investieren.

Das neue **Mirage** verfügt über 3000 Luxuszimmer und -suiten. Es ist ein Südseetraum mit einem exotischen, feuerspeienden Vulkan, einem Regenwald, einem Wasserfall und weißen Tigern. Die Gäste haben die Wahl zwischen neun Restaurants sowie einer Einkaufsmeile, einem Gesundheitszentrum und den Headliner-Shows.

Das **MGM Grand Hotel, Casino and Theme Park** ist der gigantische Nachfolger des älteren MGM. Es ist wahrscheinlich das weltgrößte Hotel und haut einen mit seinen Superlativen vom Hokker. Diese Megaherberge verfügt über 5005 Zimmer, 751 Suiten, diverse Bühnen, das größte Spielkasino der Welt, einen 14 Hektar großen Erlebnispark, und dem *Grand Garden*, einem Veranstaltungszentrum mit 15 200 Plätzen – und das alles am Strip. Die Zimmer kosten zwischen 49 und 129 Dollar pro Nacht. Für die Luxussuite muß man schon 2500 Dollar löhnen.

Das **Luxor Las Vegas** ist eine Replik des alten Ägypten und bietet eine entsprechende Erlebnisgastronomie mit Hilfe von High-tech-Simulatoren. Das **Golden Nugget**, das einzige Klasseteil in Downtown, klaut allen die Show. Es gewann diverse Preise wie den Mobil Four Star- und den AAA-4-Diamond-Preis, die von den Automobilklubs verliehen wer-

inkorrekt!) Sklavinnen kulinarische Köstlichkeiten servieren.

Das allbekannte **Desert Inn** war einst das Versteck des reichen und öffentlichkeitsscheuen Howard Hughes. Er belegte das gesamte Dachgeschoß. Zum Desert Inn gehören die besten Golfplätze des Landes sowie ein schöner Landschaftsgarten, ein Country-Club und ein

Der Grand-Adventures-Erlebnispark im MGM Grand Hotel ist der Inbegriff des totalen Freizeitvergnügens.

den. Es hat „nur" 1900 Zimmer, aber zählt die größten Namen des Showbusineß zu seinen Gästen, hat ein elegantes Kasino und mehrere hervorragende Restaurants.

In einem Ferienort mit Tausenden von Hotelzimmern gibt es natürlich auch andere Etablissements zur Auswahl. Eine Sehenswürdigkeit sollte jedoch erwähnt werden: **The Dunes** gegenüber den Caesars Palace. Im Oktober 1993 wurde dieses siebzehnstöckige „alte" Hotel mit einem riesigen Feuerwerk eingeweiht. Die Mirage Resorts Inc. feierte das Ereignis zusammen mit einer Vorfeier für sein neues **Treasure Island Resort** mit 2900 Zimmern, zu dem zwei 28 m lange Segelschiffe des 19. Jahrhunderts gehören. Seeschlachten werden mehrmals täglich (in der wasserarmen Wüste!) nachgestellt.

Das **Las Vegas Hilton** war bis vor kurzem mit 3000 Zimmern das größte Luxushotel der Erde. Das **Riviera** ist eine Institution mit seinen legendären Prominentenshows und Glücksspielen. Das **Flamingo Hilton** ist das Kind des Gangsters Bugsy Siegel und zudem das erste große Hotel von Las Vegas. Es läuft immer noch prächtig. Das **Imperial Palace** protzt mit orientalischem Design, einem attraktiven Spielkasino und einer Kollektion von Oldtimerautos. Das **Tropicana** lockt mit einem zwei Hektar großen Wasserpark, Inselfesten und einem schwimmenden Blackjack-Tisch.

Des weiteren gibt es noch das **Excalibur**, ein Schloßhotel im neumodischen

Grand Canyon

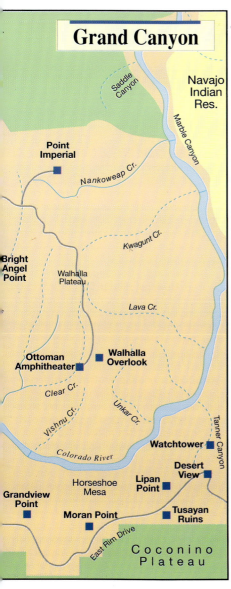

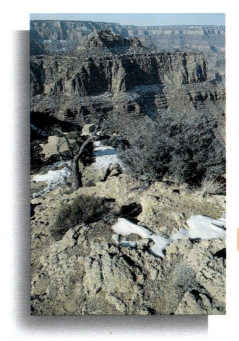

Winterstimmung im Grand Canyon.

hinab in die Tiefe (1550 m) der Felsen, die zwei Milliarden Jahre alt sind. Geschrieben in der Sprache der geologischen Zeiten, besteht die Schrift auf den Seiten der Schichten aus fossilen Überlieferungen. Sie geht bis zu primitivsten Lebensformen der Erde zurück und wird um so komplexer, als die Millennien voranschreiten, um das Vermächtnis einer weiteren Ära niederzuschreiben (siehe Rahmentext Seite 52).

Natürlich kann man von der Südklippe nur eine Ahnung von dem uralten **Vishnu-Schiefer** auf dem Grund der inneren Schlucht bekommen. Vor zwei Milliarden Jahren, während des späten **Präkambriums**, war dieses Gestein Teil einer alten Bergkette. Die Zeit trug es ab, und die nimmermüde Erde marmorierte die Überbleibsel mit Magma, das nach der Abkühlung zu Rosenquarz wurde. Diese Schicht liegt nun im tiefsten Canyon, eines der ältesten Gesteine der Erde.

Die nächste Seite oder Schicht beschrieb eines der ältesten Meere, das das Colorado-Plateau überspülte. Dort findet man einfachste Algen, die eine Milliar-

Der Havasu Canyon

Ein Hauch von Menschlichkeit besänftigt die felsige Landschaft.

Wer je davon träumte, sein eigenes Shangri-la in der Wüste zu finden, sollte sich zu einer 13 km langen Wanderung durch den **Havasu Canyon** aufmachen. Es ist ein Ausdauertest für die Mutigen und Robusten. Wem das zu abschreckend klingt, kann natürlich auch ein Pferd mieten oder mit dem Hubschrauber einfliegen. Aber wie auch immer man dorthin kommt, der Lohn der Mühe ist mehr als reichlich. Diese Oase mit dem Havasu-Wasserfall, der in tiefe, klare Becken türkisfarbenen Wassers hinabstürzt, und mit der überbordenden Vegetation ist vielleicht der allerschönste Ort des Südwestens.

Der 80 km lange Havasu Canyon liegt außerhalb des Grand Canyon National Parks im **Hualapai-Reservat**. Der Havasu Creek stürzt über fünf spektakuläre Kaskaden fast 1200 Meter in die Tiefe und vereinigt sich schließlich mit dem Colorado. Die Havasupai-Indianer leben an einem Landstreifen auf dem Grund der Schlucht, wo Quellen sprudeln und der Bach sich ausweitet. Sie bauten kleine Dämme, um das Ackerland zu bewässern.

Der Weg in das Dorf **Supai** im Canyon beginnt am **Hualapai Hilltop**. Dort befindet sich ein Besucherparkplatz, wo man den Eintritt bezahlt und sich registrieren läßt. Der Weg nach unten ist zunächst steil. Man fragt sich, wie man diese Tiefe bewältigen kann, ohne sich das Genick zu brechen. Mit flauem Magen geht es im Zickzack hinab in eine Landschaft aus roten Felsen, Steinen und Klippen. Dann wird der Weg etwas ebenmäßiger, und man hat die Gelegenheit, die Landschaft auf dem vier- bis sechsstündigen Marsch zum Dorf Supai zu genießen.

Verglichen mit den millionenfachen Besuchern des Grand Canyon sind es gerade mal 20 000 Abenteuerlustige, die es pro Jahr zum Havasu Canyon zieht. Sie folgen den Fußspuren der Hualapai, die sich seit Hunderten von Jahren Wege die Klippen hinauf und hinab gebahnt haben. Dann kamen die ersten Eroberer, die Spanier. Einer der Fährtenleser von Coronado berichtete 1540 von dieser verborgenen Schlucht. Der Franziskaner Garcés von der Mission San Xavier del Bac in Arizona, war der erste

de Jahre alt sind. Die nächsten Seiten fehlen, da dort die Erosion ihr Werk verrichtete, aber die Aufzeichnung fährt mit dem Paläozoikum vor 600 Millionen Jahren fort. In jener Zeit erschienen Schalentiere im Meer. Korallen, Muscheln und austernartige Wesen versteinerten in großer Zahl zwischen den dicken Seiten der Kalksteinschichten wie in der Redstone-Formation.

Und so ging es für Äonen weiter im Tanz von Meer und Wüste, von Fortschritt und Rückzug, von Sedimentierung und Erosion. Die Bewegung tektonischer Platten ließ Berge erstehen und Gesteinsschichten verrutschen. Ständige

Europäer, der nach Supai hinabstieg. Der Pater freundete sich mit den Havasupai an und blieb fünf Tage.

Ende des vorigen Jahrhunderts wurden reiche Silberadern in der Schlucht entdeckt. Die Schürfer mußten enorm hohe Leitern bauen, um an das Erz in den Felswänden in 80 m Höhe heranzukommen. Jedenfalls wurde der Pfad im Lauf der Jahrhunderte immer fester und auch breiter. In Supai muß man seine Ankunft dem Havasupai-Touristenbüro melden. Es handelt sich um eine Sicherheitsmaßnahme und natürlich auch darum, den Strom der Besucher des Reservats zu regulieren.

Einen Vorgeschmack auf kommende Genüsse bietet der **Havasu Creek**. Das unglaublich grünblaue Wasser erinnert an die Farben eines Strandes in der Karibik. Der porzellangleiche Boden des Wasserlaufs besteht aus dem gebleichten Kalk der Felsen. Er gibt dem Wasser die blaue Farbe von Taos.

Und dann erblickt man vor einer roten Felsenklippe den Katarakt der **Havasu-Wasserfälle**, die in ein lichtes Wasserbecken stürzen. Unter dem feinen Dunstschleier des Wassers ist das Becken von einem kleinen Strand mit hohen Pappeln, Kakteen zwischen Felsen und Farnen, zierlichen Gräsern und Moosen gesäumt.

Im Canyon kann man in den Havasupai Lodges übernachten. Das Havasupai-Touristenbüro informiert über Campingmöglichkeiten und Pferdevermietung, auch Hubschrauberrundflüge werden organisiert. Um zum Wanderweg zu kommen, fährt man die AZ 66 bis etwa 11 km nordöstlich hinter Peach Springs und dann weiter entlang der Indian Route 18 bis zum Hualapai Hilltop.

Erosion und vulkanische Aktivitäten formten das Land, während der Colorado und seine Nebenflüsse zusätzlich ihr endloses Werk begannen, nämlich die Schluchten herauszuwaschen.

Als Ergebnis all dieser geologischen Versuche wurde der Grand Canyon zu einem außerordentlichen Laboratorium ökologischer Systeme. Der Grund der Schlucht ist Heimat von Pflanzen und Tieren, die zum subtropischen Bereich gehören, während das Leben an der Nordklippe sich an die kühleren Bedingungen wie in Kanada und Schweden angepaßt hat. Erstaunlicherweise sind die Felswände und der Grund der Schlucht Lebensraum von fast 300 Vogel- und über 80 Säugetierarten. Da Niederschlag an der Südkante selten ist und sie auch niedriger liegt (310 m), zählt sie zur Upper-Sonora- und Übergangszone.

Die meisten Touristen tummeln sich entlang der Südkante. Dort teilt man sich den Ausblick mit vielen anderen und fragt sich, wo man denn die legendäre Leere des Südwestens findet.

Der große Überblick

Ein wunderbarer Ausblick, der **Yavapai Point**, liegt direkt im Dorf. Von dort hat man eine imponierende Sicht. Für weitere Einblicke empfiehlt sich der West Rim Drive nach **Hermits Rest**. Die Straße windet sich unmittelbar an der Kante entlang und bietet viele Möglichkeiten, die phantastische Landschaft rundum zu bewundern. An den verschiedenen Aussichtspunkten entlang der Strecke – **Maricopa**, **Powell**, **Hopi**, **Mohave** und **Pima Point** –, kann man eine Rast einlegen, um den Schauder zu erleben, wie sich die Straße dicht am Abgrund entlangwindet.

Vom Dorf aus führt der East Rim Drive zum Osteingang des Parks und zu einem weiteren Mary-Jane-Colter-Ent-

Ein Ausflug zum Grand Canyon ist kein Zuckerschlecken.
Der Grand Canyon Railway.

wurf, dem berühmten **Watchtower**. Die 42 km lange Strecke führt am **Yaki**, **Moran**, **Grandview** und **Lipan Point** vorbei. Der **Desert View** mit dem Watchtower, der über den Marble Canyon wacht, ist der letzte östliche Ausblick. Von dort aus sieht man bis zur Painted Desert, über 160 km weit.

Forschungsreisende könnten geneigt sein, nochmals 320 km durch schroffes Land von der Südkante zur Nordkante zu fahren oder sich dem „großen Graben" von der anderen Seite, von Norden, zu nähern. Das wären dann 421 km von Las Vegas. Die Anreise durch das Hinterland hat ihre Vorteile: wenig Verkehr, noch weniger Touristen und keine Zivilisation. Reisebusse sucht man vergebens, dafür findet man mehr Einsamkeit.

Die Nordkante

Die Nordkante ist nicht nur wesentlich höher (2480 m), sondern es regnet auch doppelt soviel wie an der Südkante, so daß dort die kanadische Lebenszone vorherrscht. Auch gibt es 3500 mm Schneefall pro Jahr. Deswegen ist die Nordkante offiziell zwischen Ende Oktober und Mitte Mai gesperrt. Im Winter ist es je nach Wetterlage unmöglich oder zumindest abenteuerlich, dorthin zu fahren.

Obwohl die Entferung zwischen den beiden Kanten nur 16 km beträgt, ist die Landschaft der Nordkante völlig anders. Im Gegensatz zu den niedrigwachsenden Pinien und Lärchen der Südkante gedeihen an der Nordkante üppige Wälder mit hohen Fichten, Espen und Ponderosa-

Das Waldgebiet an der Nordkante gehört zu einer anderen Lebenszone.

An der Nordkante gibt es weit weniger Versorgungseinrichtungen als an der Südkante. Wer dort übernachten will, muß ebenso Monate vorher buchen, entweder im Grand Canyon Lodge oder außerhalb des Parks im Kaibab Lodge, rund 30 km nördlich der Nordkante, oder im Jacob Lake Inn, 72 km nördlich. Ebenfalls außerhalb des Parks gibt es etliche Sommercampingplätze.

In dieser Entfernung von der Nordkante hat man keinen so guten Ausblick auf das Innere der Schlucht und auf den Colorado. Doch gibt es immerhin vier Aussichtspunkte, **Point Imperial**, **Cape Royal**, **Bright Angel Point** und **Point Sublime** (siehe Rahmentext S. 164). Von der Nordkante aus kann man auch Ausflüge nach **Lee's Ferry**, zum **Glen Can-**

Kiefern. An den Straßenrändern und auf den Wiesen blüht eine unglaubliche Fülle von Wildblumen, von der rosafarbenen Phlox im Frühjahr bis zu den Goldruten und purpurnen Astern im Spätsommer.

Der von Ehrfurcht erfüllte Besucher ist an der Nordkante dem Geist des Südwestens viel näher. Jenseits der ausgetretenen Pfade und weit weg von menschlichen Siedlungen erscheint das Land unberührt wie seit undenklichen Zeiten.

Die Grenze des Parkgebiets des Grand Canyon verläuft 48 km südlich von **Jacob Lake** an der AZ 67, dicht vor der Grenze zu Utah. Der Flecken Jacob Lake verfügt nur über ein Gasthaus und eine Tankstelle. Öffentliche Verkehrsmittel sind nicht vorhanden.

Vom Surreal Point Sublime überblickt man den Colorado.

Wanderwege im Grand Canyon

Ein Maultierzug zum Plateau Point auf dem Bright Angel Trail.

Das Innere der Schlucht kann man zu Fuß, mit dem Maultier oder mit dem Floß auf dem Colorado erkunden. Doch ist dies eine Landschaft, die ernst genommen sein will. Sie kann gefährlich werden und sich gegen jeden Unbedachten gnadenlos verhalten. Jedes Jahr liest man erneut von einem Touristen, der in den Grand Canyon gestürzt ist. Und jedes Jahr müssen Ranger ausrücken, um in mehreren hundert medizinischen Notfällen, komplizierten Suchaktionen Hilfe zu leisten. Der National Park Service will zukünftig Gebühren für die Suche vermißter Draufgänger erheben. Bei Wanderungen ist also Vorsicht geboten. Man sollte feste Schuhe tragen und ausreichend Trinkwasser mit sich führen. Eine gute Karte ist notwendig, und man sollte nie allein losziehen.

Im Grand Canyon gibt es unendlich viele aufregende Wanderwege, von denen alle steil sind, vor allem direkt unterhalb der Kante. Sie sind nach Schwierigkeitsgraden klassifiziert und nach Haupt- und Nebenwegen aufgeteilt. Die schwierigen und unbefestigten Nebenwege sind nur für erfahrene Wanderer geeignet. Viele der Wege sind allseits bekannt, andere werden nur selten genutzt und wiederum andere harren noch der Entdeckung durch Abenteuerlustige.

Einige Wanderwege

Für einen Tagesausflug braucht man keine Genehmigung, nur wenn man übernachten will muß man eine beim Backcountry Reservation Office einholen. Wer körperlich fit ist, braucht gewöhnlich mindestens zwei Tage, um von der Kante zum Fluß und zurückzuwandern. Für Tagesausflügler eignen sich die Kurzstrecken auf dem Bright Angel Trail und dem South Kaibab Trail. Beide erreicht man von der Südkante aus. Der erste beginnt in der Nähe des Bright Angel Lodge und der zweite am Yaki Point, etwa fünf Kilometer östlich von Grand Canyon Village. Die gesamte Länge beider Wanderwege ist jedoch zu zeitraubend und schwierig für Tagestrips.

yon Dam und zum ehrfurchtgebietenden Lake Powell jenseits der Grenze zu Utah machen. Mit dem Auto sind alle drei nur wenige Stunden von Jacob Lake entfernt. Auch der Bryce Canyon in Utah kann von dort schnell erreicht werden (siehe Rahmentext S. 170).

Praktische Informationen

Im Sommer steigen die Temperaturen an der Südkante von 10° bis 32° Celsius. Die Temperaturen der Nordkante sind wegen der höheren Lage niedriger. Unterhalb der Klippen können die Tempera-

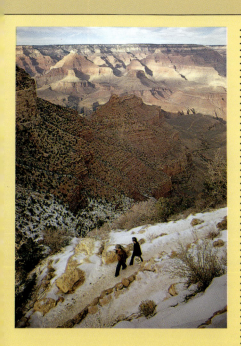

Eine Winterwanderung an der Südkante.

Der **Bright Angel Trail** ist der leichtere der beiden. Er ist breit, gut ausgezeichnet und geht im Zickzack durch dramatische Formationen hindurch. Der Höhenunterschied bis zur **Phantom Ranch** tief unten beträgt 1364 m. Man kann auch nur einen Teil des 15 km langen Weges wandern. Nach sieben Kilometern erreicht man die stille Oase **Indian Gardens**. Dort kann man sich im kühlen Schatten hoher Pappeln für den Rückweg zur Kante ausruhen.

Während man keuchend bergauf stapft, könnte eine der beliebten Maultierkarawanen zum Fluß vorbeiziehen. Zu schade auch, daß die zweitägigen Maultiertouren bis zu einem Jahr im voraus gebucht werden müssen! Jedenfalls sollte man daran denken, daß es auf dem Weg nach unten doppelt so schnell vorangeht wie später nach oben.

Der zehn Kilometer lange **South Kaibab Trail** besteht seit 1928. Er fällt buchstäblich hinab in die Tiefe. Entlang diesem steilen Weg hat man immer den Colorado im Blick.

Hinzu kommen noch folgende Wanderwege, die zu den wichtigsten gehören:

Rim Trail: von Hermits Rest bis zum Yavapai Point; 14 km nur Hinweg. Es ist eine recht einfache Wanderung. Man steigt nicht in die Schlucht hinab, sondern wandert entlang der Kante und genießt die wunderbare Aussicht.

Grandview Trail: vom Grandview Point bis zur Horseshoe Mesa; 13 km Hinweg.

Tonto Trail: vom Lipan Piont am East Rim Drive bis zu Tanner Rapids am Colorado; 13 km Hinweg. Ein schwieriger Wanderweg, für den man hin und zurück zwei Tage braucht.

Die folgenden Wege sind von der Nordkante aus erreichbar:

North Kaibab Trail: Er ist der Zwilling des South Kaibab Trail. Beide treffen sich im Grund der Schlucht am Bright Angel Campground. Dieser nördliche Wanderweg ist 22 km (Hinweg) lang und geht die ersten acht Kilometer steil hinab. Man steigt insgesamt 1810 m hinunter – und wieder herauf. Er ist von Ende Oktober bis Mitte Mai gesperrt.

Clear Creek Trail: von der Phantom Ranch bis zum Clear Creek; 14 km Hinweg, im Winter gesperrt.

turen bis zu 38° erreichen. Im Winter gibt es häufig Schnee, vereiste Straßen und Straßensperrungen. Die Nordkante ist im Winter gänzlich gesperrt.

Im Sommer können in Grand Canyon Village Verkehrschaos und Parkplatznot auftauchen. Frühsommer und Herbst sind günstigere Jahreszeiten für einen Besuch, doch kann es dann Wetterumschwünge geben. Sämtliche Unterkünfte werden von den Grand Canyon National Park Lodges verwaltet, die Unterkünfte an der Nordkante von den TW Recreational Services.

SCHLICHTE BEREDSAMKEIT

Südliches Utah

Der Südwesten bietet so viele geologische Wunder, daß es schwierig wird, alle entsprechend ihrer Bedeutung zu würdigen. Vergliche man die Naturarchitektur des Grand Canyon mit den maßvollen, monumentalen Bauwerken der italienischen Renaissance, dann entspächen die phantastischen und eher feinen Schöpfungen der Canyonlandschaft in Utah eher dem verspielten Rokoko oder auch der Poesie Barcelonas, die von ihrem Architekten Gaudí in Stein umgesetzt wurde. Manchmal ist diese Landschaft in Utah so bizarr, daß man sich auf einen anderen Planeten versetzt fühlt.

Befestigte Straßen sind eine Seltenheit im südlichen Utah. Zum Ausgleich dafür sind die wenigen Straßen, die es gibt, landschaftlich nicht zu übertreffen. In den großen Wüstengebieten existieren nur Pisten,

Der Colorado River vor dem Hintergrund seines Werks in Gooseneck im Canyonlands Nationalpark.

Der Double Arch, eine kunstvolle Skulptur des Windes, im Arches National Park.

teils haarsträubend und nur mit dem Jeep zu befahren. Dort, im Herzen des Colorado-Plateaus, findet man eine ursprüngliche Wildnis, die keineswegs eintönig ist: Jeder Nationalpark zeigt unterschiedliche und sich ständig wandelnde Charakteristika. Alle fünfzig Jahre trägt die Erosion eine weitere Schicht von den vielfarbigen Sedimentfelsen der Canyons ab. Die Veränderungen scheinen ein fast sichtbarer Prozeß zu sein.

Es gibt nur wenige andere Ort auf der Welt, an denen die tägliche Temperaturschwankung so extrem ist wie im südlichen Utah, nämlich bis zu 60° Celsius. Am Tag wird man bei über 50° Celsius im Schatten gebraten, nachts kann es deutlich unter Null sein. Das ist ein extremes Beispiel, aber so ähnlich ist es immer.

Moab

Man kann nachvollziehen, daß es keine größeren Städte in der näheren Umgebung gibt. Der am häufigsten benutzte Zugang zum Arches National Park ist die Stadt **Moab**, die gelegentlich die Uranhauptstadt der Welt genannt wird. Nach Ende des Kalten Krieges will niemand mit diesem einst ehrenvollen Titel konkurrieren, obwohl andernorts in den Nachbarstaaten viel mehr Uran gefördert wurde. Die gesamte Großregion ist durch Atombombentests und Uranhalden vor Tschernobyl das weitaus am höchsten radioaktiv belastete Gebiet der Welt gewesen.

Die Mormonen gründeten Moab im Jahr 1855, aber Indianer vom Stamm der

Three Gossips im Arches National Park.

Ute töteten die ersten Siedler. Es dauerte zwanzig Jahre, bis der kleine Ort besiedelt wurde. Anfang dieses Jahrhunderts bildete der Abbau von Kupfer und später von Uran die wirtschaftliche Grundlage. Der Föderboom von Uranerz setzte erst ein, als Charles A. Steen 1952 ein Vorkommen mit einem Wert von 60 Millionen Dollar exploitierte und die kleine Stadt plötzlich explodierte. In den achtziger Jahren brach der Uranmarkt zusammen, und heute wird in Moab nur noch aus der Salzmine gefördert. Es leben noch 6000 Menschen in der Stadt, aber da Mountainbiker die Gegend für sich entdeckten, wächst sie wieder, die Grundstückspreise verdoppelten sich in den vergangenen Jahren, und Tourismus wurde zum führenden Wirtschaftsfaktor.

Das Kulturzentrum der Universität von Utah in Moab bietet auf einer wunderschönen Freilichtbühne Ballett, Oper, Theater und klassische Musik. Es gibt Rodeos und Kunstfestivals das ganze Jahr hindurch.

Die Stadt hat über zwei Dutzend Hotels, Touristenranches und Bed & Breakfast-Übernachtungsmöglichkeiten sowie eine Anzahl von Restaurants, von denen das **Grand Old Ranchhouse**, eine Meile nördlich der Stadt, unter Denkmalschutz steht. Der **Moab Rock Shop** in der North Main Street 600 ist wie ein geologisches Museum, in dem man die Schätze kaufen kann. Um sich mit Karten, Broschüren, Tourenvorschlägen und einem Veranstaltungskalender einzudecken, geht man ins **Moab Information Center** an der US 191. Dort gibt es auch Broschüren, die den Weg zu den nahe gelegenen Sehenswürdigkeiten weisen wie dem **Mill Creek Dinosaur Trail**, wo man auf einem ausgeschilderten Weg zwischen fossilen Saurierknochen zum **Looking Glass Rock** und zur **Wilson Arch** laufen kann.

Arches National Park

Von Moab fährt man nördlich zum ganzjährig geöffneten **Arches National Park**, wo gleich rechts das Besucherzentrum mit einem Buchladen liegt. Ranger veranstalten den Sommer hindurch Programme mit Lagerfeuer. Auch kann man dort von März bis Mitte Oktober auf einem Campingplatz mit Tischen, Grillplätzen und Toiletten übernachten.

Bryce Canyon National Park

Der Tempel der Götter, von einer mythischen Aura umgeben.

Spieglein, Spieglein an der Wand: wer ist die Schönste im ganzen Land? Im Falle der Nationalparks von Utah läßt sich das unmöglich entscheiden, aber der Bryce Canyon gehört sicherlich zu den außergewöhnlichsten und unvergleichlich schönen.

Er hat das ganze Jahr hindurch geöffnet und ist auch im Sommer immer belebt. Man fährt auf der US 89 von Kanab an der Grenze zu Arizona ungefähr 96 km weit, biegt zur Utah 12 ab und folgt den Schildern zum Park. Das Besucherzentrum mit Ausstellung ist ganzjährig von 8 bis 16.30 Uhr geöffnet und bietet Karten, Broschüren und Bücher an. Man kann Reitausflüge und Führungen buchen. Der späte Frühling und der Herbst sind die besten Besuchszeiten.

Der Bryce Canyon hat eine renovierte Lodge und ein Restaurant. Der Park reicht bis zu 2480 beziehungsweise 2790 m Höhe im Osten am **Paunsaugunt-Plateau** und liegt damit wesentlich höher als das ihn umgebende Colorado-Plateau. An klaren Tagen kann man über 300 km nach Arizona hinein sehen. Die Vegetation im Park ändert sich mit der Höhenlage und reicht von Ponderosa-Kiefern über Blaufichten, Weißtannen, Douglastannen, Espen, *Manzanita* bis zu altehrwürdigen Kiefern. Die ältesten dieser knorrigen Bäume im Bryce Canyon sind rund 1700 Jahre alt. Der Wildbestand ist reich und vielfältig.

Kunstvoll behauene Sandsteinspitzen stehen zur Begrüßung stramm.

Die Kronjuwelen unter den Nationalparks Utahs sind dünn gesät, aber ausgezeichnet. Arches ist einer davon.

Man kann auf einem Rundweg von 58 km Länge in gut zwei Stunden durch den gesamten Park fahren. Hält man aber

Mega-„Amphitheater"

Der Bryce Canyon wurde benannt nach Ebenezer Bryce, einem mormonischen Pionier, der über das Leben in diesem steinigen Kunstwerk so verstimmt war, daß er es mit den Worten kennzeichnete: „Das ist ein solcher Höllenort, das geht auf keine Kuhhaut."

Obwohl als Canyon bezeichnet, besteht der Park eigentlich aus einer Kette von „Amphietheatern", nämlich phantastischer Formen aus Schwemmsandgestein. Die indianischen Paiute schufen eine eindrucksvolle Beschreibung, nämlich *Unka-Timpe-Wa-Wince-Pack-Ich*, was soviel heißt wie: Rote Felsen stehen wie Menschen in einem schüsselförmigen Canyon.

Im Bryce Canyon wechseln die Farben je nach Lichteinfall von rosa über rot zu purpur, mit hellen gelben und orangenen Einsprengseln. Die Felsspitzen stehen aufrecht wie das Publikum beim Applaus. Eine ordentliche Straße bringt einen zu allen Sehenswürdigkeiten.

Der erste Halt ist **Fairyland Overview**, wo man einen Vorgeschmack auf das bizarre Wunderland in allen Regenbogenfarben bekommt. Man kann auf dem Fairyland Loop Trail hinunter in die Traumlandschaft klettern – selbst wenn es nur für ein kurzes Stück ist. Nebenstraßen führen zu den Aussichtspunkten **Sunrise** und **Sunset Point**, von denen aus man einen unglaublichen Blick auf das höchste Plateau Nordamerikas hat, den **Aquarius** mit 3100 m. Gewitterblitze können den Aufenthalt dort oben sehr gefährlich machen. Mehrere Wege führen in die Traumlandschaft der Amphitheater.

Eine natürliche Brücke liegt in Bryce gleich links neben den Aussichtspunkten. **Agua Canyon Viewpoint** bietet einen guten Blick auf zwei Monolithe, **Hunter** und **Rabbit**. Einen abschließenden Überblick gewährleisten die nicht weit entfernt liegenden **Yovimpa** und **Rainbow Points** mit 2823 m Höhe. Auch von dort aus ist die Aussicht einfach umwerfend.

faszinierende Skulpturengärten von der 3720 m hohen Kette der La Sal Mountains abheben. Der Park wurde im Jahr 1929 eingerichtet und enthält die größte Ansammlung von Sandsteinbögen der Welt. Unter den über 700 Bögen sind die bedeutendsten der Delicate Arch, der Double Arch, so hoch wie ein 14stöckiges Gebäude, Navajo Arch und der 95 m hohe Landscape Arch.

Erdgeschichtlich altes Salz spielte die Hauptrolle bei der Entstehung der Bögen, als sich nämlich vor 300 Millionen Jahren durch das Kommen und Gehen der Ozeane eine fast tausend Meter hohe Salz- und Gipsschicht bildete. Diese Ablagerungen kristallisierten unter dem Einfluß der brennenden Sonne und bildeten die bizarren Formationen. Im Laufe von Millionen von Jahren legten sich schwerere Salzschichten darüber und drückten die zerbrechlicheren Gebilde nach unten.

So geschah es in der geologischen Küche: Nach dem Aufgehen, Mischen und Brechen fiel alles zusammen, bis dieses Salzkuppel-Soufflé entstand. Wasser wusch das Salz aus, wodurch in diesem komplizierten Prozeß Hunderte von Bögen entstanden. Dreizehn unverwechselbare Schichten sind im Park gut sichtbar. Die Rundfahrt beginnt am Büro des Parks, von wo aus man schon den spektakulären **Colorado River Canyon** sehen kann. Nach drei Kilometern auf einer befestigten Straße folgen rechts in einer Schlucht **Park Avenue** und **Courthouse Towers**. Ein kurzer Pfad führt zu den Türmen und Pfeilern.

öfters und macht kleine Spaziergänge, kann man gut und gerne einen ganzen Tag in dem Park verbringen, wo sich

Ausblick vom South-Window-Bogen an einem wundervollen Tag.

Nach weiteren elf Kilometern gelangt man in das **Windowsareal** mit dem **Balanced Rock** auf seinem Sockel, dem **Garden of Eden** und Bögen und Felsen mit seltsamen Formen. Man kann jeweils auf kurzen Wegen zu den einzelnen Bögen gelangen.

Panorama Point ist der nächste Halt. Von dort aus kann man die gesamte dramatische Bühne überblicken. Mit etwas Glück, gutem Licht und bei optimalen Wetterbedingungen füllt sich die Landschaft mit den Schwingungen immer tiefer werdender Farben.

Zu **Delicate Arch** und **Wolfe Cabin** muß man zwei Kilometer weit laufen und 150 m tief klettern. Wenn es nicht zu heiß ist, lohnt sich die Mühe, weil diese Bögen wahre Meisterstücke sind.

Einige Kilometer weiter nördlich und etwas abseits der Straße folgen **Fiery Furnace**, felsige Spitzen, die im Licht der untergehenden Sonne rot glühen, ein Labyrinth aus 18 versteckten Bögen und einer natürlichen Brücke. Es ist etwas schwierig, sich hindurchzufinden, im Sommer bieten die Ranger zweistündige Führungen an.

Letzte Station im Park ist **Devil's Garden** an der nördlichen Grenze. Dort findet man die größte Ansammlung an Bögen, nämlich 64. Kurze Pfade führen zu Bögen wie dem **Landscape Arch**.

Canyonlands National-Park

Canyonlands liegt gleich nebenan und ist mit 1370 km² wesentlich größer als der

Arches National Park. Nur wenige Straßen sind dort befestigt, aber Hunderte von Meilen spektakulärer Pisten kann man mit dem Jeep erschließen, so den White Rim Trail. Der Rest dieser felsigen Wildnis ist nur für Bergkletterer, Flußfahrer und Mountainbiker geeignet.

Der **Canyonlands National Park** ist in drei Distrikte geteilt, deren nördlicher, **Island in the Sky**, als Halbinsel zwischen zwei Flüssen liegt. Der östliche Teil **Needles** umfaßt eine Fülle von Turmspitzen, Bögen, Gräben, indianische Ruinen sowie Bilderschriftzeichen. **Maze** blieb ein wildes, abgelegenes, kaum besuchtes Land mit Canyons und hohen Felsformationen. Nördlich davon liegt der **Horseshoe Canyon** mit der **Great Gallery**, eine Ansammlung prähistorischer Bilderschriftzeichen.

Man kann von zwei verschiedenen Stellen aus in den Park kommen, entweder von Moab aus 32 km in Richtung Norden auf der US 191 und dann südlich auf der Utah 313 nach Island of the Sky. Um nach Needles zu kommen, fährt man auf der US 191 und auf der Utah 211 westlich, insgesamt 122 km. Beide Eingänge haben täglich geöffnete Besucherzentren, in denen man Auskünfte, Broschüren und Karten erhält.

Der Park ist das gesamte Jahr hindurch geöffnet, mit verkürzten Öffnungszeiten während der Wintermonate. Im Sommer kann man bei Führungen und Abenteuern am Lagerfeuer mitmachen. Es gibt einige Campingplätze ohne Wasser, von denen manche Gebühren erheben. Eine Genehmigung ist in jedem Fall

Ein „balancierender Fels" im Arches National Park.

notwendig. Auf allen Plätzen kann campen, wer zuerst kommt.

Man startet von einem Plateau aus, das an den Grand Canyon erinnert – Canyonlands öffnet sich aber plötzlich in einen komplizierten und enorm ausgedehnten inneren Schlund. Zwei Flüsse, der Colorado und der Green River, teilen die drei Distrikte voneinander ab. Island in the Sky liegt eingeklemmt zwischen dem Green River und dem Colorado River. Um dorthin zu kommen, fährt man über The Neck, eine schmale Landzunge, die nicht breiter als die Straße ist.

Nach weiteren 19 km erreicht man **Grand View Point**, genau der richtige Ort, um das atemberaubende Panorama des Monument Basin, des Irrgartens der Canyons, The Needles und des Colorado

Als ob sie für einen Moment niederkauert: Squaw Flat im Canyonlands National Park.

zu überblicken. Seitenstraßen führen zum **Green River Overlook** und zum **Upheaval Dome**. Die grotesken Formen dieser Kuppel war für die Geologen viele Jahre ein Geheimnis, das sicher auf einen Meteoriteneinschlag zurückzuführen ist.

Die meisten Besucher des Canyonlands wollen The Needles und seine zauberhaften Felsskulpturen und Turmspitzen sehen. Diesen Teil des Parks erreicht man von Moab aus, teilweise durch prachtvolles, rotfelsiges Land. Nach rund 20 km auf der Utah 211 sieht man den **Newspaper Rock**, einen großen Sandstein mit Hunderten von prähistorischen Bilderschriftzeichen.

Das Needles-Outpost-Geschäft liegt direkt vor dem Park. Dort kann man campen, duschen, tanken und sich mit Proviant versorgen, außerdem einen Jeep mieten, eine Führung oder einen Flug über den Park buchen – letzteren aber besser vorher reservieren lassen.

Nachdem man sich mit Material eingedeckt hat, fährt man auf der einzigen befestigten Straße in diesem Teil des Parks zehn Kilometer weiter bis **Big Spring Canyon Overlook**, eine landschaftlich wundervolle Tour, die einen nach acht Kilometern zum **Pothole Point Nature Trail** bringt. Dort sollte man einen Spaziergang über den Sandstein machen, der sich zu einem natürlichen Regenwasserreservoir ausgebildet und eine eigene, ganz ungewöhnliche Fauna von Kiemenfußkrebsen, Schnecken und anderen Kreaturen hervorgebracht hat. Eier „schlafen" bis sie von

Die schneebedeckten Gipfel des La-Sal-Gebirges vom Arches National Park aus.

Feuchtigkeit erweckt werden und dadurch unmittelbar zu leben beginnen. Der Ausblick von diesem Standort aus ist überragend. Man sieht ganze Wälder aus Felsgipfeln in Rot und Weiß. Die befestigte Straße endet am Big Spring Canyon Overlook.

Man kann weitere fünf Kilometer auf einer Piste zum Squaw-Flat-Campingplatz fahren, der kein Wasser hat, von dem aber eine Reihe Wege tiefer ins Needle Country hinein und zu einigen abgelegenen Schluchten führt. Das Terrain ist rauh und ohne Schatten, der vor der brennenden Sonne schützt.

Die Wildwasserstrecke des **Cataract Canyon** zu befahren, ist der ultimative Thrill. Mehrere Firmen in Moab haben sich auf Floßfahrten und Jetboot-Touren durch die 26 Stromschnellen des Cataract Canyon spezialisiert, einer wilden Fahrt, weil dessen Höhenunterschied größer ist als der des Colorado im Grand Canyon.

Von der Stadt **Monticello** aus, eine Stunde südlich von Moab, startet man zu den Exkursionen in den **Manti-La Sal National Forest** und in die **Abajo Mountains**. Dort kann man die verschiedenen Ökozonen hautnah durchleben, wenn man vom heißen Wüstenklima losfährt und oben in der kanadischen und alpinen Zone an der Spitze des Berges ankommt. Im Sommer entkommt man auf dieser Fahrt der Hitze. Und noch besser ist, daß man den höchsten Punkt der Bergkette, den **Abajo Peak** mit 3522 m, über eine Straße erreichen kann, die jedoch teilweise unbefestigt ist.

Butch Cassidy und Sundance Kid

Butch Cassidy, der Robin Hood des Wilden Westens, wußte ganz genau, wo man sich verstecken muß. Nichts war abgelegener, wilder und unzugänglicher als die Gegend um **Robber's Roost** östlich von Hanksville im Wayne County im südöstlichen Utah – nicht einmal Sherwood Forest. Selbst heute noch sieht es dort wie zu Butch Cassidys Zeiten aus: ein großer, weißer Fleck auf der Landkarte, keine Ortschaften weit und breit.

Genaugenommen hatten Butch Cassedy und der **Wild Bunch**, sein wilder Haufen, nicht nur ein, sondern sieben Verstecke in Robber's Roost. Das Hauptquartier war Crow Seep. Einige Verstecke waren Langhäuser wie das bei Granite oder Buhr's Ranch, andere einfache Hütten. Pferde konnte man gut verbergen und es gab immer ausreichend Wasser und Weideland in der Nähe. Wie Füchse konnten Butch und seine Gang sich verstecken, wenn sie gejagt wurden.

Butch Cassidy, alias Robert LeRoy Parker, und **Sundance Kid**, alias Harry Longabaugh, waren Teil des Mythos Wilder Westens, wurden diffamiert und gefeiert, seit sie sich mit ihrem Wild Bunch von Montana, nördlich von Arizona und Neu-Mexiko, in den Süden schlugen. Diese Männer sind Symbole der kurzen Ära zwischen 1880 und 1900, als die *Outlaws* sich ihre eigenen Gesetze machten und ungewöhnliche Härten ertrugen, um ihre Freiheit um jedem Preis zu verteidigen.

Ein netter *Outlaw*

Robert LeRoy (Butch) Parker wurde am 13. April 1866 in Beaver in Utah geboren. Sein hart arbeitender Vater war aus England emigriert und wurde Mormone. Seine Mutter stammte aus Schottland. Als Junge lernte Butch auf einer benachbarten Farm einen netten Outlaw kennen, der ihn „auf den rechten Weg" brachte, also beispielsweise lehrte, nicht gebrandmarkte Rinder in der Nähe zu stehlen und etwas weiter entfernt zu verkaufen.

Butch lernte schnell. Er war freundlich, immer gut drauf und ruhig. Viele Zeitgenossen berichteten, daß Butch stets Wort hielt und nie jemanden tötete. Legende wurde er aufgrund seiner Reputation als Vieh- und Pferdedieb, Bank- und Zugräuber. Es kamen Jahre der Dürre, und das Vieh konnte nicht durchgebracht werden. Der Markt brach unabhängig davon zusammen, und die Cowboys verloren ihren Job. So kam es, daß viele Vieh stahlen, um zu überleben und so Outlaws wurden.

Butch saß in Laramie nur einen Teil einer Gefängnisstrafe wegen des Diebstahls eines Pferdab und wurde vom Gouverneur gegen das Versprechen begnadigt, Wyoming sofort zu verlassen. Er gehorchte, organisierte seinen wilden Haufen und wurde zum Rächer der Entrechteten gegen das Big Business: gegen die Viehbarone, die aus dem Osten finanziert wurden, gegen Banken, die kleinen Siedlern kündigten und gegen Eisenbahngesellschaften, die die Wege und Bodenschätze kontrollierten.

Die Legende lebt

Später tauchten Cassidy und Sundance Kid in Südamerika auf, beraubten weiter Banken, aber arbeiteten auch in Bergwerken. Sie kamen bis nach Argentinien, Chile, Bolivien und Peru.

In dem Film *Butch Cassidy and the Sundance Kid* wiesen Robert Redford und Paul Newman auf einen längst überfälligen Aspekt hin, nämlich die Leichtigkeit, die es neben der harten Seite im Leben der Outlaw-Cowboys auch gab, das laute Lachen, die Lust am Spiel und die überkandidelten Einfälle, an die man selten denkt, wenn es um das rauhe Leben geht. Wie sollten sie das alles auch sonst ausgehalten haben?

Richtung Monticello erblickt man viele Tiere und märchenhafte Wiesen voller Blumen. Wenn der Himmel dazu noch blau ist, sieht man über 150 km. Am Manti-La-Sal-Forest-Büro in Monticello (Mo-Fr) sollte man sich zunächst nach den Straßenbedingungen in den Abajo-Bergen erkundigen.

In Monticello gibt es mehrere Motels, Gasthäuser und Restaurants.

Anasazi-Gespenster

Die nächsten beiden Städte auf dem Weg nach Süden über die US 191 sind **Blanding** und **Bluff**, beides praktische Haltepunkte mit einigen Motels und Restaurants. Um zum **Natural Bridges National Monument** zu gelangen, fährt man auf der Utah 95 sechs Kilometer südlich von Blanding in Richtung Westen und von dort weitere 61 km bis zum Eingang. Das Besucherzentrum ist ganzjährig geöffnet, es gibt dort 13 sehr einfache Campingplätze.

In dieser prächtigen kleinen Gegend, die man auf einem 13 km langen Rundweg kennenlernen kann, befinden sich mehrere Anasazi-Ruinen. Die landschaftlich interessante Rundfahrt bringt einen näher zu den drei natürlichen Brücken, die vom **White River** und seinen Zuflüssen eingeschnitten wurden und Namen in der Sprache der Hopi tragen: Sipapu-, Kachina- und die elegante Owachomo-Brücke. Kurze Wege führen jeweils von den Park- zu den Aussichtsplätzen. Gegenüber dem Besucherzentrum steht der 1980 gebaute **Photovoltaic Array**, eines der größten Solarkraftwerke der Welt.

Hovenweep National Monument enhält die Überreste von sechs Anasazi-Siedlungen. Am beeindruckendsten sind die massiven, alten Türme. Die Hovenweep-Ruinen gehen zurück auf das 13. Jahrhundert. Man kann diese 64 km von

Ruinen der Anasazi im Hovenweep National Monument.

der US 191 entfernte Stätte an der Grenze zwischen Utah und Colorado über die dort unbefestigte Utah 262 erreichen, indem man einfach der Beschilderung folgt. Das Hovenweep National Monument ist ganzjährig geöffnet, das Besucherzentrum hat gute Broschüren über die Kultur der Anasazi und Karten, auf denen die Ruinen eingetragen sind.

Man befindet sich jetzt im südlichen Colorado und kann einen Abstecher zum nahe gelegenen **Mesa Verde National Park** und nach Durango zu machen. Den Mesa Verde National Park erreicht man von Hovenweep über die US 666 in Richtung Süden nach Cortez, dann östlich auf der US 160 zum Park.

Mesa Verde türmt sich 620 m über den Tälern und Ebenen auf. Es ist als

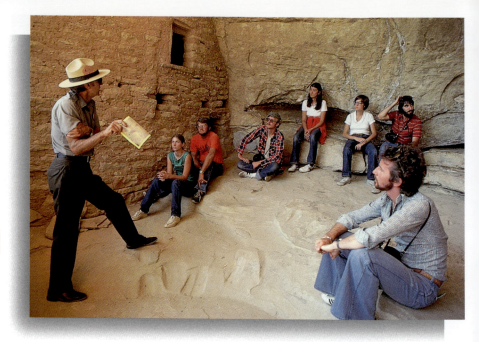

Ein Führer erläutert die faszinierende Geschichte der Palace House-Ruinen im Mesa Verde National Park.

Weltkulturerbe der UNESCO deklariert und enthält fast 4000 Wohnungen der Anasazi von einfachen Höhlenbehausungen, *Pithouses*, bis zu komplexen, wohnungsähnlichen Pueblos und städtischen Ansiedlungen in den Felsen. Einen Überblick über dieses große und bedeutende archäologische Areal erhält man bei der 36 km langen Rundfahrt, die einen zu den Aussichtsstellen bringt, zu den Hauptruinen wie Balcony House, Spruce Tree Ruin, Cliff Palace, Long House Ruin und Weatherhill Mesa. Man sollte für diese Tour einen ganzen Tag einplanen. Der Park ist von Mitte Mai bis Mitte Oktober geöffnet. Im Besucherzentrum mit Museum werden Rundfahrten angeboten, es gibt Unterkünfte sowie Campingplätze und eine Tankstelle.

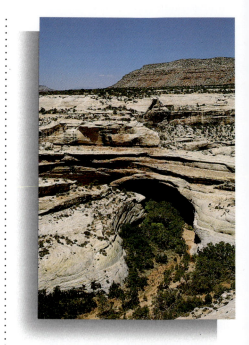

Natural Bridges Monument.

Der San Juan River vollzieht komplizierte Windungen.

Durango, die wunderbare Bergstadt am Fluß Animas mit zwei denkmalgeschützten Bezirken, die während des Gold- und Silberrauschs prosperierte, erreicht man nach 56 km über die US 160. Bekannt ist das vortrefflich restaurierte **Strater Hotel** aus dem Jahr 1887 mit dem glamourösen Victorian Diamond Belle Saloon, dem Henry's Restaurant und einem der drei unterhaltsamsten Theater der Vereinigten Staaten. Mit der Dampfeisenbahn **Durango & Silverstone Narrow Gauge Railroad** kommt man über eine spektakuläre, alpine Fahrt in die 144 km entfernt liegende Bergbaustadt Silverton. Schließlich kann man am **Four Corners Monument** halten, dem einzigen Punkt in den Vereinigten Staaten, wo vier Bundesstaaten aneinander grenzen.

Fährt man auf der US 160 südwestlich und auf der US 64 südöstlich weiter, erreicht man die Grenze zu Neu-Mexiko.

Die kleine Navajo-Stadt **Shiprock** liegt 42 km von der Grenze entfernt. Sie wurde nach einem 527 m hohen Vulkankegel benannt, den man schon von weitem sehen kann. Von Legenden umwoben ist der Fels mit Flügeln, *Rock with Wings*, eines der hervorstechendsten Wahrzeichen im Land der Navajo. Von dort aus sind es nur noch 40 km nach **Farmington**, dem Bergbaurevier Neu-Mexikos, wo Kohle, Öl und Gas gefördert werden und wo auch das Zentrum des großen Bewässerungsprojekts des Navajo-Gebiets liegt, das die Wüste in hervorragendes Kulturland verwandelt und die Obstbäume gedeihen läßt.

Indianerland

Die Mythen der Hopi erzählen, daß ihre Vorfahren die Vierte Welt – also unsere – an der heiligen Stätte auf dem Kaibito-Plateau nahe dem Zusammenfluß des Colorado mit dem Little Colorado betraten. Die ersten Hopi kamen aus dem *Sipapu*, einer Öffnung in der Erde, ans Licht. Es ist das Tor zum Schoß der Erde. Nachdem sie in alle Himmelsrichtungen ausgezogen waren, kehrten die Hopi zurück, um sich im Zentrum ihres Universums, den heiligen Hopi-Mesas, niederzulassen, wo sie bis heute leben.

Monument Valley ist der Inbegriff von Einsamkeit und Größe.

Die Mythologie der Navajo kreist um eine weibliche Gottheit: die Große Mutter. Sie ist die Essenz der lebendigen Erde und taucht unter verschiedenen Namen und Inkarnationen auf. „Wandelbare Frau" und „Erdmutter" sind zwei der wichtigsten. Interessanterweise basieren sowohl die Hopi- als auch die Navajo-Gesellschaft auf einem matrilinearen Clan-System. Das riesige Stück Land, in dem die Hopi und die Navajo leben (letztere nennen sich selbst *Diné*,

Sonnenaufgang über dem Monument Valley.

die Menschen), ist das größte Reservat der Vereinigten Staaten. Es nimmt 20 Prozent von Arizona ein und breitet sich bis nach Utah und Neu-Mexiko aus.

Wer durch dieses Gebiet fährt, sollte der spitzfindigen und komplexen Sprache der Navajo in den lokalen Radiosendern lauschen. Der Anthropologe Gary Witherspoon hat allein für das Verb „gehen" 356 200 verschiedene Konjugationen gezählt. Deshalb konnten die Navajo-„Codesprecher" des Zweiten Weltkriegs in ihrer Sprache geheime Nachrichten der USA über den Pazifik senden. Niemand sonst konnte sie dechiffrieren.

Bevor man sich auf den Weg durch eine zauberhafte Landschaft macht, hier noch ein paar Hinweise:

• Die Navajo haben zusammen mit dem Rest des Südwestens die Sommerzeit zwischen April und Oktober. Arizona und die Hopi bleiben das ganze Jahr über bei der regionalen Standardzeit.

• Zum Angeln, Bergwandern und Wandern in nicht bezeichneten Gegenden braucht man eine Sondergenehmigung. Die meisten Handelsstationen und das Navajo Parks & Recreation Department in Wondow Rock in Arizona stellen diese Genehmigungen aus.

• Unterkunftsmöglichkeiten und Campingplätze sind dünn gesät in diesem spärlich besiedelten Land. Von Mai bis Oktober sind sie völlig ausgebucht. Anmeldung ist dringend erforderlich.

• Asphaltierte Straßen führen zu allen Hauptsehenswürdigkeiten, doch holprige Landstraßen sind weitaus in der

Die Navajo leben seit Generationen im Monument Valley.

Überzahl. Man sollte sie besser meiden, falls man nicht einen Jeep fährt, denn sie sind schlecht ausgeschildert und staubig, mit gelegentlichen Überflutungen, Schlammassen und Sandlöchern.

Monument Valley

Nähert man sich dem Indianerland von Bluff im südlichen Utah aus, führt die US 163 zum Monument Valley. Unterwegs kommt man durch den kleinen Flecken **Mexican Hat** in Utah (nach einem Felsen, der wie ein Hut aussieht, genannt) und betritt das **Navajo-Reservat**. Von Four Corners oder Farmington aus fährt man über die US 64 und 160 Richtung Westen und dann nördlich auf der US 163 bis zum Parkeingang. Die monoli-

thischen roten Sandsteintürme des **Monument Valley**, oft das achte Weltwunder genannt, erheben sich auf einer Höhe von über 1500 m in den weiten Himmel über dem Colorado-Plateau.

An der Kreuzung zwischen der US 163 und der Straße, die in das Gebiet hineinführt, liegt das **Goulding's Trading Post and Lodge**, der einzige Ort weit und breit, wo man Unterkunft und Verpflegung erhält. In der Handelsstation kann man sehr schöne Decken, Schmuck und andere Erzeugnisse erstehen. Man kann dort auch Halbtags- oder Ganztagsausflüge mit dem Geländewagen und erfahrenen Führern buchen. Damit erreicht man selbst ansonsten unzugängliche Gegenden. Ebenso wie der Grand Canyon ist das Monument Valley durch

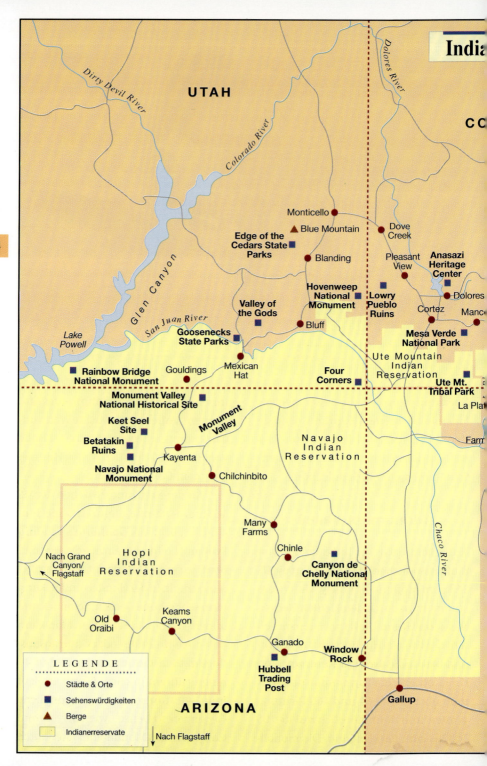

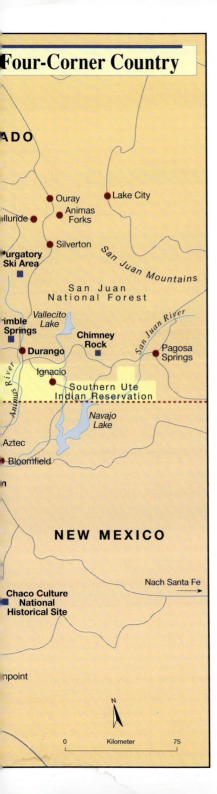

Four-Corner Country

Film und Fotos berühmt geworden. Aber das ist nur ein schwacher Abglanz der Wirklichkeit. Keine Kamera kann die majestätische Form, Ausdehnung, Tiefe, Stille, Einsamkeit und Größe dieser Landschaft einfangen. Vierzig dieser riesigen, von der Erosion geformten Monolithen haben Namen, doch weit mehr blieben namenlos.

Der Stammesrat der Navajo erklärte 1958 dieses Gebiet der geologischen Wunder zum stammeseigenen Park. Er ist von Mai bis Oktober geöffnet, Camping und Wohnmobile sind gestattet. Man braucht zwei bis drei Stunden Fahrzeit für die 27 km lange Rundfahrt. Teilweise ist die Straße arg holprig, was eine Jeeptour mit Führer noch sinnvoller macht. Reiten, Wandern und Campingtouren werden dort ebenfalls angeboten. Das Besucherzentrum verkauft Broschüren und beantwortet alle Fragen.

Navajo-Familien leben dort schon seit Generationen. Sie entkamen selbst der schmerzlichen Aufreibung des Stammes durch Kit Carson in den sechziger Jahren des 19. Jahrhunderts. Folglich hat sich das Leben in dieser abgelegenen Gegend kaum verändert.

Frauen und Kinder haben seit je die zeitlose Aufgabe, die Schafe und Ziegen zu hüten. Traditionelle *Hogans* werden noch genutzt, und die Navajo-Frauen weben die schönen und wertvollen Decken auf ihren Webstühlen. Gegen ein kleines Entgelt kann beim Weben zuschauen oder einen Hogan betreten und etwas über dessen Bedeutung und Symbolik erfahren.

Ziegen werden seit langer Zeit im Monument Valley gehalten.

Navajo National Monument

Nach der Rückkehr geht es über die US 163 durch Kayenta, eine kleine, windige Stadt, und von dort über die US 160 und die 564 ins Land der rosa Felsen. Die gesamte Strecke beträgt etwa 80 km.

Die beiden wichtigsten prähistorischen Anasazi-Ruinen im **Navajo National Monument** sind **Betatakin** (Gesimshaus) und **Keet Seel**. Eine dritte Ruine, **Inscription House**, ist ziemlich baufällig und deshalb bis zur Beendigung der Stabilisierungsarbeiten für die Öffentlichkeit gesperrt. Das Besucherzentrum (täglich geöffnet) zeigt interessante *Kayenta*-Keramik und Schaustücke aus dem Leben der Anasazi, die die Verbindung von Betatakin zu den Hopi herstellen.

Auch Tourenvorschläge und Informationen sind dort erhältlich. Da dies Navajo-Land ist, sollte man bitte die Regeln beachten.

Man kann entweder einen 1600 m langen Rundgang auf einem Schauweg oder eine etwa dreistündige, von Rangern geführte Wanderung zur eindrucksvollsten Ruine machen, nach **Betatakin**. Das spektakuläre Wohnhaus klebt an den roten Wänden einer hinreißenden, hufeisenförmigen Schlucht. 135 Zimmer und ein Zeremonienraum, ein *Kiva*, wurden aus den Felsen gehauen. Es lugt über einem dichten Wald aus Espen, Fichten und Eichen hervor.

Um nach **Keet Seel** zu kommen, kann man einen abenteuerlichen und anstrengenden Reitausflug über 26 km

Die spektakulären Ruinen von Betatakin.

mit einem Navajo-Führer machen. Auch eine Wanderung durch das rauhe Land ist möglich, doch braucht man eine Übernachtungsgenehmigung, und man muß sich anmelden. Die Ruine selbst verfügt über 160 Zimmer und sechs Kivas.

Sowohl Keet Seel als auch Betatakin waren bis zum letzten Jahrzehnt des 13. Jahrhunderts blühende Siedlungen. Dann wurden beide Stätten plötzlich verlassen. Dieses rätselhafte Vorkommnis trat bei allen Anasazi-Kulturen im ganzen Land auf.

Die Hopi-Dörfer

Zurück zur US 160, führt die Straße südwärts nach Tuba City, auch „Weg der Handelsstationen" genannt, weil es dort so viele gibt. Hier befindet man sich auch im umstrittenen Kohlebergbaugebiet, dem Hopi-Heiligtum **Black Mesa**. Im Süden erheben sich die **San-Francisco-Berge**, die Heimat der Hopi-Kachinas.

Tuba City ist mit seinen mehreren tausend Einwohnern die zentrale Stadt des westlichen Navajo-Landes. Dort kann man auf weniger aufdringliche Art Leute beobachten. Die Navajo sind normalerweise sehr zurückhaltend, so daß plumpes Verhalten wie ein Pickel auf der Nase auffällt. Jedenfalls sieht man dort Navajo-Frauen in ihren langen, traditionellen Samt- oder Baumwollröcken und die Männer mit langen Zöpfen und Westernhüten auf dem Kopf. In der Stadt gibt es mehrere kleine Cafés, die köstliche indianische Speisen servieren.

Die Ruinen des Chaco Canyon

Das faszinierende Pueblo Bonito bietet einen Einblick in eine prähistorische Siedlung.

Von all den eindrucksvollen archäologischen Stätten des Südwestens ist der **Chaco Culture Historical National Park** nicht nur die größte, sondern auch die wichtigste, weil dort die Anasazi den Höhepunkt ihrer Entwicklung erreichten. Wenn man rund 160 km durch eine abgelegene und trockene Hochebene fährt, erwartet man kaum die monumentalen Stadtruinen auf dem Grunde der Schlucht. 13 große und hunderte kleine Siedlungen, von denen viele noch ihrer Ausgrabung harren, erwarten den staunenden Besucher.

Nomadische Jäger benutzten die Höhlen in der Schlucht seit etwa 8500 v. Chr. Man fand noch einiges Steinwerkzeug von ihnen. Etwa um 1000 v. Chr. betrieb ein Volk, das man die „Maskenmacher II" nennt, in der Schlucht am Fluß Chaco primitive Landwirtschaft. Anasazi-Bauern lebten um 600 n. Chr. in Erdbehausungen, um 950 bauten sie bereits Wohnungen oberhalb der Erde – der Beginn der großartigen Bauphase der Pueblo-Periode.

Die Gemeinwesen im Chaco Canyon gediehen bis Ende des 12. Jahrhunderts, als ihre Siedlungen plötzlich verlassen wurden. Bislang wurde noch keine einleuchtende Antwort gefunden, dieses Rätsel zu erhellen. Die Forscher wissen zwar, daß eine lange Trockenperiode und die Erosion, die durch das Abholzen der Wälder entstand, die Hauptursachen waren, doch politische und soziale Entwicklungen könnten ebenso zu diesem merkwürdigen Ende beigetragen haben.

Die Anasazi aus dem Chaco Canyon sind die Vorfahren jenes Pueblo-Volkes, das heute in Neu-Mexiko und Arizona lebt. Am Chaco errichteten sie überraschend modern anmutende runde oder hufeisenförmige Bauwerke, von denen einige fünf Stockwerke hoch sind. Jeder dieser Wohnkomplexe, „Großes Haus" genannt, hat Hunderte von Zimmern und bis zu 30 runde *Kivas*, Zeremonienzentren. Im Parkgelände gibt es ein Besucherzentrum und einen Rundweg (13 km) zu den Hauptruinen.

Quer durch den Park

Das wunderschöne **Pueblo Bonito** ist das größte prähistorische Bauwerk des Südwestens und auch das raffinierteste. Eindrucksvoll von einem Felsabhang gelegen, beherbergt es 800 Zimmer und 30 Kivas, die terrassenförmig um einen geschlossenen Platz angelegt sind. Die dicken Kernwände des Komplexes, der zwischen 1030 und 1079 erbaut wurde, besteht aus groben Steinen, die mit Lehm verbunden und mit exakt geschnittenen, glatten Sandsteinen verkleidet sind. Diese feine Maurerarbeit wurde ohne Mörtel zusammengefügt, weshalb sie die Einflüsse von mörtelerodierendem Wind und Wetter überstanden haben.

Von Tuba City führt die AZ 264 nach 80 km Richtung Osten in die 12 Dörfer auf dem Gipfel oder zu Füßen der fingerförmigen **Third**, **Second** und **First Mesas**. Das **Hopi-Reservat** liegt inmitten des Navajo-Landes. Die meisten Sied-

Auf der anderen Seite der Schlucht liegt allein auf einem Hügel das großartige Kiva der **Casa Rinconada**. Man kann zur 900 Jahre alten Ruine hinaufsteigen. Der vollkommene Kreis mit seiner ganz eigenen beschwörenden Kraft ist nach oben hin offen. Nach 1400 wurden keine großen Kivas mehr gebaut. Auch hier weiß man nicht, warum.

Auf der Spitze des **Fajada Butte**, einer weithin sichtbaren Formation am südlichen Ende der Schlucht, liegen die geheimnisvollen **Sun Dagger**. Diese Stätten sind Teil eines alten astronomischen Kalenders, der mit Hilfe von Sonne und Schatten die Sonnwenden und Äquinoktien auf Kreisen, die in die Felswände gehauen sind, präzise bestimmte.

Der Chaco Canyon war der „Zentralplatz" der Mythen. Er diente auch als religiöse, soziale und kommerzielle Hauptstadt für das ganze Anasazi-Gebiet mit fast 100 außerhalb liegenden Gemeinwesen. Alle wurden durch ein knapp 2000 km langes Netz von Straßen miteinander verbunden. Die pfeilgeraden Straßen kann man auf Luftbildaufnahmen noch erkennen. Wissenschaftler haben herausgefunden, daß die Lage der Gebäude des Chaco Canyon und die Straßen auf mathematischen Berechnungen beruhen, die mit bestimmten astronomischen Gegebenheiten in Beziehung stehen. Es gibt auch Spuren einer gezielten Planung: Entwürfe aus Metall für Bauprojekte umfaßten Zeiträume von bis zu 300 Jahren.

Zum Chaco Canyon gelangt man über die Interstate 40, Ausfahrt Thoreau, und dann nördlich auf der NM 57. Die letzten etwa 30 km der Straße zum Canyon sind unbefestigt und sandig. Vor dieser Abenteuerfahrt sollte man dafür sorgen, daß man volltankt, Wasser und Proviant einpackt und auf das Wetter achtet. Restaurants und andere Serviceeinrichtungen sind kilometerweit entfernt.

Der Chaco Culture National Historic Park ist ganzjährig geöffnet, doch manchmal verbieten es die Wetterbedingungen, dorthin zu reisen.

Frühe Berührung mit dem Erbe.

Für die Hopi, die dort über 900 Jahre lebten, ist dies *Tuuwanasavi*, ein heiliger Ort, das Zentrum der Erdschwingungen und Herz des Universums. Es ist ein rauhes Land. Die konservativen Hopi, von denen man annimmt, daß sie direkte Nachfahren der Anasazi sind, entschieden sich bewußt, dort „in Armut, aber in Frieden" zu leben. Bergbau und Fortschritt haben seither diesen Frieden beeinträchtigt, doch die geheimnisvolle Lebensweise der Hopi überdauerte.

Ins Hopi-Land zu kommen ist Glückssache. Wenn der einbrechende Tourismus zu herbe wird, sperren die Hopi ihre Dörfer für alle Außenstehenden. Es besteht also die Möglichkeit, daß man auf Warnschilder trifft mit dem Hinweis, daß „kein außenstehender Besucher das

lungen sind auf turmhohen Felsen verstreut, die wie Schanzwerke am südlichen Ende der Black Mesa herausragen.

Land betreten darf, da Sie die Gesetze unseres Stammes ebensowenig achten wie die Ihren". Möglicherweise hilft eine einfache Richtlinie: Ist man im Hopi-Land, sollte man sich wie in einer Kirche während des Gottesdienstes verhalten, da dieses Land ein geheiligter Ort der Hopi und ihrer besonderen Kultur ist.

Eines der Dörfer, **Oraibi**, ist einer der beiden ältesten kontinuierlich bewohnten Orte der Vereinigten Staaten. Er geht bis auf das Jahr 1150 zurück. Noch heute werden die Zeremonien der Hopi wie seit Jahrhunderten gefeiert. Feste Termine sind unbekannt, doch gibt es an den meisten Wochenenden von Mai bis Juli *Kachina*-Tänze auf den Dorfplätzen. Clowns, die wunderbaren *Koshare*, bringen Fröhlichkeit in die Tänze.

Die berühmteste Zeremonie ist der **Schlangentanz**. Auf dem Höhepunkt stecken sich die Tänzer Klapperschlangen in den Mund und halten die sich windenden Tiere mit ihren Zähnen fest. Wenn im September die heiligen Kachinas auf die Gipfel der San-Francisco-Berge zurückkehren, tanzen die Hopi-Frauen zum Abschied.

Am besten beginnt man jeglichen Besuch im **Hopi Cultural Center** auf der Second Mesa. Dort gibt es aktuelle Informationen, ein Motel, Kunsthandwerksläden und das **Hopi Museum**.

Canyon de Chelly

Eine Fahrt von 112 km von den Hopi Mesas über die AZ 264, US 191 und AZ 64 endet am wunderschönen **Canyon de Chelly**, einem Juwel der alten Anasazi-Kultur. Der Weg führt durch die Navajo-Stadt **Chinle** mit ihrer ehrwürdigen Handelsstation aus dem Jahr 1882. Man kann dort hervorragend einkaufen, und es gibt Motels und Restaurants. Schilder weisen den Weg zum Eingang des Canyons.

Der Canyon de Chelly besteht eigentlich aus drei Teilen, dem **Canyon de Chelly**, dem **Canyon del Muerto** und dem **Monument Canyon**. Alle drei Schluchten sind 155 bis 340 m tief. Insgesamt gibt es dort 2000 archäologische Stätten.

Das **Justin's Thunderbird Lodge**, unter hohen Pappeln nahe dem Eingang gelegen, hat ein Restaurant, Hotelzimmer, einen Andenkenladen und bietet Jeeptouren an. Das Besucherzentrum ist ganzjährig geöffnet und organisiert Führungen.

Vom Besucherzentrum aus hat man die Wahl zwischen zwei Besichtigungsstrecken: dem Nord- oder dem Südkantenweg, beide etwas über 30 km lang. Von der Nordstrecke (**North Rim Route**) überblickt man die **Ledge Ruin**, das **Antelope House**, die **Mummy**

Navajo-Piktographie einer spanischen Armee und eines Geistlichen im Canyon de Chelly.

Cave und die **Massacre Cave**. Die Südstrecke (**South Rim Drive**) führt zu Ausblicken über **Tsegi, Junction, White House, Sliding Horse, Wild Cherry, Face Rock** und **Spider Rock**.

Der einzige Rundweg ohne Führung (4 km) beginnt am Ausblick auf **White House** an der Südstrecke. Alle anderen Wanderungen zu den Ruinen können nur mit Navajo-Führern gemacht werden. Der führerfreie Wanderweg ist recht steil: Man muß 155 m auf den idyllischen Grund der Schlucht hinabsteigen und dann wieder hinauf. Wem das zu anstrengend ist, sollte eine Jeeptour zu den Ruinen des White House machen, einem Wohnkomplex mit 60 Räumen und mehreren *Kivas* nahe am Fluß. Dieser Ort bietet die unvergeßlichsten Au-

genblicke des Südwestens. Altertum gepaart mit exquisiter Schönheit und menschliche Architektur im Schutze der Architektur der Natur: Ein reiner, glatter Sandsteinfelsen erhebt sich hoch (155 m) in den tiefblauen Himmel.

Window Rock & Gallup

Um vom Navajo-Resevat nach Gallup in Neu-Mexiko zu gelangen, fährt man die US 191 nach Ganado und biegt auf die AZ 264 zur **Hubbell's Trading Post** ab, einem historischen Denkmal.

Don Lorenzo Hubbell hat in der jüngeren Geschichte der Navajo einen besonderen Stellenwert. Er war ein Weißer, den die Navajo respektierten und schätzten. Er gründete seine Handels-

In Hubbell's Trading Post gibt es die größte Auswahl an Navajo-Decken.

ner Laden für mit Sicherheit authentische Waren.

Etwa 40 km östlich an der Grenze zwischen Arizona und Neu-Mexiko liegt **Window Rock**, die Hauptstadt der wachsenden Navajo-Nation. Nach all den einsamen Landstrichen im Reservatsgebiet weiß man diese kleine Stadt zu schätzen mit ihrem Navajo-Markt, der Kunst- und Handwerksinnung, dem erstklassigen Stammesmuseum mit Buchladen, dem Zoologischen- und Botanischen Garten und den großen Verwaltungshauptgebäuden mit dem Stammesratsgebäude. Ein erstaunlich modernes, 6,2 Millionen Dollar teures Diné-Museum und Kulturzentrum der Navajo wird in Kürze fertiggestellt sein. Der Window Rock, eine Felsformation mit einer 17 m großen

station 1876 und half dem geschlagenen Volk, als es in den achtziger Jahren vom berüchtigten Langen Marsch zurückkehrte. Er machte aus seinem Haus während der Pockenepidemie 1886 ein Krankenhaus für native Amerikaner. Hubbell betätigte sich als Dolmetscher, Rechtsberater, Banker und Webdesigner und -unternehmer für seine geliebten Navajo. Mit der Zeit wurden wurden die *Ganado*-Webarbeiten zu hochwertigen Sammelobjekten.

Die herrliche alte Handelsstation mit ihrem gedämpften Licht, den Schätzen und Vorführungen von Web- und Silberschmiedekunst begeistert jeden. Dort wird noch immer die größte Auswahl hochwertiger Navajo-Decken in weitem Umkreis verkauft, ein angesehe-

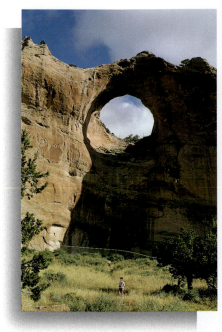

Window Rock erhielt seinen Namen von dieser Felsformation.

Prächtig herausgeputzte Tänzer beim Schmetterlingstanz der Zuni.

runden Öffnung im Gestein, gab der Stadt ihren Namen.

Nach **Gallup** geht es nun über die NM 264 und dann die US 666 Richtung Süden. Man kann diese Stadt nicht gerade hübsch nennen, aber wenigstens ist sie interessant. Jedoch wird man dort mit einem leidigen Problem konfrontiert, dem Alkoholismus unter den nativen Amerikanern.

Gallup hat drei Attraktionen: Es ist die Hauptstadt des Schmuckhandels der ansässigen Indianer, es gibt dort einige großartige alte Handelsstationen, und dort wird jeden August die **Annual Intertribal Indian Ceremonial** im Red Rock Park gefeiert. Diese Veranstaltung ist ein Welttreffen der amerikanischen Indianer, die vier Tage lang dauert und ein Riesenspektakel mit Rodeos, Paraden, Tänzen, Kunst- und Handwerksausstellungen und Pow-wows für Teilnehmer vieler Stämme bietet.

Die Stadt ist eine gute Ausgangsbasis für mehrere Ausflüge ins Umland. In einem Tag kann man von Gallup und zurück problemlos eine 224 km lange Besichtigungstour zu den Zuni-Pueblo, zum El Morro und zum El Malpais National Monument machen. Zunächst geht es über die NM 602 und 53 zu den **Zuni-Pueblo** in ihrem gleichnamigen Reservat. Alljährlich im späten November oder im Dezember (das genaue Datum wird erst eine Woche zuvor bekanntgegeben) führen die Zuni die phantastischste Zeremonie in den Staaten durch: das mythische **Shalako**-Ritual. Die drei Me-

In Silber gefaßte Türkise sind typische Accessoires der nativen Amerikaner.

ter hohen Botschafter des göttlichen Rates tanzen die ganze Nacht.

Viel gibt es in dem Dorf nicht zu sehen, doch da die Zuni für ihren schönen Einlege- und Nadelstichschmuck und für ihre Fetischschnitzereien bekannt sind, findet man viele Läden wie die **Zuni Craftsman Cooperative**, wo es eine breite Auswahl an Kunsthandwerk gibt. Eine ungewöhnliche Attraktion ist in der Missionskirche **Nuestra Señora de Guadalupe de Halona** verborgen. Dort hat der visionäre Zuni-Künstler Alex Seowtewa in jahrzehntelanger Arbeit bemerkenswerte Wandbilder geschaffen, die die Kirche zu einer Sixtinischen Kapelle der Zuni machen. Die Kirche ist normalerweise geschlossen, außer zur sonntäglichen Messe.

Weiter geht es über die NM 53 zum **El Morro National Monument**, einer relativ kleinen Stätte. Der Wanderweg von drei Kilometer Länge ist wesentlich kürzer, wenn man nur zum **Inscription Rock** geht, anstatt zu den Ruinen des **Atsinna Pueblo** hinaufzusteigen. Die herausragende, glatte Kalksteinformation des Inscription Rock mit einem tiefen Becken klaren Wassers zu ihren Füßen diente seit uralten Zeiten als Mitteilungstafel, eine berghohe Seite aus dem Notizbuch der Geschichte. Durch die eingemeißelten Namen, Mitteilungen und Symbole erweckt sie die Stimmen tausender prähistorischer Menschen, spanischer Vizekönige und Generäle, Trapper und Reisender. Die berühmtesten und ältesten europäischen, steinernen „Graf-

Die kuppelförmigen Hornos im Pueblo Acoma vermitteln eine Atmosphäre von Häuslichkeit und Wärme.

fiti" der Vereinigten Staaten gehen auf das Jahr 1605 zurück und stammen von Don Juan de Oñate, dem Erforscher und Kolonisator Neu-Mexikos.

Die NM 53 schlängelt sich von El Morro entlang dem **El Malpais**, einem Lavafeld, das vor 3000 Jahren durch vulkanische Eruptionen entstanden ist. Erst jüngst, 1988, wurde es zum National Monument ernannt. Die **Eishöhlen** und der **Bandera-Krater** sind ausgeschildert. In diesem Ödland sollte man nicht von den Straßen und Wegen abkommen: Das rauhe Lavagestein frißt einem die Sohlen unter den Schuhen weg.

Die NM 53 führt Richtung Westen nach Grants und zur Interstate 40. Von dort kann man seine Rundfahrt Richtung Gallup beenden.

Ein Besuch in **Crownpoint**, 102 km nordöstlich von Gallup, ist durchaus lohnenswert. Die weithin bekannte Auktion von Navajo-Decken wird jeden Monat in der Turnhalle der Schule abgehalten. Händler und leidenschaftliche Sammler aus dem ganzen Land treffen sich dort, um die schönsten Webarbeiten zu ersteigern. Die Auktion beginnt um 19 Uhr, die Decken sind bereits ab dem Nachmittag zu besichtigen.

Acoma, ein tausendjähriges Pueblo, hockt wie eine Festung auf der Spitze eines 571 m hohen Felsens über der Ebene. Es liegt etwa eine Fahrstunde östlich von Gallup entfernt und ist ganzjährig geöffnet, nur anläßlich der religiösen Zeremonien vom 10. bis 13. Juli und in der zweiten Septemberwoche geschlossen.

DUKE CITY

Albuquerque

Alt und neu leben in dieser sonnenüberfluteten, hochgelegenen Stadt am Rio Grande Seite an Seite. Fast eine halbe Million Einwohner bevölkern heute das schnellwachsende Albuquerque. Wenn man fliegt, kommt man am renovierten Flughafen von Albuquerque an, einem Beispiel moderner Architektur des Südwestens. Gemälde und Skulpturen im ganzen Gebäude machen einen guten Eindruck. Verläßt man den Flughafen, grüßt die Stadt mit einem atemberaubenden Panorama: Vor einem liegen östlich Sandia- und Manzanogebirge und jenseits des Flusses drei der fünf Vulkane, Wahrzeichen Albuquerques; an klaren Tagen sieht man auch den 96 km entfernt liegende Mount Taylor im Westen. Die Aussicht bei Sonnenuntergang vom erhöht gelegenen Flughafen ist phänomenal. Mit etwas Glück kommt man an, wenn der abendliche Himmel in unendlichen Farben glüht und dieser warme Willkommensgruß gleich das Herz für die Stadt gewinnt. Instinktiv fühlt

Die einzigartige Schönheit und Gelassenheit von San Filipe de Neri.

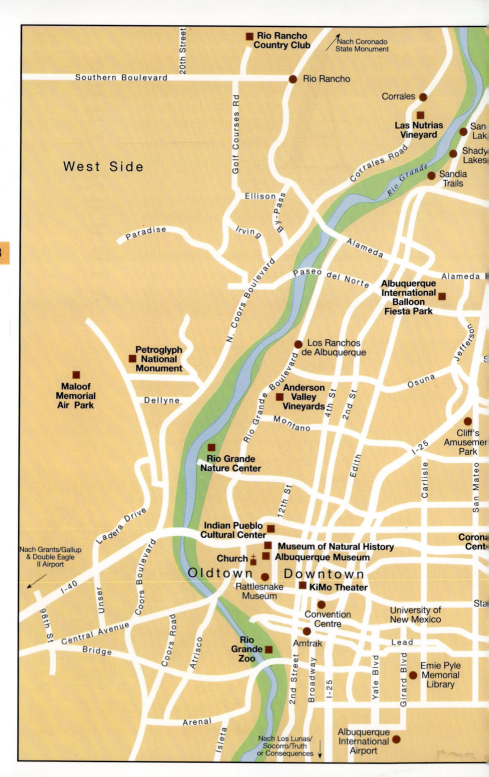

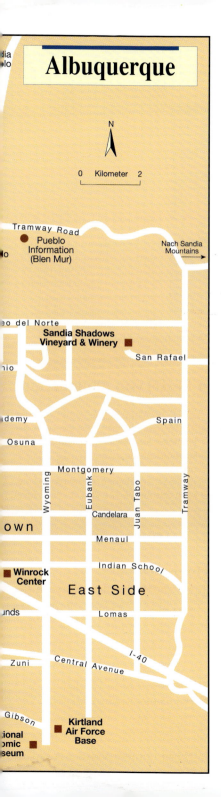

man, daß man hier gut aufgehoben sein wird. Gegründet wurde Albuquerque im Jahr 1706 von spanischen Bauern in den fruchtbaren Ebenen des Rio Grande. Benannt wurde es nach dem Herzog (Duke) von Alburquerque, dem Vizekönig Neuspaniens, verlor aber das zungenbrecherische „r" in der Mitte und bekam den Spitznamen Duke City.

Die modernen Städte des Südwestens können nicht die industrielle Patina von Ruß und Rauch vorweisen, die die Stahlstädte im Westen und weltweit gebildet haben. Sie sehen aus wie von der bleichenden Kraft der Sonne frisch geputzt und dehnen sich weit ins Land aus. Das dynamische Albuquerque ist da keine Ausnahme. Umweltschützer beklagen diese verschwenderische Siedlungsstruktur in einer Region mit scheinbar genügend Raum – tatsächlich ändert sich die Einstellung inzwischen. Aber jetzt ist es eben erst einmal so, Neu-Mexikos größte Stadt liegt mit ihren belebten Hauptverkehrsschlagadern großzügig da. Hier und dort findet man städtische Oasen und wunderschöne Wohngegenden. Albuquerque ist das kommerzielle, medizinische, erziehungswissenschaftliche Zentrum, in dem sich auch Forschung und Herstellung konzentrieren.

Die **Sandia Mountains** mit einer Höhe von 3100 m schützen Albuquerque vor den kalten Winden und Stürmen aus den Ebenen. Daher hat die Stadt ein angenehmes Klima, milde Winter und trockene, warme Sommer. Die Sonne scheint fast täglich, und die „Regenzeit" ist kurz, mit nur einigen Schauern am Nachmit-

Das internationale Ballonfest von Albuquerque

Ein farbenfrohes Gewirr von Heißluftballons.

Einmal im Jahr, während der sonnigen Tage im Oktober, erblüht in Albuquerque eine besonders bunte Prachtmischung. Der *Indian Summer* beginnt das Land zu kolorieren: Die Espen färben ihre Blätter golden, das Hochland leuchtet von Goldastern und wilden roten Astern. Dazu kommt aus der Stadt eine Palette von 600 Heißluftballons, die an neun frühen Morgen ruhig durch den blauen Himmel schweben. Dieses Bild läßt das Herz vor Freude springen. Als Albuquerque mit diesem internationalen Wettbewerb im Jahr 1971 begann, kamen gerade einmal 13 Teilnehmer. 1993 war der Wettbewerb zum weltweit größten angewachsen, die Anzahl der teilnehmenden Ballons auf über 600 gestiegen. Die Ballonfahrer und ihre Mannschaften kommen aus vielen Ländern, um in Wettstreit zu treten und ordentlich zu feiern. Die Anzahl der Zuschauer hat sich ins schier Unermeßliche erhöht: 1,6 Millionen Menschen kamen 1993.

Der Kessel von Albuquerque

Der „Kessel von Albuquerque" unterstützt die klimatischen Bedingungen, die die Lage der Stadt einmalig für Ballonfahrer machen. Die Luftzirkulation, die durch die umliegenden Berge verursacht wird, ermöglicht es, die Ballons auf verschiedenen Ebenen zu fahren. Kühle, selbst kalte Oktobernächte sind ebenfalls ideal

tag oder Abend besonders im Juli und August. Das Klima ist so ausgezeichnet, daß Albuquerque seit der Jahrhundertwende zu einem Mekka von Tuberkulosepatienten wurde. Viele Leute blieben und wurden zu prominenten Bürgern der Stadt. Albuquerque hat nicht nur ein, sondern gleich drei Stadtzentren: die Old Town, Downtown und Uptown. Um sich alles anzusehen, sollte man einen Wagen mieten oder ein Taxi nehmen. Der öffentliche Nahverkehr ist für Fremde zu kompliziert.

Die Altstadt

Old Town ist das historische Herz Albuquerques und Heimat der meisten Museen. Zweckmäßig gelegene Parkplätze umgeben die Altstadt, man sollte parken, weil ein Auto in den schmalen Gassen – im Gegensatz zu den anderen Teilen der Stadt – eher hinderlich ist. Alles liegt in bequemer Reichweite zu Fuß. Verpackt in eine Aura vergangener Jahrhunderte, bietet die Altstadt zeitgenössische Lebensqualität. Von den Parkplät-

für die Thermik der Ballonfahrt. Auf alle Fälle ist die „Albuquerque Box" ein Geschenk für diesen Sport. Die vielen Ballonereignisse, die von Massenaufstiegen über „Rodeos" bis zu Geschicklichkeitstests gehen, beweisen das.

Alles fängt an einem Samstagmorgen im frühen Oktober im Balloon Fiesta Park im Nordwesten der Stadt an. Zuschauer, Ballonfahrer, Mannschaften, Verkäufer und freiwillige Helfer treffen vor Sonnenaufgang ein. Es ist noch dunkel auf dem Feld, und die Ballons liegen schlaff neben den geflochtenen Gondeln. Dann, um 5.30 Uhr, geht es los, wenn der erste zarte Hauch von Licht hinter den Sandia Mountains erscheint. Ein einsamer Ballon zeichnet sich gegen die Silhouette des Himmels ab.

Himmelsfest

Um 7.30 Uhr sind die Eröffnungsfeierlichkeiten vorüber, ein Raunen geht durch die Menge, Propangas füllt die Ballonhüllen und bringt die Ballons auf dem ganzen Feld zum Leben, die aussehen wie überdimensionale Pilze oder Blumen. Der Massenaufstieg beginnt. Welle auf Welle steigen die sanften Riesen gen Himmel. Der morgendliche Himmel über Albuquerque ist bald übersät mit Hunderten von Ballons. Die Mannschaften machen ihre Kleinlaster startklar und folgen den Giganten. Nach Stunden in der Luft beginnt die Landeprozedur: auf Parkplätzen, in Vorgärten, auf dem Hochplateau, neben und im Rio Grande. Erfahrene Besucher, meist die Einheimischen, beobachten das alles nicht vom Fiesta Park aus, sondern aus der näheren Umgebung. Damit vermeiden sie Parkplatzprobleme und den Massenauftrieb. Die Insider fahren dann zu den beliebten Landeplätzen, besonders entlang dem Rio Grande, und warten darauf, die Ballons herunterkommen zu sehen. Das ist ganz schön aufregend.

Die Mannschaften versuchen, ihrem Ballon zu folgen, der mal in einem Baum oder auf einer Sandbak des Rio Grande den Boden wieder erreicht. Ist der Ballon leer, zusammengepackt und verladen, geht das Feiern los. Alle sind in bester Laune, die Champagnerkorken knallen, und man prostet sich mit eleganten Gläser zu.

Ballonfahren ist ein zivilisierter Sport, mit seinen ganz eigenen, anachronistischen und vornehmen Ritualen, die gar nicht in unsere gewalttätige Zeit zu passen scheinen.

Unvergeßlich extravagant ist das Ballonglühen bei Nacht, wenn nämlich das Propangas nachts in die Ballons geblasen wird und Hunderte von Ballons mitten in dunkelster Nacht auf dem Feld in einer Orgie von Farben leuchten.

Informationen im voraus erhält man beim Albuquerque Convention and Visitors Bureau.

---

zen führen alle Wege zur Plaza. Selbst Einheimische sind immer wieder überrascht, wie sich das Ambiente plötzlich ändert, wenn man das geschäftige Stadtleben hinter sich läßt und in die Welt dieses verträumten kleinen Platzes eintritt. Besonders an Werktagen ist er eine Insel der Ruhe, überschattet von Bäumen, mit einem altmodischen, weißen Türmchen in der Mitte, mit Bänken und Steinmauern. Musik, Tanz und Wildwestschießereien werden den ganzen Sommer über aufgeführt. Über Weihnachten versetzen Tausende von Kerzen die Altstadt in ein sanftes Märchenland (siehe Kapitel Festivals).

Im Norden ist die Plaza begrenzt von der stattlichen Lehmziegelkirche **San Felipe de Neri**. Sie wurde oftmals ausgebessert, aber die Gottesdienste fanden ohne Unterbrechung seit dem Jahr 1706 statt. Die anderen Seiten der Plaza sind umgeben von Lehmbauten mit schattigen Portalen oder Vorbauten. Native Amerikaner verkaufen Schmuck und Tonarbeiten unter den Veranden im Osten. Das *Old*

Der mächtige Rio Grande nährt Albuquerque seit ewigen Zeiten.

Town Information Center findet man genau gegenüber der Plaza. Dort erhält man einen handlichen Führer *The Art of Visiting Albuquerque*. Die Altstadt ist touristisch geprägt von zahlreichen Geschäften, Galerien, Cafés, und Restaurants, aber das alles schafft einen gewissen Charme. Man kann durch die Stadt bummeln, die Streu vom Weizen trennen, die Gänge und Tore suchen, die zu den malerischen Höfen führen, ein ruhiges kleines Café oder eine interessante Galerie besuchen. Dabei sollte man die **Mariposa Gallery** in der Romero NW 113 und die **Andrews Pueblo Pottery and Art Gallery** in der San Felipe NW 400 nicht übersehen. Die **Museum Row** liegt in der Mountain Road, gleich ein oder zwei Häuserblocks nordwestlich der Altstadt. Im **Albuquerque Museum of Art, History and Science** kann man durch eine Ausstellung gehen, die 400 Jahre lokaler Geschichte dokumentiert, die ständigen und wechselnden Ausstellungen ansehen und draußen durch den neuen, äußerst ästhetisch angelegten Skulpturengarten schlendern.

Das faszinierende High-tech-**New Mexico Museum of Natural History** liegt gleich nebenan. Es ist das einzige vom Staat in den letzten fünfzig Jahren gebaute naturgeschichtliche Museum. Man erkennt es an seiner überzeugenden, modernen Architektur und den lebensgroßen Dinosaurier-Bronzestatuen davor. Das Museum deckt zwölf Millionen Jahre Geschichte unseres Planeten ab, führt den Besucher durch einen ak-

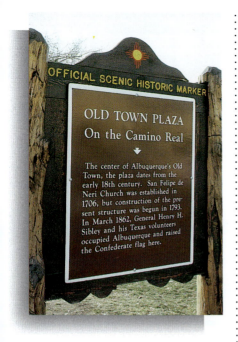

Das historische Herz von Albuquerque.

Um zum **Indian Pueblo Cultural Center** zu kommen, fährt man östlich auf der Mountain Road zur 12th Street North. So kommt man geradewegs in das Center, das von 19 Pueblostämmen Neu-Mexikos unterhalten und geführt wird. Dort zeigt das **Pueblo House Children's Museum** eine ausgedehnte Kunst- und Kunsthandwerkgalerie, einen Buchladen und ein Restaurant mit der Küche der nativen Amerikaner. Das Jahr hindurch werden an den Wochenenden um 11 und 14 Uhr traditionelle indianische Tänze aufgeführt. Der Eintritt ist frei.

Der wundervoll entworfene **Rio Grande Zoological Park** (10th Street SW, 903) liegt ebenso in unmittelbarer Nähe der Altstadt. Er ist täglich geöffnet, man sollte ihn nicht links liegenlassen.

tiven Vulkan, eine Eiszeithöhle, die Ökologie der Frühzeit, das Sonnensystem, und in ein naturwissenschaftliches Labor, in dem Kinder experimentieren können. Neu-Mexiko war ein Dinosaurierland, und man wird dort mit lebensgroßen Modellen dieser Riesen in ihrer natürlichen Umwelt konfrontiert.

Neben dem bewundernswerten „Dinosaueriermuseum" findet man zwei weitere Orte, die von Kindern heiß geliebt werden. Im **Albuquerque Children's Museum** in der Rio Grande NW 800 am Sheraton- Platz in der Altstadt können Kinder im Bereich Kunst und Wissenschaft experimentieren. Das **Explora Science Center** ist ebenso interessant und liegt nahe bei der Einkaufs-Galeria in Downtown.

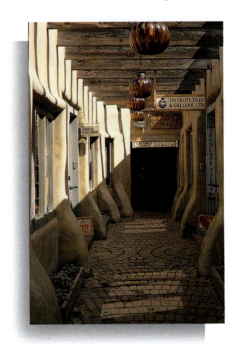

Uriger alter Gang in der Altstadt.

Das New Mexico Museum of Natural History.

Downtown

Als die Eisenbahn gegen 1880 nach Albuquerque kam, war die Altstadt zu eng geworden, um die rasante Emtwicklung zu bewältigen. Die Menschen siedelten sich östlich der Gleise an und bauten die New Town. Heute heißt dieser Teil **Downtown** und ist mit seinen großen Hotels, Banken, Regierungsgebäuden und dem restaurierten Tagungszentrum, alles in zeitgenössischer Architektur gehalten, rund um einen modernen Springbrunnen an der Civic Plaza gruppiert.

Albuquerque gibt ein Prozent seiner Einnahmen für Kunst aus. Bushaltestellen sind als Kunstwerke gestaltet, und aktuelle Kunst ist allerorten präsent. Vor dem Hyatt Regency Hotel an der Ecke 5th Street und Marquette beispielsweise stolpert man geradezu in eine Gruppe von lebensgroßen Leuten aus Bronze. Diese im Jahr 1991 geschaffene Skulptur *Sidewalk Society* wurde von Glenna Goodacre geschaffen.

Ältere Bauten überlebten zwischen all der Modernität, wie das **KiMo-Theater**, ein Gebäude im Art-déco-Stil, der verschmilzt mit der Kunst der Puebloindianer. Eine Kunstsammlung der Kommune befindet sich an der Ecke 5th Street und Central Avenue, die einst Teil der Mutter aller Highways war, der Route 66. Viele der alten Gebäude wurden instand gesetzt und beherbergen jetzt Geschäfte, Restaurants und Galerien. Wenn man seine Tour weiter auf der Central Richtung Osten fortsetzt (die Sandia Mountains liegen östlich der Stadt), kommt man zur **University of New Mexico** (UNM). Der attraktive Campus ist ein Musterbeispiel des Pueblo-Revival-Stils mit *Vigas*, Patios, Balkonen und scheinbar uralten Adobe- (Lehm-)Mauern. Im Landschaftsgarten stehen schöne alte Bäume, und wenn man durch den Campus spaziert, kann man Enten an den Teichen und abstrakte Skulpturen sehen.

In der UNM ist auch die **Popejoy Hall** untergebracht, das mit 2000 Plätzen gegenwärtig größte Theater der Stadt, das – als Konzerthalle – auch Spielort der New Mexico Symphony ist. Ebenfalls auf dem Campus liegen die **Keller Hall**, für Kammermusik und Solokonzerte ausgelegt, sowie das **Rodeo Theater** mit 430 Plätzen für Theatervorstellungen und Tanzveranstaltungen, vor allem Flamenco. Des weiteren findet man dort eine Reihe kleiner, aber hervorragender Museen.

Das **Maxwell Museum of Anthropology** führt in die Entwicklungsgeschichte der Menschen im Südwesten ein und zeigt eine hervorragende Sammlung von Kunst und Kunsthandwerk nativer Amerikaner. Das **University Art Museum** stellt an fünf Tagen in der Woche die Arbeiten der Fakultät und der Studenten aus.

Die **Jonson Galerie** befindet sich an der Lomas Street NE, Nr. 1919 und zeigt in monatlich wechselnden Ausstellungen zeitgenössische Künstler Neu-Mexikos (Di–Fr). Das **Tamarind Institute** in der Cornell Street NE 108 schließlich beschäftigt sich mit Lithographien von Weltniveau (Di–So). Es bildet Meisterdrucker aus und stellt kleine Auflagen hervorragender Künstler aus der ganzen Welt her. In der kleinen Galerie werden besondere Drucke in limitierter Auflage verkauft.

Folgt man dort der Central Avenue, kommt man bald zum trendbewußten **Nob Hill**, einer Einkaufs- und Freßmeile. Die Straße ist benannt nach dem historischen Nob Hill Shopping Center, das noch in Betrieb ist, eines der ersten westliche des Mississippi. Der faszinierende Bezirk liegt zwischen Girard und Carlisle Street, eine Meile von der Central Avenue entfernt, auch auf der früheren Route 66. Diese Gegend hat massenweise schrille Läden, Kunstgalerien, Boutiquen, Buchläden und Cafés.

Dort befinden sich auch einige feine, kleine Restaurants mit exzellenten Küchenchefs, die weit über die Stadt hinaus bekannt sind: Man könnte es einmal mit der **Monte Vista Fire Station** versuchen, dem **Nob Hill Bistro** oder **Scala**, einem norditalienischen Grill.

Das verzierte KiMo Theater, eine Mischung aus Art déco und Pueblo-Architektur.

Uptown

Der Ausflug nach **Uptown** auf den breiten Avenuen ist ganz einfach: Man hält sich östlich auf der Central und dann nördlich auf der Louisiana. Uptown ist ein weiteres Handelszentrum mit den großen, modernen Einkaufszentren Coronado und Winrock, den Marriott- und Ramada- Classic-Hotels, Banktürmen und Bürokomplexen sowie einer Vielfalt an Geschäften und Restaurants.

Das **National Atomic Museum** liegt in der Kirtland Air Force Base and Sandia National Laboratories, eines der hervorragendsten Forschungslabors für Waffentechnik. Fährt man weiter auf der Louisiana oder Wyoming durch ein Tor (wenn man angehalten wird, erklärt

Die klassischen Formen der Oldtimer stehlen die Show.

Das National Atomic Museum in dieser überwältigenden Stadt.

man, daß man nur das Museum besuchen will), erblickt man vor sich die in den Himmel ragenden Raketen vor sich. Das Museum auf dem Wyoming Boulevard, Gebäude 20358, ist täglich bei freiem Eintritt geöffnet.

Wenn man die Stadt gründlich erkundet hat, kann man sich ins nähere Umland aufmachen; alles wichtige ist in einem Umkreis von 30 km zu sehen. Die landschaftlich reizvollste Strecke erreicht man über den Rio Grande Boulevard und fährt durch North Valley weiter, wobei man einige der schönsten Wohngegenden Albuquerques durchquert, Araberpferdefarmen sieht sowie die **Anderson Valley Vineyards**, die Weinberge, die besucht werden können. An der Alameda Street schließlich biegt man links ab, überquert die Rio-Grand-Brücke und biegt rechts ab in die Corrales Road, NM 46. Die Straße durchquert das nette Dorf **Corrales**, einer Mischung aus Farmen, Obstbäumen und Lehmbauten, die sich harmonisch in die Landschaft einfügen.

Die Straße führt weiter zum Rio Rancho Boulevard. Man biegt rechts ab, hält sich auf der NM 44, biegt abermal rechts ab und folgt dem Schild **Coronado State Monument**, etwa eine Meile weiter auf der NM 44. Auf diesem hübschen Hang über dem Rio Grande blieb der spanische Eroberer Coronado im Winter 1540/41. Die Ruinen vom Pueblo Kuaua liegen dort, und man kann einem Pfad mit historischen Erklärungen folgen, in eine restaurierte, geheiligte *Kiva* mit reprodu-

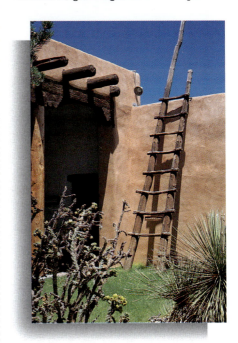

Das Coronado State Monument.

Auf zum Kamm der Sandia Mountains

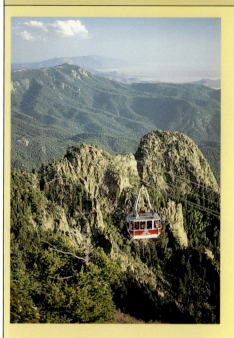

Die fesselnde Aussicht von der Bergbahn auf das Gebirge.

durch Kiefer-, Tannen- und Espenwälder, vorbei an Picknickplätzen, Skigebieten und mehreren Liften direkt auf den Gipfel führt.

Dort parkt man und steigt zu Fuß zur Aussichtsplattform in 3310 m Höhe am **Sandia Crest House** mit Souvenirladen und Snackbar. Drachenflieger, die vom Gipfel gestartet sind, kreuzen ruhig in den Aufwinden. Von dort oben sieht die Welt wundervoll aus. An einem klaren Tag sieht man hundert Meilen weit in alle Richtungen. Das mäandernde Band des Rio Grande erscheint winzig, die Luft ist kalt und klar.

Wege und die Bergbahn

Atemberaubende Wanderwege führen den Kamm entlang durch den kühlen alpinen Wald der *Canadian Life Zone*. Die Wege sind einfach zu laufen und unproblematisch, wenn man die normalen Sicherheitsregeln beachtet. Und da all dieser Fels einmal Sediment auf dem Boden des Ozeans war, kann man kleine Fossilien am Rande des Weges finden. Auch bis ganz nach Albuquerque könnte man auf dem La-Luz-Weg zurückwandern, aber da sollte man etwas geübt sein und Durchhaltevermögen mitbringen.

Die **Sandia Peak Tramway** gleich in der Tramway Road bringt einen innerhalb von 20 Minuten durch vier Ökozonen entlang einer Strecke von vier Kilometern auf den Gipfel. Wenn man seinen Gipfelritt so legen kann, daß man sich bei Sonnenuntergang in der Seilbahn befindet, im High Finance Restaurant diniert und bei Dunkelheit auf der Rückfahrt die Lichter von Albuquerque 1550 m unter sich glitzern sieht, wird man sich ein unvergeßliches Erlebnis schaffen. Die Bahn verkehrt zwischen 9 und 22 Uhr, im Herbst und Winter seltener und kürzer.

Es gibt zwei Möglichkeiten, den Pflichtbesuch nach oben zu absolvieren: mit dem Auto, was ungefähr eine Stunde dauert, oder mit der längsten Seilbahn der Welt. Beide Wege eröffnen eine phantastische Aussicht. Man braucht einen halben Tag für diesen Ausflug.

Mit dem Auto fährt man Richtung Osten auf der Interstate 40, verläßt sie bei der Ausfahrt Tijeras, folgt der NM 14 nördlich Richtung San Antonio, dann nordwestlich der NM 536, einer landschaftlich schönen Nebenstraße, die einen

zierten Wandgemälden gehen oder sich die Ausstellung im Besucherzentrum ansehen. Das Monument ist täglich außer an staatlichen Feiertagen geöffnet.

Nicht weit entfernt, eine Seitenstraße der NM 44 entlang, findet man das

hervorragende **Prairie Star Restaurant** im Santa-Ana-Indianer-Reservat, umgeben von einem Golfplatz und der Einladung, den allerschönsten Blick auf Albuquerque zu genießen. Von dort aus sieht man auch den Rio Grande, das grüne

In Form kommen, um den Himmel zu stürmen: das Albuquerque Balloon Festival.

Band der Wälder an seinen Ufern und die gesamten Sandia Mountains – ohne irgendwelche städtische Störfaktoren.

Auf der Rückfahrt sollte man das **Petroglyph National Monument** am Unser Boulevard besuchen. Am Fuß eines Lavaausläufers sind schätzungsweise 17 000 prähistorische Piktogramme in Felsen gehauen. Jäger nutzten diese Gegend schon vor Tausenden von Jahren, die meisten Petroglyphen wurden aber zwischen 1300 und 1680 eingeritzt. Man kann die Gegend auf einem der vier mäandernden Wege erlaufen.

HISPANISCHES ERBE

Santa Fe

Santa Fe bezeichnet sich als „Die andere Stadt". Leser eines führenden Reisemagazins haben den Ort als bestes Reiseziel der Welt auserkoren. Kein Zweifel, diese kleine Stadt, die älteste Hauptstadt der USA, ist in Mode, berühmt, gepriesen, begehrt, kann auf Geschichte und reiche Kultur verweisen. Sie ist zu allen vier Jahreszeiten wundervoll und mit einem hervorragenden Klima gesegnet. Sie hat einen eigenständigen Stil entwickelt, der international anerkannt ist, zog Touristen in großen Mengen an und wurde zum Prestigeobjekt: Wer etwas auf sich hält, hat dort ein Haus.

Wie so viele historische Städte steht Santa Fe auf einem Boden, unter dem die Überreste einer vergangenen Zivilisation liegen. Der Pueblo-Ort *Kaupoge*, „Ort der Muschelketten nahe dem Wasser", befand sich vor langer Zeit an eben dieser Stelle. Einiges davon

St. Francis Church. Erzbischof Jean Baptiste Lamy umgab sich mit einer heimatlich romanischen Kirche.

Indianische Schmuckverkäufer auf der Plaza, ein alltägliches Bild in Santa Fe.

wurde durch Zufall gefunden, als die Pueblo ihrer Felder bestellten.

Die Spanier bauten das erste europäische Dorf nahe bei San Juan Pueblo. Dann errichteten sie im Jahr 1609 in 2170 m Höhe **La Villa Real de Santa Fe de San Francisco de Asis** als Hauptstadt Neumexikos, damals Teil Spaniens.

Im Jahr 1610 hatte Don Pedro de Peralta, der dritte Gouverneur der Grenzprovinz, den befestigten Palast an der Plaza vollendet. Im Lauf der Zeit herrschten von dort aus über 60 Gouverneure über ein immenses Territorium, das sich vom Mississippi bis zum Pazifischen Ozean an der Westküste erstreckte.

Die frühe Periode war schwierig und äußerst hart. Erzwungene Arbeit, Steuern, Widerstand gegen den Katholizismus und Hungersnot führten zu einem dreijährigen Aufstand der Puebloindianer gegen das Kolonialregime. Während der erfolgreichen Pueblorevolte im Jahr 1680 wurden hunderte Spanier getötet. In Santa Fe schnitten die Krieger der Pueblo dem Palast das Wasser ab, was zur Flucht der Belagerten nach El Paso führte. Für ein Jahrzehnt hatten die Indianer das Jochen der Weißen abgeschüttelt.

Doch die Spanier gaben nicht auf. Im Jahr 1692 eroberte Don Diego de Vargas die Stadt zurück, indem er die Methode der Pueblo anwandte: Er trocknete Santa Fe aus und konnte es ohne Blutvergießen einnehmen. Weiterer Widerstand der Pueblo wurde durch Gewalt schnell gebrochen. Nachdem diese Phase abgeschlossen war, zeigten die

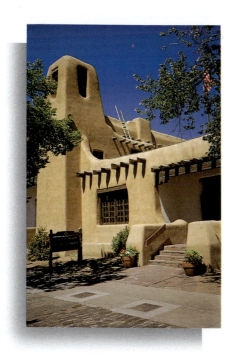

Das Museum für schöne Künste im Stil des Pueblo Revival.

Eindringlingen, die sich wenig um die Rechte der nativen Bevölkerung scherten und sich im Puebloland niederließen, wie es ihnen paßte.

Bis zum Jahr 1821, als Mexiko unabhängig von Spanien wurde, passierte in der Hauptstadt Santa Fe wenig Aufregendes. Spanier und Pueblo lebten über viele Generationen hinweg in guter Nachbarschaft. Selbst die Kirche und die einheimischen Religionen hatten gelernt, mit der gegenseitigen Durchdringung zu leben.

Über die Zeit und als Reaktion auf den allmählichen Verfall des spanischen Weltreichs entwickelte Santa Fe eine eigenständige Kultur und begann sich selbst zu versorgen. Später kam es zu raschen Veränderungen, als der Santa Fe Spanier, daß sie aus früheren Fehlern gewalttätiger Eroberer, die sich gegen den erklärten Willen der Krone richteten, gelernt hatten, und setzten auf einen ausdauernden Frieden. Die „Armee" bestand aus nur hundert Soldaten.

Den Pueblo wurde das Land und die Bestimmungsgewalt darüber weitgehend zurückgegeben, und sie waren schließlich in der Lage, die meisten ihrer Angelegenheiten auf dem Territorium ihrer Vorväter selbständig zu regeln. Das ist der Grund dafür, daß man heute ihre Dörfer so vorfindet, wie sie vor Jahrhunderten ausgesehen haben mögen.

Eine neue Periode des Landraubs trat nur noch einmal ein, als die Vereinigten Staaten das Land übernahmen und den *Squatters* Rechte zugestanden,

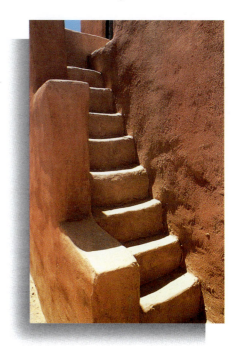

Schön gearbeitete Stufen in der Lehmziegelarchitektur.

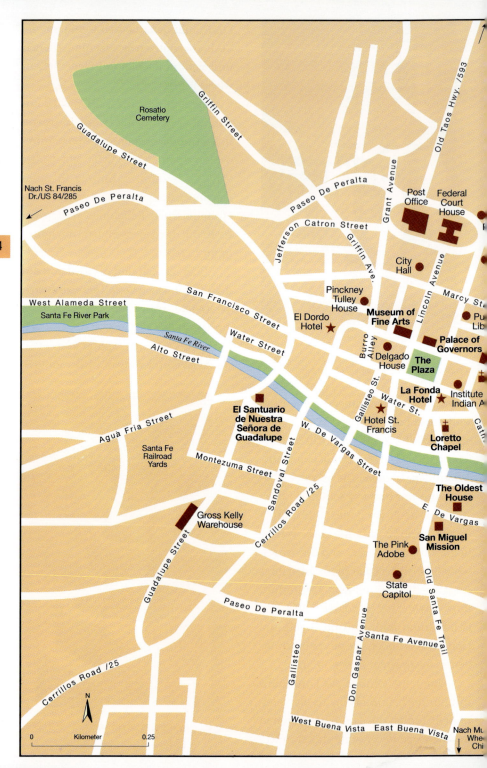

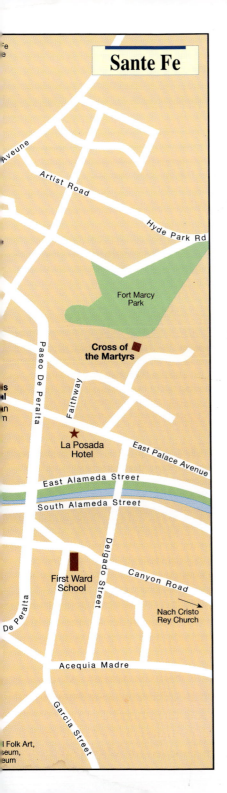

Trail Waren, Einflüsse und aktive Menschen aus dem Osten und Westen brachte. Die politischen Verhältnisse destabilisierten sich, und im Jahr 1846 begannen die Vereinigten Staaten den Krieg gegen Mexiko, wobei General Stephen K. Kearny Santa Fe gewaltlos einnahm. Die Anerkennung als Staat erfolgte viel später, am 6. Januar 1912.

Das erwachte Santa Fe

Santa Fe war gewissermaßen beinahe 200 Jahre lange ein schlafendes Dornröschen, das hinter einer imaginären Dornenhecke lebte, sich selbst treu blieb und sich den Ruf als etwas absolut Einzigartiges in Amerika und der Welt erwarb. Diese individualistische Persönlichkeit sollte man, besser geht es nicht, zu Fuß entdecken. In den schmalen Gassen der Stadt mit 60 000 Einwohnern kommt man in ein Paradies für Kunstliebhaber, Geschichtsfans, Antiquitätenversessene, Fotografen, Gourmets und Shoppingbegeisterte.

An der **Plaza** geht es los. Sie hat viel erlebt, bis hin zu Auspeitschungen und Stierkämpfen – einfach alles nimmt hier seinen Anfang. Heute ist sie das grüne Wohnzimmer Santa Fes, wo sich Freunde treffen, Kinder spielen und man seine Zeit vertrödeln kann.

Der niedrige **Gouverneurspalast** dominiert die Nordseite. Er wurde 1609 bis 1610 erbaut und ist das älteste Regierungsgebäude in der ältesten Hauptstadt der Vereinigten Staaten. Heute ist es ein Geschichtsmuseum und Verwaltungs-

Festivals und Märkte in Santa Fe

Die majestätische Linda nimmt am Festival teil.

Ruhige Wochen, wenn die Besucher die Stadt verlassen haben und diese zu sich selbst zurückkehrt, wie sie es so gerne mag, gibt es auch. Aber Festivals sind fester Bestandteil des Lebens von Santa Fe, die schon lange mit Lust und Liebe gefeiert wurden, bevor der erste Tourist seinen Fuß in die Stadt setzte. Tatsache ist, daß die *Fiesta de Santa Fe* seit über 200 Jahren gefeiert wird und sie damit das absolut älteste Stadtfest der Vereinigten Staaten ist. Alles begann, nachdem Don Diego de Vargas die Stadt im Jahr 1692 erneut eingenommen hatte. Heute findet das Fest jährlich am Wochenende nach dem Labor Day im September statt.

Die Feierlichkeiten dauern vier Tage und konzentrieren sich um Prozessionen und Gottesdienste. Es heißt, De Vargas habe neun Tage lang zur Statue La Conquistadora gebetet, um dadurch eine friedliche Einnahme von Santa Fe zu erreichen. Als dies geschah, schwor er, regelmäßig ein Fest zu ihren Ehren zu veranstalten.

Die im Sonnenaufgang an der Rosario-Kapelle wartenden Menschen und die Kerzenprozession zum Kreuz der Märtyrer sind einzigartig bewegende Ereignisse. Santa Fe explodiert in heidnischen Sitten, guter Laune und einer Farborgie. Die Plaza verwandelt sich in eine Bühne für alle, für *Mariachi*-Bands, Tanzgruppen, auf den Straßen tobenden Zuschauern.

Freitag nacht beginnt das heidnische Ritual der Verbrennung des Zozobra unter dem Jubel von Zehntausenden. Die 12 m große Figur schüttelt ihren Kopf und klagt fürchterlich während dieses nächtlichen Feueropfers. Später, nachdem alle Sorgen zusammen mit Zozobra verbrannt sind, tanzt das Volk bis spät in die Nacht. Manchmal kann es dabei etwas hoch hergehen.

Am Samstag präsentieren die Kinder die wundervolle Haustierparade, bekannt als *Desfile de Los Niños*. Alles was kreucht und fleucht oder vier Beine hat, wird verkleidet, geschmückt, in Kinderwagen gepackt und mitgebracht. Am Sonntag, dem Hauptfesttag, treten Don Diego de Vargas und seine Leute in Kostümen aus dem zentrum mehrerer Museen und staatlicher Monumente in Neu-Mexiko. Er ist täglich geöffnet, man kann eine Dreitagekarte kaufen, die für alle angeschlossenen Museen gilt. Unter dem langen Portal des Gouverneurspalastes sitzen Indianer und verkaufen handgearbeiteten Schmuck.

Das **Museum der schönen Künste** an der Ecke zur Lincoln Street ist ein Musterbeispiel des frühen (1917) Santa-Fe-Stils beziehungsweise der Pueblo-Revival-Architektur. Seine Mauern sind als Skulpturen ausgebildet, und das Museum zeigt eine ständige Sammlung moderner und zeitgenössischer Arbeiten, so

17. Jahrhundert auf und spielen die Ereignisse des Jahres 1692 nach als Entrada de Don Diego de Vargas. Eine *Hysterical Historical Parade*, eine Art Karneval für Erwachsene, beschließt die Festivitäten am Sonntag nachmittag.

Kunstmärkte

Zwei weitere Höhepunkte auf dem überquellenden Festkalender Santa Fes sind der jährliche Spanische Markt im späten Juli und der Indianische Markt am dritten Wochenende im August – beide auf der Plaza.

Der spanische Markt besteht nun schon seit über 40 Jahren und zeigt die Werke von mehr als 140 lokalen Künstlern, alle im spanischen Kolonialstil. Dort kann man qualitativ hochwertige *Santos*, *Bultos* und *Retablos* finden, schöne Holz-, Metall- und Textilarbeiten sowie Schmuck. Gleichzeitig findet seit den vergangenen zehn Jahren der jährliche Markt *Contemporary Hispanic* auf der Lincoln Avenue statt. Verrückte Energien und Kreativität sind in Neu-Mexiko massenhaft vorhanden. Beide Märkte ansehen zu können, ist eine besondere Freude.

Seit nahezu 75 Jahren verteidigt der Indianische Markt seinen Ruf, die beste und größte Kunstmesse nativer Amerikaner in den Vereinigten Staaten zu sein. Über 800 Aussteller zeigen ihre besten Arbeiten. Händler und Sammler aus vielen Ländern reißen sich um die Stücke.

Neben diesen drei herausragenden Ereignissen finden in Santa Fe Rodeos, Winterfiestas, Pferderennen, ein Geigerwettbewerb und viele Happenings und Events statt.

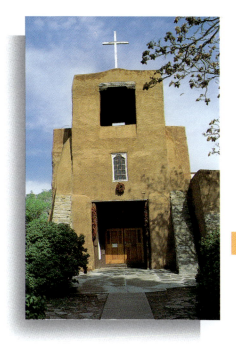

San Miguel ist die älteste Kirche der Vereinigten Staaten.

etwa von den Taomeistern, Georgia O'Keeffe, T.C. Canon, Harry Fonseca (Di–So, im Winter geschlossen).

Auf den anderen drei Seiten der Plaza befinden sich attraktive Gebäude unterschiedlicher Stilrichtungen, aber immer mit schattenspendenden Portalen. Dort findet man schicke Geschäfte, Galerien und Restaurants, aber auch undefinierbare Kitschläden.

Die Straßen gehen radial von der Plaza ab – und alle sollte man sich ansehen. **La Fonda**, ein Hotel und eines der Wahrzeichen der Stadt, wurde im Jahr 1920 in wundervollem, weitläufigem Adobestil gebaut mit Zimmern, einem Restaurant, Café, Antiquitätengeschäft und Boutiquen. Es liegt an der Ecke San Francisco Street und war einst der Ort, wo das *Inn at the End of the Universe* lag, eher wohl am Ende Santa Fes. Dort kamen Trapper, Händler und spanische Grande zusammen – und tun es heute noch. Im La Fonda kann man gut essen oder sich nachmittags der Menge anschließen, die sich im **French Pastry Shop** trifft, einer Institution Santa Fes.

Ein einladender Hof in Santa Fe.

Auf alle Fälle sollte man seine Pläne unter den Tisch fallen lassen und sorglos in der Stadt herumspazieren. Über kurz oder lang bekommt man so alles Sehenswerte mit. Eines der Hauptvergnügen in Santa Fe ist, mit sämtlichen Sinnen die charismatische Atmosphäre der Stadt in sich aufzusaugen.

Auf seinem Weg kommt man am Ende der San Francisco Street an der **St.-Francis-Kathedrale** vorbei, die gebaut wurde, weil sich der in Frankreich geborene Erzbischof Jean Baptiste Lamy nach einer romanischen Kirche sehnte, die ihn an seine Heimat erinnern sollte. Der Bau aus lokalem Sandstein begann im Jahr 1869. Willa Cather schrieb einen in den USA recht bekannten Roman, der auf dem Leben des Erzbischofs basiert, *Death Comes to the Archbishop*. Zwischen 1950 und 1963 dirigierte Igor Strawinski seine eigenen Kompositionen anläßlich von vier Konzerten in der Kathedrale.

Man sollte nicht die kleine ältere Kapelle gleich links neben dem Altar übersehen, wo *Our Lady of Peace* zu Hause ist, früher La Conquistadora genannt, eine berühmte Statue der Jungfrau Maria. De Vargas brachte sie im Jahr 1692 mit, und viele Menschen glauben, sie antworte auf Gebete und besitze eine besondere Macht. In jedem Juni wird die Statue auf einer Prozession durch die Stadt getragen. Als eine Geste des guten Willens gegenüber den nativen Amerikanern wurde sie im Jahr 1992, dem 500. Jahr der Ankunft von Kolumbus in Amerika, in *Our Lady of the Peace* umbenannt.

Die wunderschöne **Loretto-Kapelle** in der Water Street, ganz in der Nähe, hat eine bemerkenswerte Wendeltreppe, die sich ohne zentrale Stütze hinaufwindet und aufgrund ihres hervorragenden Entwurfs zur Legendenbildung führte. Ein wandernder Zimmergeselle, so heißt es, habe diese wundersame Treppe mit nichts als einem Hammer, einer Säge und einem Reißeisen erbaut. Er weichte das Holz in Wasserkübeln ein und fügte es so zusammen. Als er fertig war, forderte er keinen Lohn. Die Leute glaubten, daß es sich um Joseph gehandelt habe, den Schutzheiligen der Zimmerleute.

Das **Kreuz der Märtyrer** zum Gedenken an die Franziskaner, die beim Puebloaufstand im Jahr 1680 umkamen, steht auf einem Hügel nördlich der Palace Avenue. Ein kurzer Weg führt hinauf, und man hat von dort einen hervorragenden Blick über Santa Fe.

Sena Plaza ist ein weitläufiger Komplex von Häusern mit einem wunderbaren Innenhof, hohen, schattenspendenden Bäumen, Blumenbeeten, einem Springbrunnen und Bruchsteingemäuer. Einige Teile des Hauses gehen auf die Zeit vor 1680 zurück, das meiste wurde aber um 1831 gebaut. In dieser romantischen alten Welt läßt sich gut ein ganzer Nachmittag vertrödeln. Im La Casa Restaurant kann man auch draußen essen.

Jenseits des Flusses Santa Fe findet man das **Barrio del Analco**, das älteste Wohnviertel im Land. Bemerkenswert sind das **Gregorio Crespin House** in der De Vargas Street 1223, das um 1720 gebaut wurde, und gleich daneben das älteste Haus in Santa Fe.

Kunstgalerien sind in Santa Fe und Taos weit verbreitet.

Die ursprüngliche **Mission San Miguel** in der De Vargas Street wurde im Jahr 1636 gebaut, während des Puebloaufstands niedergebrannt und von De Vardas im Jahr 1693 restauriert, vollständig aber erst im Jahr 1710 von Gouverneuer Marqués de la Peñuela wiedererbaut. Dort ist eine Sammlung kolonialer religiöser Kunst sowie antiker Möbel untergebracht.

Das **State Capital** auf dem Paseo de Peralta, genannt das „Rundhaus", hat vier Eingänge und wurde 1966 gebaut, passend zu den Zia-Pueblo-Symbolen: Es stellt die Sonne dar, die vier Jahreszeiten, die vier Winde, die vier Richtungen und die vier Stadien des Lebens. Man kann die

Die Oper von Santa Fe und die Kammermusik-Festspiele

Szene aus „Die Zauberflöte" in der Oper von Santa Fe.

Die Oper von Santa Fe, vor fast 40 Jahren gegründet, ist Inbegriff herausragender musikalischer Leistung und Innovation im Südwesten. Kritiker behaupten, daß die außerordentlichen Musikfestspiele in Europa wie Salzburg und Edinburgh in Amerika ihre Entsprechung in Santa Fe finden. Gründungsdirektor John Crosby konnte im Jahr 1957 Igor Strawinski gewinnen, seinen *Rake's Progress* in der Oper zu dirigieren. Ihm folgten viele zeitgenössische Komponisten.

oben gelegene öffentliche Galerie beim Büro des Gouverneurs besuchen.

El Santuario de Nuestra Señora de Guadalupe an der Ecke Guadalupe und Agua Fria Street wurde von Franziskanern zwischen 1776 und 1795 gebaut. In dieser Adobe-Kirche mit ihren prächtig behauenen *Vigas* und Konsolen befindet sich ein im Jahr 1783 entstandenes Ölgemälde von Jose de Alzibar, einem der bekanntesten Künstler der spanischen Kolonialzeit. Heute dient der *Santuario* als Aufführungsstätte für Chöre und Kammermusik.

Auf der gegenüberliegenden Straßenseite in der Agua Fria 416, in einer früheren Klosterschule in Adobebauweise, liegt **La Tertulia**, eines der beliebtesten Restaurants traditioneller neumexikanischer Küche. Die Einheimi-

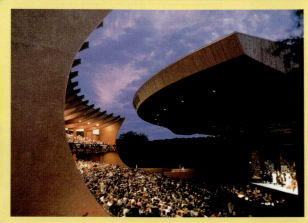

Die hochgepriesene Oper von Santa Fe mit ihrem Freilichtauditorum.

Überragende Fiesta

In jedem Sommer vom frühen Juli bis zum späten August finden bemerkenswerte Aufführungen im modernen Theater auf den Hügeln elf Kilometer nördlich der Innenstadt statt. Der Zuschauerraum dieser Freilichtbühne ist halb überdacht, so daß der Blick auf den Himmel, die Sterne und die Berge fällt, das herrlichen Panorama zum Teil des Ereignisses wird. Gewöhnlich werden je Saison vier bis fünf Produktionen von Weltrang geholt. Außerdem wagt sich die Santa Fe Opera immer wieder an Werke moderner Komponisten und präsentiert mindestens jedes Jahr eins davon. Die Galapremieren haben immer einen repräsentativen Rahmen. Ein eleganter Empfang findet im Freilichttheater statt, wobei man unter offenem Himmel zum Klang des Orchesters tanzen kann. Zusätzlich finden Galaereignisse wie der Opernball statt, Dinner vor der Oper und inoffizielle und supergestylte Partys.

Die begeisterten Opernfans bringen Körbe mit einem Luxuspicknick mit, speisen vor der Aufführung in der Nähe ihrer Wagen, Wein und Champagner fließen in Strömen.

Die angesehenen jährlichen Santa-Fe-Kammermusik-Festspiele errangen ebenfalls internationale Reputation. Seit mehr als 20 Jahren bringen sie die außerordentlichsten Musiker und Komponisten der Welt in die Stadt. Die Saison beginnt Mitte Juli und endet im späten August. Viele der Konzerte finden im historischen St. Francis Auditorium im Museum für schöne Künste statt.

schen sind dort oft zu finden, die Preise sind moderat und es wird dringend empfohlen, reservieren zu lassen.

Canyon Road, eine prähistorische Straße, die früher als Packeselpfad von den Sangre-de-Cristo-Bergen her genutzt wurde, liegt in einiger Entfernung vom Stadtzentrum. Dorthin sollte man mit dem Auto fahren, weil man auf diesem Weg weiter zum Museumskomplex kommt. Die historische Canyon Road beziehungsweise der Pfad, der parallel und südlich des „Muttergrabens" verläuft, war einst der Hauptbewässerungskanal. Dieser mehrere Kilometer lange Weg war mehrere Jahrzehnte Herz der Künstlerkolonie der Stadt, wo sich die Galerien, Boutiquen, Restaurants und historischen Adobebauten in netten Seitenstraßen ballen.

Ausstellung im Museum für Volkskunst in Santa Fe.

über hundert Ländern. Außerdem sind dort das **Museum für indianische Kunst und Kultur** mit Ausstellungen, die Kulturen nativer Amerikaner zeigen, und das achteckige **Wheelwright Museum of the American Indians** in Form einer erdbedeckten Balkenhütte.

Santa Fes Umland

Santa Fe ist der ideale Ausgangspunkt für Tagesausflüge in die Umgebung. Zu dem luxuriösen Wohnviertel **Bishop's Lodge**, der Tesuque-Künstlerkolonie und der Shidoni Foundry & Gallery kommt man nach etwa zwölf Kilometern über die Bishop's Lodge Road in nördlicher Richtung. Bishop's Lodge sieht man nach acht Kilometern rechter Hand. Dort

Die auffallende **Cristo-Rey**-Kirche in der oberen Canyon Road ist das größte Adobegebäude der Welt. Vom Meisterarchitekt des frühen Santa-Fe-Stils entworfen, John Gaw Meem, wurde die Kirche aus 18 000 Lehmziegeln gebaut, die von den Gemeindemitgliedern geformt wurden. In der Kirche befinden sich mehrere antike *Reredos*, Altarbilder.

Oberhalb der Stadt rund zwei Kilometer vom Zentrum entfernt in einem Kiefernwäldchen auf dem Sangre-de-Cristo-Berg liegt der Museumskomplex mit einigen Kultureinrichtungen Santa Fes. Man fährt den *Old Santa Fe Trail* südlich bis zum Hinweisschild nach Camino Lejo. Diese Straße führt zum Hügel. Dort findet man das **Museum für internationale Volkskunst** mit Sammlungen aus

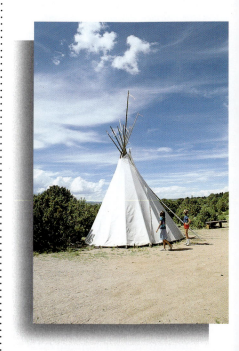

Wheelwright Museum of the American Indians.

Farben und Skulpturen im Shidoni's Sculpture Garden.

war einst der Alterssitz von Erzbischof Lamy, seine private Kapelle ist erhalten. Die heutige Lodge wurde im Jahr 1918 von Joseph Pulitzer gebaut.

Das Dörfchen **Tesuque** weiter nördlich besteht aus einer Ansammlung ansehnlicher, in Gärten versteckter Häuser. **Shidoni** ist ein wunderbarer Ort mit einer hochgeschätzten Gießerei, einer Galerie und einem Skulpturenpark mit Arbeiten aus Bronze und abstrakter Kunst.

Eine Halbtagestour kann man entlang **The Turquoise Trail** zu den Minenstädten **Cerillos** und **Madrid** machen, über die man über die alte Straße Richtung Albuquerque weiterfährt. In einer weiteren halben Stunde gelangt man zum **Pecos National Monument**. Das Land ist wundervoll, und die Ruinen der im Jahr 1620 erbauten Missionskirche und des Konvents an einer alten Stätte der Pueblo sind beeindruckend.

In weniger als einer Stunde kann man **Las Vegas** erreichen, Neu-Mexikos größten Ort zur Zeit des Eisenbahnbooms nach 1880. Großzügige viktorianische Wohn- und Geschäftshäuser wurden damals gebaut und kürzlich restauriert. Über hundert stehen unter Denkmalschutz.

Fort Union National Monument liegt nur 46 km nordöstlich. Erwarten darf man dort Adoberuinen und Kamine – viel blieb nicht vom einst größten militärischen Außenposten im gesamten Südwesten. An einem strategisch wichtigen Punkt des historischen Santa Fe Trails gelegen, diente es als Logistikzentrum für 50 weitere Forts, wurde aber mit dem Bau der Eisenbahn überflüssig. Man kann dort eine etwa anderthalb Kilometer lange Tour entlang von Vortragssäulen machen.

Für eine Fahrt nach **Los Alamos** und zum **Bandelier National Monument** sollte man zwei ganze Tage einplanen. Das **Bradbury Science Museum** in Los Alamos dokumentiert die Geschichte der Los Alamos National Laboratories. Dort lag der Geburtsort der Atombombe. Das **Los Alamos Historical Museum** am Fuller Lodge zeigt die primitiven Bedingungen, unter denen am „Manhattan Project" gearbeitet wurde.

Am **Bandelier National Monument**, 74 km von Santa Fe entfernt, liegen auf einer Fläche von 13 120 ha unzählige Wanderwege, die selbst dem

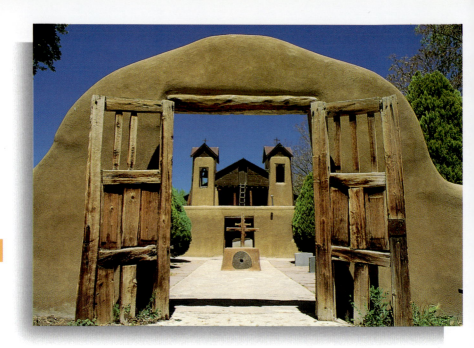

El Santuario de Chimayo betreten jedes Jahr unzählige Pilger durch ein einfaches, rustikales Tor.

begeistertsten Wanderer genügen sollten. Die Stätte selbst zeigt Anasazi-Felszeichnungen und Ruinen, die bis auf das Jahr 1100 zurückgehen. Die Wände dieses Tals bestehen aus weichem Vulkantuff, haben tausende Höhlen und sehen aus wie die Löcher im Schweizer Käse.

Nach einem steilen Aufstieg bringt einen die Straße zum **Valle Grande**, dem größten Krater der Welt. Vor 1,7 Millionen Jahren war dort ein Vulkan aktiv, höher als der Mount Everest, an den heute nur noch die große, grasbewachsene Schüssel erinnert.

Man kann auf der NM 4 entlang einer landschaftlich reizvollen Strecke eine Stunde durch die Schlucht des Flusses Jemez bis zum **Soda-Dam**-Wasserfall weiterfahren, zu den Ruinen der Pueblo aus dem 12. Jahrhundert und der Ruine einer spanischen Mission aus dem 17. Jahrhundert in der Nähe des **Jemez State Monument** und des idyllischen Dörfchens **Jemez Spring**. Viele indianische Pueblos sind entlang dieser Strecke am Rio Grande von Albuquerque bis Taos wie Perlen aufgereiht. Beide Strecken von Santa Fe nach Taos sind landschaftlich wundervoll. Eine folgt über eine weite Wegstrecke dem Rio Grande, die andere ist die spektakuläre Hochstraße nach Taos. Sie mäandert an den Sangre-de-Cristo-Bergen entlang und führt durch malerische spanische Dörfer aus dem 17. und 18. Jahrhundert. Einen Besuch des 120 km entfernten Taos sollte man auf alle Fälle über diese nördliche Strecke

Die wundervoll geschnitzte Tür der Kirche San José de Gracia im spanisch-kolonialen Adobestil.

einplanen. Selbst bei Kurztrips von Santa Fe aus sollte man sie zumindest teilweise nutzen.

Das weiter nördlich gelegene Dorf **Chimayo** ist berühmt für seinen *Santuario*, eine wundersame Kirche aus heiliger Erde, die im Jahr 1816 fertiggestellt wurde. Die Gläubigen meinen, daß von ihr heilende Kraft ausgehe. Am Karfreitag zieht sie Zehntausende von Pilgern an. Außerdem ist Chimayo bekannt für seine feinen spanischen Webereien und den historischen Rancho de Chimayo, eines der beliebtesten Restaurants der Gegend. Dort wird original neu-mexikanisches Essen in authentischer Ausstattung serviert. Ein vergnüglicher Lunch im Gartenlokal mit einem Glas frischbereitetem *Sangria* ist ein wahrer Segen.

Über die NM 76 kommt man zu dem alten kolonialen Dorf **Truchas**. Der Truchas-Peak-Turm rechts liegt 4016 m hoch. Vor einigen Jahren drehte Robert Redford seinen Film *The Milagro Beanfield War* in und um Truchas.

Das nächste Dorf ist **Las Trampas**, dominiert von der **San José de Gracia**, einer der schönsten spanisch-kolonialen Adobekirchen weit und breit. Sie ist ein nationales historisches Denkmal. Von dort aus fährt man rechts über die NM 75, links über die NM 518 und kommt nach **Ranchos de Taos** mit seiner fortähnlichen Missionskirche San Francisco des Asis. Zahllose Maler, auch Georgia O'Keeffe, haben dieses großzügig mit Skulpturen ausgestattete Adobegebäude auf Leinwand verewigt.

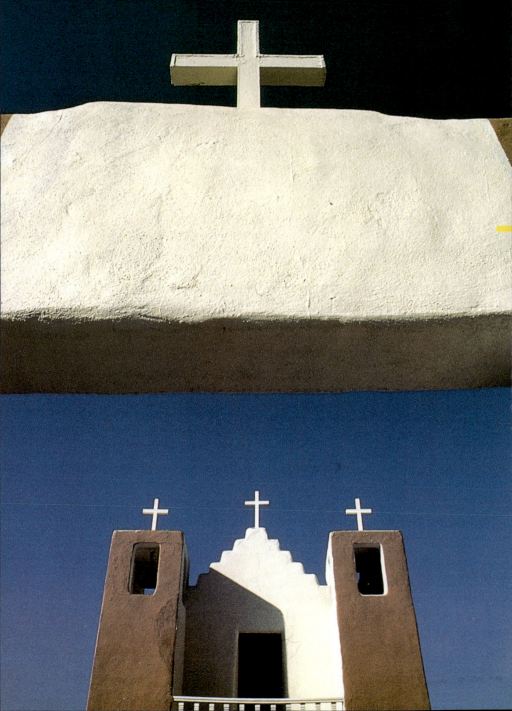

KÜNSTLER & ENKLAVE

Taos

Taos vermittelt immer noch den Eindruck eines vergessenen Nests in einer Umgebung von außergewöhnlicher und herber Schönheit. Das Auge erfreut sich an den sanften Linien und dem gleißenden Licht des Tals. Im Osten tauchen die hohen Bergkämme des Sangre de Cristo auf, und im Westen erstreckt sich die wellige Weite einer beifußbewachsenen Ebene, durchbrochen vom tiefen Bett des Rio Grande.

Das Bergstädtchen selbst blieb klein, hübsch und heimelig. Es wuchs rund um die koloniale Plaza mit kleinen Alleen und engen Straßen, Lehmhäusern und einer auffallend hispanischen und nativen Bevölkerung. Nur die Hauptstraße ist ständig voller Leben, doch ein paar hundert Meter weiter herrscht eine stille, ländliche Atmosphäre. Die Farmen werden immer noch von dengleichen Bewässerungskanälen, *Acequias*, gespeist, die die Pueblo und die Spanier vor Jahrhunderten anlegten.

Schlichte Eleganz beherrscht die Taos-Pueblo-Architektur.

Die dunklen Schatten der Sangre-de-Cristo-Bergkette bilden den Hintergrund zur grünen Weite des Vorgebirges.

Taos lag an der nördlichsten Grenze von Spanisch-Amerika. Als erster erforschte es 1541 Hernando de Alvarado, ein Mitglied der Expedition Coronados. Später, 1615, wurde Taos die dritte von Europäern gegründete Siedlung in Nordamerika. Nach und nach kamen Rebellen, Fallensteller, Händler, Pelztierjäger und viele Künstler ins unverdorbene Hochtal von Taos.

Lange zuvor schon hatten die Taos-Indianer ein bemerkenswertes Pueblohaus unterhalb des Taos Peak und des heiligen Blue Lake erbaut. Das mehrstöckige, kubistische Wohngebäude aus Lehmziegeln, das schon tausend Jahren alt ist, besteht immer noch. Es steht nun als Weltkulturerbe unter dem Schutz der UNESCO.

Ein kunstvoll gestaltetes Aushängeschild reflektiert den Geist von Taos.

Neugierig? Diese Sammlung wird im La Fonda Hotel ausgestellt.

Die Taos-Indianer gelten als sehr tolerant. Sie trieben weitläufig Handel, führten Güter und neue Gebräuche ein – und die Polygamie. Doch mochten sie die Einmischung der Kirche überhaupt nicht. Taos widersetzte sich und spielte sogar eine führende Rolle bei der Planung der Pueblorevolte gegen die Spanier im Jahr 1680.

1692 kamen die Kolonisten jedoch zurück. Da die Taos-Indianer seit Generationen gelernt hatten, sich gegen die Überfälle durch nomadische Stämme zu wehren, kamen sie später den weitgehend wehrlosen spanischen Siedlern zur Hilfe. 1760 wurden 50 spanische Frauen und Kinder entführt, die man nie wiedergesehen hat. Aus diesem Grund luden die Indianer 1776 die Kolonisten zum Schutz in ihr befestigtes Pueblo ein. Seither galten sie bei den Kolonisten als tapfer.

Im 18. Jahrhundert erwarb sich Taos eine gewisse Bekanntheit wegen seiner alljährlichen Handelsmesse. Während der Messezeit begruben selbst die grimmigen Comanchen das Kriegsbeil und kamen, um Tauschhandel zu treiben. Gefangene wurden ausgetauscht, ver- oder gekauft. Die Kommunikation wurde international: Spanier lernten die drei Sprachen der Tewa, Comanchen und Apachen. Kastilisch, Französisch und Englisch vervollständigten das linguistische halbe Dutzend.

So begann die turbulente Ära der französischen Fallensteller, amerikanischen Händler und Pelztierjäger. Die lokale Historie ist voller Geschichten über

Taos ist eine Fußgängerstadt.

Taos erleben

Taos ist wie Santa Fe eine Fußgängerstadt, und so starten wir an der **Plaza**. Sie wurde 1710 nach der Pueblorevolte wieder aufgebaut. Auf ihr steht, merkwürdig genug, ein Flaggenmast, an dem die amerikanische Flagge rund um die Uhr weht. Diese Geschichte geht auf den Bürgerkrieg zurück. Es heißt, daß Kit Carson sich darüber ärgerte, daß ständig Sympathisanten der Konföderierten die Flagge herunterholten. So rief er ein paar Männer zusammen, machte sich in die Berge auf und brachte den höchsten Baum, den er finden konnte, mit zurück. Der Stamm wurde auf der Plaza aufgerichtet, die Flagge angenagelt und von bewaffneten Männern Tag und Nacht bewacht. Sie wurde nur dann abgenommen, wenn Wind und Wetter sie ausgebleicht hatten. Jedes Jahr im Mai wird die Flagge ausgewechselt.

Die Plaza zeigt deutlich die festungsartige Gestaltung kolonialer Städte: Die Häuser umgeben den Platz ringförmig und mit der Front nach innen, und dicke Mauern wurden zur Verteidigung gegen angreifende Nomaden errichtet. Heute ist die Plaza gesäumt von Läden, Galerien und Restaurants.

Das Wahrzeichen **La Fonda Hotel** befindet sich an der Südseite des Platzes. Unter den Hotels von Taos ist es die exzentrische alte Dame. Die altmodische Lobby sieht wie ein vollgestopftes Wohnzimmer aus mit einer hübschen Sammlung von Navajo-Teppichen. Wer einen kleinen Obulus zahlt, kann sich die

säbelrasselnde Charaktere und haarsträubende Vorkommnisse.

Es folgte die Phase des Santa Fe Trail. Der Handel blühte, und schließlich wurde Neu-Mexiko 1847 zum US-Gebiet. Anders als in Santa Fe verlief die Annexion des rebellischen Taos gewaltsam. Ermutigt von der spanischen Bevölkerung, revoltierten die Taos-Indianer 1847 erneut. Sie töteten und skalpierten den neuen Gouverneur Charles Bent und 20 andere Menschen. Die Vergeltung folgte auf dem Fuß: Die indianischen Rebellen flohen und suchten hinter den dicken Mauern ihrer Missionskirche Schutz. Die neumodischen Kanonen des Colonel Stewart Price beschossen das altmodische Lehmziegelgebäude. Die Revolte war vorbei, weitere gab es nicht.

Die festungsartige Kirche San Francisco de Asis inspirierte zahllose Künstler.

Sammlung erotischer Gemälde von D. H. Lawrence anschauen. (Der britische Autor lebte in den zwanziger Jahren auf einer Ranch in der Nähe von Taos.) In London wurden sie zensiert und aus der Öffentlichkeit verbannt.

Von der Plaza aus kann man nach Gusto herumbummeln. Ledoux, Bent, Kit Carson und North Pueblo Road sind die historischen Straßen. Seit der Jahrhundertwende ist Taos eine Künstlerkolonie, mehr noch seit 1915 die **Taos Society of Artists** gegründet wurde.

Die **Ledoux Street** liegt südlich der Plaza. Dort sind die ältesten Lehmbauten der Stadt zu sehen. In Nr. 13 befindet sich das **Ernest-L.-Blumenschein-Haus**, das heute ein nationales historisches Denkmal ist. Teile davon gehen bis auf das 18. Jahrhundert zurück. Der Maler Ernest Blumenschein und seine Frau Mary Shephard Greene lebten dort in den zwanziger Jahren. Es ist täglich geöffnet.

Nr. 25 beherbergt einen der bestgehüteten Schätze Neu-Mexikos: die **Harwood Foundation**. Sie wird von der Universität von Neu-Mexiko unterhalten und besitzt ein kleines Juwel von einem Museum mit einer wunderbaren Sammlung der Taos-Kunst seit 1889. Darin sind Gemälde der Taos-Meister Ernest Blumenschein, Joseph Sharp und Bert Phillips enthalten sowie zeitgenössische Kunst und Mabel Dodge Lohans Sammlung kolonialer *Retablos*. Zum Museum gehört auch eine exzellente Regionalbibliothek über Kunst und Geschichte (Mo–Sa, feiertags geschlossen).

Das Nationaldenkmal der Großen Sanddünen

Die Großen Sanddünen.

Im südlichen Colorado, etwa 200 km nördlich von Taos, überrascht einen der unerwartete Anblick eines Stückchens Sahara. Der Weg dorthin führt über das **Fort Garland**. Kit Carson war der Kommandant dieses US-Army-Außenpostens. Das Gebäude aus dem 19. Jahrhundert ist heute ein historisches Denkmal in Colorado.

Nördlich von Taos strömt der Rio Grande alsbald in das weite **San Luis Valley**, das zwei Jahrhunderte direkt hinter der spanischen Nordgrenze lag. Niemand wagte je, das Land zu betreten, bis 1779 der spanische Forscher De Anza die Reise durch die von den grimmigen Comanchen kontrollierte Gegend überlebte. Schließlich, nachdem die US-Army dort ihre Präsenz Mitte des 19. Jahrhunderts verstärkt hatte, zogen hispanische Siedler in das Tal.

Von Fort Garland geht die US 160 links ab und führt nach 16 km zum Abzweig in Richtung der **Großen Sanddünen**. Bis zum Eingang sind es noch weitere 26 km.

Fährt man die schnurgerade Straße durch das flache Tal entlang, erheben sich im Vordergrund die größten Sanddünen des Landes, die vor dem Hintergrund der Sangre-de-Cristo-Kette immer größer werden. Es ist eine weitgehend surrealistische Landschaft: das kühle Wasser eines flachen Bergflusses durchschneidet rund 160 km² Wanderdünen aus feinstem Sand. Durch eine Laune der Natur und der Geographie blies der Wind äonenlang Milliarden von Partikeln durch das Tal und formte Wanderdünen, die bis zu 280 m hoch sind.

Im Besucherzentrum gibt es Informationen über Wanderwege. Man braucht etwa drei Stunden, um die Spitze einer Düne zu erklimmen und wieder hinabzugleiten, aber es lohnt sich. Schließlich hat man nicht jeden Tag die Chance, sich wie Lawrence von Arabien oder die Tuareg der Sahara zu fühlen. Man kann auch Fahrten im Geländewagen unternehmen. Die **Sand Dunes Oasis** außerhalb des Eingangs bietet Reitausflüge an. Das **Great Sand Dunes National Monument** ist ganzjährig geöffnet.

Der legendäre Fährtensucher Kit Carson lebte 25 Jahre in der Kit Carson Road in der Nähe der Plaza. Man kann das restaurierte **Kit Carson House and Museum** mit Exponaten und Dokumenten aus Carsons Leben besichtigen (täglich außer feiertags). Im **Governor Bent House** in der Bent Street stapelt sich eine museale Kollektion von tausend Kleinigkeiten. Es kam zur traurigen Berühmtheit, als Bent während der Taos-Revolte 1847 skalpiert wurde. Die Familie des Gouverneurs entkam durch ein Loch in der Wand (täglich März bis Dezember).

Die Rio-Grande-Schlucht. Der Fluß hat viel von seiner reißenden Gewalt verloren, doch ist er bei Wassersportlern noch immer sehr beliebt.

Ein besonderes Ereignis ist ein Gang durch das auf schrullige Art reizvolle **Fechin Institute** in der North Pueblo Road (Besuchszeit telefonisch erfragen). Das gesamte Interieur des prächtigen Lehmziegelhauses besteht aus verschlungenen Handschnitzereien mit starken russischen Einflüssen, geschaffen von dem russischen Künstler Nikolai Fechin zwischen 1927 und 1933.

Umlandtour

Nach einem Spaziergang durch Taos sollte man sich ein Auto nehmen und die Sehenswürdigkeiten der Umgebung erkunden. Das kleine Lehmziegeldorf **Ranchos de Taos** drängt sich um die massive Kirche San Francisco de Asis aus dem 18. Jahrhundert, die bei Künstlern wie Ansel Adams und Georgia O'Keeffe sehr beliebt war. Die Kirche wirkt organisch, wie aus dem Boden gewachsen und voller Eigenleben. Die strukturierten Außenwände sind in nobler Einfachheit geschwungen, und das Stroh, das mit dem Lehm durchmischt ist, glänzt in der Sonne (Mo–Sa und Sonntag morgen. Messen am Sonntag nachmittag). Der Weg dorthin führt über die NM 68 etwa sechs Kilometer nach Süden.

Der vermutlich einzige noch existierende koloniale Landsitz des Südwestens ist die **Hacienda de Don Antonio Severino Martinez**. Die Gebäude sind großzügig, und der Besitz ist riesig. Don Antonio war der Bürgermeister von Taos und ein sehr erfolgreicher Kaufmann.

Der Wohnblock aus Lehmziegeln im Pueblo Taos ist etwa 1000 Jahre alt.

Das 21-Zimmer-Anwesen am Fluß wurde restauriert (täglich außer feiertags). Man fährt Richtung Westen über die Ranchotas Road dorthin.

Das **Millicent Rogers Museum** ist das zweite Juwel unter den Museen von Taos. Es beherbergt eine der schönsten Privatsammlungen regionaler hispanischer und nativer Kunst mit Betonung auf Qualität und hervorragender Präsentation (täglich außer feiertags). Sechs Kilometer über die NM 64 Richtung Norden erreicht man es nach einem Abzweig nach links.

Nach dem Museumsbesuch fährt man weiter Richtung Norden auf der NM 64 und erreicht nach etwa elf Kilometern die dramatische **Rio-Grande-Schlucht**. Von der zweithöchsten Spannbrücke des Landes erblickt man in etwa 200 m Tiefe den wildschäumenden Fluß in seinem Bett zwischen steilen Klippen.

Das **Pueblo Taos** liegt nur etwa drei Kilometer nördlich der Stadt an der NM 68. Vor den grünen Bergen und dem Quellwasser des Rio Pueblo de Taos errichtet, ruht das honigfarbene, mehrstöckige Bauwerk gelassen seit tausend Jahren unter dem unglaublich blauen Himmel von Taos. Das ganze Jahr über werden dort zeremonielle Tänze und religiöse Handlungen durchgeführt. Das Fest des San Geronimo wird vom 29. bis 30. September gefeiert. Kameras sind während der Festtage nicht erlaubt.

Um zum Weltklasse-Skigebiet des **Taos Ski Valley** zu gelangen, fährt man auf der NM 64 Richtung Norden, biegt

Kit Carson

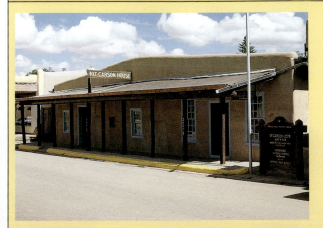

Das Kit-Carson-Haus.

Christopher „Kit" Carson, der legendäre Fährtenleser und berühmteste der Pelztierjäger, war noch ein Junge, als er 1826 erstmals in Taos ankam. In den ersten Jahrzehnten des 19. Jahrhunderts wurde die alte, kleine Stadt zu einem der größten Pelzmärkte Nordamerikas. Die Louisiana-Handelsgesellschaft und der neueröffnete Santa Fe Trail hatten die Gegend besser erreichbar für die Trapper aus dem Norden gemacht. Französische, kanadische, britische und amerikanische Pelztierjäger strömten in den Süden, stellten in den Bergen Biberfallen auf und brachten deren Pelze nach Taos. Biber- und andere Felle waren damals an der Ostküste Amerikas und in Europa groß in Mode, und so florierte das Geschäft.

Der 15jährige Carson, an der Grenze zu Missouri aufgewachsen, konnte dem Lockruf des Abenteuers im Westen nicht widerstehen. Er verließ seine Lehrstelle als Sattler, schloß sich einer Santa-Fe-Trail-Expedition an und landete in Taos. Er verdingte sich als Gelegenheitsjobber, arbeitete als Dolmetscher und reiste auf Eisenbahnwaggons.

Doch zuvor schon entschied Carson sich für ein Leben als Trapper und Führer, durchquerte die Mojave-Wüste nach Kalifornien und erwarb sich seine profunden und breitgestreuten Kenntnisse verschiedener Stämme nativer Amerikaner. Er kam viel herum, von Montana und Wyoming im Norden bis nach Mexiko im Süden. 1842 wurde er Führer des Forschungsreisenden C. Frémont und seiner Truppe, nahm an der „Eroberung" Kaliforniens teil und brachte die Berichte bis hin nach Washington.

Doch trotz seines Ruhms und seiner Verdienste weigerte sich der US-Senat, die Offiziersstelle zu bestätigen, die ihm in der Armee zugesagt wurde. So blieb Carson in Taos. Von 1853 bis 1861 arbeitete er als Handelsbeauftragter für den Ute-Stamm. In der Zwischenzeit hatte er Josepha Jaramillo geheiratet, Tochter von Don Francisco Jaramillo, einem prominenten Bürger von Taos. Carson nutzte diese eher ruhigen Jahre, um die Geschichte seiner Abenteuer niederzuschreiben. Das Buch erschien 1858.

Nachdem Carson seinen Job als Handelsbevollmächtigter des Ute-Stamms bei Ausbruch des Bürgerkrieges gekündigt hatte, sammelte er Männer um sich für die Erste Freiwilligen-Infanterie Neu-Mexikos und nahm an entscheidenden Aktionen gegen die Mescalero-Apachen, die Kiowa und Comanchen teil. Sein Sieg über die Navajo machte den Überfällen auf die Siedler ein Ende und führte zu dem berüchtigten, 480 km **„Langen Marsch"**. Auf diesem erzwungenen Marsch im Winter 1864 wurden 8500 halbverhungerte, fast erfrorene und demoralisierte Navajo in eine Art Konzentrationslager ins unfruchtbare **Bosque Redondo** bei Fort Summer verbracht. Während der nächsten vier Jahre starben viele Navajo an Krankheit, Hunger und Wassermangel.

1865 wurde Carson zum Brigadegeneral ernannt. Ein paar Jahre später, 1868 starb er in Fort Lyon in Colorado.

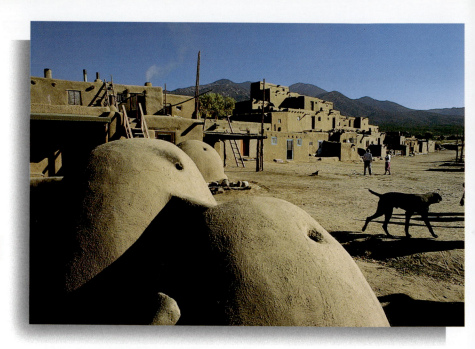

Eingefangen von der Atmosphäre einer anderen Ära.

auf die NM 150 ab und genießt eine 24-km-Fahrt entlang einem Wildbach durch eine hochalpine Landschaft. Im Sommer ist das Dorf im Schweizer Stil ziemlich ruhig, so daß man anhalten und die wunderbare Bergwelt ganz für sich erkunden kann. Dort beginnt auch die **Wheeler Peak Wilderness Area**, wo erfahrene Bergsteiger innerhalb eines Tages auf den Gipfel des höchsten Berges Neu-Mexikos, des Wheeler Peak mit über 4000 m, kraxeln können.

Die **D. H. Lawrence Ranch** ist heute ein abgelegener Dichterhort auf halbem Weg auf einem Berg gelegen. Sie wird von der Universität von Neu-Mexiko unterhalten. Dort gibt es auch einen kleinen **Lawrence-Schrein**, von dem es heißt, er enthielte die Asche des Autors:

Es ist ein Behältnis, das aus England überführt wurde, es könnte auch sonst jemandes staubige Überreste enthalten. Zur Ranch gelangt man über die NM 522 Richtung Questa. Etwa sechs Kilometer nach Arroyo Hondo kommt ein Hinweisschild zur Ranch.

In der Landschaft um Taos gibt es eine Fülle von Möglichkeiten für interessante Touren. Wenn man sie schon nicht alle machen kann, sollte man sich wenigstens für den **Enchanted Circle Drive** Zeit nehmen. Es handelt sich um eine 134 km lange, kurvige Tour auf dem *National Forest Scenic Byway*. Der Weg dorthin führt Richtung Norden über die NM 522 nach Questa mit Abzweig auf die NM 38 Richtung Bobcat Pass. Man fährt durch eine großartige alpine Landschaft sowie

Die friedliche Lage des Hauses von D. H. Lawrence auf der nach ihm benannten Ranch läßt nichts von der harten Kontroverse um den Autor vermuten.

durch die Skiorte und Bergdörfer **Red River**, **Eagle's Nest** und **Angel Fire**, bevor eine Kurve zurück nach Taos führt.

Wenn man Zeit hat, sollte man sich einen Abstecher in den Wilden Westen gönnen. Ab Eagle's Nest gelangt man über die NM 64 nach 35 km nach **Cimarron**. Es gibt um diese Stadt herum zahlreiche wilde Schafe und Pferde. Einst war sie eine Hauptstation auf dem historischen Santa Fe Trail und später die „Cowboy-Hauptstadt des nördlichen Neu-Mexiko". Kit Carson, Buffalo Bill Cody, Wyatt Earp und die Scharfschützin Annie Oakley, Star der *Wild West Show* von Buffalo Bill, lebten während seiner turbulenten Blütezeit in Cimarron.

Viele der alten Gebäude sind restauriert worden. Das Old Mill Museum zeigt eine Ausstellung der wilden Jahre, und man kann die 400 Schußlöcher, die die Decke des historischen St. James Hotels zieren, bewundern. Ein paar Kilometer weiter westlich liegt die schmale **Cimarron-Schlucht**; auf die **Philmont Scout Ranch** stößt man sechs Kilometer südlich der US 64 an der NM 21.

Vor fast 50 Jahren schenkte der Ölmagnat Waite Phillips den *Boy Scouts of America* fast 50 000 Hektar Land. Heute ist die aktiv betriebene Ranch das internationale Campingzentrum der Pfadfinder. Bis zu 20 000 junge Menschen tummeln sich dort jeden Sommer. Während dieser Zeit kann man das **Phillips-Herrenhaus**, das **Philmont Museum** und die **Seton-Gedenkbibliothek** besichtigen.

HÖHLEN, PUEBLOS & GEISTERSTÄDTE

Neu-Mexikos Südwesten

Wie die bei den Ausflügen in die nördlichen Regionen des Staates ist Albuquerque auch für den Süden der beste Ausgangspunkt. Von dort aus führt die Interstate 25 südlich bis zur mexikanischen Grenze und trifft (nach 357 km) in Las Cruces auf die Interstate 10, dem Abzweig Richtung Westen nach Tucson.

Die antiken Städte

Ein verführerischer Moment im Bosque del Apache National Wildlife Refuge.

Interessante Abstecher ins ländliche Neu-Mexiko kann man ohne großen Aufwand links und rechts der Interstate 25 machen. Nach 80 km Fahrt Richtung Süden verläßt man die Interstate 25 bei der Abfahrt zur kleinen Stadt **Mountainair**, dem „Tor zu den antiken Städten", eine Stunde östlich.

14 km vor der Stadt kommt man an den Ruinen von **Abo** vorbei. Es ist eine der drei antiken Stätten, wo Pueblo-Kirchen und christliche Missionen zusammen liegen, in diesem Fall am **Salinas National Monument**. Vor dem Jahr 1150 lebten die Menschen noch in Höhlenhäusern, *den Pithouses,* später in Pue-

Dieses außergewöhnlich geschmackvolle Gebäude in Socorro hat den Geist der Lehmziegelkirchen noch bewahrt.

bloSiedlungen, bis die Spanier kamen. Um 1620 wurde die Missionskirche **San Gregorio** gebaut, deren Ruinen man sich ansehen kann. Informationen erhält man im Besucherzentrum, und an den einladenden Picknicktischen kann man eine Rast einlegen.

Mountainair war früher ein bedeutender Eisenbahnknotenpunkt und ist heute ein abgelegener Ort. Dürre in den fünfziger Jahren brachte den Bohnenanbau zum Erliegen. Das interessanteste Überbleibsel aus der alten Zeit ist das **Shaffer Hotel**, ein Musterbeispiel des verrückten Art-déco-Stils im Südwesten, mit ausgeprägten und knallig bemalten Stuckmustern an der Fassade, darunter auch große Hakenkreuze, die Symbole der nativen Amerikaner seit unendlicher Zeit waren, lange bevor Adolf Hitler lebte. Diese Symbole findet man häufig auch in Webmustern.

Quarai Pueblo liegt 13 km nördlich von Mountainair an der NM 14 und **Gran Quivira**, wo die archäologischen Arbeiten noch nicht abgeschlossen sind, 42 km südlich an der NM 14. Diesem großen Dorf mit 300 Räumen, sechs *Kivas* und zwei Kirchen machten Überfälle der Apachen das Leben schwer, so daß die Pueblo die Siedlung 1672 verließen.

Quarai wurde um das Jahr 1300 gebaut, später kam eine Missionskirche dazu. Auch dieser Ort wurde wahrscheinlich aufgrund der Angriffe von Apachen verlassen. Beide Stätten haben Besucherzentren und bieten Broschüren an. Sie sind ganzjährig geöffnet.

Land des Bergbaus

Zurück auf der Interstate 25, fährt man weitere 40 km Richtung Süden bis **Socorro**, eine der frühesten spanischen Siedlungen im fruchtbaren Tal des Rio Grande. Franziskaner begannen 1615 mit dem Bau der Missionsstation **San Miguel**, deren großzügige Kirche sie noch heute nutzen. Während des Pueblo-Aufstands 1680 wurde Socorro hart getroffen, verlassen und zerstört. Später, im Jahr 1816, blühte der Ort erneut auf, als das Land an 21 Familien vergeben wurde, die mit den Wiederaufbauarbeiten begannen und sich gegen die Überfälle der Apachen verteidigten. Als die Eisenbahn gebaut wurde und der Bergbauboom einsetzte, erlebte Socorro ein stürmisches Wachstum.

Das historische Zentrum besteht noch. Socorro beherbergt heute zudem das **New Mexico Institute of Mining and Technology**, das zu den zehn besten höheren technischen Lehranstalten des Landes zählt. Das **Mineral Museum** im Workman Center auf dem Universitätscampus ist außerordentlich. Diese Augenweide zeigt 10 000 schimmernde Mineralien, Kristalle und Edelsteine aus aller Welt und eine Sammlung lokaler Fossilien (Mo–Fr; Eintritt frei).

Wendet man sich auf der US 60 weitere 43 km nach Westen, gelangt man ins Herz des Bergbaugebiets und zu der ehemaligen Viehhochburg **Magdalena**, wo es heute aber nicht mehr viel zu sehen gibt, bis auf ein paar Kneipen, in denen man in die gute alte Zeit des Ortes abtauchen kann. Während der Jahrzehnte nach dem Bürgerkrieg tobte das Leben in der Stadt. Große Rinderauftriebe endeten in Magdalena, wo sie in ungeheuren Mengen in eine private Eisenbahn verladen und zu den großen Märkten gebracht wurden. Gleichzeitig stand die Stadt im Zentrum des Höhepunkts des Bergbaus der nahe gelegenen Gebirge.

Nur ein paar Meilen entfernt in den Bergen liegt die Geisterstadt **Kelly**, wo man sich zwischen alten Schächten, verrotteten Erzhalden, Ruinen und einer Kirche umsehen kann. Silber, Blei, Zink, Kupfer und seltener Zinkspat wurden dort abgebaut. Man sollte aber darauf achten, daß das Minengelände selbst gefährlich ist und nicht trägt.

High-tech-Wüste

Das Nationale Astronomische Observatorium **Very Large Array** (VLA, sehr langer Pfeil) ist eines der technologischen Wunder Neu-Mexikos und der Welt. Man sieht dort schon von weitem direkt an der US 60 im einsamen Glanz der Ebenen von San Agustin, nahe der Kontinentalscheide, rund 32 km von Magdalena entfernt, 27 gigantische Antennenschüsseln.

An dem Schild zum Besucherzentrum fährt man ab und erfährt dort, wonach die Wissenschaftler mit den mächtigsten Radioteleskopen der Welt forschen: Mit Hilfe des VLA werden Karten des Universums erstellt. Wissenschaftler aus vielen Ländern drängen sich, dort einmal arbeiten zu dürfen.

Viel Raum für die Hochtechnologie zur Weltraumbeobachtung in der weiten, einsamen Ebene von San Agustin.

Ein noch ehrgeizigeres Projekt wurde erst kürzlich abgeschlossen, VLBA, Very Long Baseline Array, durch das die Kapazität von VLA noch erweitert wird: Es verbindet Antennen von Hawaii bis zu den Virgin Islands, von New Hampshire bis zum pazifischen Nordwesten.

Auf dem Freigelände kann man sehr dicht an die Antennen herangehen. Jeder der Giganten wiegt 235 Tonnen, 27 sind in Form eines Y aufgestellt. Die großen Schüsseln können beliebig bewegt werden und entsprechen zusammen einer Antenne mit einem Durchmesser von 34 km. Das ist schon höchst beeindruckend (täglich geöffnet; Eintritt frei).

Man fährt weiter auf der US 60 bis nach Datil, von dort aus südlich auf der NM 12 und der US 180, um einen großen Erkundungsausflug in den Gila National Forest und nach Silver City zu unternehmen. Von dort aus kann man einen Abstecher zu den **Gila Cliff Dwellings** machen und weiter nach Lordsburg fahren sowie westlich nach Tucson. Oder – zweite Wahl – man kehrt zurück nach Socorro und zur Interstate 25, fährt südlich auf einer Schnellstraße und macht von dort aus den Ausflug nach Silver City, indem man die Abfahrt Caballo zur NM 152 nimmt, etwa 24 km südlich von Truth or Consequences.

Erholung und heiße Quellen in der Wüste

Truth or Consequences, das früher „Hot Springs" hieß, heiße Quellen, übernahm

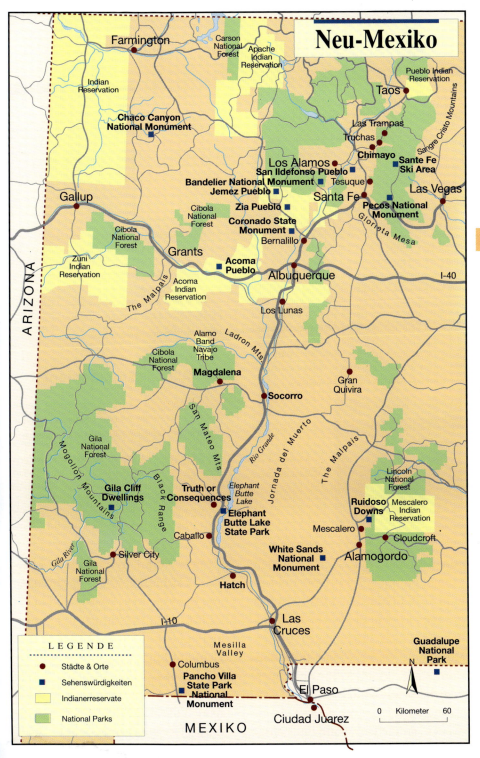

Das Bosque del Apache National Wildlife Refuge

Im Herbst und Winter machen unvorstellbar große Schwärme von Zugvögeln die Feuchtgebiete und Marschen des Bosque del Apache (Wald der Apachen) zu ihrer vorübergehenden Heimat in Neu-Mexiko. Das Tal des Rio Grande ist einer der drei Hauptwanderwege auf der Nord-Süd-Strecke der Vögel, so daß der Bosque ein bequemer Hafen auf dem Highway von der kalten Arktik zu den subtropischen Gebieten ist.

Blaugeflügelte Krickente.

Ein Besuch dieses Refugiums ist besonders zwischen Oktober und Januar aufregend und reizvoll. Flankiert vom Vulkanfels des Chupadera Mountain Range und dem Rio Grande, fühlt man sich im Bosque wie im wilden, nördlichen Kanada – nur ohne die knochenstarrende Kälte. Die Farben und Schattierungen sind unvorstellbar: goldbraun, blond, beige, silbergrau und rettichbraun. Vervollständigt man dieses Bild noch mit Bäumen, großen Feuchtbiotopen und Zehntausenden von Vögeln, 400 Arten Säugetieren, Amphibien und Reptilien, bekommt man eine grobe Vorstellung davon, was einen in dieser abgeschiedenen Gegend erwartet.

Das Besucherzentrum zeigt interessante Ausstellungen und hält eine Karte bereit. Man sollte sich auf der 24 km langen Rundfahrt Zeit nehmen und häufig auf die Observationstürme steigen, Spaziergänge entlang der Pfade machen und wie ein Falke alles beobachten. Goldadler, Ibisse, Silberreiher, Hirsche, Kojoten und Falken sind ständig zu sehen, auch viele Arten von Gänsen.

Aktives Engagement

Der Vogelkolonie wurde im Jahr 1939 eingerichtet und umfaßt 23 000 Hektar des Bosque del Apache Land Grant. Bauern in dieser Gegend bekamen Verträge, nach denen ein Drittel der Ernte von Mais, Sorgho und Winterweizen stehengelassen wird, damit die überwinternden Vögel sich ernähren können. Über 300 Arten wurden gezählt.

Während der Jahre der Depression lief ein Arbeitsbeschaffungsprogramm, durch das Tüm-

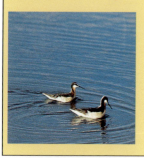

Wilsons Wassertreter.

seinen Namen von einer bekannten Gameshow am 1. April 1950, an dem man auch in Amerika auf die Schippe genommen wird. Heute lebt die kleine Badestadt von ihren vielen heißen Mineralquellen, die 37° und 46° Celsius warm sind, versorgt Arthritispatienten und dient als Winterwohnsitz vieler „Schneevögel", Rentner, die der Kälte im Norden entfliehen. Truth or Conse-

quences, kurz T & C, hat viele Badehäuser, kleine Hotels, Massageanstalten und Fitneßzentren. Die Popularität des Heilwassers geht zurück auf präkolumbianische Zeit. In der Nähe liegt **Elephant Butte Lake and State Park**, eine große Erholungsstätte, Neu-Mexikos größter Stausee, ein Wassersport- und Angelparadies mitten in der Wüste. Der **Rio-Grande-Stausee** ist 72

pel und Teiche vom *Civilian Conservation Corps* angelegt wurden. Das Wasser kommt über Kanäle und über unterirische Tunnel, um Winterfeuchtgebiete zu schaffen. Über den Sommer wird dieses System zur Bewässerung der Landwirtschaft genutzt.

Die neue Stätte war Wasservögeln gewidmet und dem Überleben bedrohter Arten zugedacht. Im Jahr 1941 begann man mit dem Schutz von Arten, die vom Aussterben bedroht waren. Der erste Kandidat war der Große Sanddünenkranich, von dem es im Winter 1941 nur 17 Exemplare gab. Heute gedeiht er wieder. Besucher sehen ihn zu Hunderten oder Tausenden, wie er ruhig auf den Feldern Nahrung sammelt oder in großen Schwärmen auffliegt. Und wenn man Glück hat, sieht man einige der besonders eleganten, schneeweißen Riesenkraniche. Dieser würdevolle Vogel, der größte in Nordamerika, war nahezu ausgelöscht. Glücklicherweise fanden Biologen heraus, daß Sanddünenkraniche gute Ersatzeltern sind, und legten ihnen Eier des Riesenkranichs unter. Es hört sich ein bißchen nach Hans Christian Andersons „Häßlichem Entlein" an, funktioniert aber.

Das Bosque del Apache National Wildlife Refuge liegt 29 km südlich von Socorro. Man fährt auf der Interstate 25 in Richtung Süden. Das Besucherzentrum ist ganzjährig montags bis freitags geöffnet. Die Rundfahrtstrecke ist eine Stunde vor Sonnenaufgang bis eine Stunde nach Sonnenuntergang geöffnet. Günstigste Beobachtungszeiten sind der frühe Morgen und der späte Nachmittag.

km lang und hat eine Gesamtuferlänge von 320 km. Am Strand findet man mehrere Campingplätze, Bootsanlegestellen und eine Marina.

Um nach Silver City zu kommen, fährt man weiter auf der Interstate 25 Richtung Caballo, rund 19 km südlich von T & C, und biegt westlich in die NM 152. Diese landschaftlich erhebende Fahrt durch die Gila Mountains dauert etwa eine Stunde, wobei man aus der heißen, hohen Wüste in saftig-grünen Wald kommt.

Auf dem Weg sollte man den Aussichtsturm (etwa 24 km östlich von Silver City) nicht übersehen, der in der riesigen **Santa Rita Open-Pit Copper Mine** steht, einer Tagebau-Kupfermine. Diese Narbe in der Erde ist die älteste noch betriebene Kupfermine im Südwesten. Sie wurde 1800 erschlossen, ist 1,6 km im Durchmesser und über 300 m tief.

Heute wird weiter Kupfer gefördert, und zwar von Phelps Dodge & Mitsubishi. Gigantische Maschinen graben sich in konzentrischen Kreisen immer tiefer, wahrscheinlich bis zum neunten Kreis von Dantes Hölle (Di–So; Eintritt Minenmuseum und Besucherzentrum frei).

Der Wilde Westen

Silver City ist eine hinreißende viktorianische Stadt mit Wild-West-Vergangenheit und einem wundervollen Klima. Heute leben dort 2000 Studenten der **Western New Mexico University** und es kommen – kürzer oder länger – Rentner, Rucksacktouristen, Jäger und Touristen. Wo einmal die Hauptstraße war, liegt heute der **Big Ditch Park**, ein 17 m tiefer Canyon, der durch heftige Fluten ausgespült wurde und in eines der eigenartigsten städtischen Erholungszentren mit schattigen Bäumen, Bänken und Brücken verwandelt wurde.

Dies war Apachenland. Als die spanischen Siedler kamen, wurde Kupfererz zur königlichen Münze nach Mexiko-

Symmetrische Terrassen lassen die Santa Rita Open Pit Copper Mine wie ein Kunstwerk erscheinen.

Stadt geschafft, später zogen Gold- und Silberfunde tausende amerikanischer Bergarbeiter an. In Silver City wuchs Billy the Kid auf, und dort trieben sich solch illustre Gestalten wie Richter Roy Bean und Butch Cassidy herum (siehe Rahmentext Seite 176).

Das **Silver City Museum** am Broadway 312 zeigt die Geschichte des Bergbaus, Lokalgeschichte, antike *Mimbres*-Tonkunst und enthält ein Archiv sowie eine historische Fotosammlung. Reiselesestoff erhält man im gutsortierten Buchladen und Souvenirs im angeschlossenen Shop (Di–So).

Will man den Fußstapfen von Billy the Kid folgen, sollte man sich in der Handelskammer in der Hudsonstreet 1103 eine Karte der Sehenswürdigkeiten

Die alternative Art, in der Welt herumzukommen.

Kupferreflexionen einer malerischen Landschaft im Minenrevier.

und historischen Gebäude holen. Das **Western New Mexico University Museum** in der 10th Street zeigt die umfänglichste Sammlung feiner Mimbres-Tonarbeiten im Land, die sich bis auf das achte Jahrhundert datieren lassen. Die Mimbres waren Teil der hochentwickelten Kultur der Mogollon und südliche Zeitgenossen der Anasazi. Berühmt ist diese Tonkunst durch den hohen Grad eleganter Abstraktion bei den Schwarz-auf-weiß-Zeichnungen von Tieren, Menschen und Symbolen.

Gila National Forest

Gleich nördlich von Silver City beginnt die schöne **Gila National Forest and Wilderness Area**, wo man seine ganzen Ferien in unberührter und schroffer Natur verbringen könnte. Es war dies seit 1924 das erste Wildreservat des Landes und umfaßt 205 000 ha. Bis heute leben in den abgelegenen Bergen Wildkatzen, Bären, Berglöwen, Hirsche, Elche, wilde Truthähne und Biber.

Hat man nicht viel Zeit, sollte man zumindest die dreistündigen Fahrt zum **Gila Cliff Dwellings National Monument** machen, von Silver City 72 km nördlich über die NM 14. Die kurvige, schmale Straße endet am Gila Cliff Dwellings und vermittelt einen guten Eindruck der sensationellen Szenerie Gilas. Dem Monument angeschlossen sind ein kleines Museum und ein Besucherzentrum (täglich geöffnet, wenn die Straßenbedingungen einen Besuch zulassen).

Geisterstädte

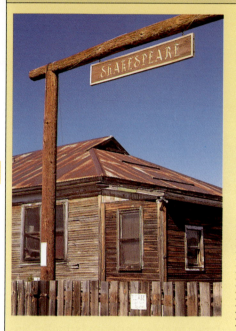

Shakespeare, eine private Geisterstadt.

Wenn man sich von der unheimlichen Ruhe und dem langsamen Verfall der Geisterstädte angezogen fühlt, ist das Bergbaurevier im Südwesten Neu-Mexikos genau richtig. Man kann dort, am besten von Silver City aus, total verlassene oder wiederbelebte *Ghost Towns* besuchen.

Geisterstadtführer

27 km nach der Ausfahrt Caballo der Interstate 25 bringt einen die NM 152 in die hübsche kleine Stadt **Hillsboro** im Percha Creek Valley. Dieser Ort starb nie aus: Künstler entdeckten ihn, und Rentner ließen sich dort zwischen großen Apfelbäumen nieder. Der Bergbau begann mit dem Goldrausch im Jahr 1877. Schon bald produzierten Minen mit aufregenden Namen wie Ready Roy, Bonanza und Snake Son Tausende von Dollar in Form von Gold und Silber. Unter den Promis, die einst in Hillsboro lebten, waren auch die extravagante Sadie Orchard, die erst ein Bordell führte, später ein Hotel, und der englische Bankier Victor Sasson.

Lake Valley, südlich von Hillsboro, war eine der reichsten silberfördernden Gegenden der Welt. Der bekannteste Fund verbarg sich in der „Brautkamme", ein passender Name für die unterirdische Höhle, die mit Gold und Silber im Wert von drei Millionen Dollar (des 19. Jahrhunderts!) gefüllt war.

Kingston, eine richtige Geisterstadt, die dennoch einige wenige neue, zähe Einwohner anzog, liegt 14 km westlich von Hillsboro gleich neben der NM 152. Die Postkutsche mußte, um diesen Ort zu erreichen, jedesmal ein Rennen durch den nahe gelegenen Canyon fahren – einen bevorzugten Ort für Überfälle der Apachen. Zu seiner besten Zeit hatte Kingston 7000 Einwohner und produzierte Gold im Wert von zehn Millionen Dollar. Heute kann man zwischen den sonnengebleichten Ruinen spazierengehen, über die Überbleibsel der einst steinreichen Percha Bank balancieren und über den Namen der Virtue (Tugend) Avenue schmunzeln, das ehemalige Rotlichtviertel.

Fährt man auf die NM 152 zurück und dort Richtung Westen, kommt man nach **Black Range** und durch den Emory-Paß auf einer Höhe von 2551 m. Das Gebirge steigt in dieser schönen, dichtbewaldeten Gegend bis auf 3100 m an. Die unmittelbare Umgebung war die antike Heimat der Mimbres, eines Zweigs der Kultur der Mogollon. 24 km bevor man nach Silver City kommt, sieht man die Tagebaumine Santa Rita und trifft auf die Überbleibsel des im Jahr

Vom Besucherzentrum aus geht man anderthalb Kilometer auf einem Pfad zum Cliff Dwellings, das gut 60 m über dem Canyon liegt, und kommt dabei an vielen Ruinen der Mogollon vorbei, teils Höhlenhäuser, teils Pueblos, die zwischen 100 und 1300 erbaut wurden.

Barren Rockhound State Park liegt

1859 gegründeten Goldminencamps **Pinos Altos**, das sieben Kilometer nördlich von Silver City an der NM 15 liegt. Enttäuscht von ihrem Schicksal in Kalifornien, waren die Bergleute bereits auf ihrem Heimweg, blieben aber, als sie dort Gold fanden. Heute leben in Pinos Altos Künstler und Kunsthandwerker. Die Hearst-Kirche, im Jahr 1898 mit Kapital aus dem Hause Hearst gebaut, steht noch und wird von der Kunstgilde genutzt. Eine Stunde Fahrt nördlich von Silver City liegt die malerischste Halbgeisterstadt Neu-Mexikos, **Mogollon**. Dort waren die Gold- und Silberfunde besonders üppig. Viel alte Gebäude sind erhalten, und wenn man in der Nebensaison dorthinkommt, wenn die Sommerbewohner noch nicht eingetroffen sind, kann man die melancholische Aura der Geschichte und die menschliche Unbeständigkeit in phantastischer Einsamkeit auf sich wirken lassen.

Private Geisterstädte

Das in Privatbesitz befindliche **Shakespeare**, fünf Kilometer südlich von Lordsburg, blühte nur kurz während eines Silberbooms. Einige Grundbesitzer versuchten, die Stadt am Leben zu erhalten, indem sie Diamanten in der Wüste ausstreuten. Eine Zeitlang kam es auch zu einem Diamantenfieber. Heute widerhallt es aus diesem bröckelnden Adobedorf mit dem großen Namen: „Wir sind aus jenem Stoff, aus dem man Träume macht ..."

Steins ist eine weitere private Geisterstadt, die vor einigen Jahren von den zähen Unternehmern Larry und Linda Link gekauft wurde. Nahe der Interstate 10 und nur fünf Kilometer von der Grenze zu Arizona entfernt, begann der Ort bescheiden als Postkutschenstation auf dem Butterfield Trail. Er litt heftig unter den Angriffen der Apachen, wurde später ein Bergbaucamp und ist heute ein Spukdorf.

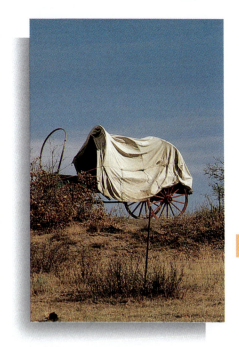

Ein Relikt, das die Erinnerung an den Zug der Planwagen hervorruft.

über die US 180 eine Stunde südlich von Silver City. Dort findet sich mitten in einem Kaktuswüstengarten ein ganzjährig geöffneter Campingplatz. Besucher dürfen bis zu sieben Kilogramm Gestein mitnehmen. Man sollte etwas zum Graben mitbringen und nach Achat, Onyx, Opal und „Thunder Eggs" suchen, runden oder ovalen Felsbrocken, die aufgeschlagen werden müssen, damit man ihr Herz aus Kristall oder Halbedelstein sieht. Besuche empfehlen sich eher im Winter, weil es im Sommer arg heiß ist.

Pancho Villa State Park ist der südlichste Park des Landes und liegt im heißesten und unwirtlichsten Teil der Wüste. Nur wenige Menschen fühlen sich dort so richtig zu Hause. Schatten findet man nicht, aber Campingplätze, einen botanischen Wüstengarten und ein Besucherzentrum, in dem ein Film über Pancho Villa gezeigt wird. Im Sommer wird man dort lebendig gebraten.

WEISSER SAND & ABGRÜNDIGE HÖHLEN

Neu-Mexikos Südosten

Für einen Ausflug durch die südöstliche Ecke des Staates biegt man in San Antonio (14 km südlich von Socorro) von der Interstate 25 in die US 380 Richtung Roswell ein. Auf dieser Strecke begegnet man mehreren außergewöhnlichen Sehenswürdigkeiten.

Das Land ist offen, trocken und praktisch unbewohnt. **Trinity Site**, wo die erste Atombombe explodierte, liegt in dem gottverlassenen Wüstenstreifen südlich der Straße. Die Spanier nannten dieses öde Stück Erde ironischerweise *Jornada del Muerto*, Todesreise. Heute ist der Ort Teil der weitläufigen White Sands Missile Range, eines Militärgebiets. Nur zweimal im Jahr, auf Führungen im April und Oktober, darf man Trinity Site betreten. Die Handelskammer in Alamogordo, White Sands Boulevard 1310, erteilt genauere Auskunft.

Als nächstes durchfährt man **El Malpais** und die **Valley of Fires National Recreation Area**. Man kann auf einem der Parkplätze anhalten und einen kurzen Erkundungsgang durch diese wüste Landschaft machen, die vor 1000 Jahren durch den Carrizozo-

Geglückte Anpassung an die erbarmungslose Umwelt von White Sands.

Die Ruidoso-Downs-Rennbahn ist bekannt für ihr unvorstellbar hohes Preisgeld beim All-American Quarter Horse Futurity.

Lavastrom geformt wurde. Die schwarze Lava ist voller Kakteen, Wüstenblumen und Yucca. Die kleine Stadt **Carrizozo** ist reichlich verschlafen und ohne jeden Reiz. Von dort sind es noch 32 km bis zur historischen **Lincoln Town**, berühmt für den Lincoln-County-Krieg und die Missetaten von **Billy the Kid**.

Wer Zeit genug hat, sollte einen Abstecher nach Ruidoso über die NM 27 in südlicher Richtung machen. Die Straße geht von der US 380 östlich von Carrizozo ab. Unerwartet tauchen die kühlen **White Mountains** aus der heißen Wüste auf. Wieder reist man in Windeseile von einer saharaähnlichen in eine alpine Zone. Die halbe Stunde Fahrt durch einen Wald aus Kiefern, Fichten und Espen ist einfach toll.

Ruidoso ist ein hübscher, ganzjähriger Berg- und Skiurlaubsort, sehr begehrt bei den Flachlandtexanern. Der Sierra Blanca Peak erreicht eine Höhe von 3720 m. Auf der **Ruidoso-Downs-Rennbahn** ist die ganze Saison über viel los. Der *All-American Quarter Horse Futurity*, ein Pferderennen, dessen Preisgeld drei Millionen Dollar beträgt, einer der höchsten Preise in den Vereinigten Staaten, ist eine Institution. Die Pisten von **Ski Apache** locken alljährlich mehr als 300 000 Skifahrer auf die Hänge.

Von Ruidoso Downs geht es über die US 70 und schließlich auf der US 285 nach Carlsbad. Man beachte die Gabelantilopen unterwegs. Schließlich erreicht man über die US 62/180 den **Carlsbad Caverns National Park**.

Erster Eindruck der Carlsbad Caverns am klaffenden Eingang.

Stalaktiten in der Wüste

Einst war die bergige Wüste um diesen Park ein Korallenriff in einem längst vergangenen Meer. Heute ist das auf dem Trockenen liegende **Capitan Reef** eine fossile Landschaft. Es breitet sich im Süden bis nach Texas und den Guadalupe Mountains aus, und es enthält enorme Höhlen in seinem Inneren: die **Carlsbad Caverns**. Als die Erde das große Riff hinaufschob, Bruchstellen entstanden und das Grundwasser sich in steinzersetzende, gelöste Kohlensäure verwandelte, bildete tropfendes Wasser spektakuläre Wandgebilde, Dämme und Wälder aus Stalaktiten. Nach und nach wurde ein weitläufiges und phantastisches unterirdisches Märchenland erschaffen.

Im Nationalpark gibt es ein großes Touristenbüro mit Ausstellungen. Man hat zwei Möglichkeiten, die Höhlen zu erkunden – die eine ist ganz leicht, die andere schwieriger und abenteuerlich. Man kann sich in die Tiefe (257 m) mittels eines Aufzugs begeben oder sich einer fünf Kilometer langen, steil abwärts gehenden Führung durch das große, natürliche Eingangsloch in den Bauch des Berges anvertrauen.

Der Abstieg zu Fuß durch den **Königspalast**, das **Königinnenzimmer** und den **Knochenhof** ist weitaus interessanter und aufregender. Man lernt viel über die Entstehungsgeschichte der Höhlen, und die Tour macht gespannt auf die Wunder, die da noch harren. Der **Große Raum** liegt im Zentrum der Höhle. Es

Das Mesilla Valley: Chili und Geschichte

Eine unwiderstehlich reizvolle Präsentation von Chilis.

Im südlichen Neu-Mexiko ist der Anbau von Chilischoten eine Kunst, eine Wissenschaft und eine Leidenschaft. All dies zusammen machte die Stadt **Hatch** zur „Chili-Hauptstadt der Welt". Das Glück begünstigt die Chili-Bauern: Die Menschen des Südwestens und zunehmend auch in den ganzen Staaten sind verrückt nach den gesunden Chilis. Neu-Mexiko produziert mehr davon als jeder andere Staat in den USA. Der größte Teil des scharfen Zeugs stammt geradewegs aus Hatch.

Der Rio Grande, der für das fruchtbare Überschwemmungsland und das lebensspendende Wasser sorgt, fordert manchmal auch einen hohen Preis. 1921 wurde die gesamte Stadt Hatch von einer Springflut hinweggespült. Überschwemmungen kamen häufig vor, bis der Bau der Staudämme in Elephant Butte, Caballo und Percha den Fluß regulierten.

Das jährliche Hatch-Chilifestival am Wochenende vor dem Labor Day ist in Neu-Mexiko eine Institution. Köche wetteifern miteinander, und die Massen ergötzen sich an einer Parade und einem schön altmodischen Fiedlerwettbewerb.

Das historische **Mesilla**, etwas weiter südlich gelegen, ist eine reizende kleine Stadt, nur ein paar Kilometer von Las Cruces entfernt. Vor vielen Jahren war es die größte Metropole westlich von San Antonio in Texas und die Hauptstadt des konföderierten Territoriums Arizona. In Mesilla fand reichlich Historie statt. Billy the Kid beispielsweise stand dort vor Gericht und wurde zum Hängen verurteilt. Aber er konnte rechtzeitig fliehen.

Das interessanteste Gebäude der Stadt ist die **La Posta**, eine 175 Jahre alte Postkutschenstation auf der Route von Missouri nach San Francisco. Heute ist La Posta ein beliebtes Restaurant mit authentischem Ambiente und exzellenten lokalen Speisen.

Köstliche Pekannüsse

Eine gemächliche Tour von weniger als einer halben Stunde entlang der NM 28 am Westufer des Flusses bietet eine weitere Überraschung: Pekanbäume, soweit das Auge reicht. Die hohen, stattlichen Bäume stehen in Reih und Glied, Krone an Krone, so daß kaum ein Sonnenstrahl zum Boden durchdringen kann. Hier und dort wird ein Baum gerade bewässert.

Stahmann Farms, zehn Kilometer südlich von Mesilla an der NM 28, ist der weltgrößte Einzelproduzent von Pekannüssen. Die Farm erntet auf tausenden von Hektar Millionen Kilos. Im Laden für den Einzelverkauf kann man die verschiedenen Pekannüsse und köstliche Pekansüßigkeiten kosten.

gibt dort eine Cafeteria und einen Andenkenladen. Von dort führt ein zwei Kilometer langer, gekennzeichnter und beleuchteter Pfad zur **Gigantenhalle**.

Die Temperatur der Höhlen liegt konstant bei 13° Celsius (täglich außer Weihnachten; Führungen ab dem Morgen bis zum späten Nachmittag).

In den Carlsbad-Höhlen fliegen zahllose Fledermäuse herum. Interessierte beobachten den Flug der Fledermäuse von einem Amphitheater aus, das um den natürlichen Eingang zur Höhle herum gebaut wurde. Die insektenfressenden Fledermäuse sind unberechenbar. Manchmal schwärmen sie schon um halb acht abends aus, manchmal erst um Mitternacht.

Erholsame Enklaven

Jenseits der Grenze zu Texas liegt **Guadalupe Mountains National Park**, eine halbe Autostunde von den Carlsbad Caverns entfernt. Diese Berge erheben sich wie eine hohe, langgestreckte Felsformation vor den umgebenden Wüstenhügeln. Am südlichen Ende des Gebiets steht der kecke Gipfel des **El Capitan** wie eine Schildwache über der Wüste.

Der Park besteht aus rauhem, trockenem Land mit gleichförmiger Vegetation, aber er bietet auch Überraschungen in Form von Wasserlöchern und natürlichen Quellen, die die Wüste in eine blühende Oase verwandeln können. **Smith Spring** ist ein solcher wundersamer Ort, und **McKittrick Canyon** ebenso – dort verwandelt der Herbst das Grün in ein Farbenmeer.

Oben auf dem Riff überraschen feuchte, grüne Wälder den Besucher. „**The Bowl**" ist so ein verborgenes Juwel, das man von unten nicht sehen kann. Elche, Bären, Berglöwen und viele Vögel leben auf diesen himmelsstrebenden Höhen. Das Besucherzentrum bietet Aus-

Der ehrfurchtgebietende Sonnentempel in den Carlsbad Caverns.

stellungen, Karten und Naturwanderungen an. Der Park ist ganzjährig täglich geöffnet.

Um die Reise durch den Südosten zu komplettieren, empfiehlt sich eine Rückkehr nach Artesia. Man fährt nordwärts auf dem Weg, den man gekommen ist, und nimmt die US 82 von Artesia nach Cloudcroft. Die Fahrt dauert etwa drei bis vier Stunden.

Cloudcroft liegt hoch oben auf dem **Sacramento Mountain Range**, das in alpiner Pracht über der südlichen Wüste auftaucht. Es befindet sich in 2678 m Höhe inmitten des großen **Lincoln National Forest** südlich des Mescalero-Apachen-Reservats. Man kann spazierengehen, wandern, angeln, campen, Golf spielen und skifahren in diesem rusti-

Das White Sands National Monument

Die hinreißende Öde des White Sands National Monument.

Von all den geologischen Überraschungen, die man im Südwesten findet, ist White Sands bei weitem die ungewöhnlichste. Es sieht aus, als wäre es nicht von dieser Welt und tatsächlich gibt es auf der Erde nichts Vergleichbares. Es ähnelt einem Himmelreich aus einem Kindertraum. Was könnte sonst so rein, so weiß, so warm und schimmernd gegen das Blau des Himmels sein? Man sollte sich ein wenig die kindliche Fähigkeit des Staunens bewahrt haben, wenn man nach White Sands kommt.

Ideal sind Besuche im Frühling, Herbst und Winter. Im Sommer ist die Hitze unerträglich, weswegen man das Gelände möglichst nur am frühen Morgen, am späten Nachmittag oder bei Mondschein besichtigen sollte. Die Ranger bieten im Sommer Vollmondtouren an.

Der Eingang in das 638 km² große Gebiet der weißen Gipsdünen im Tularosa Basin liegt 24 km südwestlich von Alamogordo. Im Besucherzentrum erfährt man Details über die Geologie und die Tier- und Pflanzenwelt des Areals. Die Park Ranger geben bereitwillig Auskunft, Naturwanderungen mit Führung werden angeboten. Einen Andenkenladen gibt es auch.

Das weiße Wunder

Die geologischen Kräfte haben wie überall die Landmassen der Region gehoben, geschichtet und gefaltet. Doch hier gab es einen grundlegenden Unterschied: Die Berge um das Tularosa-Basin enthielten dicke Gipsschichten. Die Erosion tat das übrige. Über Jahrtausende wuschen Regen und Schmelzwasser den weißen Stoff aus den Bergen und schwemmten ihn in den Lucero-See am tiefsten Punkt des Beckens. Unter dem heißen Odem von Sonne und Wind verdunstete das Wasser des Sees und hinterließ eine kristalline Kruste. Der ruhelose Wind zerrieb die Kruste in feine Körner weißen Sandes und formte aus ihnen die großen Wanderdünen. Manche sind fast 20 m hoch.

Die Umgebung von White Sands ist unerhört schön, aber auch unerhört grausam. Man erinnere sich an die *Jornada del Muerto* der Spanier, die Todesreise. In der Vogelfluglinie erstreckt sich die furchterregende Wüste nur 16 km weit. Wüsten gibt es in verschiedenen Zusammensetzungen und im Gegensatz zu den hochgelegenen Wüsten des Colorado-Plateaus und der nördlichen Regionen des Südwestens existieren im Süden Wüsten, die weit tiefer liegen, trockener und heißer sind. Und dieses trügerisch prachtvolle weiße Ödland ist eine davon.

Dort mußte das Leben erstaunliche Anpassungsleistungen erbringen. Viele kleine Tiere verfärbten sich platinhell, so daß sie nicht wie wunde Punkte gegen den weißen Hintergrund erschienen und damit Angreifer anlockten. Einige widerstandsfähige Pflanzen lernten ebenfalls den Gips zu schätzen.

Die 26 km lange Rundfahrt führt direkt ins Zentrum der weißen Dünen. Entlang der Straße sind acht Pfosten und Haltestellen errichtet, die Erklärungen zu speziellen Gegebenheiten liefern. Einige der Dünen sind reichlich aktiv und „wandern" bis zu sechs Meter pro Jahr. Die Straße wie auch ein paar Pflanzen laufen ständig Gefahr, begraben zu werden. Das weiße Zentrum der Sandlandschaft beginnt am Pfosten Nr. 8. Man kann die weichen Dünen hinaufklettern und im Sandmeer wellenreiten.

Geöffnet im Sommer 8–22 Uhr, ansonsten von 8 bis eine halbe Stunde vor Sonnenuntergang. Nachttouren werden im Sommer um die Vollmondzeit durchgeführt.

Eingekuschelt zwischen Kiefern strahlt das Inn of the Mountain Gods einladende Wärme und Gefälligkeit aus.

kalen Paradies – und in der altehrwürdigen **Lodge** logieren, in der schon vor Jahren Pancho Villa, Judy Garland oder Clark Gable residierten.

Das **Sunspot Solar Observatory** auf dem **Sacramento Peak** liegt 32 km davon entfernt, erreichbar über eine gewundene Waldstraße. Es handelt sich um eine Einrichtungen der National Science Foundation und der Universitäts-Vereinigung für Weltraumforschung. Der Blick von dort ist großartig.

Das Mescalero-Apachen-Reservat

Das nahe gelegene **Mescalero-Apachen-Reservat** (188 673 ha) gehört zu den schönsten und am besten organisierten Reservaten der nativen Amerikaner. Ihren Lebensunterhalt verdienen die Apachen mit Holzwirtschaft, Viehzucht, Landwirtschaft und Tourismus. Das weithin bekannte Feriendomizil Inn of the Mountain Gods ist Stammeseigentum und wird auch vom Stamm verwaltet. Es befindet sich acht Kilometer südwestlich der Apachenstadt Mescalero. Das moderne Hotel liegt eingeschmiegt zwischen Kiefern an einem kleinen künstlichen See und verfügt über 250 Zimmer, Freiluft-Swimmingpools, Saunen und Heilbäder, einen Golfplatz, und man kann von dort Reittouren und Bootsfahrten unternehmen. Anfang Juli feiern die Mescalero ihre alljährliche Zeremonie, mit Tänzen, Initiationsriten und der Ankunft der Berggeister.

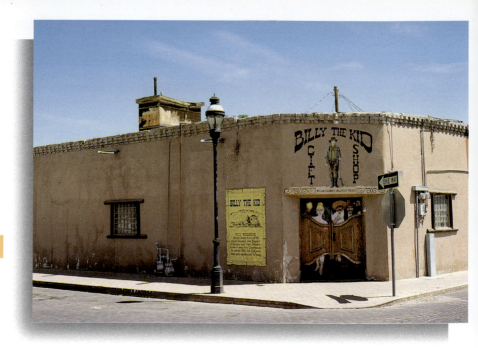

Ein Andenkenladen in Las Cruces, einem Ort auf dem Weg nach Mexiko.

Futuristische Landschaft

Von Mescalero geht es über Tularosa (US 70) nach **Alamogordo** (US 54). Diese zweckmäßig hingebaute Stadt dient größtenteils als Servicecenter für die nahe gelegenen Militärstützpunkte Holloman Air Force Base und White Sands Missile Range. Die einzigen Sehenswürdigkeiten sind das **White Sands National Monument** (siehe Rahmentext S. 256), die **International Space Hall of Fame** (Ruhmeshalle der Raumfahrt) und das **Clyde W. Tombaugh Space Theater**, das futuristische Laser-Lightshows, ein Planetarium und Panoramafilme zu bieten hat.

Das preisverdächtige Glaswürfelgebäude zeigt eine Ausstellung, die die Geschichte der Raumfahrt von den frühesten internationalen Experimenten mit der Raketentechnik bis zu der geplanten Raumstation der NASA dokumentiert. Des weiteren wird die Laufbahn aller führenden Persönlichkeiten des Weltraumzeitalters dargestellt. Im Freien ist eine Anzahl von Raumfahrzeugen und Abschußrampen zu besichtigen.

Nur eine Stunde Fahrt Richtung Südwesten liegt die hübsche Stadt **Las Cruces** im fruchtbaren Mesilla Valley. Der erste Europäer, der 1535 in dieses Gebiet vordrang, war Alvar Nuñez Cabeza de Vaca. Die Stadt wurde zunächst als Station für die Karawanen auf dem **El Camino Real**, dem Königsweg, gegründet und nach einer Begräbnisstätte mit Kreuzen (span. Las Cruces) für Reisende benannt, die

La Posta, eine ferne Erinnerung an die gute alte Zeit im Mesilla Valley, ist heute ein Restaurant.

1830 von Apachen umgebracht worden waren.

Die Eisenbahnlinie, die Gründung der New Mexico State University im Jahr 1888, ein mildes Klima und die Bewässerung durch den Rio Grande ermöglichten das ständige Wachstum der Stadt. Mit den grotesken Spitzen der zerklüfteten **Organ Mountains** im Hintergrund und dem grünenden **Mesilla Valley** in der Nähe zieht Las Cruces Touristen und vorzugsweise auch Pensionäre an. Außerdem ist es ein regionales Eingangstor zu Mexiko. Mit der texanischen Grenzstadt **El Paso**, die nur 70 km weiter südlich liegt, ist der Ort durch die Interstate 10 verbunden. Dort führt eine Brücke über den Rio Grande nach Ciudad Juarez in Mexiko.

Einladende Skipisten im Mescalero-Apachen-Reservat.

KAKTEEN UND PAPAGO

Tucson

Mitten in der atemberaubenden Sonora-Wüste liegt zwischen schroffen Felsen Tucson, eine Stadt mit Herz und dem typischen südlichen Flair. Für die Einwohner Tucsons hat ein geruhsames Leben einen höheren Stellenwert als Geschäfte zu machen. Der Name Tucson ist abgeleitet von dem Begriff *Chuk-son* aus der Sprache der Pima mit der Bedeutung „am Fuß der dunklen Berge". Die Bevölkerung der Stadt hat gelernt, mit den Ressourcen schonend umzugehen, und verbraucht beispielsweise nur halb soviel Wasser pro Kopf wie Las Vegas.

Im alten Tucson erhielten sich starke historische Züge, während die neue City mit 700 000 Einwohnern ultramodern ist. Das Ambiente des spanischen Wilden Westens blieb lebendig und findet sich beispielsweise in Touristenranches und ihren Ställen, Rodeos, Festivals und Westernmelodramen. Gefeiert wird das ganze Jahr hindurch, populärstes Ereignis ist die jährliche Fiesta de Los Vaqueros, das größte Winterrodeo des Landes im

Dem Kaktus in der Sonorawüste tapfer ins Auge sehen.

Glühender Sonnenuntergang in der Wüste

Freien, zu dem auch die größte nichtmotorisierte Parade gehört. Sie fällt auf den späten Februar oder frühen März.

Das nativ-amerikanische und spanische Erbe wird vervollständigt durch ein kraftvolles, zeitgenössisches, kulturelles und künstlerisches Leben. Tucson hat eine Symphonie, Theater, Ballett, ein Opernensemble und ist stolz auf sein Kunstmuseum. Die Universität von Arizona ist in Tucson und auch das international bekannte *Center for Creative Photography* mit einem außerordentlichen Archiv und Forschungseinrichtungen, die auf Ansel Adams zurückgehen.

Die Winter sind wunderbar warm, während die Sommer heiß, aber wegen der Höhenlage von 728 m zehn Grad kühler und weniger feucht als in Phoenix sind. Auf alle Fälle scheint die Sonne jeden Tag. Regen fällt meist zwischen Juni und August, dann ergrünt die Wüste. Die schönste Zeit ist der späte Frühling, wenn die Kakteen zu blühen beginnen.

Fünf Bergketten formen einen Ring um Tucson: die **Rincon Mountains** im Osten, die **Santa Catalinas** im Norden und Nordosten, die **Santa Ritas** stehen Wache im Süden und Südosten, die **Tucson Mountains** liegen westlich und die **Tortolitas** nordwestlich.

Innenstadt

Den Rundgang sollte man in Downtown beginnen, wo der originale Presidio San Augustin del Tucson die wenigen Einwohner seit 1776 schützt. Nordwestlich

Mischformen architektonischer Stile und künstlerischer Ausdrucksformen in Tucson.

befindet sich das historische Viertel **El Presidio**. Das historische Viertel **Barrio** sowie der **Armory Park District** liegen einige Häuserblocks weiter südlich beziehungsweise südöstlich.

Alle drei Viertel enthalten sorgfältig gepflegte und restaurierte Lehmziegelhäuser mit dicken Mauern und hohen Decken. Zwei der ältesten Gebäude im **El Presidio** sind das **Edward Nye Fish House** auf der North Main und das **La Casa Cordóva** in der North Meyer Avenue 175, das unter Denkmalschutz steht und wo heute ein Museum mexikanischen Erbes untergebracht ist. Beide Häuser sind Teil des **Tucson Museum of Art** in der North Main Avenue 140. Die ständige Ausstellung des Museums zeigt eine umfangreiche Sammlung präkolumbianischer Kunst und spanischer kolonialer Gemälde, Textilien und Möbel. Wechselnde Ausstellungen beschäftigen sich mit Gemälden, Skulpturen, Grafiken und Fotografien.

Die **Plaza de Las Armas** geht zurück auf das späte 18. Jahrhundert, war der größte Platz im Presidio-Viertel und wurde zum Drillen, Marschieren und Feiern gebraucht. Heute ist dort ein schöner Park mit Palmen, attraktiven Springbrunnen und Skulpturen. Das verzierte **Pima County Courthouse** hat eine gekachelte Kuppel und behauene spanische Kolonialfassaden.

Das **Barrio Historico**, auch Barrio Libre genannt, war einst eine wilde Siedlung direkt vor der Stadt. Während der aufregenden Tage des frühen 18. Jahr-

San Xavier del Bac – Die weiße Taube der Wüste

Die beispielhafte Mission San Xavier del Bac.

Xavier-Indianer-Reservats, und direkt nebenan liegt das kleinere Pascua-Yaqui-Reservat.

Man sieht sie schon von weitem über der Wüste schweben und in der Sonne jubilieren. Ist es ein Wunder, daß die Reisenden einer so reizenden Erscheinung einen poetischen Namen gaben?

San Xavier ist zweifelsohne die feinste und erhabenste spanische Mission in den Vereinigten Staaten. Ihr Stil ist nicht rein, sondern verbindet maurische, spanische, Churrigueresco-Elemente mit regionalen Einflüssen und Hochbarock. Was dabei herauskam, ist ein Werk höchster architektonischer Harmonie und Schönheit. Das Gebäude hat Kraft, Harmonie und Würde.

Und nicht nur das: Diese Qualitäten werden noch vergrößert durch die Weitläufigkeit der Anlage. Die Mission lebt im klaren Raum und strahlendem Licht des fruchtbaren Santa-Cruz-Tals, umgeben von der Wüste und den rosaschattigen Bergen. Das Land ist Teil des San-

Kinos Schöpfung

Der freundliche Jesuit, der „Pater hoch zu Roß", Pater Kino (siehe Kapitel Geschichte), der 1687 zuerst in das Land von Pimeira Alta kam, baute nach und nach eine ganze Kette von Missionsstationen, darunter auch San Xavier del Bac, die zum Juwel wurde. Die Originalkirche, die Pater Kino in der Nähe eines Dorfs errichten ließ, gibt es längst nicht mehr, aber sein Vermächtnis lebt. Heute können wir eine wunderbare Mission bewundern, die die Franziskaner im späten 18. Jahrhundert fertigstellten.

Als Mexiko von Spanien unabhängig wurde und die Missionare fortzogen, gingen die Menschen von Pima/Papago sehr sorgfältig mit ihrer Mission um und sorgten für ihren Erhalt. Fast die gesamte religiöse Kunst des reichen Interieurs

hunderts hatten die Einwohner kein sehr enges Verhältnis zu Recht und Gesetz. Man sieht dort im Viertel mindestens 150 historische Lehmziegelbauten, aber diese Gebäude stammen aus den Tagen der Kämpfe, als die Einwohner eher nach Sicherheitsgesichtspunkten bauten und nicht Ästhetik im Vordergrund stand. Man kann dort aber noch sehr gut die Atmosphäre des Barrio insgesamt erahnen. Nicht übersehen sollte man den **El Tiradito**, den „Wünsche-Schrein", auf der Main Street. Er enthält die sterblichen Überreste eines jungen Hirten, der in einer Dreiecksbeziehung getötet wurde. Die **Cushing Street Bar & Restaurant** in der Meyer Avenue South 323 ist ein historisches Wahrzeichen. Der ehemalige

entging dem Verfall und der Zerstörung, weil die nativen Amerikaner alles mit Feuereifer bewachten. San Xavier ist bis heute das spirituelle Zentrum der Papago.

Man kann sich alles ansehen, durch den Klostergarten spazieren und einen alten Friedhof mit namenlosen Gräbern besichtigen. An der Eingangsfront ist von außen auf beiden Seiten ein interessantes Katz-und-Maus-Spiel eingehauen. Die Legende sagt, daß die Welt zu Ende geht, wenn die Katze die Maus fängt.

Innen ist die Kirche angenehm kühl, und das Licht ist gedämpft. Alles ist ausgeschmückt, großzügig und wirkt durch die Menge an Bildern, Fresken und Statuen noch reicher. Aber trotz dieser Opulenz hält ein klarer, klassischer Entwurf die einzelnen Elemente in all ihren Variationen zusammen. Die Architektur erscheint so harmonisch wie eine Komposition von Bach oder Mozart.

Messen und religiöse Feiern werden in San Xavier das ganze Jahr hindurch gefeiert. Hauptereignis ist das San Xavier Pageant and Fiest am ersten Freitag nach Ostern. Dabei wird die Gründung der Mission mit Tänzen der Papago und Yaqui gefeiert, in historischen Kostümen, mit großen Feuern, Fanfaren und Speisen. Andere wichtige Feiertage sind der 3. und 4. Oktober zu Ehren von Franz von Assisi und der Tag des San Francisco Xavier am 3. Dezember.

Man kommt in das 14 km südwestlich von Tucson gelegene San Xavier über die Interstate 19 bis Ausfahrt 92. Geöffnet täglich von 6 Uhr bis zum Sonnenuntergang. Eintritt frei, Spenden werden angenommen.

Ferrin *home and country store* ist heute ein beliebtes Restaurant.

Das historische Viertel **Armory Park** entwickelte sich während der Tage des Baus der Eisenbahn im ausgehenden 18. Jahrhundert und ersetzte die spanische Lehmarchitektur durch den amerikanischen Baustil. Einige Gebäude sind amüsante Hybriden mit Elementen, die beiden Stilrichtungen entlehnt wurden. Eines dieser schönen Gebäude stammt aus dem Jahr 1920, der **Temple of Music and Art** in der Scott Avenue South 330, heute Spielstätte der Arizona Theater Company, Galerie und Restaurant.

Die **Universität von Arizona** sollte man zu Fuß erkunden. Das **Center for Creative Photography** in der East University 843 ist ein Institut von Weltrang. Es zeigt wechselnde Ausstellungen sowie die Werke von Ansel Adams, Edward Weston, Paul Strand und Harry Callahan (Mo–Fr und So nachmittag; Eintritt frei).

Das **Kunstmuseum der Universität** von Arizona liegt in der Olive Road und beherbergt eine der besten universitären Sammlungen des Landes. Stark vertreten sind die Renaissance sowie europäische und amerikanische Kunst des 20. Jahrhunderts. Unter den Exponaten befinden sich Werke von Tintoretto, Picasso, Rodin, Arp, Degas und Maillol (Mo–Sa und So nachmittag; Sommeröffnungszeiten telefonisch erfragen; Eintritt frei).

Der Weg nach Westen

Hat man die Stadt erkundet, bieten sich Ausflüge zu Sehenswürdigkeiten rund um Tucson an, die mit Tagesausflügen zu bewältigen sind. Die **Old Tucson Studios** liegen in der Gates Pass Road. Diese lebhafte Hollywoodversion einer Frontstadt im Süden Arizonas wurde im Jahr 1939 gebaut, fiel in Vergessenheit, nachdem die Filme abgedreht waren, und wurde später mit einer Mischung aus Drehort und Westernpark mit Schieße-

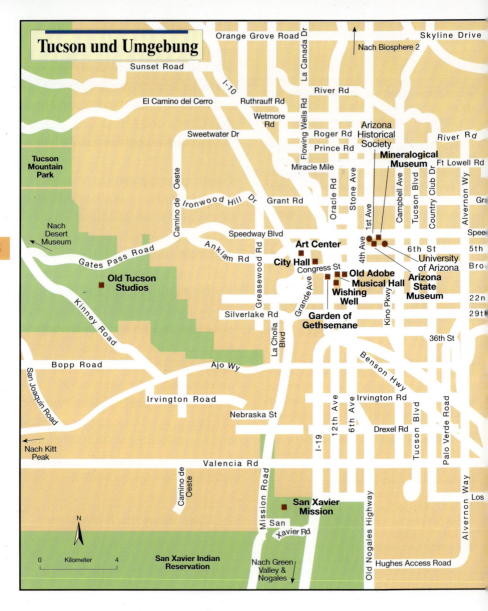

reien wiederbelebt. Mindestens hundert Filme wurden dort gedreht, und Stars wie John Wayne und Frank Sinatra drückten sich die Klinke in die Hand.

Das **Arizona-Sonora Desert Museum** liegt im Tucson Mountain Park 22 km westlich der Stadt und zählt zu den weltweit zehn besten Zoos. Es handelt sich dabei um ein lebendes Museum der Sonora-Wüste mit wundervollen Gärten, ursprünglichen Naturlandschaften sowie einem betretbaren Vogelhaus. Um alles sehen zu können, sollte man sich drei bis vier Stunden Zeit lassen.

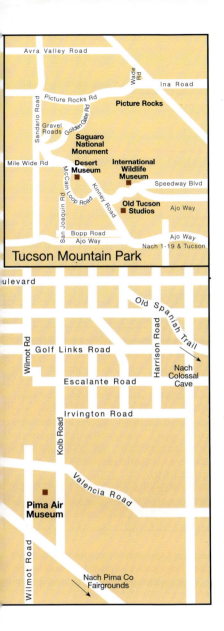

rer Kaktus, der Saguaro, den es sonst nirgendwo gibt, wächst sehr langsam in der Sonora-Wüste, wird 150 bis 200 Jahre alt und 12 bis 16 m hoch. Er wiegt bis zu zehn Tonnen und enthält das gesamte Ökosystem der Wüste.

Das **Kitt Peak National Observatory** ist ein weithin bekanntes Beobachtungszentrum im Westen auf der Spitze eines 2170 m hohen Bergs. Nach einer Stunde Fahrt Richtung Südwesten über die AZ 86 liegt es in der östlichen Ecke des 1 230 000 ha großen **Papago-Indianer-Reservats**, des zweitgrößten Reservats der Vereinigten Staaten. Das Observatorium hat mehr als ein Dutzend Teleskope. Einige Observatorien sind mit Besuchergalerien ausgestattet, so daß man die Feinheiten der Operationen ganz dicht miterleben kann. Ein Besucherzentrum, Museum, Andenkenladen und auch eine Picknickstelle sind vorhanden (täglich außer Weihnachten; Eintritt frei).

Fährt man weitere 29 km auf der AZ 86 Richtung Westen, kommt man zu dem Dorf **Sells**, dem Hauptort der Papago. Im **Papago-Handelsposten** und im **Tribal Arts and Crafts Shop** erhält man die hervorragend gearbeiteten Körbe dieses Volks. Will man weiter südlich in das Reservat, braucht man eine Genehmigung. Einige Straßen sind geschlossen, andere bei schlechtem Wetter gefährlich. Das große Fest Papago All Indian Rodeo findet jährlich im Oktober statt. In Tucson erfährt man den genauen Termin. Von Sells sind es 128 km bis zu dem bizarren, aber großartigen **Or-**

Das **Saguaro National Monument** besteht aus zwei Teilen. Der westliche Teil beginnt drei Kilometer nach dem Wüstenmuseum an der Kinney Road. Man findet dort einen 14 Kilometer langen Rundweg und 26 km Wanderwege durch den jungen Saguaro-Wald. Ein besonde-

Biosphäre 2

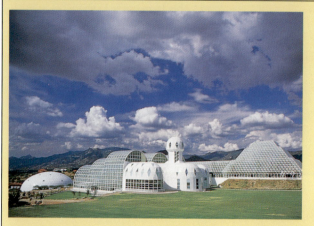

Die futuristische Biosphäre 2 ist eine abgeschlossene Welt.

In Europa und Asien hat Biosphäre 2 bereits Kultstatus. Die Leute kommen extra dorthin, um sich dieses futuristische Forschungsprojekt anzusehen. Deswegen klingt es rund um den Weiler Oracle in den Catalina-Bergen von Arizona so polyphon wie bei den Vereinten Nationen.

Biosphäre 2 ist ein gewagtes, laufendes, ökologisches Experiment ohne Vorbild. Man kann es sich vorstellen, als ob unser Planet in ein abgeschlossenes Glashaus oder eine neue Arche Noah gepackt worden wäre – Ergebnis der Überlegungen von Ökologen, Naturwissenschaftlern und eines Milliardärs mit einer Vision. Ausgestattet mit Mut, Ideenreichtum und Tausenden von Fragen, baute die Gruppe mit den architektonischen Finessen des 21. Jahrhunderts das größte vollständig abgeschlossene Biotop auf der Erde. Es enthält sieben Ökosysteme oder Biome, die der natürlichen Erde nachempfunden wurden: einen Ozean, eine Savanne, eine Wüste, einen Regenwald, eine Marsch, Land zum intensiven Anbau und für menschliche Bewohner sowie weitere für etwa 4000 Spezies. Alles – die Luft, das Wasser und die Nahrungsmittel – wird nur innerhalb des Systems benutzt und wiederverwendet. Das Experiment ist auf hundert Jahre angelegt.

Im September 1991 schleusen sich die ersten vier Männer und vier Frauen in Biosphäre 2 ein. Das Eingangstor verschloß sich, und für die Biosphärenbewohner begann ein zunächst zweijähriges Abenteuer. Im Oktober 1993 kamen sie wieder heraus, und seitdem umschwärmen Wissenschaftler die Anlage. Das Studienpotential einer sich selbst versorgenden und sich selbst bestimmenden abgeschlossenen Umwelt auf dieser Erde bringt einen zum Taumeln. Besucher sind in Biospäre 2 willkommen, obwohl die versiegelten Laboratorien nicht zugänglich sind. Dennoch gibt es viel zu sehen und zu entdecken, besonders wenn man an der Führung teilnimmt. Wege führen um das gesamte Glasdach von Biosphäre 2 und erlauben einen Blick auf die 4000 Arten von Pflanzen und Tieren im Inneren. Die Besuchergalerie für das Ozeanbiom ist als offenes Fenster in die Lagune gestaltet, das größte künstlich geschaffene Korallenriff der Welt mit einem Tiefwasser-Ökosytem.

Im Analoggebäude werden Beispiele der Gesamtanlage im kleinen gezeigt – die Laboratoriums-Ausstellung, biosphärische Untersuchungen, das Entwicklungszentrum und die einzelnen Testeinheiten. Alles wird in echten und simulierten Experimenten vorgestellt und führt den Besucher durch ein Forschungszentrum mit den Ökosystemen des Hauses, einer Tierzone und einer hausgroßen Minibiosphäre.

Außerdem gibt es im Biosphärischen Theater eine Multimediashow in einem halben Dutzend Sprachen sowie einen ökologisch korrekten Andenkenladen. Weiterhin kann man im Biosphären-Café essen, lokal natürlich, und in der Herberge übernachten. Da sie einst ein Luxushotel war, findet man alles vom Swimmingpool bis zum Tennisplatz.

Biosphäre 2 liegt 45 Minuten nördlich von Tucson, man fährt auf der Interstate 19 bis zur AZ 77, dort rechts, bis man das Schild sieht. B 2 ist täglich geöffnet und kostet Eintritt.

Fresken-Volkskunst im historischen Viertel Barrio, zwischen den Kakteen ins Abseits geraten.

gan Pipe Cactus National Monument, ein noch befremdlicherer Anblick als die Saguaro-Landschaft rund um Tucson. Der Orgelpfeifenkaktus ist ein Verwandter des Saguaro. Im Besucherzentrum erhält man Broschüren und Karten. Die Rundfahrten sind 34 respektive 83 km lang. Die längere Fahrt führt an den **Quitobaquito Springs** vorbei, einer kleinen üppigen Oase in der Wüste, und berührt **El Camino del Diablo**, den Weg des Teufels, den frühere Reisenden durchqueren mußten, wenn sie diese Gegend passieren wollten.

Südlich der Grenze

Die Route im Dreieck von Tucson nach Nogales und über eine andere Strecke

Kakteen im Saguaro National Monument.

Eine Schießerei als Westernshow in den Old Tucson Studios.

zurück nach Tucson, nämlich durch Patagonia und das pferde- und rinderreiche Arizona ist ein erholsamer Tagesausflug. Wenn man will, kann man kurz über die Grenze nach Mexiko.

Man fährt auf der Interstate 190 Richtung Süden, verläßt sie nach 77 km an der Abfahrt Tumacacori und folgt den Schildern zum **Historical State Park**. Dort stößt man auf einen wunderschönen Garten mit den guterhaltenen Ruinen einer Mission, **San Jose de Tumacacori**, die im Jahr 1752 gebaut wurde. Die Mission verfiel, nachdem das unabhängige Mexiko die Kirche nach 1821 in ihre Schranken wies.

Nogales liegt nur 32 km weiter südlich auf der Interstate 19, aber 465 m höher als Tucson. Die Stadt teilt sich in zwei Nationen, sie ist ein Einkaufsparadies. Man parkt am besten noch in Arizona und geht zu Fuß über die Grenze. Die beiden Haupteinkaufsstraßen sind die Obregon und die Calle Elias. Der Besuch macht Spaß, aber man sollte auf sein Portemonnaie achten und immer cool bleiben. Die Händler werden Himmel und Hölle in Bewegung setzten, um dem Besucher etwas zu verkaufen.

Auf der Rückfahrt Richtung Norden kann man die AZ 82 und 83 nehmen – eine angenehme Fahrt durch eine wellige Graslandschaft. In **Patagonia** findet man das einzige Museum der Vereinigten Staaten, das sich nur Pferden widmet: das **Museum of the Horses**.

Bei Sonoita nimmt man die AZ 83 in nördlicher Richtung und fährt zurück

Um auf den Geschmack von Wüstenkultur zu kommen, muß man nur ins Wüstenmuseum fahren.

nach Tucson. Aber bevor man sich auf den Rückweg macht, kann man der **Colossal Cave** einen Besuch abstatten. Sie liegt nur wenig abseits des Punktes, an dem Interstate 10 und AZ 83 aufeinandertreffen. Verborgen in den Rincon Mountains findet man eine Höhle, die größte trockene Kalksteinhöhle der Welt, voller Kristallkammern und Kalksäulen. Wenn es in Tucson zu heiß wird, machen sich die Leute auf in die dunkle Tiefe der Höhle (Führungen im Sommer zu unterschiedlichen Zeiten).

Das interessante **Pima Air Museum** liegt an der Valencia Road gleich neben der Interstate 10. Luftfahrtfans können sich 180 Oldtimer-Flugzeuge bei einem Gang durch die Geschichte ansehen. Die südöstliche Strecke bringt einen auch zum legendären Tombstone, zur Lavender Mine und zum Cochise Country. Eine Stunde Fahrt östlich auf der Interstate 10 führt zum Wendepunkt nach Benson.

Von hier aus sind es noch 83 km nach **Tombstone**, der „Stadt, die zu hartgesotten ist zu sterben". Diese frühere Silberminensiedlung, die ihren Ruhm aus dem Revolverduell am O.K.-Corral zieht, bannt die Phantasie Amerikas erneut: Ein Film namens *Tombstone* wurde Ende 1993 gedreht. Einst notorisch gewalttätig und verschwenderisch, wurde aus dem Ort eine Geisterstadt, bis einige tatkräftige Leute in den sechziger Jahren mit der Restaurierung begannen.

Man sollte sich auf alle Fälle den **Boothill Cemetery** ansehen, die letzte Ruhestätte vieler *Outlaws*, die „mit ihren

Füßen in den Stiefeln" starben. Eines der Gräber hat die lakonische Inschrift „George Johnson – aus Versehen aufgehängt". Schießereien und Wild-West-Shows werden jeden Sonntag aufgeführt. Das große **Helldorado-Days-Fest** findet Mitte Oktober statt.

Bisbee ist eine weitere auferstandene Bergbaustadt an der Grenze mit gutem Klima, einer angenehmen Umgebung und guterhaltener viktorianischer Architektur. Der Hauptanziehungspunkt, die **Brewery Gulch**, hatte einst über 50 Saloons. Kupfer war die Mutter der Stadt. Man kann eine Bustour in die berühmte **Lavender Pit Mine** mitmachen. Bevor man ins Innere der **Copper Queen Mine** fährt, sollte man sich warm anziehen und den angebotenen Bergarbeiterhelm aufsetzen. Das dramatische „Wunderland der Felsen" am **Chiricahua National Monument** liegt zwei Stunden nordöstlich von Bisbee. Diese Gegend war Heimat der Apachenführer Cochise und Geronimo.

ser Wildnis. Der westliche Teil des Monuments am Old Spanish Trail zeigt die jüngeren Kakteen, aber im Osten wachsen die Veteranen, bis zu 200 Jahre alte Riesen. Im Mai und Juni bedecken sie sich mit anmutigen weißen Blüten. Man kann dieses Naturereignis nur am frühen Morgen sehen, weil sich die Blüten später wegen der Hitze schließen. Das Monument liegt am Old Spanish Trail und ist täglich geöffnet.

Die Catalina Mountains, der Sabino Canyon und der 2839 m hohe Mount Lemmon sind die beliebtesten Ausflugsziele der Bewohner von Tucson. Im Sommer kommen sie zu Fuß, auf Mountainbikes oder hoch zu Roß, im Winter auf Skiern (es gibt dort Lifte) zu den schönsten Abfahrten des **Lemmon**.

Sabino Canyon ist eine üppige und liebenswerte Wüstenoase, die durch einen Bach gespeist wird. Hinter dem Besucherzentrum – mit Ausstellung und Karten – sind Fahrzeuge nicht gestattet, man nimmt einen Rundfahrtbus, läuft oder reitet. Man kann sich auch zum **Bear Canyon** bringen lassen und von dort nach **Seven Falls** laufen (7 km Rundweg), einer Gruppe spektakulärer Wasserfälle.

Bergexkursionen

Die **Rincon Mountains** sind zu felsig für Straßen, aber man bekommt auf der 14 km langen Rundfahrt durch den urzeitlichen Wald des **Saguaro National Monument East** einen guten Eindruck die-

Ganz gewiß sollte man nicht versäumen, sich den Friedhof Boothill in Tombstone anzusehen.

Um zum Mount Lemmon zu kommen, folgt man der Sabino Canyon Road bis zur Tanque Verde Road, biegt in Tanque Verde rechts ab Richtung Catalina Highway. Dort achtet man auf die Schilder und nimmt den steilen Weg hoch auf den Berg.

Es ist ein weiterer Sprung durch die Ökozonen, der einen von der brutzelnden Sonora-Wüste in die verharschte, alpine Heimat von Fichten und Espen bringt. Der Weiler **Summerhaven** am Gipfel bietet einfache Unterkunft, Speisen und anderen Service.

BOOMTOWN IN DER WÜSTE

Phoenix

Wenn man sich die überwiegend bergige Topographie Arizonas ansieht, stellt man fest, daß das Tal der Sonne (*Valley of the Sun*) die bedeutendste Niederung des Landes ist. Am Salt River, zwischen Bergketten gelegen, wuchs Phoenix aus bescheidenen Anfängen nach 1860 zur größten Wüstenmetrople des Südwestens heran. Es ist die neuntgrößte Stadt der USA mit 2,2 Millionen Einwohnern im Einzugsgebiet.

Der Name der Stadt stammt von einem der ersten Siedler, einem Mann mit mythologischem Interesse. Wie der Vogel Phoenix, der alle 500 Jahre aus der Asche neu geboren wird, so sollte eine neue Stadt aus den Ruinen einer Siedlung der Hohokam erwachsen, die sich als erste – vor 10 000 Jahren – am Salt River niedergelassen hatten. Sie bewässerten das fruchtbare Land, und ihre Zivilisation erreichte ihren Höhepunkt in der Zeit von 300 bis 1450 n. Chr.

Und so wuchs tatsächlich eine neue Stadt heran. Als die Eisenbahn im Jahr 1887 ankam, begann der Boom. Arizona wurde am 14. Februar 1912 Mitglied der Vereinigten Staaten. Dammbauten, ver-

Heißluftballons im Tal der Sonne.

In Arizona gibt es 23 Indianerreservate und 17 Stämme.

dem traditionsverbundenen Tucson und den anderen, meist historisch verwurzelten Städten, fällt eins sofort auf: Diese Stadt ist neu.

Aber selbst Neuheiten veralten dort schnell. Deswegen investierte die Verwaltung über eine Milliarde Dollar in die Revitalisierung der Innenstadt – und empfing dafür ihren Lohn. Im Jahr 1993 wurde sie mit dem Carl-Bertelsmann-Preis, Gründer des gleichnamigen Verlags, in Höhe von 180 000 Dollar für eine der beiden am besten verwalteten Städte der Welt ausgezeichnet. Die andere Stadt war Christchurch in Neuseeland.

Innenstadt

In der Innenstadt wurden Parks und ein Grüngürtel angelegt, Theater, postmoderne Galerien mit Geschäften und Restaurants gebaut sowie die **America West Arena** mit 20 000 Plätzen. All das wurde entworfen, um die Lebensqualität der Bewohner anzuheben und es den jährlich neun Millionen Besuchern so angenehm wie möglich zu machen. Abgesehen von diesen großen Anstrengungen wurden nördliche Bezirke wie Scottsdale und Carefree verändert.

Neun Millionen Besucher haben sich durch eine Abstimmung mit den Füßen für den *Lifestyle* in Phoenix entschieden. Es ist also keine Frage, daß man in dieser Gegend einen hohen Freizeitwert, Sehenswürdigkeiten und Unterhaltung erwarten darf – alles noch angereichert durch das warme Klima im Winter. Über dreißig Ferienorte bieten dem Gast jede

stärkte Wasserzufuhr, eine enorme militärische und industrielle Entwicklung nach dem Zweiten Weltkrieg und schließlich die neuen Klimaanlagen, all das führte zu rapidem Wachstum und einer Ausbreitung der Stadt. Als Ergebnis dieses exponentiellen Wachstums sieht man von Frank Lloyd Wright entworfene Häuser gleich neben Campingwagen und Wohnmobilsiedlungen. Ein hervorstechendes Merkmal charakterisiert alle Städte des Südwestens: Sie sehen frisch geschrubbt und sonnengebleicht aus, selbst an den Schandflecken der Stadt. Keine einzige wird von der Patina des Smogs überzogen, dem Ruß und Rauch, der die meisten gepriesenen Städte des Nordens überzieht und aus ihnen eine graue Wüste macht. Im Gegensatz zu

Eine aufheiternde Melodie am Abend im Patriots Square Park in der Innenstadt von Phoenix.

Annehmlichkeit. Man findet über 100 Tennisplätze, um Phoenix liegen 117 der 200 Golfplätze Arizonas.

Zu den kulturellen Angeboten gehören die Phoenix-Symphonie, große Museen und eine aktive Kunstgemeinde. Viele der Hauptsehenswürdigkeiten liegen in der Innenstadt zwischen der Central Avenue und der 7th Street sehr schön aufgereiht. Man kann den Rundgang an der modernistischen **Civic Plaza** mit ihrem attraktiven Skulpturengarten beginnen. Am Rande des Platzes liegen die Symphonie, der Einkaufs-, Ausgeh- und Unterhaltungskomplex Mercado, das elegante Arizona Center, Gärten und Parks. Das State Capitol mit seiner goldenen Kuppel befindet sich gleich westlich auf der Washington Street.

Das Erbe von Phoenix

Am Ostende der Washington Street liegt das **Pueblo Grande Museum** ganz in der Nähe des Salt River und der tausendjährigen Siedlung der Hohokam, deren Kultur es auch gewidmet ist. Die Hohokam waren Experten des bewässerten Landbaus und errichteten ein ausgedehntes Kanalsystem. Dieses Wassernetzwerk war so sorgfältig ausgeführt, daß die heutigen Planer einen Teil davon für die Bewässerung von Phoenix übernahmen. Fußwege führen zu den Ruinen, prähistorischen Ballspielplätzen und Bewässerungskanälen. Das Museum ist täglich geöffnet.

Heritage Square an der Ecke Monroe- und 6th Street erhielt sakrale histo-

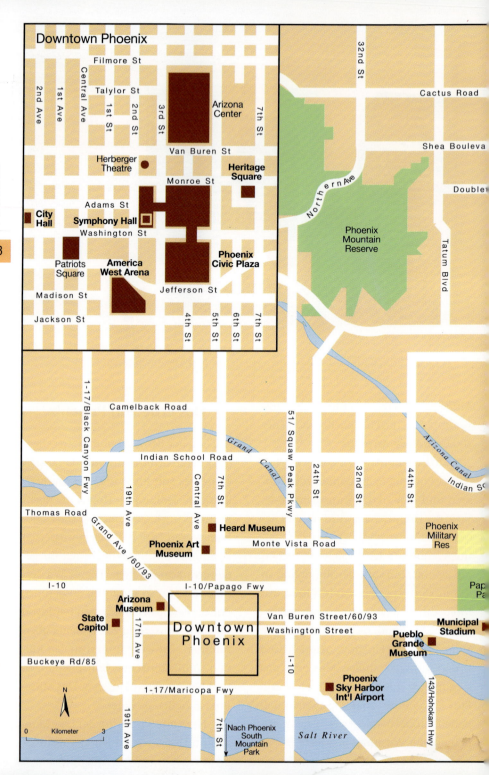

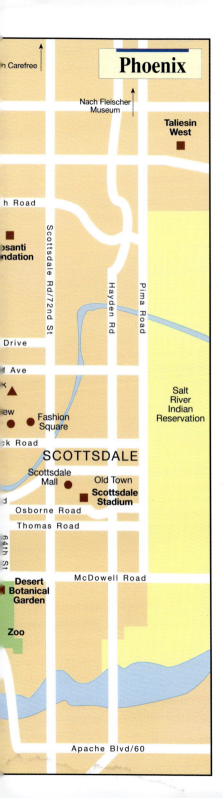

rische Gebäude aus den Jahren nach 1890, von denen man einige besichtigen kann. Der nächste Stopp ist das **Phoenix Art Museum**, gleich nördlich in der Central Avenue North 1625. Es zeigt eine ständige Sammlung von über 10 000 europäischen Gemälden und Skulpturen, westamerikanische Kunst und solcher aus dem Fernen Osten und Mexiko. Das Museum hat einen Skulpturengarten und einen Souvenirladen. In jedem Jahr findet dort die **Cowboy Artists of America Show** von Mitte Oktober bis Mitte November statt (Di–So, an Hauptfeiertagen geschlossen).

Das hochangesehene **Heard Museum of Anthropology and Primitive Art** liegt gleich nebenan in der Monte Vista Road East 22. Dort findet man hervorragende Sammlungen der Geschichte und Stammeskunst der Ureinwohner Arizonas: Webereien, Schmuck, Tonarbeiten, Gemälde und Korbflechtereien. Die **Heard-Kachina-Puppensammlung** ist die umfassendste der Welt. Eine indianische Messe und Kunstausstellung finden im späten Februar und im November statt (täglich, bis auf Hauptfeiertage).

Der **Desert Botanical Garden** und der **Phoenix Zoo** liegen beide innerhalb des großen Naturreservats **Papago Park** am Galvin Parkway North. Der beste Zeitpunkt für einen Besuch ist von März bis Mai, wenn Tausende von Kakteen blühen. Das Freilichtmuseum zeigt 17 000 Wüstenpflanzen – die größte Sammlung der Welt. Es ist täglich geöffnet.

Der **Phoenix Zoo** in der Van Buren Street East 5810 ist einer der jüngsten

Schwierigkeiten in der Wüste vermeiden: Ein Kurzführer

Berühren Sie nie einen Kaktus!

Vielleicht kommen Sie aus den Straßenschluchten Frankfurts, dem Dschungel des Ruhrgebiets oder einer Metropole wie Berlin in die Wüste. Im Südwesten sind Sie dann der naive Ausländer. Die Region ist, was Ihre Gesundheit angeht, absolut sicher, aber einige Teile sind doch etwas rauh und wild. Am besten reist man, wie die Einheimischen es tun. Hier einige Tips:
• Bei Spaziergängen und Wanderungen durch die Wüste sollte man sich angepaßt kleiden. Shorts und Miniröcke wird man bereuen. Lange Hosen und lange Ärmel sind vorteilhafter. Ordentliche Socken gehören auch zur Ausrüstung.
• Turnschuhe sind out, man trägt feste Lederschuhe oder Stiefel. Die Rancher wußten schon, warum sie in ihre Cowbyostiefel stiegen.
• Kakteen brechen leicht und bleiben an Händen und Füßen hängen. Es ist, als ob man gegen ein klebriges Monster kämpft, das man nicht loswird. Passen Sie auf, wo Sie gehen!
• Berühren Sie nie einen Kaktus. Nie! Niemals!
• Wasser! Trinken Sie, soviel Sie können. Nehmen Sie mehrere Liter Wasser pro Person mit.
• Tragen Sie einen Hut, und cremen Sie sich mit einem Sonnenblocker gegen die unerbittliche Sonnenstrahlung ein. In hohen Wüstenzonen ist die Strahlung noch intensiver.
• Wenn Sie innerhalb von kurzer Zeit durch mehrere Ökozonen kommen, ändern Sie sich die Temperaturen. Nehmen Sie einen Pullover mit. Auf der Spitze der Berge wird es kühl sein, nachts bitterkalt.
• Bleiben Sie auf den Wegen, und entfernen sie sich in unbekannten Gegenden nicht zu weit von Ihrem Auto.
• Wenn Sie in einen Sandsturm kommen, drohen flutartige Überschwemmungen. Verlassen Sie so schnell wie möglich trockengewaschene Täler und Schluchten.

Zoos des Landes. Er wurde im Jahr 1962 gegründet und hat sich einen Namen mit der größten Herde arabischer Spießböcke gemacht, den attraktiven, naturalistischen Tiergehegen und einem „Safari-Zug", der die Gäste bequem durch das Gelände bringt (täglich geöffnet).

Papago Park selbst ist ein beliebtes Naherholungsgebiet der Einwohner von Phoenix. Umrahmt von dramatischen Felsen befinden sich dort das städtische Stadion, ein 18-Loch-Golfplatz, Picknickplätze und viele Kilometer Wander-, Rad-, - und Reitwege. Ställe mit Pferden, die man mieten kann, gibt es nebenan.

Der unverwechselbare **Camelback Mountain** in Echo Canyon Drive kann über den McDonald Drive erreicht werden, von wo aus man zu Fuß die 558 m hohe Spitze erreicht. Man braucht einen halben Tag, der Weg ist steil. Wenn man sich damit zufriedengibt, den Berg ein-

Die America West Arena ist Austragungsort vieler spektakulärer Ereignisse.

fach nur anzusehen, kann man gleich ins abgelegene Land zu der Stadt Scottsdale weiterfahren

Scottsdale

Scottsdale Road bringt einen geradewegs zur Civic Plaza von **Scottsdale**. Dieser einst verschlafene Ort wurde 1951 gegründet, erblühte, und in wenig mehr als 40 Jahren explodierte die Stadt und entwickelte sich zu einer der wohlhabendsten, modernsten und architektonisch interessantesten Nordamerikas. Das gegenwärtige Scottsdale hat 120 000 Einwohner, elegante Geschäfte, eine unendliche Menge Galerien (mit denselben Namen wie in Santa Fe), vornehme Restaurants und gehobene Wohnviertel.

All dies ist mit eingestreuten Grünflächen, Springbrunnen, Skulpturen, Gärten, Palmen, Kakteen verschönt und wirkt wie ein Wüstenparadies. Kostbares Wasser verwandelte große Teile des trokkenen Landes in eine blühende Oase.

Scottsdale hat keine Geschichte und braucht keine. Man kommt nicht dorthin, um sich die Vergangeneit anzusehen, sondern um die Atmosphäre der Gegenwart aufzusaugen. Eine erholsame Fahrt durch das phantastische **Cave Creek** bis zum exklusiven Ort **Carefree** bereichert den Eindruck von der städtischen Lebensqualität im Südwesten. Der **Desert Foothills Scenic Drive** inmitten von Saguaros und Paloverden ist in der Tat spektakulär. Später hält man am berühmten **Boulders Resort & Club**, um

Frank Lloyd Wrights Meisterstück: Taliesin West

Im Jahr 1937 entschloß sich der weltbekannte Architekt Frank Lloyd Wright, Taliesin West („glänzende Bergkuppe" auf walisisch) in der Sonora-Wüste an den Ausläufern der McDowell Mountains bei Scottsdale zu bauen. Wright und seine Leute verwendeten die natürlich in dieser Umwelt vorkommenden Materialien: Holz, Steine und Sand.

Heute steht Taliesin West unter Denkmalschutz. Die Stätte ist Sitz der Frank Lloyd Wright Foundation, der Frank-Lloyd-Wright-Architekturschule und des Frank-Lloyd-Wright-Archivs. Als Wright gebeten wurde am Arizona Biltmore mitzuwirken, zog die Wüste ihn in ihren Bann, er erwarb einige hundert Hektar Land und begann, ein Wüstenhaus nach seiner Vorstellung zu entwickeln, das „einen Blick über den Rand der Welt hinaus" erlaubte.

Wüstenarchitektur

Taliesin West wirkt wie eine Skulptur, deren Oberfläche das Rauhe und Steinige ihrer Umgebung aufnimmt. „Wir dachten uns eine leichte, leinwandbedeckte Konstruktion auf einem Fachwerk aus Redwood aus, das auf einem massiven Steingemäuer ruht, wie es zu den Berghängen ringsherum gehört. Unser neues Wüstenlager gehört zur Wüste von Arizona, als stände es schon seit ihrer Erschaffung dort."

Durch dieses Kunstwerk kann man zwischen Oktober und Mai um 10 und 16 Uhr eine einstündige Führung mitmachen, bei der man über die Terrassen und Wege um die Wohn- und Zeichenräume geht und innen das Kino, den Musikpavillon, das auch als Seminarraum ausgelegte Theater sowie Wrights privates Büro zu sehen bekommt. Außerdem stehen gelegentlich umfangreichere Führungen im Programm, wie zum Beispiel *Behind the Scenes*, *Desert Hike* (Wüstenspaziergang) und *Night Lights on the Desert*. Das Wright Building befindet sich an der Ecke 108th Street und Cactus Road in Scottsdale.

Eine halbstündige Führung durch Wrights **Grandy Gammage Memorial Auditorium** kann man in der Universität von Arizona buchen, ein weiteres Beispiel der großen Arbeiten des Architekten.

Und um zu einem passenden Abschluß zu kommen, besucht man noch das elegante Arizona Biltmore, das an der Ecke 24. Straße und Missouri Avenue liegt. Frank Lloyd Wright arbeitete an dem meisterhaften Entwurf mit. Ein Brunch im Biltmore ist ein Genuß, man sollte einen Tisch reservieren lassen.

---

sich gehobene Lebensqualität aus der Nähe anzusehen. Der Golfplatz ist fast ein Kunstwerk.

Auf dem Rückweg sollte man sich **Rawhide** ansehen, die Neuschöpfung einer Wild-West-Stadt, ursprünglich aus den Jahren nach 1880. Es ist touristisch, aber ein bißchen Kitsch und Nostalgie haben ihren Charme. Man kann dort Schießereien beobachten, auf einem Pony reiten oder sich einen Westerntanz gönnen. Das Land der Araberpferde beginnt einige Meilen südlich. Viele bekannte Züchter haben dort ihr Gestüt.

Außerdem ist Frank Lloyd Wrights Wintercampus, **Taliesin West**, gleich am Shea Boulevard (siehe Rahmentext).

Das Umland von Phoenix

Im Umkreis von einem Tag rund um Phoenix liegen Anziehungspunkte der Natur und der Geschichte, die es wert sind, sich Zeit für sie zu nehmen. Zu einer Rundfahrt in das Bergbaurevier und zum Lake Roosevelt fährt man auf der US 60 etwa 80 km in östliche Richtung bis Superior. Man kommt am **Arbore-**

Das Princess Resort in Scottsdale, eine Oase in der Wüste.

Eine Skulptur von Allan Houser im Heard Museum.

tum Boyce Thompson vorbei, das rund fünf Kilometer hinter der Stadt rechts liegt. Dort gibt es über 1000 Pflanzenarten und eine Ausstellung über die Flora der Sonora-Wüste. Spazierwege winden sich durch beschilderte Bäume, Büsche, Kakteen und Blumen.

Man fährt an Superior am Fuß der **Superstition Mountains** vorbei und biegt an den Schildern nach **Apache Tears Mine** ab. Nach einer Legende verwandelten die Götter der Apachen die Tränen der Frauen an diesem Ort in Steine. Ihre in die Enge getriebenen Männer, die Krieger der Apachen, entkamen der US-Armee, indem sie von den Felsen in den Tod sprangen. Man kann nach diesen schwarzen Tränen aus Obsidian suchen oder sie im Souvenirshop kaufen.

Der Mut von Männern und Tieren – der Reiz eines draufgängerischen Rodeos.

Man fährt auf der US 60 weiter nach **Globe**, einer Silber- und später Kupferstadt. Die berühmte Old Dominion Mine schloß im Jahr 1931. Die kleine Bergstadt zieht den Handel des benachbarten **San-Carlos-Apache-Indianerreservats** an und wurde von Künstlern wiederentdeckt, die dort, wo man es sich noch leisten kann, ihre Häuser bauten.

Eine landschaftlich schöne Fahrt von etwa 43 km bringt einen zum **Tonto National Monument**, einer guterhaltenen prähistorischen Felswohnstätte, die man mit Führungen besichtigen kann.

Zurück auf der AZ 888, fährt man weitere fünf Kilometer in Richtung Norden bis **Roosevelt-Stausee**. Nach der ausgedehnten Wüste ein großes, von Bergen umgebenes und kühles Gewässer zu sehen, ist eine wahre Freude. Dort kann man schwimmen, angeln, wasserskifahren, campen und wandern. Der Damm wurde im Jahr 1911 fertiggestellt, ist 88 m hoch und damit der größte gemauerte Damm der Welt. Sein Bau war einer der Schwerpunkte des Salt-River-Projekts, das das Wasser für Phönix liefert und die Stadt wachsen und ergrünen läßt.

Die Rückfahrt kann man abenteuerlicher gestalten, nämlich über eine der haarsträubendsten Straßen Arizonas fahren, den 45 km langen **Apache Trail**, der südwestlich von **Tortilla Flats** verläuft, einer historischen Postkutschenstation. Dieser Weg ist wie eine Berg- und Talbahn, bietet phantastische Ausblicke auf die Schlucht und den Apachen-See,

Sonnenaufgang über dem Südwesten.

auf Saguaros und die kupferfarbenen Felsen. Ein erheblich kürzerer Ausflug zum **Casa Grande Ruins National Monument**, keine zwei Kilometer nördlich von Coolidge am Ruins Drive 1100, dauert ungefähr einen halben Tag. Man fährt etwa eine Stunde Richtung Süden auf der AZ 87. Pater Kino entdeckte im Jahr 1694 die Casa-Grande-Ruinen der untergegangenen Kultur der Hohokam. Heute werden die zerbrechlichen, viergeschossigen Lehmbauten durch ein großes Stahldach geschützt. Der Bau ist 600 Jahre alt und hat elf Zimmer. Niemand weiß, ob er als Aussichtsturm, Wohnhaus oder Observatorium für Himmelsstudien diente. Ein Museum dokumentiert die Geschichte der Hohokam. Es ist täglich geöffnet.

Boote auf den nahen Seen.

LOBLIED AUF DEN WESTEN

Zentral-Arizona

Am **Sunset Point**, einem herrlichen Erholungsgebiet etwa 80 km nördlich von Phoenix, bekommt man einen ersten Eindruck vom Herzen Arizonas. Im Westen erstrecken sich die Bradshaw Mountains und das Horsethief (Pferdedieb-) Basin, im Norden liegt eine Geisterstadt namens Bumblebee (Hummel), und im Osten erblickt man den Turret (Gefechtsstand) Peak und das Bloody (Blutige) Basin. Allein schon die Namen rufen die Romantik und die Dramen der Vergangenheit hervor. Eine abwechslungsreiche Natur ergänzt die Reize Zentral-Arizonas.

Der Petrified Forest, ein Wald aus längst vergangenen Bäumen.

Architektur und Ökologie

Arcosanti, Paolo Soleris kühnem und revolutionärem Projekt für urbanes Leben, sollte man unbedingt einen Besuch abstatten. Vom Sunset Point aus geht es von der Interstate 17 etwa 16 km nord-

wärts bis zum Abzweig 262 bei Cordes Junction. Wenn Paolo Soleris futuristischer und energiesparender Wohnkomplex fertiggestellt sein wird, werden dort 5000 Menschen leben und arbeiten.

Soleri, der in Turin geboren wurde und dort auch in Architektur promovierte, kam als Stipendiat nach Arizona, um bei Frank Lloyd Wright zu studieren. Er blieb und entwarf Arcosanti, erhielt zwei Guggenheim-Stipendien, drei Ehrendoktorwürden und zahlreiche weitere internationale Auszeichnungen und Preise. Soleris Konzept der **Arcology**, einer Symbiose aus Architektur und Ökologie, ist das exakte Gegenteil der urbanen Realität, die man in den modernen Großstädten des Südwestens erlebt. Statt unkoordinierten Wachstums und Umweltzerstörung beinhaltet Soleris Vision Integration, Erhaltung und Kompaktheit. Erfreulicherweise läßt er sich auf keine Kompromisse ein und weigert sich, zur weiteren Verstädterung der Staaten beizutragen.

Die Vielzweckgebäude und öffentlichen Räume von Arcosanti und die **Cosanti Foundation** breiten sich über 353 ha der Hochlandwüste am Fuße von Basaltformationen aus. Zusätzlich wurden noch 1312 ha vom Staat Arizona gepachtet. Alljährlich arbeiten und lernen dort 50 Einwohner in den Gießerei- und Keramikstudios. Zehntausende von Besuchern bevölkern jedes Jahr Galerie und Cafékonditorei. In Arcosanti werden Seminare, Workshops und mehrwöchige Seniorenprogramme angeboten.

Unterbringungsmöglichkeiten gibt es in Privatzimmern und im Camp. Reservierungen sind erforderlich.

Romantischer Westen

Das reizende **Prescott** liegt 56 km von Cordes Junction entfernt. Die Stadt mit ihrem Flair des alten Westens liegt 1600 m hoch inmitten kiefernbewachsener Berge. Viehzucht und Bergbau ließen die Stadt entstehen, und noch heute wickeln Viehzüchter und Cowboys ihre Geschäfte dort ab. Berühmt in ganz Arizona sind die Festtage zur Erinnerung an die Zeiten als Grenzstadt und zum Unabhängigkeitstag am 4. Juli, an denen Paraden und Rodeos veranstaltet werden.

Prescott war die erste Territorialhauptstadt und erhielt diesen Status nochmals zwischen 1877 und 1889. Später haben die Ruheständler den Charme der Jahrhundertwende und das angenehme Klima der Stadt entdeckt.

Prescott ist eine Fußgängerstadt. Ein Bummel durch die City führt an histori-

Das älteste Schulhaus Arizonas scheint, verstärkt noch durch die landschaftliche Umgebung, in eine andere Zeit versetzt.

schen Gebäuden vorbei, an Zuckerbäckerarchitektur, an der Plaza mit dem hübschen **Yavapai County Courthouse**, einigen geschickt restaurierten Hotels und an der **Whiskey Row**, einer Reihe historischer Westernsaloons. Sie sind bis heute recht gut besucht. Es gibt auch zwei Museen: Das **Sharlot Hall Museum** ist eine Ansammlung historischer Häuser, das **Phippen Museum of Western Art** zeigt eine Sammlung von Gemälden und Skulpturen von Künstlern des Westens.

Von Prescott führt die AZ 89 nordöstlich ins heitere **Jerome**. Es gibt zahlreiche kleine Geisterstädte oder Fast-Geisterstädte, die alle von sich behauptenn die „übelste" Stadt des Westens gewesen zu sein. Jerome bildet da keine Ausnahme. Aber wenn man erst einmal den steilen Aufstieg auf den **Cleopatra Hill** und den Höhenunterschied von 1581 m bewältigt hat, mag man es fast glauben.

Der Ort war zu malerisch, um zur Geisterstadt zu werden. Künstler, Unternehmer und Touristen bewahrten ihn vor einem solchen Schicksal. Bis zu 15 000 Menschen lebten dort, bis 1929 der Kupfermarkt einbrach. Heutzutage ist das restaurierte und herausgeputzte Jerome eine Attraktion für all jene, die die romantische Atmosphäre des Alten Westens suchen.

Ein Stück Vergangenheit

Zehn Kilometer nordöstlich über die AZ Alt 89 liegt das **Tuzigoot National Monument**, die bemerkenswerte Ruine ei-

Grüne Kiefern schmücken hie und da die bunten Felsformationen im Red Rock Country.

nes Pueblos mit 100 Zimmern, das von den Sinagua zwischen dem 12. und 14. Jahrhundert erbaut wurde. Es thront auf einem Hügel mit Blick über den Fluß Verde. Kleine Wege führen zur Ruine hinauf. Im Besucherzentrum sind Ausgrabungsstücke ausgestellt. Um die hinreißende prähistorische Felsenbehausung **Montezuma Castle National Monument** zu erreichen, geht es zurück über die AZ 260. Umgebung und Lage des fünfstöckigen Felsenschlosses an einer weißen, vertikalen Sandsteinwand mit Blick über den Beaver Creek sind einfach umwerfend. Das üppige und grasbewachsene kleine Tal zu Füßen des Felsens wird von haushohen Arizona-Platanen überschattet. Pfade führen durch diese liebliche Oase.

Das Felsenhaus wirkt wie ein mittelalterliches Schloß, nur kühner. Wie ein Schwalbennest klebt es am Felsen und ist nur über eine Leiter zu erreichen. Die ersten weißen Siedler ließen sich von romantischen Eingebungen hinreißen und benannten es fälschlicherweise nach dem Aztekenherrscher Montezuma. Das Besucherzentrum (täglich geöffnet) zeigt Nachbildungen und Ausstellungsstücke der lokalen Flora, Fauna und Geologie.

Montezuma Well, ein Kalksteintrichter mit einem Durchmesser von 124 m, gehört zum Montezuma Castle und liegt etwa 13 km nördlich. Ein gewundener Pfad steigt zu einem Aussichtspunkt über das gesamte Areal, ein weiterer führt in das Loch hinab, das mit

Montezuma Castle National Monument: Das fünfstöckige Felsenhaus ist in eine senkrechte Sandsteinmauer hineingebaut und nur über eine Leiter zugänglich.

Der klassische Pink-Jeep ist Sedonas heißgeliebtes Wahrzeichen.

kristallklarem Quellwasser gefüllt und mit einem prähistorischen Bewässerungsgraben verbunden ist.

Ein kurzer Ausflug nach Sedona führt durch das **Red Rock Country**, das Land der roten Felsen. Die Straße windet sich durch eine farbenprächtige Landschaft aus roten Felsformationen zwischen grünen Kiefern: alles vor einem makellos blauen Himmel.

Bald danach erreicht man das neuerbaute **Village of Oak Creek**, das aus prachtvollen roten Felsen erschaffen wurde. Es gibt dort nette Hotels und Pensionen mit Swimmingpools und Tennisplätzen, wunderschöne Villen, die hinter Yucca und Kiefern verborgen liegen, und ein einladendes Einkaufscenter mit Fabrikverkauf an der Straße. 30 Designer und Markenartikelläden bieten dort stark herabgesetzte Waren an.

Sedonas Comeback

Das ruhige **Sedona** entstand im weitläufigen Zentrum des Red Rock Country, das sich wie die Stufen eines Stadions um die Stadt ausbreitet. Der erste Eindruck so manches Besuchers gipfelte im Wunsch, selbst dort leben zu wollen. Einige erfüllten sich ihren Wunsch. Bis 1902 gab es dort noch keine Stadt. Dann aber wurde eine Poststation eröffnet, die die isoliert liegenden Ranches versorgen sollte.

Lange Zeit blieben das ganzjährig milde Klima und die außergewöhnliche Schönheit der Natur unerreichbar. In den fünfziger Jahren änderte sich das

Der verschnörkelte spanische Kolonialstil von Tlaquepaque, mit seinen Hinterhöfen voller Brunnen und Blumen, führt den Besucher in eine andere Zeit.

durch den Bau einer Straße in das unwegsame Gelände. Wasser war seit jeher knapp. Das Wachstum der Stadt konnte erst durch Tiefbohrbrunnen ermöglicht werden. Sedona entwickelte sich zum Ferienort, zur Künstlerkolonie und zum Kunstmarkt. Finanziell unabhängige Menschen bauten sich in den Hügelausläufern noble Villen, und Pensionäre beten den Ort schlichtweg an. Die Markenzeichen von Sedona, die *Pink-Jeeps*, flitzen durch die Stadt, um Abenteuerlustige in das wilde Hinterland zu transportieren.

Der Arizonakrater entstand durch den Aufprall eines riesigen Meteoriten auf die Erde.

Merkwürdigerweise gibt es in Sedona kein wirkliches Zentrum bis auf den touristischen Streifen mit Andenkenläden und Eßlokalen entlang der belebten AZ Alt 89. Der Rest von Sedona ist irgendwie zergliedert mit halbversteckten Sehenswürdigkeiten: hier eine Ecke, dort ein Ferienhaus, alles hinter Mauern und Bäumen verborgen, wie zum Beispiel das romantische Einkaufsdörfchen **Tlaquepaque**. Es versteckt sich hinter Grünanlagen und ist leicht zu übersehen.

Tlaquepaque wurde im Stil der einst blühenden spanisch-kolonialen Silberstädte Mexikos erbaut. Es ist aufs schönste gestaltet mit einer Fülle an Blumen, Brunnen, Balkons, Innenhöfen und entzückenden dekorativen Details. Ein Bummel durch dieses geschmackvoll

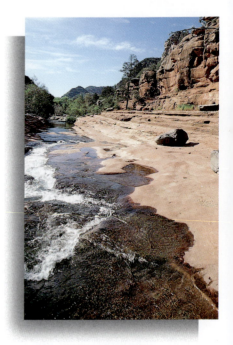

Der Oak Creek Canyon.

Nasa-Astronauten nutzen den Krater zu Übungszwecken.

gestaltete Erholungszentrum ist ein Muß für Einkaufswütige, Fußgänger, Bewunderer und Gourmets. Die Galerien, Antiquitätenläden und Boutiquen sind ungewöhnlich interessant, so daß man an jeder Ecke den Verlockungen erliegen könnte. Im Dorf gibt es eine Reihe reizender Cafés und Restaurants, die zum Verweilen einladen.

Die modernistische, von Marguerite Brunswig Staude geplante **Holy-Cross-Kapelle**, sechs Kilometer südlich der Stadt und abseits der AZ 179 gelegen, ist Sedonas Wahrzeichen. Sie überblickt von ihrem hohen Standort zwischen zwei roten Sandsteinspitzen das gesamte Tal.

Wer in Sedona logiert, sollte unbedingt das *Prix-fixe*-Dinner im exzellenten **L'Auberge de Sedona** probieren oder den Blick auf die Stadt von einem Fenstertisch im **Shugrue's** aus genießen. Das erstere gehört zu den besten Restaurants Arizonas.

Der **Oak Creek Canyon** beginnt dort, wo man die Stadt über die AZ Alt 89 verläßt. Die Straße mäandert entlang dem Wasserlauf durch ein Tal voller hoher Bäume, eingerahmt von vielfarbigen Sandsteinwänden. Es gibt dort Picknick- und Campingplätze und Wanderwege nahe der Straße.

Nach etwa 13 km führt ein Abzweig zum **Slide Rock**, einer berühmten natürlichen Wasserrutsche. Es ist ein Riesenspaß, wie die Leute auf ihrem Hosenboden das glatte Felsenbett des schäumenden Baches runterrutschen und dann in das Naturbecken platschen.

Der Mogollon Rim

Ein Blick ins Grüne entlang dem Mogollon Rim.

Arizona ist voller Gegensätze und Überraschungen. Nicht weit von Phoenix und dem Wüstenklima des Valley of the Sun erhebt sich beispielsweise kühles, vollständig von Wäldern bedecktes Hochland, eine Landschaft, die ins südliche Schweden oder nördliche Minnesota paßt. Und tatsächlich entdeckt man auf einer Fahrt durch das fast flache Land zur Spitze des Mogollon Rim, speziell im Herbst oder Winter, etliche Nummernschilder aus nördlichen US-Staaten.

Der Mogollon Rim ist ein langgestreckter Felsensteilhang, der sich über 480 km von Neu-Mexiko bis ins Herz von Arizona erstreckt. Es ist gewissermaßen ein geologisches Oben-unten-Gebilde. Oben liegen die Hochplateaus und der weltgrößte Bestand an Ponderosa-Kiefern, unten befindet sich das Tonto Basin.

Man kann entlang dem Rim, der Kante, eine kurze Strecke fahren oder den ganzen Weg bis nach Neu-Mexiko. Das Gebiet ist entweder von Phoenix aus über die AZ 87 erreichbar oder von **Camp Verde** auf der Interstate 17 mit Abzweig AZ 260 Richtung Osten. Die Strecke von Camp Verde steigt durch eine großartige Landschaft mit sanft geschwungenem Horizont zum Bergdorf **Strawberry** hinauf, einem idyllischen, kleinen Ort aus Hütten im Wald und entlang grünenden Feldwegen. Dort kann man Arizonas ältestes festes Schulgebäude aus dem Jahr 1855 besichtigen. Es ist ein robustes Blockhaus mit einem separaten kleinen Gartenhaus unter Kiefern.

Das nächste Dorf auf der Strecke ist **Pine**, unterhalb der Kante gelegen, mit dem **Tonto Bridge State Park**. Ein kleiner Abstecher über einen steilen Feldweg führt hinab in ein verborgenes Tal und zur größten natürlichen Travertinbrücke der Erde. Der Ort mit seiner malerischen Jagdhütte aus den zwanziger Jahren ist einfach hinreißend. Doch leider ist die Steinbrücke nahezu überwachsen und nicht mehr gänzlich erkennbar, was nicht einer Vernachläs-

Man könnte glatt mitmachen! Wanderwege folgen dem Flußlauf, vorbei an mehreren Wasserbecken, in die man hineinspringen kann.

Nach einer Weile wird die Straße immer steiler. In wildem Zickzack mit wunderbaren Ausblicken steigt sie um 620 m zwischen dichten Kiefernbeständen hinauf auf das Plateau des **Coconino Natio**-nal Forest. Dort erwarten der Aussichtspunkt **Oak Creek Vista** und ein Parkplatz die Unermüdlichen.

Flagstaff

Flagstaff ist nur wenige Kilometer entfernt. Die Stadt liegt auf 2170 m Höhe am Fuße der San-Francisco-Bergkette (Hei-

sigung, sondern natürlichen Umständen zu verdanken ist.

Payson, die nächste Stadt, ist ein summender, freundlicher Urlaubsort mit reger Bautätigkeit. Es liegt genau unterhalb der Kante, ein Aufstieg ist in kürzester Zeit bewältigt. Von Payson aus führt die AZ 260 in das rustikale Feriendomizil **Kohl's Ranch**, ein uraltes Wahrzeichen im **Zane Grey Country**. Der populäre Autor Zane Grey liebte die Jagd und das Angeln in den hiesigen Wäldern, und so baute er sich dort eine Hütte und schrieb viele seiner Romane in dieser abgelegenen Gegend. Bis vor kurzem konnte die Hütte noch besichtigt werden, doch unglücklicherweise wurde sie durch ein Feuer beschädigt und ist derzeit für die Öffentlichkeit gesperrt.

Bald beginnt die Straße zum Gipfel des Mogollon Rim aufzusteigen. Das Tonto Basin hat eine durchschnittliche Höhe von 1550 m, doch oben an der Bergkante befindet man sich 2170 m über dem Meeresspiegel. Hat man den Aufstieg dann geschafft, sollte man am **Canyon Point** seinen Blick über die endlosen Wälder, die bis zum Horizont reichen, schweifen lassen. Die Straße folgt dem Rim nun viele Kilometer lang durch zumeist ebenes Gebiet, in dem hie und da kleine Seen, Dörfer und Feriensiedlungen auftauchen. Der Kiefernwald ist von Eichen durchsetzt, ein Wald, der bis zur Grenze von Mexiko reicht. Nach Norden zweigen Straßen nach Holbrook, zur Interstate 40 und dem Petrified Forest ab. Nach Süden führen sie zum Hochland der White Mountains, dem Gebiet des weitläufigen Fort-Apache-Indianerreservats.

ligtum der nativen Amerikaner und Heimat der Hopi-Kachinas) und von Arizonas höchstem Berg, dem Mount Humphreys (3919 m). Flagstaff ist ein Stützpunkt für Reisende, ein Eisenbahn-, Holzwirtschafts- und Handelszentrum. Man entdeckt dort eine Fülle von großen, neuen Hotels und Motels, die den Autofahrern auf dem Weg zum Grand Canyon oder unterwegs von Osten Richtung Kalifornien Unterkunft bieten. Die **Northern Arizona University** fügt ihre eigenen kulturellen Einflüsse hinzu.

Im Westen der Stadt liegt auf einem Hügel das **Lowell-Observatorium**, über die Santa Fe Avenue zu erreichen. Dort wurde im Jahr 1930 durch ein Teleskop der Planet Pluto entdeckt. Informationen gibt es im Besucherzentrum und im Buchladen. Führungen werden jeweils Mo–Fr um 13.30 Uhr angeboten.

Im **Museum of Northern Arizona** in der Fort Valley Road, fünf Kilometer Richtung Norden auf der US 180, werden Exponate der Hopi- und Navajo-Kulturen ausgestellt. In derselben Straße befindet sich das **Pioneer Historical Museum**. Die Ausstellung dokumentiert das Erbe der Pioniertage Arizonas. Beide Museen sind täglich geöffnet.

In der näheren Umgebung von Flagstaff gibt es zahlreiche Natursehenswürdigkeiten. Der **Meteorkrater** liegt 70 km östlich, über die Interstate 40 zu erreichen. Vor etwa 20 000 Jahren schlug ein riesiger Meteor dort ein und verursachte ein Loch mit einem Durchmesser von 1287 m und einer Tiefe von 177 m. Der Krater mit Besucherzentrum (Meteoritensplitter), Aussichtsplattformen mit Teleskopen, einem Museum und einer Ruhmeshalle der Astronauten befindet sich in privater Hand. Er dient als Trainingscamp für Nasa-Astronauten.

Ein Tagesausflug führt zum **Sunset Crater National Monument** und zum Wupatki National Monument, beide nördlich von Flagstaff gelegen. Der Sun-

Der Petrified Forest National Park

Die Painted Desert, eine weitere künstlerische Ausdrucksform der Natur.

Einige Reisende unterbrechen ihre Fahrt zum Grand Canyon, um eine Landschaft, die voller riesiger fossiler Baumstämme ist, und die **Painted Desert** zu besichtigen. Auf jeden Fall sollte man sich einen halben Tag für den **Petrified Forest National Park** Zeit nehmen. Es gibt nichts Vergleichbares in den Staaten oder vielleicht sogar in der Welt. Man kommt über die Interstate 40 ab Holbrook und dann die US 180 dorthin.

Entlang der Zugangsstraße bieten Händler versteinertes Holz in allen Formen und Größen an. Diese fossilen Fundstücke liegen zuhauf außerhalb des Parks herum, wo die Einheimischen es einsammeln. Wer etwas kaufen will, sollte es jetzt tun – und die Rechnung behalten, denn innerhalb des Parks darf man nicht einmal einen Kieselstein vom Boden aufheben. Alles ist geschützt, denn sonst würde nichts mehr für zukünftige Generationen übrigbleiben.

Das Besucherzentrum in der Nähe des Südeingangs beherbergt ein kleines Museum, in dem auch Broschüren angeboten werden. Die Tour durch die bizarre Welt kann man ohne Führung machen.

Versteinerungen

Vor langer Zeit sah es dort noch ganz anders aus. Vor 200 Millionen Jahren streiften fürchterliche **Phytosaurier** (ein frühzeitlicher Prototyp der Alligatoren), **Placerias** (ein nilpferdähnliches Geschöpf) und Flugdrachen so groß wie Bussarde durch das Farnkraut und die sumpfigen Wälder aus **Araucarioxylon**. Diese ausgestorbenen subtropischen Bäume erreichten eine Höhe von über 60 m.

Das Zusammenwirken geologischer Zufälle und Gegebenheiten verwandelte die Riesenbäume in versteinertes Holz. Vulkanische Eruptionen fällten die Bäume und schwemmten sie in Flüsse voller vulkanischer Asche. Diese Asche und Sedimente ergaben eine Kieselsäurelösung, die die Zellen im Holz ersetzten. Nach Millionen

set-Krater wurde vor etwa 900 Jahren durch vulkanische Eruptionen geschaffen und erhebt sich 310 m über das umliegende Land. Auf einem ausgeschilderten Weg kann man bis zum Kraterrand wandern, entlang von befremdlichen Lavaschloten und -blasen bis zum schwarzen Aschenkegel, der mit gelben und orangefarbenen Schlieren durchzogen ist. Im Besucherzentrum gibt es eine Ausstellung; die Ranger bieten im Sommer Touren und Lagerfeuerabende an.

Nach weiteren 18 km auf der Rundfahrtstrecke erreicht man das **Wupatki**

Stämme aus Achat und Jaspis.

Gabelantilopen, Kojoten, Eselhasen, Waldkaninchen und Streifenstinktiere. Die Raben sind hier reichlich frech; sie verfolgen die Menschen in der Hoffnung, etwas zu futtern zu erhaschen.

Der über 38 ha große Park beinhaltet nicht nur Tausende von glitzernden Fossilienbäumen, sondern auch wüstenähnliche Gebiete mit grotesk geformten Felsen, vielfarbigen Schieferschichten und Hunderte von der Öffentlichkeit nicht zugänglichen archäologischen Stätten der Anasazi. Nur eine der Stätten, die **Puerco-Ruine**, ist zu besichtigen.

Painted Desert

Nachdem die Straße durch den Park die Interstate 40 überquert hat, kommt man in die ganz andere Welt der **Painted Desert**, der „Bunten Wüste". Wieviel man vom Schimmer der Painted Desert zu sehen bekommt, hängt von der Tageszeit ab. Der Morgen und der Abend sind am günstigsten, da die Sonne dann am klarsten einfällt.

Ein kurzer Rundweg führt zu verschiedenen Aussichtspunkten wie Lacey, Whipple, Nizhoni oder Tiponi Point. Jeder Stopp bietet einen Panoramablick über das verformte Ödland. Verschiedene Schattierungen von Rot dominieren die Palette. Aber es gibt auch Einsprengel von Rost und Braun, Schwarz und Gelb.

Die Tour endet am **Painted Desert Inn** und der Parkverwaltung in der Nähe des Nordeingangs. Dort gibt es ein Restaurant, eine Tankstelle und einen gut ausgestattete Andenkenladen, wo man Versteinerungen kaufen kann, die jedoch teurer sind als jene außerhalb des Südeingangs.

Jahren schließlich bildeten sich Quarzkristalle, die die Baumstämme versteinerten und sie in Halbedelsteine verwandelten. „Old Faithful", der größte Baumstamm, wiegt **44 Tonnen**.

Ein gut markierter Fahr- und Wanderweg führt durch den Park und seine Besonderheiten namens Riesenstamm, Langer Stamm, Achathaus, Kristallwald, Jaspiswald, Achatbrücke, Wigwam oder Zeitungsfelsen. Wer sich still bewegt und Glück hat, kann Tiere erspähen, wie

National Monument. Wupatki, indianisch für „Großes Haus", ist die Ruine eines dreistöckigen Wohnhauses mit mehr als 100 Zimmern, die aus der Zeit der prähistorischen Sinagua-Kultur stammen. Hunderte weiterer Ruinen (erbaut zwischen 1100 und 1250 n. Chr.) liegen in der Gegend verstreut, darunter auch ein antiker Ballspielplatz und ein zeremonielles Theater.

Man kann sich auf dem Gelände ohne Führung umsehen und im (täglich geöffneten) Besucherzentrum die Ausstellung betrachten.

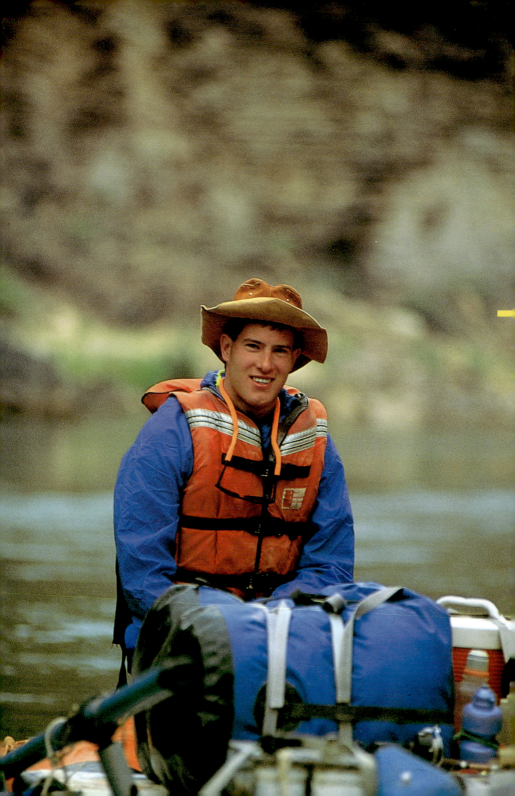

HEISSLUFTBALLONS & WILDWASSERFAHRTEN

Sport & Erholung

Ganz unabhängig davon, welchen Teil des Südwestens man bereist, immer sieht man Menschen, die die vielfältigen Sportmöglichkeiten in freier Natur begeistert nutzen. Das ist Teil des *Lifestyle* und einer der großen Vorteile, wenn man dort lebt. Alles, was sich irgendwie zum Sport zählen läßt, findet man dort. Manchmal scheint es, daß die Menschen ständig neue Aktivitäten entwickeln: Rollerboards sind das jüngste Beispiel, Snowboards wären ein anderes. Das südliche und zentrale Arizona hat ein angenehm warmes Winterklima. Im zentralen und südlichen Neu-Mexiko kann man morgens über Skipisten wedeln und nachmittags eine Runde Golf im Sonnnschein eines winterlichen Nachmittags spielen.

Das harte Geschäft des Wildwasserfahrens – im ersten Gang.

Ballonfahrten

Albuquerque hat sich zur Ballonhauptstadt der Welt entwickelt – mit einer solchen Ausstrahlungskraft, daß die ruhigen

Idyllische Golfszene in Albuquerque.

Riesen zur einer Passion ganz Neu-Mexikos und des Südwestens überhaupt wurden. Folge davon ist, daß man an vielen Orten mitfahren kann, zum Beispiel in Albuquerque, **Santa Fe**, **Taos**, **Scottsdale** und **Tucson**. Die Gelben Seiten der örtlichen Telefonbücher geben Auskunft über die Ballonunternehmen, aber auch Hotels und Touristeninformationen wissen, wo Fahrten möglich sind.

Radfahren

Wenn man einem nach Tour-de-France-Art gestylten Mountainbiker auf einer der Nebenstraßen begegnet oder ihn einen 3100 m hohen Berg hinaufstöhnen hört, erwächst vielleicht der Wunsch, ihm nachzueifern. Und falls einen das nicht interessiert, kann man immer noch durch die Wälder radeln. Wie dem auch sei, Mountainbiking ist eine der beliebtesten Sportarten der Südwestler. Fahrradgeschäfte und Sportausstatter sind eine gute Informationsquelle, über die Möglichkeiten vor Ort etwas herauszufinden, über Verleiher, städtische und ländliche Wege sowie Karten.

Camping

Wie mit dem Radfahren ist es auch beim Camping: Es gibt massenhaft Campingplätze, die landschaftlich wundervoll liegen. Man kann in der Wüste campen, im dichten Wald, in einem dramatischen Canyon oder an einem See oder Fluß. Informationen gibt es vor Ort, und man

Flußfahrt über den Rio Grande

Der unerklärbare Reiz des Wildwasserraftings.

Sobald die Straße des Embudo Canyon auftaucht, dominiert die großzügige Landschaft von Taos. Im Osten und Südosten erscheinen die hohen Gipfel der Sangre-de-Cristo-Berge, und im Westen und Nordwesten dehnt sich das San Luis Basin aus, das durch den klaren, tiefen Schlund der Rio-Grande-Schlucht geteilt wird. Man kann diesen senkrechten Schlund nicht ahnen, bis man dicht genug davorsteht um hineinzufallen. Plötzlich öffnet er sich wie der Schnitt in eine Torte und reicht 248 m tief.

Um die richtige Perspektive aufnehmen zu können, fährt man zur Rio Grande Schlucht-Brücke nordwestlich von Taos und starrt direkt in die Hölle. Dabei kann der Wunsch erwachen, die Stromschnellen zu durchqueren, die mit als erste unter Naturschutz gestellt wurden.

Durch die Stromschnellen

Einheimische nennen sie die „Box", die gleich in zwei Teilen daherkommt, nämlich als obere Box und als untere Box. Der Fluß wird von der Schlucht auf einer Gesamtlänge von 77 km gefangengehalten. Die einfachere untere Box verspricht eine berauschende Fahrt über 29 km, die Stromschnellen bis zum Grad II und III enthält, bei einer Skala von 1 bis VI. Das reicht, einem das Herz stehen und kalte Schauer den Rücken hinunterjagen zu lassen. Wenn der Fluß im Frühjahr nach der Schneeschmelze anschwillt, hat Box I Turbulenzen bis zum Grad IV oder sogar V. Man wird naß, aber überlebt.

Die obere Box ist ausgesprochen gefährlich und nur für wirklich erfahrene und wagemutige Könner zu empfehlen. Die Turbulenzen des Grades VI haben eine Drehgeschwindigkeit von 24 m² pro Sekunde und bekamen Namen wie „Die Rasierklingen-Schnelle".

Es gibt einige erfahrene Unternehmen in Taos und Santa Fe, die verschiedene Raftings auf dem Rio Grande anbieten – von einfach und entspannt bis zu aufregend, abenteuerlich, von sechs Stunden bis zu drei Tagen. Einige Ausflüge meiden die Stromschnellen. Die Preise liegen zwischen 40 Dollar für einen halben Tag und 250 Dollar für drei Tage, jeweils mit Verpflegung.

sollte dabei auch an die Campingplätze in den weniger besuchten Nationalparks und Wüsten denken.

Viele Campingpplätze haben fließendes Wasser, Kochstellen, Toiletten und Duschen, während andere in abgelegenen Gebieten schlichter ausgestattet sind, besonders in Nationalparks. Wer zuerst kommt, erhält einen Platz, aber in den populären Gebieten, wie im Grand Canyon, muß man sich Monate zuvor anmelden. Die besten Plätze werden

Zuschauersport

Wenn man bei Festen oder sportlichen Ereignissen gerne zusieht, ist der Südwesten eine wahre Goldgrube. In Nevada kann man jedes Jahr einem der höchstdotierten Golfwettbewerbe beiwohnen, dem **Las Vegas International Golf Tournament**, das vom September bis Oktober stattfindet. Die **National Finals Rodeo** folgen im Dezember.

Neu-Mexikos Sportpreise

Die Stadt Farmington in Neu-Mexiko richtet das jährliche **San Juan County Sheriff Posse Rodeo** aus, den jährlichen Baseballwettbewerb **Connie Mack World Series Baseball Tournament**, zu dem einige der besten Amateurmannschaften ins Land kommen, aus den Vereinigten Staaten und Puerto Rico, sowie die **Road Apple Rally**, das jährliche Mountainbikerennen für Experten und Anfänger.

In Albuquerque können Basketballfans den Lobos, der Universitätsmannschaft, huldigen oder das **Rodeo and Horse Racing** ansehen, das jährlich im September von der Professional Rodeo/Cowboys Association ausgerichtet wird. Die Cowboys- und Cowgirls-Wettbewerbe setzen sich Mitte Oktober beim **Final Rodeo** fort.

Das große internationale Ballonfahrerfest in Albuquerque findet im frühen Oktober statt (siehe Rahmentext Seite 200).

Pferdenarren finden auf mehreren Rennplätzen Neu-Mexikos *Action*: The Downs in Albuquerque und Santa Fe, Ruidoso Downs, San Juan Downs, und New Mexico State Fair. Das wichtigste Ereignis ist jedes Jahr der All American Futurity mit einem Preisgeld von 2,5 Millionen Dollar, das bestausgestattete Rennen der Welt in Ruidoso Downs.

Ein quirliges und vor allem amüsantes Rennen ist das jährliche **Great American Duck Race**, ein Entenrennen auf den Wiesen in Deming. Und natürlich gibt es Skiabfahrtsläufe, Radrennen, Marathons, Baseball, Basketball, Football, Angelwettbewerbe und eine Menge weiterer lokaler Veranstaltungen.

Football und Pferderennen in Arizona

In Arizona finden Sportfans eine enorm breite Auswahl. Eine Menge großer Baseballteams kommt alljährlich zum Frühjahrstraining, u.a. die *Oakland Athletics, Chicago Cubs, California Angels, Milwaukee Brewers, Seattle Mariners* und,

während der Hauptsaison schon tagsüber belegt. Informationen über Campingplätze erhält man bei den staatlichen Touristenbüros oder bei folgenden Einrichtungen:

Arizona:

Arizona State Parks
1688 West Adams
Phoenix, AZ 85007

National Park Service
Southern Arizona Group
1115 N., 1st Street
Phoenix, AZ 85004

Neu-Mexiko

National Park Service
Southwest Region
Box 728
Santa Fe, NM 87501

New Mexico State Parks & Recreation
141 East De Vargas
Santa Fe, NM 87503

USDA Forest Service Office
Southwest Region
517 Gold Avenue SW
Albuquerque, NM 87102

falls sie nicht ausnahmsweise nach Florida gehen, die *San Francisco Giants*.

Die *Phoenix Cardinals*, eine Mannschaft der National Football League, zieht die Massen ins Sun-Dale-Devil-Stadion. Der Neujahrs-Bowl der College-Footballer findet im selben Stadion der Universität von Arizona statt.

Basketballfans können die *Phoenix Suns*, eine Mannschaft der National Basketball Association, NBA, anfeuern. Die großen Golfwettbewerbe der Profiliga sind die Phoenix Open im Januar, die Tradition in Scottsdale und zwei Hauptereignisse des Frauengolfs der PGA, Professional Golfer's Association, das **Standard Register Tournament** in Phoenix und das **Ping/Welch's Championship Tournament**.

Arizonas Hauptrodeos ziehen die besten Cowboys aus dem Umkreis an. Größte Shows sind das **Phoenix Rodeo of Rodeos**, die **Scottsdale's Parada del Sol**, Tucsons **La Fiesta de Los Vaqueros** und Prescotts **Frontier Days**.

Autorennen kann man auf der „schnellsten Strecke der Welt" ansehen, dem **Phoenix International Raceway**; Bootsrennen finden alljährlich im **Firebird International Raceway** bei Phoenix statt; die Pferderennen der Vollblütler im **Phoenix Turf Paradise** und die Sommerrennen in den **Prescott Downs**.

Fischen und Jagen

Fisch- und Jagdreviere findet man überall im Südwesten, aber ebenso Umwelt- und Tierschutzgruppen, die sich engagiert gegen die Jagd stellen. Die staatlichen *Game und Fish Departments* legen für jede Jagd- und Fischsaison die Anzahl und Art der Lizenzen, die Fangmengen und viele andere Regeln und Vorschriften fest, um den Fisch- und Wildbestand zu schützen. Die Jagdzeiten sowie die Anzahl der Tiere, die geschossen werden dürfen, hängen von der aktuellen Lage

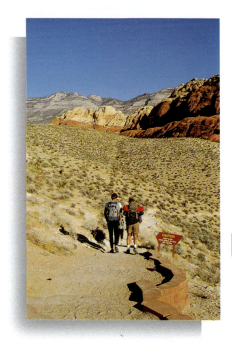

Wandern, die Erde unter den Füßen fühlen, im Kontakt mit der Natur.

ab und können sich von Jahr zu Jahr ändern. Der Wettbewerb darum, eine der begrenzten Quoten zum Erlegen eines Elchs, einer Antilope, eines Oryx oder eines Steinbocks, Langhornschafs oder Javelina zu erhalten, ist enorm. Die Abschußgenehmigungen für diese Tierarten werden per Los ermittelt, wobei die Chancen für Ortsansässige genauso hoch sind wie für andere. Dazu ein Beispiel: In Neu-Mexiko wollten fast 3600 Jäger in der Saison 1992/93 einen afrikanischen Oryx schießen, aber nur 200 Abschüsse wurden freigegeben. Für die seltenen Arten wie das Langhornschaf oder den persischen Steinbock gibt es nur einmal im Leben (auch des Jägers) eine Abschußgenehmigung. Findet man das Gehörn eines solchen Tiers, kann man es

Zu Pferd erreicht man die abgelegenen und unwiderstehlichen Gegenden am besten.

nicht behalten, sondern muß es beim *Game and Fish Departement* abliefern.

Gäste zahlen wesentlich höhere Gebühren als Einheimische. Die Jagd auf Privatgelände unterliegt wieder anderen Regeln und erfordert andere Lizenzen. Das gleiche gilt für die Kleintierjagd auf Tauben, Wachteln, Fasane, Präriehühner, Krickenten und Steppenhühner. Wenn man meint, das alles klinge reichlich kompliziert und einschränkend, ist das richtig, und es muß so sein. Der Papierwust, die Regeln und die umfangreichen Vorschriften bringen viele Jäger dazu, sich eines professionellen Jagdorganisators zu bedienen.

Der Angler hat es da einfacher. In den meisten Fällen kann er einfach eine Angelgenehmigung für einen Tag, fünf Tage oder ein Jahr erwerben, zu moderaten Gebühren, die für die Einheimischen günstiger sind als für Gäste – Ermäßigungen gibt es für junge Leute, Senioren und Behinderte. In vielen Fällen kann die Genehmigung einfach in einem Anglerladen, Sportgeschäft oder beim Lebensmittelhändler in der Nähe des Gewässers gekauft werden, in dem man sein Glück versuchen will. Dort kauft man die Karte, studiert die Regeln und erfährt etwas über Ethik des Angelns sowie über die Fangquoten.

Die Fischsaison ist von Region zu Region unterschiedlich. In den Flüssen im Südwesten schwimmen Regenbogenforellen, Lachse, die verschiedensten Barscharten, diverse Flußbarsche und Welse.

Vorbereitung für eine Tour auf den Red Rock Canyon.

Golf

Hunderte von Golfplätzen gibt es im Südwesten, die das ganze Jahr hindurch bespielbar sind. Allein in Arizona liegen 200 und über 60 in Neu-Mexiko – bei 1,5 Millionen Einwohnern.

Die meisten Golfplätze stehen der Öffentlichkeit zur Verfügung. Jede größere Ferienanlage hat einen eigenen Golfplatz. Die Gebühren für das Green liegen zwischen 20 Dollar für öffentliche Plätze und 75 Dollar für private. Arizona rühmt sich einiger Plätze mit Weltmeisterschafts-Niveau, die meisterlich entworfen und herrlich in die Natur eingebettet sind. In Tucson findet man den El Conquistador Country Club, den von Jack Nicklaus entworfenen La Paloma Resort und den Ventana Canyon Course. In der Gegend um Phoenix liegen Superstition Springs, der Wigwam County Club Gold Course, der Tournament Players Club of Scottsdale, die Austragungsstätte der jährlichen Phoenix Open sowie Troon North, der als einer der besten öffentlichen Plätze des Landes gilt.

Wandern und Bergtouren

Aufgrund der Vielzahl von Wäldern, Nationalparks und Wüsten ist der Südwesten ein Paradies für Wanderer, mit mehr Wegen und Möglichkeiten, als man aufzählen kann. Aktuelle Informationen kann man sich vor Ort bei der *Chamber of Commerce* holen, bei den Besucherzentren und Rangerstationen. Wenn

Die größeren Städte sind mit Swimmingpools wie diesem gespickt – fehl am Platz in einer Wüstenumgebung, aber scheinbar absolut erforderlich.

man eine größere Wander- oder Bergtour vorhat, sollte man sich vorher um eine Übernachtungsgenehmigung kümmern, die man in den meisten Fällen braucht. Man kann sich auch danach erkundigen, ob die Ranger Führungen durchführen oder ob es Naturlehrpfade gibt.

Reiten und Lama-Trekking

Jeder Ort im Südwesten, der etwas auf seine Vergangenheit hält, hat Reitställe – das heißt, es gibt sie fast überall. Man kann ein Pferd ausleihen oder in einer Gruppe an einem spannenden Ausflug hoch zu Roß teilnehmen. Oder man bleibt einfach einige Zeit auf einer Touristenranch. Viele Reitställe bieten auch ein Westernfrühstück bei Sonnenaufgang an oder Sonnenuntergangs- und Mondscheindinner an einem romantischen Ort, oder eine gemeinsame Heuwagenfahrt.

Wenn man es exotischer liebt, kann man das Lama-Trekking ausprobieren. Die Shining Star Ranch, Tel. (505) 425 1072 in Las Vegas in Neu-Mexiko, führt kleine Gruppen auf einer fünftägigen Tour durch die Pecos-Wüste.

Felsenklettern

Die bergige Gegend des Südwestens bietet hunderte fest eingerichteter Kletterrouten für erfahrene Kletterer an, viele auf öffentlichem Land. In den Nationalparks braucht man eine Genehmigung.

Mit dem Schneemobil lassen sich „normale" Skifahrer leicht abhängen.

Mineralien sammeln

Wenn man das noch nie gemacht hat, wird man im Südwesten möglicherweise zu einem passionierten Mineraliensammler. Mineralien und Bergbau sind Teil der Geschichte der Region, und viele Sammelmöglichkeiten liegen auf offen zugänglichem Land. Wenn man vorsichtig ist und die Verbotsschilder beachtet, kann man auch auf den Halden aufgelassener Minen suchen. Achat, Onyx, Obsidian, Quarzkristalle, Jaspis und viele andere schimmernde Steine kann man finden – oder in einem Mineralienladen kaufen. Man sollte seine Augen auch immer offenhalten und auf häufig vorkommende Fossilien wie Trilobiten, Brachiopoden, Farn- oder Fischeinschlüsse achten. Ein großer Teil des Landes war Meeresboden und ist übersät mit Versteinerungen.

Tennis

Alle Städte des Südwestens haben öffentliche Tennisplätze, ebenso die Klubs, Ferienorte und Schulen. Das ultimative Tennisland ist Arizona, wo es nahezu in jedem Ferienort, kleinerem Hotel oder Motel einen ordentlichen Court gibt, in vielen Fällen auch mit Tennislehrer.

Wassersport

Sicher ist der Südwesten das Land der Wüsten, aber auch der Wildwasserflüsse und Stauseen. Am **Lake Powell** in Nord-

Mit dem Lift geht es hinauf zur Spitze, um dann die einladenden Pisten hinunterzujagen.

arizona kann man beispielsweise jede erdenkliche Art von Booten mieten, einschließlich Hausboote und solche für Wasserski. Dort und an den anderen Flüssen und Seen kann man segeln, Boot fahren, Wasserski fahren und schwimmen.

Wenn man aber den ultimativen Thrill sucht, ist *River Running* angesagt. Professionelle Rafter bieten Touren von verschiedenen Startpunkten aus an, die von einem halben Tag bis zu drei Wochen dauern. Man kann dabei die Stromschnellen des Colorado überwinden, sich vom Rio Grande bespritzen lassen oder die Flüsse Salt, Verde, Green und San Juan kennenlernen. Kajaks, Windsurfen und Floßfahrten sind weitere Sportmöglichkeiten auf den Seen und Flüssen.

Tiere beobachten

Man braucht nicht überrascht zu sein, wenn man sich von einer Herde Hunderter von Antilopen begutachtet fühlt, die einen von einem Hochplateau aus beobachten. Man kann einem Hirsch begegnen, der auf einer Bergwiese grast, oder Kojoten, die durch den Busch schleichen, oder das verspielte Gezwitscher der Kolibris hören, die zu den Futterstellen auf Terrassen und in Gärten kommen. Es gibt viele Möglichkeiten, Vögel und Tiere zu beobachten.

Wintersport

Wenn die Blätter sich golden färben, werden die Wintersportfans unruhig und be-

Atemberaubende jugendliche Energie und ein Farbspektrum in reinem Weiß auf einer Skipiste.

ten zum Wettergott, er möge den Schnee recht früh schicken. Die meisten Skigebiete sind von Mitte November bis Ostern befahrbar. Neu-Mexikos Pulverschnee und der vorwiegend strahlendblaue Himmel ziehen Wintersportler aus dem ganzen Land und der Welt in die zwölf Skiregionen: Chama, Pajarito, Jemez, Red River, Taos, Santa Fe, Sandia, Enchanted Forest (nur Langlaufloipen), Angel Fire (ganzjährig), Sipapu, Ski Apache und Snow Canyon.

Taos Ski Valley mit einem Skidorf im Schweizer Stil ganz dicht an den Pisten ist das umfassendste, berühmteste und bei den Freaks beliebteste Gebiet. Die Pisten liegen auf dem Wheeler Peak, und kilometerlange Loipen führen durch die nahe gelegenen Wälder. Der durchschnittliche jährliche Schneefall beträgt 7773 mm. Im südlichen Colorado, gleich hinter der Grenze, liegen die populären Skigebiete Purgatory und Wolf Creek. In Arizona fährt man nach Sunrise im Fort-Apache-Indianerreservat oder nach Snowball bei Flagstaff beziehungsweise zum Mount Lemmon bei Tucson – vorausgesetzt es liegt soviel Schnee wie auf den Pisten im Süden des Landes. Phoenix lockt die Skifans an, die etwas mehr Aufregung vertragen. In vielen Gebieten ist Langlauf möglich, auch Touren mit Schneekatzen oder Schlittenfahrten auf Straßen und Wegen. Der Schnee auf den Bergen und die Kälte am Abend kann man auch abbekommen, wenn es tagsüber angenehm warm ist. Einen Pullover sollte man stets dabeihaben.

Shopping

Die Verlockung, einkaufen zu gehen, ist im Südwesten überwältigend. Regionale Spezialitäten sind Kunst und Kunsthandwerk nativer Amerikaner und Hispanier. Zählt man dann noch die Mode hinzu sowie die Mitbringsel aus Natur und Umwelt plus die lebendige und häufig schräge zeitgenössische Kunstszene, haut diese Üppigkeit, reizvoll verpackt und präsentiert, sogar eingefleischte Konsumverächter vom Hocker.

Zeitgenössischer Kunstmix setzt sich auch im Südwesten durch.

Trendy Places wie Santa Fe und Scottsdale sind Schaufenster für Kunst und Mode mit zahllosen Galerien, eleganten Geschäften und phantasievollen Boutiquen. Dort ist alles so unwiderstehlich präsentiert, daß sich ein Einkaufsbummel gar nicht vermeiden läßt. Und um dem allen noch die Spitze aufzusetzen, gibt es die großen Verkaufsshows wie den jährlichen **Indian and Spanish Market** in Santa Fe am oberen Ende der Skala, ei-

Märkte wie der Santa Fe Fiesta Market ziehen die Menge aus Lust am Essen und Kaufen an.

ne Menge Kunst- und Handwerksausstellungen im Mittelfeld und die Flohmärkte mehr am unteren Ende. Der wöchentliche Flohmarkt in Santa Fe in der Nähe der Oper ist allerdings eine Klasse für sich.

Wärmste Empfehlungen

Vom Standpunkt des Insiders aus gesehen, ist der beste Tip, sich an Schmuck der Zuni, Navajo und Hopi zu halten, an Decken und Teppiche, Körbe und Tonarbeiten, an die Fetische der Zuni und die Kachinas der Hopi. Die meisten Arbeiten der nativen Amerikaner sind zeitgemäß und erschwinglich.

Man sollte aber dabei auf die künstlerische Qualität achten. Antike Objekte kann man auch von respektablen, Händlern erwerben, die natürlich teurer sind. Gute Arbeiten erzielen gegenwärtig außerordentliche Preise: Ein antiker Korb beispielsweise kostete bei einer Auktion in New York 250 000 Dollar.

Zu den spanisch-kolonialen und zeitgenössisch-hispanischen Arbeiten zählen auch religiöse Kunst, Möbel, Schmuck, Zinnarbeiten, Stickereien und Webereien. Neu-Mexiko ist die Heimat der Santero-Künstler, die die Bilder der Jungfrau Maria, der Heiligen und Engel in zeitloser Hingabe malen.

In den vergangenen Jahren kam es zu einer Renaissance von Reproduktionen traditioneller und neotraditioneller Möbel, die man besonders in Neu-Mexiko findet. Viele Stücke sind liebe-

Es lohnt sich immer, den typischen Schmuck der Navajo und Zuni aus Türkis und Silber zu kaufen.

und phantasievoll bemalt. Dabei ist die Grenze zwischen Kunst und Handwerk oft verwischt. Der Südwesten wird von Liebhabern der Kleinkunst geschätzt, weil es dort wunderbar bemalte Dosen gibt, deren reiche Tradition auf drei Kulturen zurückgeht. Ergebnis sind oft überraschende, frische und leicht ironische Motive in großer Variationsbreite. Manchmal fragt man sich, woher diese witzigen Ideen im Spiel mit Form und Material kommen. Immer spielt satter Humor mit, und gar nicht so selten können die Künstler über sich selbst lachen.

Etwas ganz Besonderes ist *Nambé ware*. Diese in klassischem Design und in moderner Form handgearbeiteten Stücke gibt es seit dem Jahr 1951 in Santa Fe als attraktive Kollektion von Tellern, Schalen und Kerzenhaltern in vielen Variationen und Größen. Die eleganten Stücke sehen aus wie modern geformtes, weiches, etwas dicklich verarbeitetes Silber, etwa in der Art, wie es in Skandinavien Mode ist. *Nambé ware* ist jedoch nicht aus Silber, sondern aus einer Legierung mehrerer Metalle – und man muß es nicht putzen.

Die zeitgenössische Szene

Die Leute aus dem Südwesten wissen, daß die Wellen der internationalen Mode aus Paris, Mailand oder New York sie so regelmäßig überrollen wie der El Niño, der warme Strom von der peruanischen Pazifikküste. Ganz sicher ist, daß der Modelook aus dem Südwesten wieder

Die Handelsposten

Hubbell ist der traditionelle Handelsposten für die Navajo.

Für viele Navajo spielen die altehrwürdigen Handelsposten, *Trading Posts*, in der Nähe der Reservate immer noch eine wichtige wirtschaftliche Rolle als Ersatz für moderne Banken. Wenn ein Navajo dringend Geld braucht, bringt er oder sie bewegliche Schätze – meist Schmuck, einen Sattel oder ein Jagdgewehr – zu einem vertrauensvollen Handelsposten. Dort werden diese Sachen beliehen und kommen in einen großen, begehbaren Tresor. Diese Tresore enthalten tausende silberner Armreifen, Ringe, Ketten und Schmuckgürtel. Der Wert dieser Schätze kann, so heißt es, einige Millionen Dollar betragen. Statt Geld zur Bank zu bringen und auf die hohe Kante zu legen, tragen die Navajo ihren Besitz lieber in Form von Schmuck am Körper. Bei nomadisierenden Völkern ist das auf der ganzen Welt so üblich. Silber und Türkis sind nicht nur gute Investitionen, sie sind auch sinnlicher als ein nichtssagendes Stück Papier. Der Schmuck erhöht den Status, sieht wundervoll aus, man bewundert seinen Träger und hat seine ästhetische Freude daran. Man hat sicherlich nicht den gleichen Grad an Befriedigung, wenn man sich seinen Bankauszug um den Hals hängt – oder den Computerausdruck dieses Buchs.

Die Leihhäuser des Westens

Für Navajo und die Händler ist das Leihgeschäft Teil des Lebenszyklus. Historisch gesehen waren die berühmten Händler wie John Lorenzo Hubbell im Jahr 1870 nicht nur Geschäftsleute, sondern gleichzeitig Freunde und Verbündete der Navajos. Das sprach sich herum, und die Reputation trägt bis zum heutigen Tag. Natürlich gibt es unter den Leihgebern auch schwarze Schafe. Trotzdem funktioniert das System.

Die besten und zuverlässigsten Händler kennen ihre Klientel und deren Lebensumstände. Sie sprechen die Sprache der Navajo und wissen, welche Schmuckstücke seit langem in Familienbesitz sind. Entgegen der gesetzlichen Regelung halten die Händler die Leihgaben manchmal länger als ein Jahr. Wenn die Leihgabe später eingelöst wird, kann sie in Zukunft wieder eingesetzt werden und erhält ihren Wert in diesem Prozeß. Wird ein Leihstück jedoch nach einer gewissen Zeit nicht eingelöst, kann es verkauft werden.

Dieser Schmuck – alt oder neu – gehört zu den wertvollsten Stücken nativer Amerikaner, die man erhalten kann. Die Navajo selbst würden keinen minderwertigen Schmuck tragen. Wenn man also hochwertige Arbeiten zu einem fairen Preis kaufen will, sind die Handelsposten die beste Empfehlung.

Gallup in Neu–Mexiko an der Grenze zum Navajo-Reservat ist ein Zentrum der Aktivitäten der Handelsposten. Man sollte einen Bogen um die Firmen machen, die knallige Werbung an der Interstate machen. Man sollte statt dessen ins Stadtzentrum zu einem der ältesten Händler fahren, Richardson's Trading Company in der West 66th Avenue 222. Seit dem Jahr 1913 ist dieses Geschäft eine faszinierende Schatztruhe.

Exquisiter Schmuck aus Türkis und Silber in außergewöhnlicher Verarbeitung.

absolut im Kommen ist. *Time Magazine* hatte eine ganzseitige Geschichte über „Desert Dazzle", die strahlende Schönheit aus der Wüste, und überall kamen die *Broomstick*-(Besenstil-)Röcke wieder auf, selbst bei Modemuffeln.

In Neu-Mexiko ist der kompliziert und dicht gefältete Broomstick-Rock ein Klassiker. Er wird zu besonderen Gelegenheiten zu Cowboystiefeln und einem handgearbeiteten *Concha*-Gürtel getragen. Für einen solchen hochwertigen Rock muß man 200 Dollar hinblättern, aber auch preisgünstigere Versionen sind erhältlich. Das Original ist so kostspielig, weil man dazu feinen Samt, hervorragende Handarbeitserfahrung und besonders viel Zeit braucht. Wie kam es zu seinem Namen? Es war einmal ein frisch gewaschenes Kleidungsstück, das zum Trocknen um einen Besenstil gerollt wurde ... Heute erfordert der gewaschene Rock eine ungewöhnliche Behandlung: Damit sein Faltenlook erhalten bleibt, rollen ihn die Frauen und stecken ihn zum Trocknen in eine Strumpfhose.

Gutgearbeitete **Cowboystiefel** und **Stetsons** sind weitere Klassiker, die man in den Western-Läden erhält. Cowboystiefel wurden auch zu Ikonen der Pop Art. Spezialisierte Künstler und Händler bieten handgearbeitete Stiefel in außergewöhnlichem Design und mit phantastischer Bemalung an, *fancy boots*.

Der gleiche verrückte Geist wie in der zeitgenössischen Kunst bestimmt auch die heutige Mode im Südwesten. Es gilt als schick, lässige und natürliche Mate-

Die feinen Acoma-Pueblo-Tonarbeiten berufen sich auf ein ausgeprägtes Erbe.

rialien wie Baumwolle oder Seide zu tragen, die, wenn sie zu tragbarer Kunst werden, einen großen Auftritt unbedingt garantieren.

Kunst

Gallery-Hopping ist eine der beliebtesten Sportarten im Südwesten. Wenn Sie mitmachen, vergessen sie nicht die Fotogalerien, von denen es in Santa Fe und andernorts einige gibt, die auf museumsreife Fotografien spezialisiert sind.

Vernissagen sind eine unterhaltsame und informative Möglichkeit, ein Gefühl für die Kunstszene zu entwickeln. Man muß ein bißchen recherchieren, sich umhören und die entsprechende Rubrik in der lokalen Zeitung suchen – und schon spielt man mit. Die Mühe lohnt sich, denn es macht ungeheuren Spaß. Die Vernissagen sind meist öffentlich – Wein und Erfrischungen gibt es auch. Besser noch, Sie treffen die Künstlerin oder den Künstler und können die ganze Pracht lokaler Eitelkeit beobachten.

Bevor man sich ins Shoppingvergnügen stürzt, sollte erwähnt werden, daß es neben all den guten Arbeiten eine Menge furchtbaren Kitsches gibt, Souvenirs als Abklatsch des gegenwärtigen Trends. Auch werden billige Imitationen à la nativer Amerikaner angeboten.

Man findet schöne Geschenke in jeder Preisklasse und für jeden Geschmack. Silberschmuck gibt es für wenige Dollar. Will man mehr investieren, sollte man so vorsichtig sein wie überall.

Eine Ausstellung von Sätteln im Richardson Trading Post.

Wo man einkauft

Die regionalen Einkaufsmöglichkeiten erschöpfend darzustellen, würde ein weiteres Buch füllen. Die Vorschläge und Tips sind deswegen notwendigerweise selektiv. Sie sollen nur auf den richtigen Weg führen.

Las Vegas
Schokoholics zieht es erst mal zur **Ethel M. Chocolates Factory** in einem Wüstengarten mit Kakteenausstellung im Cactus Drive 2 in Henderson. Auch eine **Marshmallow Factory** findet sich in Henderson, in der Gibson Road 8203. Man kann die Fabrik besichtigen und bei der Herstellung zuschauen. Für ernsthafte Einkäufe möge man die **Fashion Show Mall** im Herzen des Strip mit über 140 Modegeschäften aller Kategorien in Betracht ziehen, außerdem **Boulevard Mall** und **Meadows Mall** auch irgendwo in der Innenstadt. Allein im **Caesars Palace** gibt es 70 gehobene Geschäfte und Restaurants.

Albuquerque
Duke City hat eine Reihe von Einkaufsvierteln in verschiedenen Teilen der Stadt. In der historischen Altstadt rund um die Plaza liegen die Galerien, Boutiquen, Andenkenläden und Antiquitätengeschäfte.

Kunst und Schmuck nativer Amerikaner findet man reichlich, häufig mit einem Preisnachlaß von 20 bis 50 Prozent bei Sonderverkäufen, *Sales*. Unter einem

Die Forum Shops im Caesars Palace.

Portikus im Osten der Plaza bieten die Pueblo ihre eigenen Erzeugnisse an. Sehr schöne indianische Kunst findet man in der **Adobe Gallery** in der Romero Street 413 sowie in der **Mariposa Gallery** in der Romero Street 113, welche die beste Auswahl an zeitgenössischer Kunst und Schmuck anbietet. Nicht weit davon entfernt stellt das **Indian Pueblo Cultural Center** eine Sammlung authentischer Werke aus.

Die beiden größten und beliebtesten Einkaufsgalerien liegen im Zentrum von Uptown in der Nähe des Marriott Hotels

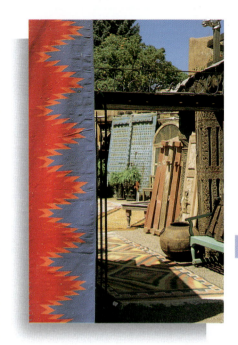

SHOPPING

Ein Antiquitätenladen in Santa Fe.

am Louisiana Boulevard. Im **Coronado Center** und **Winrock Center** sind Hunderte von Boutiquen.

Funky Shopping gehen kann man im Uniriertel auf der Central Avenue zwischen Girard- und Carlisle Street. Sucht man ungewöhnliche, schicke und *Offbeat*-Klamotten, ist man dort richtig. Auf einer Meile drängen sich im **Nob-Hill-Viertel** Geschäfte, Cafés, Restaurants und Buchläden. Man könnte in dem historischen Einkaufszentrum Nob Hill durch die **Gallery One**, **Beeps**, „A" und andere gestylte Geschäfte stöbern und sollte **PT Crow Trading Company** in der Amherst Street 114 nicht übersehen, wenn man die feinsten und modischsten Cowboystiefel Neu-Mexikos sehen will.

Santa Fe
Es kann überhaupt keine Zweifel daran geben, daß die „andere Stadt" dem Himmel für alle Kaufwütigen am nächsten kommt. Wenn man durch die Innenstadt streift, stößt man auf hunderte Galerien und Boutiquen, die sich nicht annähernd aufzählen ließen. Einige gibt es seit Jahrzehnten, andere berufen sich auf eine

Indianische Decken, ein volkstümliches und praktisches Souvenir.

lange Tradition ihrer Vorgänger. Manche haben nationale und internationale Reputation, andere bleiben obskur.

Haupteinkaufsgebiete sind die **Plaza** und die von ihr ausgehenden Straßen: Paseo de Peralta in der Nähe des Old Santa Fe Trail, der historische Guadalupe-Street-Bezirk und die lebhafte Canyon Road. Unter den Galerien empfiehlt sich die **Elaine Horwitch Galleries**, die an der Schnittstelle zu zeitgenössischer Kunst einzuordnen ist, **Nedra Matteucci's Fenn Galleries** mit historischer amerikanischer sowie schöner zeitgenössischer Kunst aus dem Südwesten und die **Andrew Smith Gallery** für Fotofreunde.

Zwei neue Outlet Shopping Centers, die Markenware und Designermode mit einem Preisnachlaß von etwa 30 bis 70 Prozent verkaufen, haben kürzlich eröffnet. Das **New Mexico Outlet Center** liegt auf der Interstate 25 auf dem halben Weg zwischen Albuquerque und Santa Fe, der **Santa Fe Factory Store** ebenfalls auf der Interstate 25 direkt südlich vor Santa Fe.

Bei Chimayo, nördlich von Santa Fe, handelt es sich um ein altes Zentrum spanischer Weberei. Im **Trujillo's** und **Ortega's Weaving Shop** kann man den Webern zusehen und eine Auswahl qualitätvoller Teppiche und Schals finden.

Taos

Auch in Taos liegen die zahlreichen Geschäfte und Galerien rund um die historische Plaza und in den umliegenden Straßen. Weitere Geschäfte finden sich in der Kit Carson Road. Abgesehen von der hohen Kunst sind Trommeln, Mokassins, Webereien, Möbel und Schmuck der Taos-Pueblo aus lokaler Herstellung. Nicht übersehen sollte man **Overland Sheepskin Company**, der am besten riechende Lederladen im Westen, und die **Hacienda de San Francisco Galeria**, acht Kilometer südlich der Ranchos-de-Taos-Kirche, mit einer exquisiten Sammlung spanisch-kolonialer Antiquitäten.

Tucson

Einkaufen im exotischen Tucson ist unverwechselbar geprägt vom Western- und *South-of-the-Border*-Stil, mit einem Touch des nativen Amerikas. Die **Arts & Retail Alliance** unterhält in der Innenstadt in der Nähe des Convention Centers Geschäfte und Galerien. Bei der **Fourth Avenue Merchants Association** han-

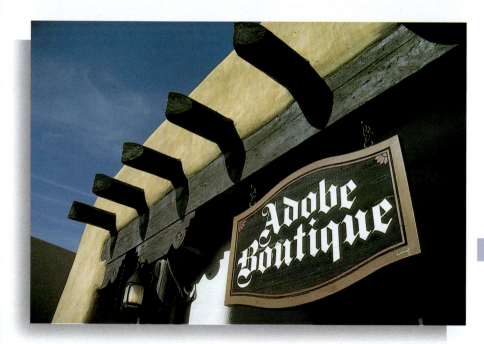

Taos ist voller Geschäfte und Boutiquen.

delt es sich um den Verbund von über 100 Mode- und Kunstläden, Importeuren und Antiquitätenhändlern, die sich im historischen Bezirk **Armory Park** niedergelassen haben. Die Haupteinkaufszentren mit jeweils Dutzenden von Geschäften sind **El Con**, **Foothills Mallo**, **Park Mall** und **Tucson Mall**. Outlet Malls sind die **Tanger Factory Outlet**, **VF Factory Outlet** und **Casa Grande Factory Stores**.

Phoenix und Scottsdale

Die Einkaufsmöglichkeiten im Valley of the Sun bringen einen ganz durcheinander. Am populärsten sind **Metrocenter**, **Chris-Town**, **Fiesta Mall**, **Fifth Avenue** in Scottsdale, **Scottsdale Fashion Square**, **Biltmore Fashion Park**, **Camelview Plaza**, **Arizona Center** und die neue, glitzernde **Scottsdale Galleria**. Scottsdale alleine hat über 2500 Einzelhandelsgeschäfte, darunter eine große Anzahl gehobener Boutiquen und Einkaufszentren. Auf diesem riesigen Basar findet man fast alles, was es unter der Sonne gibt. **Casa Grande Factory Stores** ist ein Fabrikverkauf an der Interstate 10.

Sedona

Tlaquepaque ist ein Einkaufsdorf im spanischen Kolonialstil, landschaftlich wundervoll eingebettet, mit feinen Geschäften, Boutiquen und Restaurants. In der Innenstadt konzentrieren sich die Andenkenläden. Das **Oak Creek Factory Outlets Center** liegt einige Meilen südlich in Oak Creek Village.

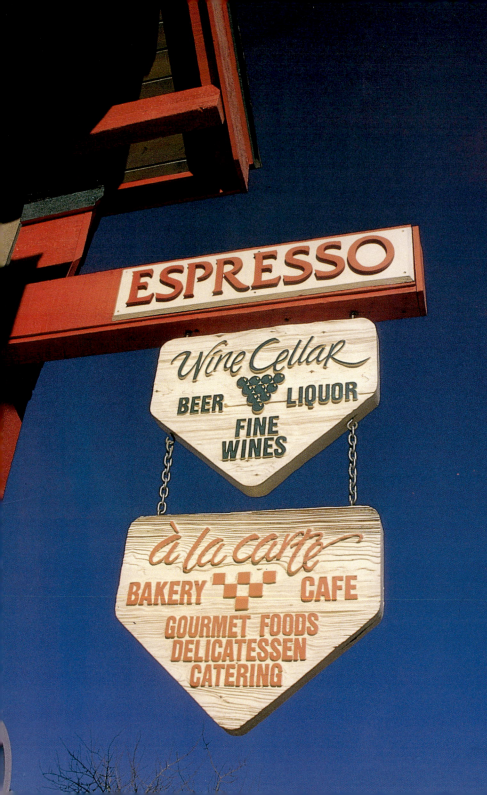

SCHARFER CHILI UND KNOFEL

Essen & Trinken

Was würden Sie tun, wenn Sie ein Leben in völliger Isolation verbringen müßten, Tausende von Kilometern weg von den Zentren der eigenen Kultur? Nun, neben anderen Dingen würden Sie sich entweder anpassen oder umkommen, oder Sie würden eine völlig neue Küche kreieren. Genau das geschah im abgelegenen kolonialen Neu-Mexiko, und so wurde eine einzigartige, gesunde und köstliche Küche geboren.

Die leichtere Art zu essen und zu trinken.

Die Neu-Mexikaner sind durchaus nachsichtig, wenn man dies nicht mag oder jenes kritisiert. Aber in der Küche hört die Toleranz auf. In kulinarischen Angelegenheiten werden Leute, die das Essen Neu-Mexikos weder verstehen noch mögen, als die letzten Barbaren angesehen.

Der Trend ist auf ihrer Seite: Man stöbere nur in irgendeinem Buchladen herum, und man findet Dutzende von neuen Kochbüchern über die Küche des Südwestens und über die Wohltaten des Chili

Bionahrung gilt sehr viel in der heutigen Szene.

Küchenkünstler wie der erfindungsreiche Mark Miller vom Coyote Café in Santa Fe haben viel zum neuen nationalen Ruhm der Südwestspeisen beigetragen. Es ist nicht nur schick, sondern auch naturgemäß und kulinarisch korrekt, die Köstlichkeiten der Wüste, der Berge, der Pueblo-Indianer und des spanischen Erbes zu goutieren.

Produkte aus Neu-Mexiko

Chilis sind die feurige Seele der Kochkunst Neu-Mexikos, doch der Grundstock setzt sich aus alten und lokal erzeugten Lebensmitteln der Pueblo-Indianer zusammen: Mais und Bohnen. Die Anasazi, die Vorfahren der Pueblo, bauten diese Früchte schon vor Urzeiten an.

Ethnobotaniker haben herausgefunden, daß die Anasazi-Bohne, die noch heute wächst, 7000 Jahre alt ist. Diese hübsche, weiß und braun gesprenkelte Bohne ist leichtverdaulich, mineralreich und hat mehr Geschmack als die modernen Züchtungen. Man erhält sie in vielen Bioläden.

Mais ist ein traditionelles, stärkehaltiges Grundnahrungsmittel in Amerika. Die präkolumbianischen Völker der westlichen Hemisphäre züchteten zahlreiche Maissorten, zum Beispiel süßen, weißen, gelben, roten und blauen Mais.

Chili gehört zur Kapsikum-Familie und wird fälschlicherweise als Pfeffer bezeichnet. Während des Zeitalters der Entdeckungen war Pfeffer äußerts begehrt. Der Gewürzhandel war ein monopoli-

Chilizöpfe in einem unbeobachteten Moment.

siert und Pfeffer sein Gewicht in Gold wert. Jedoch hat der schwarze Pfefferstrauch wenig gemein mit dem tomatenähnlichen Chili. Chili ist eine Frucht. Mit den Spaniern kam sie nach Norden, und so ist Neu-Mexiko heute der größte Produzent des Landes.

Chili hat viele interessante Eigenschaften, die von dem Ruf als Aphrodisiakum bis zur reichhaltigen Vitamin-C-Quelle reichen. Ein ungarischer Wissenschaftler wurde gar 1937 mit dem Nobelpreis für seine Entdeckung und Konzentration der weißen Vitamin C-Kristalle in jenen Chilischoten ausgezeichnet, die seine Frau zum Kochen benutzte. Vermutungen, daß die feurige Frucht Krebs verhindert und das Risiko von Herzerkrankungen senkt, werden noch erforscht.

So, und nun geht's los, mit all den Grundnahrungsmitteln: Chili, Mais und Bohnen. Im folgenden werfen wir einen Blick auf Pueblo-Speisen, Neu-Mexikos Kochkunst und die neue Küche des Südwestens, die Trends in der südwestlichen Ernährung kreierte.

Die Kochkunst der Pueblo

Sie ist die älteste Art der Region, Essen zu bereiten. Mais, Kürbis, wildwachsendes Grünzeug, Beeren, Pinienkerne und Wild sind die grundlegenden Zutaten. Chili, Rindfleisch und andere Lebensmittel wurden später hinzugefügt. Noch heute werden Eintöpfe, *Posole*, Maisknödel, indianische Tacos, indianisches gebratenes Brot und krosse Brotfladen genossen, die in den bienenstockförmigen *Horno*-Öfen im Freien gebacken werden. Man kann diese Speisen in Restaurants oder an Imbißständen im Land der nativen Amerikaner probieren, an Festtagen der Pueblo, auf Jahrmärkten, Pow-wows und Rodeos oder in indianischen Kulturzentren wie dem in Albuquerque.

Die traditionelle Küche Neu-Mexikos

Die grundlegenden Zutaten dieser Küche sind Tortillas, die aus Weizen oder Mais hergestellt werden, Pintobohnen, Chilis, mehr grüne als rote, *Posole*, ein Eintopf aus Maisbrei, Schweinefleisch und Chili, sowie *Sopaipillas*, kissenförmiges und luftig aufgebackenes Brot, das mit Honig gegessen wird. Dann Fleischgerichte,

Das Weinland Neu-Mexiko

Der La-Chiripada-Weinkeller in Dixon.

Bis vor kurzem hat niemand etwas von Wein aus Neu-Mexiko gehört, obwohl es das älteste Weinbaugebiet des Landes ist. Weingärten wurden dort bereits 1662 angelegt, ein Jahrhundert früher als in Kalifornien. Die Franziskanerpadres, die in dem abgelegenen spanischen Grenzgebiet lebten, brauchten Meßwein. Die einzige Möglichkeit, ihn zu erhalten, war, ihn vor Ort anzubauen. Der Rio Grande und seine Nebenflüsse lieferten Wasser, und der Boden in den fruchtbaren Tälern sowie das Klima ließen die Weinstöcke prächtig gedeihen.

Recht bald wurden Missionstrauben (*Vitis Vinifera*) im südlichen Neu Mexiko und im Westen von Texas angebaut. Doch erst 1880 stieg Neu-Mexiko zum fünftgrößten Weinproduzenten der Staaten auf. Später dann ließen Fluten, Dürren und die Prohibition die Weinproduktion erlahmen.

In den letzten zehn Jahren hat ein wiedererwachtes Interesse dem Wein Neu-Mexikos ein Comeback beschert. Quasi von Null mit gut 160 Hektar Weingärten im Jahr 1980 stieg das Anbaugebiet rasch auf rund 1800 Hektar. Die Sonne brennt dort heiß vom Himmel, doch die Nächte sind wegen der Höhenlage recht kühl – ein Klima, das Weinstöcke schätzen.

Cabernet Sauvignon, Chardonnay, Chenin Blanc, Französischer Colombard, Merlot, Muscat, Riesling, Roter Cabernet, Sauvignon Blanc und Zinfandel sind die Sorten, die in verschiedenen Gegenden Neu-Mexikos wachsen. Im

frischer Salat und Tomaten, verschiedene Käsesorten, Sauerrahm, *Guacamole*, ein Avocadosalat, Reis und verschiedene *Salsas*, Würzsaucen, als Beilagen.

Aus diesen Nahrungsmitteln zaubern die Köche Neu-Mexikos Gerichte, die feurig sein können (was von der Schärfe oder Milde der verwendeten Chilis abhängt), aber sie sind niemals schwer oder überwürzt. Wer mit seinen kulinarischen Forschungen beginnt, sollte es in jedem Fall so halten wie die Einheimischen: grünen Chili bestellen. Der Kellner wird immer fragen, welchen man wünscht, grünen oder roten.

Zu den beliebtesten Suppen und Eintöpfen gehören das *Posole* mit Schweinefleisch und Chili oder der delikate Chili-Eintopf, eine Mischung aus Schweinefleisch, Kartoffeln, Zwiebeln, Knoblauch und grünem Chili.

Eine Mahlzeit beginnt normalerweise mit knusprigen Tortillachips und *Salsa*, die zum Service gehören. Dann kom-

Norden des Staates gelingt es sogar, französisch-amerikanische Kreuzungen zu züchten.

Auf der Weinstraße

Es gibt verschiedene Weingüter, die man während einer Reise einfach besuchen kann. Die **Andersen Valley Vineyards** im üppigen North Valley von Albuquerque beispielsweise, die **Las Nutrias Winery** im nahe gelegenen Corrales und die **Sandia Shadows Winery**. All diese Weingüter bieten Verköstigungen und Führungen an. Datum und Uhrzeit wechseln, so daß man sich vorher telefonisch erkundigen sollte.

Die neueste Errungenschaft in Albuquerque ist das weitläufige, eindrucksvolle Gebäude der **Gruet Winery** im nördlichen Bereich der Stadt. Man kann es auf dem Weg nach Santa Fe nicht übersehen. Die Gruets sind Experten für die Herstellung von Schaumwein. Sie haben ihre Erfahrungen seit 1952 in der Champagne in Frankreich gesammelt und verwenden nun in Neu-Mexiko die *Méthode champenoise*.

Die Gruet-Schaumweine werden wie Champagner produziert, schmecken genauso und sacken haufenweise Preise ein. Aber man darf einen Sekt nicht „Champagner" nennen, wenn er nicht tatsächlich in der französischen Champagne hergestellt wurde. Macht nichts – Gruet Brut, Blanc de Noirs, Blanc de Blancs Vintage und Chardonnay aus Neu-Mexiko haben sich den Geschmack der Verbraucher erblubbert: Sie werden von Hawaii bis New York verkauft.

Die Trauben für die Weine von Gruet kommen aus neuen Weinbaugebieten in der Nähe von Truth or Consequences. Europäische Winzer wie **Domaine Cheurlin Winery**, **Duvallay Vineyards** und **Chateau Sassenage** brachten dort Anfang der achtziger Jahre ihre Erfahrungen ein, kultivierten die Wüste und bauten Weingärten an.

Weiter südlich im Mesilla-Tal gibt es haufenweise Winzereien. Im Norden produzieren die **Santa Fe Vineyards**, die **Balagna Winery** nahe Los Alamos und die **Madison Winery** bei Ribera ihre Tröpfchen. Die **Black Mesa Winery** in Velarde und die idyllische **La Chiripada Winery** in Dixon liegen zwischen Santa Fe und Taos.

Weinfeste

In Neu-Mexiko werden mehrere Weinfeste gefeiert: das **Bernalillo Wine Festival** am Wochenende vor dem Labor Day (erster Montag im September), das **Santa Fe Wine Festival** am Wochenende des 4. Juli und die **Taos Ski Valley Wine Celebration** im Dezember und Februar. Weitere Informationen über Winzereien und Festivals gibt die Wine Growers Association in Santa Fe (siehe Adressenteil).

---

men die ausgewählten Speisen. Dazu gehören *Enchiladas*, Teigtaschen aus Mais, gefüllt mit Käse, Hühner- oder Rindfleisch, mit Käse bestreut oder mit roter oder grüner Chilisauce, und mit gebackenen Pintobohnen und Salat serviert.

Carne adovada besteht aus magerem Schweinefleisch mit rotem Chili, auch als *Burrito* angeboten, wenn es in Weizentortillas eingehüllt wird. *Chimichangas* sind gebratene Burritos mit verschiedenen Füllungen und Beilagen.

Tamales sind Maishülsen, die mit einer Mischung aus Maismehl, Fleisch und rotem Chili gefüllt werden. *Flautas* und *Taquitos* sind gefüllte und gebratene Maistortillas, während *Chile rellenos* grüne Chilis sind, die mit Käse gefüllt, paniert und dann gebraten werden.

Zum Nachtisch gibt es dann *Capirotada*, einen Brotpudding, niedliche, kleine *Flans*, ein Milchpudding mit Karamelsauce, oder Aniskekse, die *Bizcochitos* genannt werden.

Bei der Zubereitung frischer Tortillas.

Neue Südwestküche

Die Region lockte eine Vielzahl herausragender junger Köche an, die die einheimische Geradlinigkeit und Gesundheit und den Geschmack des lokalen Essens schätzen. Alsbald probierten sie neue Gerichte aus. Das Ergebnis war so einfallsreich und ausgefeilt bei den Speisen wie bei den neuen Arten, mit denen die Kochkünstler ihre postmodernen Vorstellungen umsetzten. Auch das Essen bekam etwas Künstlerisches. Und wie viele Bewegungen und Schulen, tendiert auch diese *Nouvelle Cuisine* manchmal ein wenig zum Prätentiösen. Dennoch ist es allerseits eine gesunde, leichte und wohlschmeckende Kochkunst. Sie kombiniert die Erzeugnisse des Südwestens mit allem, was die Welt ansonsten zu bieten hat.

Internationale Küche

In großen Städten wie Santa Fe und Scottsdale findet man Gerichte aus aller Welt. Es gibt aber auch Variationen der Küche des Südwestens: die Sonora-Küche in Tucson, die Arizona-mexikanischen und die „Cowboy"-Spezialitäten überall im Valley of the Sun. *Variatio delectat* heißt die Devise. Amerikanisch, Cajun, Tex-Mex, Vegetarisch, Italienisch, Französisch, Mexikanisch, Griechisch, Arabisch, Deutsch, Japanisch, Chinesisch, Koreanisch, Vietnamesisch, Thai – es gibt jedes denkbare Restaurant, das alle Wünsche erfüllt.

Restaurants

Die Restaurantszene ist breit gestreut und ändert sich dauernd, so daß eine Beschreibung nur selektiv sein kann. Allein im Einzugsgebiet von Albuquerque gibt es 1150 Restaurants – eine Anzahl, die die Stadt fast an die Spitze der Skala der Städte mit den meisten Eßlokalen bringt. Das kleine Santa Fe hat mehr als 200 Lokale. Auch die anderen Städte sind mit Restaurants gut bedient. Essengehen ist ein Hauptzeitvertreib im Südwesten. Reservierungen sind unbedingt notwendig, außer in den eher schlichten Lokalen und in Cafés.

Las Vegas

In Las Vegas verfügt jedes Hotel nicht nur über eines, sondern gleich über eine ganze Menge von Restaurants und Cafés, von sehr teuren bis zu unglaublich preiswerten. Die regulären Mahlzeiten in den Hotels haben meist subventionierte Preise, besonders die beliebten Büffets, an denen man reinschaufeln kann, was der Magen verträgt. Nur daß man dort dann mit langen Schlangen rechnen muß.

Hotelcafés sind in der Regel durchgängig geöffnet, so daß man immer ein Täßchen Kaffee und eine Kleinigkeit zu essen bekommt. Egal, wo man sich auf dem *Strip* gerade befindet, überall gibt es preiswerte Restaurants, die zum Beispiel Rippchen für 3,95 Dollar anbieten.

Aber es gibt auch teure und glamouröse Restaurants für aufwendige Abendessen. Einen Platz im Restaurant *Monte Carlo* im *Desert Inn* zu bekommen, ist äußerst schwierig. Die Küche dort ist unverfroren altmodisch, eigenwillig und kalorienreich. Weitere Spitzenlokale sind das *La Montrachet* mit exquisiter französischer Küche und das führende *Palace Court Restaurant* im *Caesars Palace*.

Albuquerque

Beginnen wir in Albuquerque mit der traditionellen Küche Neu-Mexikos. Als Einführung für das Essen und das Ambiente ist das beliebte *Garduño's* oder das *Las Mananitas* in einer historischen Postkutschenstation mit seinem reizenden Patio zu empfehlen. Oder das *La Placita* in der Altstadt; oder das begehrte, schlichte *Sanitary Tortilla Factory*, eine familiäre, lokale Institution, gern besucht an Nationalfeiertagen. Die Wände sind mit Dankbezeugungen aus aller Welt, einheimischen Gemälden und hispanischen religiösen Heiligenbildern übersät.

In Duke City sind die Preise selbst in Nobelrestaurants erträglich. Die folgenden sind lediglich ein paar Empfehlungen für genüßliches Speisen. Im Villenviertel, dem *Nob Hill*, empfiehlt sich das *Nob Hill Bistro* mit europäischen Gourmetkreationen. Das *Monte Vista Fire Station*, in einem restaurierten Lehmziegelgebäude, verfügt über einen preisverdächtigen Küchenchef. Das *Il Vicino* ist eine topmoderne Designer-Pizzeria, während das *Double Rainbow Café* eine weitläufige, europäische Café-Konditorei ist, wo es auch leichten Lunch gibt. Das gestylte *Scalo Northern Italian Grill* bietet hervorragende Pasta, Grillfisch und norditalienische Spezialitäten.

Las Mananitas in Albuquerque bietet die traditionelle Küche Neu-Mexikos.

Im weiteren Stadtgebiet gibt es noch das *Stephen's* (köstliche kreative Küche, bevorzugt von den Geschäftsleuten aus der City); dann die *Trattoria Trombino* (italienisch); den *Prairie Star* in der Nähe des Coronado State Monument (wunderbarer Blick und dito der Brunch); *Café Oceana* (frischer Fisch und leckere Saucen); *Artichoke Café* (schmackhafte Bouillabaisse); Le Crepe Michel (französisch, klein, gut); *Casa Vieja* (ein Spitzenlokal in der Nähe von Corrales, mit romantisch mexikanischem Ambiente und ungewöhnlicher französischer und norditalienischer Küche).

Santa Fe

Santa Fe ist ein Mekka der Gourmets, wo sich die Köche unermüdlich neue Kreationen des Südwestens ausdenken und Kochbücher vollschreiben und wo man sich durch alles durchessen kann, von der traditionellen Küche Neu-Mexikos bis zu internationalen Spezialitäten. Man findet auch Restaurants mit naturbelassenen Speisen, vegetarischer Küche und experimentellen Gerichten.

Um traditionelle, einheimische Speisen zu probieren, sollte man sich in das ursprüngliche *La Tertulia* begeben, ein Lokal in einem historischen Kloster, das von den Einheimischen bevorzugt wird. Im lässigen und reizvollen *Pink Adobe* geht es immer quirlig zu. Es gibt dort europäische und kreolische Gerichte. Das Gartenlokal *La Plazuela* im historischen *La Fonda Hotel* bietet wohl ein zeitgemäßes Umfeld, aber nicht immer die beste einheimische Küche. Eine gute Wahl sind auch das *Tomasita's*, das *Maria Ysabel* und *The Shed*.

Um die moderne Küche des Südwestens kennenzulernen, sollte man im *Coyote Café* beginnen. Nachdem der Kochkünstler Mark Miller 1987 San Francisco verlassen hatte, um in Santa Fe ein Restaurant zu eröffnen, beeinflußte er die Südwestküche aufs entschiedenste und machte das Coyote Café berühmt. Kochbücher verbreiteten seine Kreationen, und die amerikanische Presse veröffentlichte seine Rezepte.

Eine gute Wahl für die Südwestküche trifft man auch mit dem *La Casa Sena* mit einem hinreißenden Gartenlokal, wo man im Sommer hervorragend speisen kann; schließlich mit dem *Inn of the Anasazi* und dem *Santacafé*. Nicht unerwähnt bleiben sollten das *Canyon Road Café*, *San Francisco Street Bar & Grill* und die meisten der großen Hotels. Französisch speist man im *Encore Provence* und im beliebten *French Pastry Shop*; Italienisch im *La Traviata*, *Pranzo Italian Grill* und im *Julian's*. Japanische Köstlichkeiten gibt es im *Sakura* oder im *Shoko-Café* (mit einer riesigen Sushi-Bar). Im *Bull Ring* treffen sich gerne die Hauptstadtpolitiker – es ist berühmt für seine guten Steaks, ebenso wie das *Steaksmith*. In Santa Fe gibt es des weiteren jede Menge Konditoreien und Kaffeehäuser, die oft mit Buchläden kombiniert sind.

Im Umland von Santa Fe Richtung Taos, in Chimayó, eine halbe Stunde von Santa Fe entfernt, sollte man eine Rast im *Restaurante Rancho de Chimayó* machen.

Man fühlt sich wie in einer Hazienda des 18. Jahrhunderts. Die Gärten sind lieblich, das traditionelle Essen herausragend und der Sangria Extraklasse.

Taos

Taos ist eine kleine Stadt, aber verhungern muß man dort nicht. Die Bandbreite der Restaurants rangiert vom Bodenständigen bis zum Überkandidelten. Wenn die Skisaison beginnt, kommt noch einiges hinzu. *Michael's Kitchen* ist eine rustikale Café-Konditorei mit einer eingefleischten Zeitgeistkundschaft. Es ist immer proppenvoll, das Frühstück legendär. Mittag- und Abendessen sind absolute Spitzenklasse.

Das *Tapas de Taos Café* serviert mexikanische Speisen und Tapas aus aller Welt. Im *Wild & Natural Café* gibt es Vegetarisches. In der *Villa Fontana* werden noble norditalienische Speisen geboten; die *Chili Connection Taos Brewery* bietet ein Restaurant, eine Snackbar und eine eigene Brauerei, und im *Los Vaqueros* im *Sagebrush Inn* gibt es Rippchen und die Küche des Südwestens. Zu den Restaurants im Skigebiet gehören das hervorragende französische Lokal im *St. Bernard's Hotel* und das *Hondo Restaurant* im *Inn at Snakedance* und die *La Croissanterie*.

Tucson

Hier herrscht vornehmlich die Küche Mexikos und Sonoras vor. Empfehlenswert sind das *Casa del Rio*, das *El Adobe* (mit herzhaften und authentischen Sonora-Speisen), das *El Charro*, das älteste mexikanische Restaurant in den Staa-

Ein typisches Restaurant Neu-Mexikos.

ten, das *El Zarape Mexican Foods*, das *El Arte de Rosita*, *La Fuente* und das *Maycayo Tucson del Este*. Im *Janos* gibt es Gerichte aus der neuen Küche des Südwestens. Amerikanisches Essen erhält man im *Chelsea's*. Im *Coffe Etc* speist man umweht vom Duft frisch gerösteten Kaffees. Dann gibt es noch das *Delectables Restaurant and Dining* oder das *O'Malley's*, Kneipe und zwangloses Restaurant in einem restaurierten, historischen Handelshaus.

The Tack Room ist ein edles Fünf-Sterne-Restaurant, in Familienbesitz und in einer alten Hazienda gelegen. Weitere Gourmet-Restaurants sind das *Boccata* mit norditalienischer und französischer Küche, das *Encore Med*, das klassische Gerichte Spaniens, Frankreichs und Italiens serviert, das *Jerome's* mit leckeren Meeresfrüchten, das *Landmark Café* mit seinen Wildspezialitäten oder das *Le Bistro*, das Speisen wie Lachs in Ingwerkruste oder Bratente mit Tequila-Cointreau-Sauce auf der Karte hat.

Phoenix & Scottsdale

Steaks, über offenem Feuer gebraten, katalanische Tapas oder feurige mexikanische Speisen nach Arizona-Art sind die einheimischen Spezialitäten. Die Restaurantszene im Valley of the Sun hat etwas Gigantisches und zudem eine Auswahl an preisverdächtigen Küchenchefs.

Eine hervorragende Speisenauswahl bietet das umjubelte *Christopher's Bistro* und das *Vincent Guerihault on Camelback*, beide mit französischer Küche. Des weiteren: die *Orangerie* im *Arizona*

Das El Charro Café in Tucson ist das älteste mexikanische Restaurant in den Vereinigten Staaten.

Biltmore, *Roxsand* im *Biltmore Fashion Park*, *Mary Elaine's* und das *Terrace Dining Room* im *Phoenician* und das *Marquesa* im *Scottsdale Princess*, ein vom Amerikanischen Automobilclub mit fünf Diamanten ausgezeichnetes Restaurant mit katalanischer Küche. Die guten alten, blutigen Westernsteaks sind im Valley of the Sun einsame Spitze. Die besten Steaks gibt es in den folgenden Restaurants: *Rustler's Roost* „for beef n'brew with a view" (Steaks und Bier mit Ausblick), *Stockyard Restaurant*, mit einer Bar aus dem Jahr 1889, das Steaks und Rippchen serviert, oder *The Bitter Root Cattle* mit einer alten Westernatmosphäre, Steaks, Rippchen, Klapperschlange und Live-Country Music. Das *Pinnacle Peak Patio* bezeichnet sich selbst als das größte Western-Steakhaus der Welt und bietet allabendlich Country Music. Weitere Restaurants sind *Rattler's at WestWorld*, *Rawhide Steakhouse & Saloon* und *Reata Pass Steakhouse*.

Sedona
Dieser Urlaubsort im Land der roten Felsen überrascht mit einigen bemerkenswerte Restaurants. Das *L'Auberge de Sedona* gilt als das beste französische Restaurant des Südwestens. Das *Rene* in Tlaquepaque ist hübsch eingerichtet und bietet französische und amerikanische Küche. Im *Shugrue's* gibt es Meeresfrüchte und köstliche Spezialitäten, die in einem Lokal serviert werden, das einen Panoramablick auf die Stadt und die hinreißenden Red Mountains bietet.

ABENDLICHES REMMIDEMMI

Nachtleben

Rock, Jazz, Blues, Country, Folk, klassische Gitarre, Alternativ-Pop, zeitgenössischer Stilmix, Salsa, Flamenco und Mariachi – das sind nur einige Kategorien dessen, was im Nachtleben des Südwestens geboten wird. Es gibt auch Kabarett, Bingohallen, Tanzpaläste und Spielkasinos. Einige nehmen Eintritt oder verkaufen Getränkebons, andere sind frei. Die Musik- und Nachtlebenszene wechselt oft, was heute in ist, kann morgen bereits ein alter Hut sein. Am besten erkundigt man sich direkt vor Ort.

Ein Kleopatra-Showgirl im Caesars Palace in Las Vegas.

Las Vegas bei Nacht

Las Vegas ist natürlich nicht nur die Hauptstadt des Glücksspiels, sondern auch des Nachtlebens. Production Shows, Star-Specials, Kleinkunst in den Hotelhallen, Country-Western-Saloons, Kabaretts, Jazz-Veranstaltungen, Rockgruppen, Lightshows, Oben-ohne-Bars, Kino und Theater – der Unterhaltungsmarathon von Las Vegas läuft auf Hochtouren. Bally's, Desert Inn, Golden Nugget, Mirage, Riviera, MGM Grand, Caesars, Stardust, Tropicana, Flamin-

Die Unterhaltungsindustrie, die „Kultur" von Las Vegas, ist durchgängig aktiv.

go Hilton, Luxor oder Treasure Island, alle haben riesige Veranstaltungsräume, in denen 10 000 oder mehr Zuschauer Platz finden.

Die aufwendigen sogenannten **Production-Shows** (früher hießen sie Revue), laufen meist über mehrere Jahre. Die größeren erkennt man auf den ersten Blick. Wer im *Las Vegas Show Guide* herumblättert (in allen Hotels erhältlich) und neben dem Titel das Wörtchen „indefinite", unbegrenzt, findet, kann sicher sein, daß es sich um eine Production-Show handelt, die endlos läuft und nur gelegentlich die Besetzung auswechselt. Zu den glamourösesten Shows gehören *Jubilee*, *Splash*, *Catch a Rising Star*, *City Lights*, *Cirque du Soleil „Mystere"*, *Siegfried & Roy* und *Enter the Night*.

Die **Star-Specials** haben gleichermaßen große Anziehungskraft. Barbra Streisand trat Anfang 1993 ertsmals seit 20 Jahren live im brandneuen MGM Grand Garden auf. Stars wie Bill Cosby, Wayne Newton, Frank Sinatra oder Liza Minnelli sind vielleicht zur selben Zeit in der Stadt wie Sie.

Man kann sich auch Rockkonzerte anhören, von Sting über Grateful Dead bis zu Pearl Jam. Wer eine Vorliebe für *Jazz* hat, dem sei „Alan Grants Jazz am Montagabend" im Four Queens Hotel empfohlen.

Sollte eine Show nicht zur Pauschalreise gehören, ist es sinnvoll, gleich nach der Ankunft im Hotel Karten zu bestellen. Für eine Spitzenshow muß man schon 50 Dollar pro Person anlegen. Ein rechtzeitiges Trinkgeld für den Maître d'Hôtel oder den Chefportier wirkt Wunder: Beide herrschen über die besten wie miserabelsten Plazierungen. Weniger überzogen sind die Preise für die Nachmittags-Shows. Sie kosten etwa fünf Dollar.

Preiswerte **Live-Unterhaltung** gibt es in den meisten Hotelfoyers der Stadt. Für den Preis eines oder zwei Getränke bekommt man stundenlang Musik und Unterhaltung geboten. Eine Zeitlang waren diese Darbietungen etwas schlapp, doch mittlerweile zeigen frische Talente ihr Können. Mehr über das Nachtleben von Las Vegas steht im Stadtkapitel.

Jazz und Tanz in Neu-Mexiko

In Albuquerque tobt das Nachtleben in der Innenstadt. Sobald die Banken und Verwaltungen geschlossen haben, ist es dort recht unbelebt, so daß die übliche Vorsicht nach Einbruch der Dunkelheit geboten ist. Man sollte mit dem Taxi fahren, um das Nachtleben zu genießen. Die Topadressen sind derzeit das **Beyond Ordinary**, die **Dingo Bar**, **El Rey**, **Louie's/66**, **Brewster's Pub** und der **Golden West Saloon**. Alle liegen dicht beieinander und bieten Livemusik von Rock über Blues bis zu Szenebands. Die Gruppen wechseln laufend, man sollte sich aktuelle Veranstaltungskalender besorgen.

Für Country Music und -Tanz empfiehlt sich das **Midnight Rodeo**, das **Caravan East** oder der beliebte **Sundance Saloon**. Wer Folk Music oder Dichterlesungen schätzt, sollte sich der Uni-Szene anschließen und ins **EJ's Coffee** gehen. Salsa wird im **Cooperage** geboten, und für fröhliche Ausgelassenheit eignet sich die **Laff's Comedy Tavern**. Des weiteren veranstalten größere Hotels Live-Unterhaltung und Tanz.

In Santa Fe tanzt man im **Club Luna**, lauscht dem Blues im **El Farol** und im **Chelsea Street Pub** und genießt klassische Gitarrenmusik im **El Dorado Hotel**. Das **High Mesa Inn** hat Latino-Jazz im Programm, das **Edge** läßt eine „Trash-Disko" dröhnen, und im **Old Santa Fe Trail Bookstore and Coffeehouse** säuselt Folk Music plus allerlei New-Age-Lesungen und Buchpräsentationen. Das **Rodeo Nights** ist das Mekka der Country Music in Santa Fe.

In Taos findet der größte Teil der Live-Unterhaltung und der Tanzveranstaltungen in den größeren Hotels statt, wie in der **Fireside Cantina** im Rancho Ramada, in **Fernando's Hideaway** im Holiday Inn, im **Hacienda Inn** und im **Sagebrush Inn**. Tanz gibt es auch im **Kachina Cabaret** und kleine Shows in der **Adobe Bar** des Taos Inn. Im Winter trifft man sich beim Après-Ski im **The Martini Tree** und im **Thunderbird Lodge** im Ski Valley.

Western in Tucson

Ist man in Tuscon, sollte man es den Einheimischen nachtun: Vergnügen im Western-Stil. Im **Cactus Moon Café** kann man essen, trinken, ununterbrochen Tanzmusik lauschen und freien Tanzunterricht nehmen. Der **Cow Palace** ist

Eine Menge guter Restaurants im Südwesten lockt zu einem Besuch.

eine allbekannte Westernbar mit Restaurant und Gesang. Das **Triple C Chuckwagon Suppers** serviert herzhaftes Essen und Bühnenshows mit den *Sons of the Pioneers*.

Im Klub **El Mariachi** unterhält von Mittwoch bis Sonntag die Gruppe *International Mariachi America* die Gäste zum Abendessen. Im **Dos Locos Cantina** im Sheraton El Conquistador Resort and Country Club gibt es Mariachi-Musik live und jede Nacht Tanz. Und im **The Last Territory Western Steakhouse and Dance Hall** im selben Hotel kann man Country Music live hören und allnächtlich den Twostep tanzen.

Schließlich gibt es noch die Sportlerkneipen und die Restaurantbrauereien. Die **Gentle Ben's Brewing Company** nahe des Universitätscampus zapft alle Biere, die dort gebraut werden. In „Tucsons schönstem Biergarten" werden auch Speisen serviert. Der **Putney's Elite Saloon & Eating Place** ist mit Großbildschirmen und Pool-Billard-Tischen ausgestattet. Ein weiterer Treffpunkt von Sportfans ist das **Weekends**, wo man sich so manches Spiel anschaut.

Und schließlich gibt es noch ein paar ordentliche Nachtklubs. Im beliebten **Wildcat House** wird flott getanzt. Im **Bobby McGee's Conglomeration** gibt es Live-Musik, Unterhaltung und Tanz bunt gemixt. **Laffs Comedy Nightclub and Café** sieht die Dinge mehr von der komischen Seite, und der **Ten's Nightclub** zeigt Shows mit über 100 Tänzern „nur für Erwachsene".

„Capriccio". Die Oper in Santa Fe bietet außergewöhnlich unterhaltende Abende.

Phoenix & Scottsdale

Abends wird in allen größeren Hotels in Phoenix und Scottsdale Live-Unterhaltung geboten. Im **The Grill** im Ritz Carlton wird beispielsweise von Donnerstag bis Samstag getanzt. Das **Pointe Hilton Resort** im Tapatio Cliffs präsentiert Foyer-Shows und Pianomusik, während es im **Terrace Dining Room** im Phoenician jede Nacht Tanz in opulentem Ambiente gibt. Irische Musik bietet live das **Seamus McCaffrey's Irish Pub and Restaurant**, die Spezialitäten im **Trumps Bar and Grill** sind hingegen Tanzgruppen und Karaoke.

Wer nach einem guten Essen im üppigen Freiluft-Ambiente des **Sports Club Dining** des Pointe Hilton Resort seine Kalorien abarbeiten will, kann dies beim Tanzen oder im Fitneß-Center tun. Ein anderer Nachttreff mit sportlichen Ambitionen hat einen langen Namen: **America's Original Sports Bar/Phoenix Live!** im Arizona Center, ein Ort der Superlative: 3600 m^2 Sportplätze, Unterhaltung drinnen und draußen, 53 Fernseher und fünf Großbildleinwände.

Um Salsa-Musik live zu erleben und mexikanisch zu speisen, sollte man sich in den **Nogales Beach Club** in der Scottsdale Galleria begeben. Der heißeste Tip für temperamentvollen Flamenco und andere Tanzvorführungen sowie für spanische Küche ist das hochgelobte **Tapas Pepin** in Scottsdale.

Dort wie in Tucson verwandeln sich die Städter des Nachts in tanzende Cow-

Für die Leute in den kleineren Städten sind die altmodischen Filmtheater leichter zu erreichen.

boys und -girls. Im **Rustler's Roost** im Pointe Hilton Resort oder im **Waterin' Hole Chuckwagon & Saloon** im Tapatio Cliffs geht es stilecht ab. Beide verfügen über gute Restaurants mit „Cowboy-Futter" und allnächtlich entweder Live-Country & Western Music, Tanz oder schräge Klavierbegleitung.

Country Music und Tanz gibt es auch im **Rawhide Steakhouse & Saloon** und im **Reata Pass Steakhouse**. Ausflüge im Heuwagen und Western-Unterhaltung sind die Glanzpunkte im **Desert Foothills Cookouts Inc.**

Um echte Westernatmosphäre zu schnuppern, sollte man sich an die populären Tanzlokale halten. Das **Cheyenne Cattle Co** im Arizona Center ist einer der besten Westernnachtklubs des Staates mit einer riesigen Tanzfläche. Der **Diamond Jim's Saloon** verbindet zwei Tanzflächen mit Buffets, einem Swimmingpool, Fernsehern, einer Großleinwand und einem musikalischen Schwerpunkt auf „New Country" und „Western Classics". Das **Fibber's Saloon & Restaurant** demonstriert den Hang zum Globalen: Dort kann man den Twostep zur Live-Country Music tanzen, Unterricht im Western-Tanz nehmen und sein Herz überfließen lassen beim japanischen Karaoke. Und schließlich soll die riesige Tanzfläche im **Toolie's Country Saloon and Dance Hall** nicht unerwähnt bleiben. Dort werden montags, mittwochs und sonntags freie Tanzstunden angeboten. Als Nachtklub kann man es nicht bezeichnen, denn Live-

Das **Yesterday's Presented by David Lindsay** ist ein Kabarett. Kellner und Kellnerinnen singen und spielen Musik vom Broadway und aus den dreißiger bis achtziger Jahren. Für Unterhaltung im Las-Vegas-Stil sorgen das **Tiffany's Cabaret** und der **Original Gentlemen's Club** mit komplettem Abendessen und 160 Showgirls. Man kann sich auch im mitreißenden Kabarett **Improvisation** zurücklehnen und wunderbar ablachen. Eingefleischte Country & Western-Fans kommen im **Red River Opry**, einem Varieté-Theater mit 1000 Plätzen, auf ihre Kosten.

Unterhaltung ganz anders

Eine ganz andere Art von Glücksspiel kann man in den verschiedenen Indianerreservaten erleben. Seit die nativen Amerikaner ihre Souveränität erlangt haben, konnten sie zahlreiche Bingo-Kasinos in den Reservaten eröffnen. Dieses neue Glücksspielgeschäft wuchs zu einer Sechs-Milliarden-Dollar-Industrie, und Milliarden-Dollar-Unternehmungen ziehen unzweifelhaft die Aufmerksamkeit von Las Vegas und der Regierung auf sich. Finanzielle und juristische Mißhelligkeiten zwischen Bundesstaat und Stammesregierungen gehören seitdem zum Alltag.

Jedenfalls kommt man entlang der größeren Highways an vielen, leicht erreichbaren reservatseigenen Bingo-Kasinos vorbei. In der näheren Umgebung von Albuquerque zum Beispiel gibt es etliche davon.

Vor allem Mariachi-Musik ist in der Region beliebt.

Musik und der Twostep gehen schon um acht Uhr morgens los und dauern bis spät in die Nacht.

Für weitere Zerstreuung sorgen Etablissements von High-tech-Ausstattung über Kabarett bis Karaoke. Alles singt im **Ltl Ditty's/Phoenix Live!** im Arizona Center, während zwei Klavierspieler sich am Stutzflügel gegenseitig zu überbieten suchen. Direkt nebenan lädt **Puzzles/Phoenix Live!** dazu ein, an der Spannung des High-tech-Unterhaltungspalastes teilzuhaben, des dort ersten seiner Art, mit alternativer Musik und Videokaraoke als Höhepunkten.

Das **Studebaker's – A Fun Place** gilt als Nummer-eins-Tanzklub in Arizona. Zur Happy Hour um 17 Uhr von Dienstag bis Freitag ist das Buffet umsonst.

REISETIPS

ALKOHOLGESETZE
Das Mindestalter für Alkoholkonsum oder -besitz ist in den Vereinigten Staaten auf 21 Jahre festgelegt. Trunkenheit am Steuer wird sowohl in Arizona als auch in Neu-Mexiko hart bestraft, gewöhnlich mit Gefängnis.

Alkoholische Getränke dürfen weder im Auto noch im Originalbehältnis auf öffentlichen Plätzen getrunken werden. Letzteres wird von den Amerikanern meist umgangen, indem sie die Flaschen in Papiertüten einwickeln.

ANREISE
Da der Südwesten ein riesiges Gebiet ist, fliegt der amerikanische Durchschnittsreisende in eine der größeren Städte der Region, die er besuchen will, mietet sich dort ein Auto, um damit durch die Landschaft zu fahren, und fliegt dann wieder zurück oder in die nächste Stadt.

Mit dem Flugzeug
Direktflüge aus Europa in die Städte des Südwestens gibt es selten. In der Regel muß man umsteigen. Der nächstgelegene internationale Flughafen für den Südwesten ist Los Angeles. Air France, British Airways und Lufthansa fliegen von den europäischen Hauptstädten auch Dallas und Houston in Texas an.

Wer eigenständig dorthin reist, findet ein weitmaschiges Netz an Fluglinien vor. Die großen US-Fluglinien bedienen die größeren Städte des Südwestens wie Albuquerque, Phoenix und Tucson. Die kleineren Orte werden von regionalen Fluglinien angesteuert. Die Southwest Airlines bietet die meisten täglichen Flüge innerhalb der Region an.

Mit dem Bus
Mit dem **Greyhound** und mit **Trailways** kann man im Südwesten wie in den ganzen USA zwischen den größeren Städten umherreisen. Greyhound bietet oft Sonderkonditionen für Busfahrten und ein One-Way-Ticket „ins Blaue" an. Der **Greyhound Ameripass**, eine Vergünstigung für Touristen, muß außerhalb Nordamerikas erworben werden.

Mit dem Auto
Mit dem Auto den Südwesten zu erkunden ist die beste und auch ökonomischste Art, die landschaftlichen und historischen Sehenswürdigkeiten kennenzulernen, zumal viele davon, wie die Indianerreservate, die Naturparks und Monumente, weit voneinander entfernt liegen.

Gute Straßenkarten sind unbedingt erforderlich. Man erhält sie kostenlos in den Touristenbüros oder bei den Automobilklubs.

Achtung: Es gibt recht häufig Sturzfluten in den Wüstenregionen, wo plötzlich aus einem trockenen Flußbett ein reißender Strom wird. Man sollte auf jeden Fall auf die Warnschilder achten, die vor dem Betreten oder Befahren bestimmter Gebiete bei Regen warnen. Das beste ist es ohnehin, nie in trockenen Flußbetten zu fahren, wenn es einen in die Wildnis zieht.

Autovermietungen
Viele große Fluggesellschaften und Reiseranstalter bieten spezielle Fly-and-Drive-Pakete an mit ermäßigten Preisen für einen Mietwagen. Die Autovermietungen haben in der Regel ihre Schalter in den Flughäfen und in größeren Städten, wie Budget, Dollar Rent-a-Car oder Hertz.

Die meisten Autovermietungen stellen folgende Bedingungen: ein Mindestalter von 21 Jahren (bei einigen auch 25 Jahre), einen gültigen internationalen Führerschein und eine in den USA anerkannte Kreditkarte (am einfachsten American Express, sonst bei der Bank fragen). Wer keine Kreditkarte hat, wird gebeten, einen größeren Geldbetrag zu hinterlegen.

Ausländer dürfen einen Wagen für einen Zeitraum bis zu einem Jahr fahren und mieten.

Den Führerschein muß man jedoch seit mindestens einem Jahr besitzen. Bevor man einen Wagen mietet, sollte man sich über die Versicherung informieren. Grundsätzlich gehören (oder auch nicht) zur Mietsumme eine Vollkaskoversicherung einschließlich Totalschaden und eine geringe Steuer. Eine Haftpflicht ist nicht automatisch im Mietpreis enthalten.

Fahrtips
• In den USA herrscht Rechtsverkehr.
• Die Geschwindigkeitsbegrenzung auf den Interstates und den Highways liegt bei 55 Meilen pro Stunde (88 km/h), in Ausnahmefällen bei 65 Meilen (105 km/h).
• Mietwagen werden grundsätzlich bleifrei betankt. Bezin ist billig und wird nach US-Gallonen (3,8 Liter) verkauft.
• Beim Mietwagen sollte man als erstes alle Funktionen checken. Servolenkung und Zentralverriegelung gehören zum Standard. Automatische Sicherheitsgurte fesseln nichtsahnende Fahrer und Beifahrer an ihre Sitze, sobald die Tür geschlossen wird.

Mit dem Zug
Amtrak, die amerikanische Eisenbahngesellschaft, fährt bestimmte Städte in Neu-Mexiko, Utah und Arizona an. Amtrak ist zwar etwas teurer als eine Busfahrt, aber dafür sind die Sitze bequemer, und es gibt Salon- und Schlafwagen, die auf langen Strecken eine Gottesgabe sind.

Sonderrabatte und Rundfahrtermäßigungen gibt es häufig. Für Informationen und Reservierungen sorgen Reiseveranstalter, oder man ruft gebührenfrei von überall im Land Amtrak direkt an: (800) 872 7245. Einen **USA-Railpass** kann man außerhalb Nordamerikas kaufen.

ERHOLUNGSGEBIETE
Das Eintrittsgeld in die Nationalparks rangiert zwischen einem und vier Dollar pro Person und drei bis zehn Dolar für das Auto. Darin sind nicht immer die „Benutzungsgebühren" für besondere Einrichtungen oder Gegebenheiten enthalten, wie Camping, Bootsfahrten, Parken oder Höhlentouren.

Preisgünstige Pakete werden vom National Park Service des US-Innenministeriums angeboten. **Der Golden Eagle Passport** beispielsweise gestattet dem Käufer und bis zu sechs Begleitpersonen jedes Erholungsgebiet, das Eintrittsgeld verlangt, mit einem Pkw zu befahren. Dazu gehören Nationalparks, Monumente, historische und Gedenkparks sowie Küstengebiete. Der Paß erlaubt auch dem Inhaber und seiner Familie die freie Besichtigung von historischen Häusern, Gebäuden und Museen in solchen Gebieten.

Auskunft erteilen der National Park Service, Office of Public Inquiries, Room 1013, US-Department of the Interior, 18th and C Streets, NW Washington DC 20240, sowie jedes der zehn Regionalbüros im ganzen Land und jeder Nationalpark.

FEIERTAGE
1. Januar	Neujahr
15. Januar	Geburtstag von Martin Luther King
Februar	President's day
April	Ostern
31. Mai	Memorial Day
4. Juli	Unabhängigkeitstag
September	Labor Day (erster Montag)
11. November	Veteranentag
November	Thanksgiving (4. Donnerstag)
25. Dezember	Weihnachten

GELD
Ein US-Dollar ($)sind 100 Cents. Banknoten gibt es im Wert von 1, 2, 5, 10, 20, 50, 100 und 500 Dollar. Münzen gibt es als halben Dollar (50 Cent), Vierteldollar (25 Cent), Dime (10 Cent), Nickel (5 Cent) und als ein Cent.

Die Wechselkurse werden regelmäßig in den Tageszeitungen veröffentlicht.

GRENZREGELUNGEN (MEXIKO)
Ausländer, die von den USA einreisen, brauchen ihren Paß.

Wer mit dem Wagen einreist, wird es angenehmer finden, das ganze Gepäck im USA-Standort zu lassen, als bei der Rückreise die Zollkontrolle durchzumachen. Die Autoversicherung ist in Mexiko nicht gültig. Man kann sich vor der Einreise nach Mexiko mit einer Tagesversicherung versorgen. Dollars werden in allen Grenzstädten akzeptiert.

Wer länger in Mexiko bleiben will, sollte sich zuvor über Einreisebedingungen informieren. Eine hilfreiche, wenn auch englischsprachige Broschüre, „Know Before you Go", wird an jeder US-Zollstation verteilt.

KLEIDUNG UND UTENSILIEN
Im Südwesten geht es eher lässig zu, auf dem Land mehr noch als in den Städten. Doch wie

überall herrscht das Modediktat: Es gibt eine feine Grenze zwischen schick und formell gekleidet sein. Man sollte sich bei kulturellen Veranstaltungen und beim Speisen in feineren Lokalen etwas formeller kleiden.

Vom praktischen Standpunkt aus empfiehlt es sich je nach Saison zu kleiden. Man liegt zu jeder Jahreszeit nicht falsch mit einer warmen Jacke und Hosen gegen die Abendkühle oder Kälteinbrüche. Eine Regenjacke oder ein Cape ist sinnvoll im Fall plötzlicher Sommergewitter.

Festes Schuhwerk ist immer gut, denn damit kann man besser über die Parkwege stapfen, und man ermüdet nicht so schnell beim Sightseeing in den Städten. In der Wüste sind robuste Schuhe nicht nur wegen der Bequemlichkeit sinnvoll, sondern auch als Schutz.

Da es im Südwesten das ganze Jahr über klar ist und die Sonne im Sommer sehr intensiv scheint, sollte man sich unbedingt eine Sonnenbrille mitbringen, besonders wenn man mit dem Auto fährt, sowie einen breitkrempigen Hut für die Zeitspannen, in denen man längere Zeit im Freien aufhält. Notwendig sind gleichfalls eine Sonnencreme selbst für die robusteste Haut und Feuchtigkeitscreme, da die trockene Luft die Haut austrocknet und die Lippen aufspringen läßt – ebenso wie nasse Wäsche innerhalb kürzester Zeit trocknet.

Nützlich ist auch ein Fernglas, sowohl um Vögel zu beobachten als auch um weiter entfernte landschaftliche oder historische Besonderheiten zu betrachten. In der warmen Jahreszeit braucht man ein Insektenschutzmittel und eine Kühltasche, selbst wenn man nur ein bißchen herumfährt.

MASSE UND GEWICHTE

Die meisten Rancher benutzen immer noch das alte englische Maßsystem. Die folgende Tabelle kann beim Umrechnen hilfreich sein:

1 inch = 2,54 Zentimeter
1 foot = 0,31 Meter
1 mile = 1,61 Kilometer
1 square mile = 2,59 Quadratkilometer
1 acre = 0,4 Hektar
1 pound = 0,45 Kilogramm

MEDIZINISCHE VERSORGUNG

Eine Auslandskrankenversicherung ist unbedingt zu empfehlen, da die Krankenhäuser enorm teuer sind. Die Notfallambulanzen in den Krankenhäusern bieten die schnellste Hilfe, doch kosten sie wesentlich mehr als ein Besuch in einer Arztpraxis. Die Telefonnummer für Erste Hilfe lautet 911.

Apotheken (Drug Stores) gibt es jede Menge, und man kann sie bei kleineren Unpäßlichkeiten aufsuchen. Sie sind normalerweise von 9 bis 21 Uhr geöffnet.

ÖFFNUNGSZEITEN

Banken: Mo bis Fr 9–15 Uhr
Sa 9–12 Uhr
Büros: Mo bis Fr 9–17 Uhr
Läden: Mo bis Fr 9–18 Uhr
Sa 9–17 Uhr

Einige Einrichtungen haben verlängerte Öffnungszeiten.

STROM

110/220 Volt, 60 Hertz. Die meisten Steckdosen sind für dipolare Stecker konstruiert. Einen Adapter für eigene Geräte mitzunehmen, kann sich als sinnvoll erweisen, da in den USA die gängige Voltzahl 110 beträgt, in Deutschland 220.

TELEFON

Die Vorwahlen der Südweststaaten lauten:
Neu-Mexiko: 505
Arizona: 602
Utah: 801
Colorado: 303
Las Vegas, Nevada: 702

Wenn man innerhalb der USA telefoniert, vor dem gewünschten Anschluß zuerst die 1, dann die Regionalvorwahl und dann die Lokalvorwahl wählen.

Die Telefonauskunft für die Staaten Neu-Mexiko und Arizona lautet 1411. Wünscht man die Vermittlung, muß man die 0 vor der Regionalvorwahl wählen.

Ferngespräche sind werktags nach 17 Uhr und am Wochenende billiger.

Für alle Notfälle, einschließlich Polizei und Ambulanz, gilt die Nummer 911.

TOURISTENINFORMATION

In den meisten Städten gibt es entweder eine Handelskammer oder ein Besucherbüro, die oder das Touristenauskünfte erteilt. Es ist mitunter hilfreich, ihnen vor Antritt der Reise zu schreiben und sich Informationsmaterial zuschicken zu lassen.

ARIZONA: **Arizona Office of Tourism**, 1100 W. Washington Street, Phoenix, AZ 85007, Tel: (602) 542 8587; **Phoenix & Valley of the Sun Conven-**

tion & Visitors Bureau, 1 Arizona Center, 400 E. Van Buren Suite 600, Phoenix, AZ 85004, Tel: (602) 254 6500; **Tucson Convention & Visitors Bureau**,130 Scott Ave, Tucson, AZ 85701, Tel: (602) 624 18171; **Grand Canyon Chamber of Commerce**, P O Box 3007, Grand Canyon, AZ 86023, Tel: (602) 638 2901

NEVADA: **Las Vegas Chamber of Commerce**, 711 E. Desert Inn Road, Las Vegas, NV 89109, Tel: (702) 735 1616; **Las Vegas Convention & Visitors Authority**, 3150 Paradise Road, Las Vegas, NV 89109-9096, Tel: (702) 892 0711

NEU-MEXIKO: **New Mexico Tourism & Travel Division**, Joseph M Montoya Building, 1100 St Francis Drive, Santa Fe, NM 87503, Tel: 800-545 2040; **Greater Albuquerque Chamber of Commerce**, 401 2nd Street NW, NM 87102, Tel: (505) 764 3700; **Santa Fe Convention & Visitors Bureau**, PO Box 909, Santa Fe, NM 87504, Tel: (505) 983 7317; **Taos Chamber of Commerce**, PO Drawer I, Taos, NM 85007, Tel: (505) 758 3873

TRINKGELDER

15 bis 20 Prozent Trinkgeld sind in Restaurants ausreichend. Das Trinkgeld kann man selbst bestimmen – war der Service schlecht, braucht man keines zu geben.

Hotelpagen: 1 bis 2 Dollar pro Gepäckstück
Taxifahrer: 15 Prozent des Fahrpreises

VISABESTIMMUNGEN

Ein gültiger Reisepaß und ein Visum sind zur Einreise in die USA obligatorisch. Des weiteren benötigt man noch ein Paßbild und die Bescheinigung, daß man das Land nach Beendigung des Urlaubs wieder verläßt. Als Bestätigung dafür reicht in der Regel das Rückflugticket aus.

Ein internationaler Impfpaß ist bei der Einreise oft hilfreich, aber bei der Ankunft aus Europa meist nicht notwendig, wohl aber, wenn man aus einem seuchengefährdeten Land ankommt. Gelegentlich wird eine Impfbescheinigung gegen Pocken oder Cholera von den Behörden verlangt.

Reiseveranstalter kümmern sich in der Regel um die Visa. Ansonsten erhält man es anstandslos bei der nächstgelegenen US-Botschaft, sei es durch persönliches Erscheinen oder per Post.

ZEITUNGEN

In den großen internationalen Hotels erhält man auch deutschsprachige Zeitungen und Magazine. Wer des Englischen mächtig ist, erfährt jedoch weit mehr über die Befindlichkeiten der Region, wenn er die einheimischen Zeitungen liest. Zu den meistgelesenen Zeitungen des Südwestens gehören:

Arizona Daily Star, Albuquerque Journal, Albuquerque Tribune, The Santa Fe Reporter, The Santa Fe New Mexican.

ZEITZONEN

Die Vereinigten Staaten haben sechs Zeitzonen. Der Südwesten mit Arizona, Neu-Mexiko, Colorado und Utah zählt zur Mountain-Standard-Zeitzone, die zwei Stunden hinter der New-York-Zeit zurückliegt, also acht Stunden früher als die MEZ.

Ist es in Berlin 12 Uhr mittags, dann ist es also im Südwesten der USA 4 Uhr morgens.

Außer in Arizona gibt es zwischen Mai und Oktober die Sommerzeit, in der die Uhr um eine Stunde vorgestellt wird. In Arizona gibt es nur im Navajo-Reservat eine Sommerzeit, da es sich den anderen Reservaten in Utah und Neu-Mexiko angepaßt hat.

Nevada gehört zur Pazifischen Zeitzone, noch eine Stunde früher, also neun Stunden von der MEZ abzuziehen.

ZOLLBESTIMMUNGEN

Alle Reisenden müssen bei der Einreise in die USA eine Zollerklärung ausfüllen. Die Einfuhr von Pflanzen, Früchten oder Gemüse in die USA ist verboten. Ebenfalls verboten aufgrund des Handelsembargos sind Güter aus Kuba (was sich aufgrund der politischen Lage jedoch bald ändern dürfte), Kambodscha und Nordkorea sowie Lotteriescheine und präkolumbianische Kunst. Illegale Drogen sind bei harter Strafe absolut verboten. Geld kann in unbegrenzter Menge in die USA eingeführt werden, doch müssen Summen im Wert von über 10 000 Dollar deklariert werden.

Besucher über 18 Jahre dürfen aus dem Duty Free folgende Waren einführen: 200 Zigaretten, 100 Zigarren (keine kubanischen) und eine übliche Menge an Tabak für den persönlichen Gebrauch. Personen über 21 Jahre dürfen zusätzlich einen Liter eines alkoholischen Getränks für den persönlichen Gebrauch einführen. Bestimmte Trockenlebensmittel (z.B. Müsli) oder Gewürze dürfen mitgebracht werden.

ADRESSEN

UNTERKUNFT

ARIZONA
GRAND CANYON
Grand Canyon National Park Lodges
P.O. Box 699,
Grand Canyon, AZ 86023
Tel. (602) 638 2401

HAVASU CANYON
Havasupai Tourist Enterprise,
Supai, AZ 86425
Tel. (602) 448 2111

PHOENIX
Arizona Biltmore
24th Street and Missouri Avenue,
Phoenix, AZ 85016
Tel. (602) 955 6600
　　(800) 528 3696

Best Western Executive Park Hotel
1100 N. Central Avenue,
Phoenix, AZ 85004
Tel. (602) 252 2100

Hyatt Regency Phoenix
122 N. Second Street,
Phoenix, AZ 85004
Tel. (602) 252 1234
　　(800) 233 1234

Phoenix Airport Hilton
2435 S. 47th Street,
Phoenix, AZ 85034
Tel. (602) 894 1600

Phoenix Hilton Suites
10 E. Thomas Road,
Phoenix, AZ 85012
Tel. (602) 222 1111

The Pointe Hilton Resort at Squaw Peak
7677 N. 16th Street,
Phoenix, AZ 85020
Tel. (602) 997 2626
　　(800) 876 4683

The Pointe Hilton Resort at Tapatio Cliffs
11111 N. Seventh Street,
Phoenix, AZ 85020
Tel. (602) 866 7500
　　(800) 876 4683

The Pointe Hilton Resort on South Mountain
7777 S. Pointe Parkway,
Phoenix, AZ 85044
Tel. (602) 438 9000
　　(800) 876 4683

Residence Inn By Marriott
8242 N. Black Canyon Fwy.,
Phoenix, AZ 85051
Tel. (602) 864 1900

The Ritz-Carlton, Phoenix
2401 E. Camelback Road,
Phoenix, AZ 85016
Tel. (602) 468 0700

Royal Palms Inn
5200 E. Camelback Road,
Phoenix, AZ 85018
Tel. (602) 840 3610

SEDONA
Best Western Arroyo Roble Hotel
400 N. Hwy. 89-A,
Sedona, AZ 86336
Tel. (602) 282 4001

Enchantment Resort
525 Boynton Canyon Road,
Sedona, AZ 86336
Tel. (602) 282 2900

L'Auberge de Sedona
P.O. Box B, 301 L'Auberge Ln.,
Sedona, AZ 86336
Tel. (800) 272 6777

Los Abrigados Resort
160 Portal Ln.,
Sedona, AZ 86336
Tel. (602) 282 1777
　　(800) 521 3131

TUCSON
Best Western Executive Inn
333 W. Drachman Street,
Tucson, AZ 85705
Tel. (602) 791 7551
Fax (602) 623 7803

Best Western Royal Sun
1015 N. Stone Avenue,
Tucson, AZ 85705
Tel. (602) 622 8871
　　(800) 528 1234

Canyon Ranch Spa
8600 E. Rockcliff Road,
Tucson, AZ 85715
Tel. (602) 749 9000
 (800) 742 9000
Fax (602) 749 7755

Courtyard By Marriott - Tucson
2505 E. Executive Drive,
Tucson, AZ 85706
Tel. (602) 573 0000
Fax. (602) 573 0470

Holiday Inn City Center
181 W. Broadway Blvd.,
Tucson, AZ 85701
Tel. (602) 624 8711
Fax (602) 623 8121

Holiday Inn – Palo Verde
4550 S. Palo Verde Blvd.,
Tucson, AZ 85714
Tel. (602) 746 1161
Fax (602) 741 1170

Park Inn International
2803 E. Valencia Road,
Tucson, AZ 85706
Tel. (602) 294 2500
Fax (602) 741 0851

Radisson Suite Hotel
6555 E. Speedway Blvd.,
Tucson, AZ 85710
Tel. (602) 721 7100
 (800) 333 3333
Fax (602) 721 1991

Ramada Downtown Tucson
475 N. Granada Avenue,
Tucson, AZ 85701
Tel. (602) 622 3000
 (800) 228 2828
Fax (602) 623 8922

Ramada Palo Verde
5251 S. Julian Drive,
Tucson, AZ 85706.
Tel. (602) 294 5250
Fax (602) 294 5250

Residence Inn By Marriott
6477 E. Speedway Blvd.,
Tucson, AZ 85710.
Tel. (602) 721 0991
Fax (602) 290 8323

Sheraton El Conquistador Resort & Country Club
10000 N. Oracle Road,
Tucson, AZ 85737
Tel. (602) 544 5000
Fax (602) 544 1224

Tanque Verde Inn
7007 E. Tanque Verde Road,
Tucson, AZ 85715
Tel. (602) 298 2300
Fax (602) 298 6756

Tucson National Golf & Conference Resort
2727 W. Club Drive,
Tucson, AZ 85741
Tel. (602) 297 2271
 (800) 528 4856
Fax (602) 297 7544

Ventana Canyon Golf & Racquet Club
6200 N. Clubhouse Lane,
Tucson, AZ 85715
Tel. (602) 577 1400
 (800) 828 5701
Fax (602) 299 0256

Viscount Suite Hotel
4855 E. Broadway Blvd.,
Tucson, AZ 85711
Tel. (602) 745 6500
 (800) 527 9666
Fax (602) 790 5114

The Westin La Paloma, Tucson
3800 E. Sunrise Drive,
Tucson, AZ 85718
Tel. (602) 742 6000
 (800) 876 3683
Fax (602) 577 5886

TUCSON – Gäste-Ranches
Flying V Guest Ranch
6810 Flying V Ranch Road,
Tucson, AZ 85715.
Tel. (602) 299 0702
Tanque Verde Guest Ranch
14301 E. Speedway Blvd.,
Tucson, AZ 85748
Tel. (602) 296 6275
Fax (602) 721 9426

White Stallion Ranch
9251 W. Twin Peaks Road,
Tucson, AZ 85743
Tel. (602) 297 0252
Fax (602) 744 2786

Wild Horse Ranch & Resort
6801 N. Camino Verde,
Tucson, AZ 85743
Tel. (602) 744 1012
Fax (602) 744 7970

NEVADA

LAS VEGAS
Ballys Casino Resort
3645 Las Vegas Blvd. S.
Tel. (702) 739 4111
 (800) 634 3434

Caesars Palace
3570 Las Vegas Blvd. S.
Tel. (702) 731 7110
 (800) 634 6661

Circus Circus Hotel/Casino
2880 Las Vegas Blvd. S.
Tel. (702) 734 0410
 (800) 634 3450

Excalibur Hotel/Casino
3850 Las Vegas Blvd. S.
Tel. (702) 591 7777
 (800) 937 7777

Flamingo Hilton
3555 Las Vegas Blvd. S.
Tel. (702) 733 3111
 (800) 732 2111

Fremont Hotel & Casino
200 Fremont Street
Tel. (702) 385 3232
 (800) 634 6182

The Golden Nugget
129 E. Fremont
Tel. (702) 385 7111

Harrah's Las Vegas
3475 Las Vegas Blvd. S.
Tel. (702) 369 5000
    (800) 634 6765

Imperial Palace Hotel & Casino
3535 Las Vegas Blvd. S.
Tel. (702) 731 3311
    (800) 634 6441

Las Vegas Hilton
3000 Paradise Road
Tel. (702) 732 5111
    (800) 732 7117

Luxor Hotel/Casino
3900 Las Vegas Blvd. S.
Tel. (702) 262 4000
    (800) 288 1000

MGM Grand Hotel, Casino & Theme Park
3799 Las Vegas Blvd. S.
Tel. (702) 891 7777
    (800) 929 1111

The Mirage
3400 Las Vegas Blvd. S.
Tel. (702) 791 7111
    (800) 627 6667

Riviera Hotel & Casino
2901 Las Vegas Blvd. S.
Tel. (702) 734 5110
    (800) 634 6753

Sahara Hotel & Casino
2535 Las Vegas Blvd. S.
Tel. (702) 737 2111
    (800) 634 6666

Sands Hotel & Casino
3355 Las Vegas Blvd. S.
Tel. (702) 733 5000
    (800) 634 6901

Street Tropez Suites
455 E. Harmon Avenue
Tel. (702) 369 5400
    (800) 666 5400
Fax. (702) 369 1150

Star's Desert Inn Hotel & Country Club
3145 Las Vegas Blvd. S.
Tel. (702) 733 4444
    (800) 634 6906

Stardust Resort & Casino
3000 Las Vegas Blvd. S.
Tel. (702) 732 6111
    (800) 634 6757

Treasure Island
3300 Las Vegas Blvd. S.
Tel. (702) 894 7111
    (800) 627 6667

Tropicana Resort & Casino
3801 Las Vegas Blvd. S.
Tel. (702) 739 2222
    (800) 634 4000

NEU MEXIKO

ALBUQUERQUE
Albuquerque Marriott Hotel
2101 Louisiana Blvd NE,
NM 87110
Tel. (505) 881 6800

Best Western Airport Inn
2400 Yale Blvd S.E, NM 87106.
Tel. (505) 242 7022
    (800) 528 1234

Doubletree Hotel Albuquerque
Downtown,
Albuquerque
Tel. (505) 247 3344

Holiday Inn Pyramid
5151 San Francisco Road NE,
NM 87109-4641
Tel. (505) 821 3333
    (800) HOLIDAY

Hyatt Regency Albuquerque
Downtown, Albuquerque
Tel. (505) 842 1234
    (800) 233 1234

La Posada De Albuquerque
125 2nd Street NW, NM 87102.
Tel. (505) 242 9090

Radisson Inn Albuquerque
1901 University S.E, NM 87106
Tel. (505) 247 0512
    (800) 333 3333

Ramada Hotel CLassic
6815 Menaul Blvd NE,
NM 87110
Tel. (505) 881 0000
    (800) 272 6232

Sheraton Old Town
800 Rio Grande Blvd NW,
NM 87104
Tel. (505) 843 6300
    (800) 237 2133

MESCALERO
Inn of the Mountain Gods
Carrizo Canyon Road,
Mescalero, NM 88340
Tel. (800) 545 6040
    (800) 545 9011

SANTA FE
Best Western Inn at Loretto
211 Old Santa Fe Trail,
NM 87501
Tel. (505) 988 5531
    (800) 727 5531
Fax. (505) 984 7988

El Rey Inn
1862 Cerrillos Road,
PO Box 4759, NM 87502
Tel. (505) 982 1931

Eldorado Hotel
309 W San Francisco Street,
NM 87501.
Tel. (505) 988 4455
    (800) 955 4455
Fax. (505) 988 5376

Garrett's Desert Inn
311 Old Santa Fe Trail,
NM 87501
Tel. (505) 982 1851
    (800) 888 2145

Grant Corner Inn
122 Grant Ave, NM 87501
Tel. (505) 983 6678

Hilton of Santa Fe
100 Sandoval, NM 87501
Tel. (800) 336 3676

Homewood Suites
400 Griffin Street, NM 87501
Tel. (505) 988 3000
(800) 225 5466
Fax (505) 988 4700

Hotel Plaza Real
125 Washington Avenue,
NM 87501
Tel. (505) 988 4900
(800) 279 7235

Inn of the Anasazi
113 Washington Avenue,
NM 87501
Tel. (505) 988 3030
(800) 688 8100

Inn of the Governors
234 Don Gaspar, NM 87501
Tel. (505) 982 4333
(800) 234 4534

La Fonda
100 E San Francisco,
P O Box 1209, NM 87501.
Tel. (505) 982 5511
(800) 523 5002

La Posada De Santa Fe
330 East Palace Ave, NM 87501
Tel. (505) 986 0000
(800) 727 5276

Quality Inn De Santa Fe
3011 Cerrillos Rd, NM 87501
Tel. (505) 471 1211
(800) 221 2222
Fax (505) 438 9535

Rancho Encantado
Rt 4, Box 57C, NM 87501.
Tel. (505) 982 3537
(800) 722 9339

Residence Inn By Marriott
1698 Galisteo St, NM 87501
Tel. (505) 988 7300
(800) 331 3131

The Bishop's Lodge
PO Box 2367,
Bishop's Lodge Rd, NM 87504
Tel. (505) 983 6377

TAOS
Best Western Kachina Lodge and Convention Center De Taos
PO Box NN,
Taos NM 87571
Tel. (800) 522 4462

El Monte Lodge
317 Kit Carson Road, Taos, NM.
Tel. (505) 758 3171
(800) 828 TAOS

El Pueblo Lodge
N Pueblo Road
PO Box 92, NM 87571
Tel. (505) 758 8700
(800) 433 9612
Fax (505) 758 7321

El Rincon B & B
114 Kit Carson Rd, NM 87571
Tel. (505) 758 4874

Holiday Inn Don Fernando De Taos
1005 Paseo del Pueblo Sur,
PO Drawer V,
NM 87571
Tel. (505) 758 4444
(800) 759 2736

Hotel La Fonda De Taos
PO Box 1447, NM 87571
Tel. (505) 758 2211

Rancho Ramada De Taos
615 Paseo del Pueblo Sur,
PO Box 6257,
NM 87571
Tel. (505) 758 2900
(800) 659 8267

UTAH
MOAB (Canyonlands)
Bryce Canyon Lodge
Box TWA, Cedar City
UT 84720
Tel. (801) 586 7686

MUSEEN, NATIONAL MONUMENTE UND -PARKS

ARIZONA
Casa Grande Ruins National Monument
Coolidge, AZ 85228
Tel. (602) 723 3172

Desert Botanical Gardens
Galvin Parkway, Papago Park
Phoenix
Tel. (602) 941 1217

Heard Museum of Anthropology
22 E Monte Vista Road, Phoenix
Tel. (602) 252 8848

Kitt Peak National Observatory
(im Papago Indianderreservat),
Tucson
Tel. (602) 322 3350

Organ Pipe Cactus National Monument
Rt 1, Box 100, Ajo, AZ 85321
Tel. (602) 387 6849

Phoenix Zoo
5810 E Van Buren Street
Phoenix
Tel. (602) 273 7771

Pueblo Grande Museum
4619 E Washington Street
Phoenix
Tel. (602) 495 0901

Taliesin West
108th Street & E Shea Boulevard
Scottsdale
Tel . (602) 948 6670

Tonto National Monument
Roosevelt, AZ 85545
Tel . (602) 467 2241

COLORADO/UTAH
America Wilderness Experience Inc
Boulder, Colorado
Tel. (303) 444 2622

Arches National Park
Superintendent, Arches,
c/o Canyonlands,
446 South Main,
Moab, UT 84532.
Tel. (801) 259 8161

Bryce Canyon National Park
Superintendent,
Bryce Canyon, UT 84717
Tel. (801) 834 5322

Canyonlands National Park
446 South Main,
Moab, UT 84532.
Tel. (801) 259 7146

Manti-La Sal Forest Office
496 E Central, Monticello
Tel . (801) 587 2041

Mesa Verde Company
P O Box 277
Mancos, CO 81328
Tel . (303) 529 4421

Mesa Verde National Park
Tel. (303) 529 4465

T W Recreational Services
Box TWA,
Cedar City, UT 84720
Tel. (801) 586 7686

INDIANER- UND FOUR-CORNER-LAND
**Canyon De Chelly
National Monument**
Box 588, Chinle, AZ 86503
Tel. (602) 674 5436

**Chaco Cultural National
Historic Park**
Star Route 4, Box 6500
Bloomfield, NM 87413
Tel . (505) 786 5384
(505) 988 6716

Hopi Cultural Center
PO Box 67, Second Mesa,
AZ 86043
Tel. (602) 734 2401

*NEU-MEXIKO
(SÜDWESTEN UND
SÜDOSTEN9*
**Bosque Del Apache
Wildlife Refuge**
P O Box 1246
Socorro, NM 87801
Tel. (505) 835 1828

Carlsbad Caverns National Park
3225 National Park Highway
Carlsbad, NM 88220
Tel . (505) 785 2232
     (505) 785 2107

**New Mexico Wine
Growers Association**
Tel. (505) 827 0281

ALBUQUERQUE
Albuquerque Museum
2000 Mountain Road, NW
Albuquerque, New Mexico
Tel . (505) 242 4600

**Albuquerque Children's
Museum**
800 Rio Grande, NW
Albuquerque, New Mexico
Tel. (505) 842 5525

Explora Science Center
Downtown Galleria
Albuquerque, New Mexico
Tel. (505) 842 6188

Museum of Natural History
Mountain Road, NW
Albuquerque, New Mexico
Tel. (505) 841 8837

Rio Grande Zoological Park
903 10th Street, SW
Albuquerque, New Mexico
Tel. (505) 843 7413

SANTA FE
**Museum of Indian Arts &
Culture**
704 Camino Lejo
Santa Fe, New Mexico
Tel. (505) 827 6344

**Museum of International Folk
Art**
704 Camino Lejo
Santa Fe, New Mexico
Tel. (505) 827 6350

**Wheelwright Museum of the
American Indians**
704 Camino Lejo
Santa Fe, New Mexico
Tel. (505) 982 4636

TAOS
Ernest L Blumenschein House
13 Ledoux Street
Taos, New Mexico
Tel. (505) 758 0505

Fechin Institute
North Pueblo Road
Taos, New Mexico
Tel. (505) 758 1710

Governor Bent House
Bent Street
Taos, New Mexico
Tel. (505) 758 2376

Great Sand Dunes Monument
Superintendent, Box 60
Alamosa, CO 81101
Tel. (719) 378 2312

Harwood Foundation
25 Ledoux Street
Taos, New Mexico
Tel. (505) 758 3063

FOTONACHWEIS

ADI/Biofoto/Morten Strange: 68, 69 (links & rechts), 244 (links & rechts)
Lee Foster: xvi, Schlußfoto, Umschlagrückseite (oben, links), 10, 16, 32, 39, 41, 58 (oben), 60 (oben), 67, 71 (unten), 72, 78, 87, 88, 98 (unten), 99 (unten), 100 (oben), 101, 102 (oben & unten), 104, 105, 106, 107, 114, 118, 120, 122, 128, 129, 141, 142 (unten), 152, 157, 160, 162, 165, 166, 169, 172, 173, 174, 178 (unten), 189, 194, 195, 202, 207 (oben), 208, 222 (oben & unten), 234, 235, 260, 262, 280, 283 (unten), 294 (unten), 308, 318, 322
Globe Press/Sebastien Larose: 65 (unten)
Greg Evan: 22
Greg Evans/Miwako Ikeda: 4, 24, 26, 154/155, 180, 200, 209, 270, 273
Greg Evans/Terry Perkins: 50/51, 61
Life File/Brad Frank: 13, 156 (unten)
Life File/Mike Maidment: 25, 38, 71 (unten)
Life File/Eric Poppke: xi, 2, 300, 303
Life File/Fraser Ralston: 344
Life File/Walter Wolfe: 283 (oben)
Eleanor Morris: 31 (unten), 213 (oben), 219, 250, 252, 257, 258, 259 (oben & unten)
National Park Service: 253, 255, 256
Odyssey/Robert Frerck: Frontispiz, Umschlagrückseite (unten), x, 8, 21, 34, 36, 44, 47, 48, 84, 86 (oben), 92, 93, 94, 96, 108, 125, 127, 156 (oben), 163 (unten), 168, 170 (unten), 175, 177, 179, 187, 188, 191, 193, 196, 203 (oben), 210, 217, 224, 228 (oben), 231, 232, 247
Odyssey/Walter Frerck: xv, 31 (oben), 63, 110, 130, 130/131, 170 (oben), 178 (oben), 240, 246 (unten), 306
Odyssey/Kevin O Mooney: 46/47, 49, 53, 163 (oben), 164, 269 (unten)
Odyssey/Tom Wagner: 159
Douglas Peebles: 3, 83, 136, 139, 140, 142 (oben), 143, 144/145, 146, 147, 148/149, 305, 307, 320/321, 338
Phoenix Convention Bureau: 274, 276, 277, 281, 284, 285 (oben & unten)
Ann Purcell: 5, 15, 43, 55, 60 (unten), 65 (oben), 75, 76 (oben), 80, 82 (unten), 150, 182, 183, 192 (unten)
Carl Purcell: Umschlagrückseite (oben, rechts), xii (oben & unten), 9, 19, 20, 29, 35, 40, 42, 64, 74, 76 (unten), 82 (oben), 89, 112, 113 (oben & unten), 119, 186, 192 (oben), 212, 213 (unten), 226, 228 (unten), 229, 230, 233, 236, 237, 249, 263, 309, 310, 311, 316, 317, 323, 324, 326, 336, 340, 342, 343
The Santa Fe Opera/Hans Fahrmeyer: 220, 221, 341
Erika Schelby: xiii, xiv, 18, 27, 54, 56, 58 (unten), 59, 66, 86 (unten), 98 (oben), 99 (oben), 100 (unten), 109, 116, 123, 124/125, 203 (unten), 204, 206 (oben & unten), 207 (unten), 216, 218, 223, 225, 238, 242, 246 (oben), 248, 254, 264, 269 (oben), 271, 286, 289, 290, 291, 292, 293, 294 (oben), 295, 296, 298, 299, 302, 312, 314, 315, 319, 321, 327, 328, 332, 334, 335
Space Biospheres Ventures/C Allan Morgan: 268
Tan Chung Lee: 330

REGISTER

A
Abajo Mountains, 175
Abajo Peak, 175
Abo, Ruinen, 239
Abuelos, 86
Acoma, 77, 119, 195
Adams, Ansel, 108, 233, 262
Adobe-Architektur, 100
Adobe Gallery, 320
Airforce-Basen, 41
Alamogordo, 256, 258
Albuquerque, 197-209, 301, 319, 339
  Downtown, 204
  Museum Row, 202
  Nob Hill, 205
  Old Town, 200
  Old Town Information Center, 202
  San Felipe de Neri, 201
  Uptown, 206
All American Futurity, 304
Alzibar, Jose de, 220
America West Arena, Phoenix, 276
Anasazi, 38, 177, 186, 188, 326
Anderson Valley Vineyards, 207
Annual Intertribal Indian Ceremonial, 193
Apache Tears Mine, 283
Apachen, 74
Aquarius, 171
Arboretum Boyce Thompson, Phoenix, 283
Arches National Park, 46, 169
Arcosanti, 287
Arizona, 6, 33, 40, 41
Arizona-Meteorkrater, 297
Arizona-Sonora Desert Museum, Tucson, 266
Armory Park, 323
Atsinna Pueblo, 194
Austin, Mary, 108

B
Ballonfahrten, 301
Ballonfest, 200
Balloon Fiesta Park, 201
Bandelier National Monument, 223
Bandera-Krater, 195
Barren Rockhound State Park, 248
Barrio del Analco, Santa Fe, 219
Barrio Historico, Tucson, 263
Bean, Roy, 246
Bear Canyon, 272
Beaver Creek, 290
Beifuß, 60
Bent, Charles, 230
Bergbau, 33
Bernighaus, Oscar, 107
Betatakin, 186
Big Ditch Park, 245
Big Spring Canyon Overlook, 174
Billy the Kid, 246, 252, 254
Bingo-Kasinos, 343
Biosphäre 2, 268
Bisbee, 272
Bishop's Lodge, 222
Black Mesa, 35, 187
Black Range, 248
Blanding, 177
Bluff, 177
Blumenschein, Ernest, 107
Blumenschein-Haus, 231
Bodmer, Karl, 97
Boothill Cemetery, Tombstone, 271
Bosque del Apache National Wildlife Refuge, 71, 244
Boundary Peak, 7
Boy Scouts of America, 237
Bradbury Science Museum, Los Alamos, 223
Bryce Canyon, 50, 164
Bryce Canyon National Park, 170
Buffalo Bill, 237

C
Camelback Mountain, 280
Canyon de Chelly, 190
Canyon del Muerto, 190
Canyon Road, Santa Fe, 221
Canyonlands National Park, 173
Capitan Reef, 253
Carlsbad Caverns National Park, 252
Carrizozo, 252
Carroll, Lewis, 105
Carson, Kit, 185, 230, 235, 237
Casa Grande Ruins National Monument, 285
Casa Rinconada 189
Casas, Mel, 105
Cassidy, Butch, 176, 246
Catalina Mountains, 272
Cataract Canyon, 175
Cather, Willa, 108, 218
Catlin, George, 97
Catron County, 63
Center for Creative Photography, Tucson, 262, 265
Central Arizona Project, 39
Cerillos, 223
Cervantez, Pedro, 102
Chaco Culture Historical National Park, 188
Chaves, Margaret Herrera, 102
Chavez, Edward, 102
Chavez, Joseph A., 103
Chicanos, 80
Children's Museum, Albuquerque, 203
Chili, 326
Chimayo, 114, 225, 322
Chinesen, 81
Chinle, 190
Chiricahua National Monument, 272
Chupadera Mountain Range, 244
Cimarron, 237
Civic Plaza, Phoenix, 277

355

Cloudcroft, 255
Clyde W. Tombaugh Space Theater, 258
Cochise Country, 271
Coconino National Forest, 296
Coconino Plateau, 155
Colcha-Stickerei, 114
Colorado, 6, 41, 50
Colorado-Plateau, 34, 35, 45
Colorado River Canyon, 171
Colossal Cave, 271
Colter, Mary Jane, 155
Concha-Gürtel, 116
Connie Mack World Series Baseball Tournament, 304
Copper Queen Mine, 272
Coronado Center, 321
Coronado State Monument, 207
Corrales, 207
Cosanti Foundation, 288
Couse, Irving, 107
Cowboy Artists of America Show and Sale, Phoenix, 279
Cowboys, 62
Craig, Vincent, 109
Cristo Rey-Kirche, Santa Fe, 222
Crownpoint, 195

D
Daten, 6
Delicate Arch, 171, f
Desert Botanical Garden, Phoenix, 279
Desfile de Los Niños, Santa Fe, 216
Deutsche, 81
Double Arch, 171
Duke City, 199
Dunton, Herbert, 107
Durango, 179
Durango & Silverstone Narrow Gauge Railroad, 179

E
Earp, Wyatt, 237
East Rim Drive, 157
Edward Nye Fish House, Tucson, 263
Ehrenberg, Hermann, 34
El Camino del Diablo, 269
El Camino Real, 258
El Capitan, 255
El Malpais, 195, 251
El Malpais National Monument, 193
El Morro, 193
El Paso, 212
El Santuario de Chimayó, 128
El Santuario de Nuestra Señora de Guadalupe, 220

Elche, 63, 64
Elephant Butte Lake and State Park, 244
Enchanted Circle Drive, 236
Engländer, 81
Explora Science Center, Albuquerque, 203

F
Fairyland Overview, 171
Fajada Butte, 189
Farmington, 179
Farolitos, 86
Fechin Institute, Taos, 233
Fechin, Nicolai, 233
Feiertagsdaten, 126
Festivals, 132
Festivals & Rodeos, 127
Fiery Furnace, 172
Fiesta de Los Vaqueros, Tucson, 261
Fiesta de Santa Fe, 122, 216
Flagstaff, 153, 296
Flora und Fauna, 57-71
Florida Mountains, 65
Fort Garland, Taos, 232
Fort Union National Monument, 223
Four Corners Monument, 179
Four-Corners-Kraftwerk, 35

G
Gallup, 193
Geisterstädte, 248
Geldspielautomaten, 42
Genizar, 86
Geografie & Klima, 45-55
Gila Cliff Dwellings, 242
Gila Cliff Dwellings National Monument, 247
Gila Mountains, 245
Gila National Forest, 63
Gilpin, Laura, 108
Glen-Canyon-Damm, 39
Glen Canyon National Recreation Area, 39
Globe, 284
Gómez, Glynn, 105
Goulding's Trading Post and Lodge, 183
Governor Bent House, Taos, 232
Gran Quivira, 240
Grand Canyon, 48 ff, 153, 303
Grand Canyon Lodge, 163
Grand Canyon Village, 155, f
Grand Canyon, Wanderwege, 164
Grand View Point, 173
Great American Duck Race, 304
Great Gallery, 173
Great Salt Lake, 93

Great Sand Dunes National Monument, 232
Green River Overlook, 174
Grey, Zane, 109
Guadalupe Mountains National Park, 255

H
Hacienda de Don Antonio Severino Martinez, Taos, 233
Handelsposten, 316
Harry Longabaugh, 176
Harwood Foundation, Taos, 231
Hatch, 254
Hatch Chili Festival, 254
Havasu-Canyon, 160
Havasu Creek, 161
Hayes, Rutherford B., 90
Heard Museum of Anthropology and Primitive Art, Phoenix, 279
Heishi-Muschelschnüre, 117
Helldorado-Days-Fest, Tombstone, 272
Heritage Square, 277
Hermits Rest, 161
Higgins, Victor, 107
Hillerman, Tony, 109
Hillsboro, 248
Hispanier, 78
Historical Museum, Los Alamos, 223
Historical State Park, Tucson, 270
Hogan, 90
Hohokam, native Amerikaner, 277
Holy-Cross-Kapelle, 295
Hopi, 34, 35, 38, 77, 104, 181 ff
Hopi Cultural Center, 190
Horseshoe Canyon, 173
Hovenweep National Monument, 177
Hualapai Mountain Park, 153
Hualapai-Reservat, 160
Hubbell, John Lorenzo, 191, 316
Humphrey, 104
Huxley, Aldous, 108
Hysterical Historical Parade, Santa Fe, 217

I
Indian and Spanish Market, 313
Indian Pueblo Cultural Center, 320
Indian Pueblo Cultural Center, Albuquerque, 203
Indianerland, 181-195
Inscription House, 186
Inscription Rock, 194
International Space Hall of Fame, 258

Iren, 81
Island in the Sky, 173
Ives, Joseph C., 50

J
Jahrmärkte und Feste, 132
Jerome, 289
Jesuiten, 81
Jicarillo-Apachen, 74
Jiménez, Luis, 105
Jonson-Galerie, Albuquerque, 205
Jornada del Muerto, 251
Juden, 81
Jung, Carl, 108
Justin's Thunderbird Lodge, 190

K
Kachina-Puppensammlung, Phoenix, 279
Kachina-Tänze, 104, 190
Kaibab National Forest, 155
Kaibito-Plateau, 181
Kaktus, 58
Kammermusik-Festspiele, Santa Fe, 220
Kaukasier, 81
Kaupoge, 211
Kayenta-Keramik, 186
Kearny, Stephen K., 98, 215
Keet Seel, 186
Keller Hall, Albuquerque, 205
Kelly, 241
Kid, Billy the, 252
KiMo-Theater, Albuquerque, 204
Kingman, 153
Kings Peak 7
Kingston, 248
Kit Carson House, Taos, 232
Klima, 9
Klimazonen, 8
Klotsche, Charles, 103
Koshare, Hopi-Clowns, 190
Kreuz der Märtyrer, Santa Fe, 219
Kuaua Pueblo, 207
Küche, 325
Kultur & Festivals, 121-133
Kunst, 97-109
Kunst, Musik & Theater, 132
Kunsthandwerk, 111-119
Kunstmärkte, Santa Fe, 217
Kunstmuseum der Universität, Tucson, 265
Kürbisblütenketten, 116

L
La Casa Cordóva, Tucson, 263
La Posta, 254
La Sal Mountains, 171
Lake Powell, 164
Lake Valley, 248

Lamy, Jean Baptiste, 218
Landscape Arch, 171
Las Cruces, 254, 258
Las Trampas, 225
Las Vegas, 42, 137, 223, 319, 337
Las Vegas International Golf Tournament, 304
Latinos, 80
Lawrence, D.H., 108
Lawrence Ranch, 236
Lee, John D., 95
Lehmbauten, 100
Lincoln National Forest, 255
Lincoln Town, 252
Looking Glass Rock, 169
Lordsburg, 242
Los Alamos, 40, 223
Los Ojos, 114
Lowell-Observatorium, 297
Lower Sonoran Zone, 60
Lucero-See, 256
Luhan, Mabel Dodge, 108

M
Madrid, 223
Magdalena, 241
Manti-La Sal National Forest, 175
Mariposa Gallery, 320
Martinez, Maria, 119
Matachine, 86
Mather Point, 155
Maxwell Museum of Anthropology, 205
Maze, 173
McKittrick, Canyon, 255
Medoff, Mark, 109
Meem, John Gaw, 103, 222
Mesa Verde National Park, 177
Mescalero-Apachen, 75
Mescalero-Apachen-Reservat, 257
Mesilla Valley, 254, 259
Meteorkrater, 297
Mexican Hat, 183
Mill Creek Dinosaur Trail, 169
Millicent Rogers Museum, Taos, 234
Mimbres, 247
Mineral Museum, Socorro, 241
Miso del Gallo, 86
Mission San Xavier, 264
Moab, 47, 168
Mogollon, 249
Momaday, N. Scott, 109
Montezuma Castle National Monument, 290, 291
Monticello, 175
Monument Basin, 173
Monument Canyon, 190
Monument Valley, 182, 183
Morada, 87

Mormonen, 168
Morton, Roger, 37
Mostaert, Jan, 97
Mount Lemmon, 272
Mount Taylor, 197
Mountainair, 239
Museum der schönen Künste, Santa Fe, 216
Museum für indianische Kunst und Kultur, Santa Fe, 222
Museum für internationale Volkskunst, Santa Fe, 222
Museum mexikanischen Erbes, Tucson, 263
Museum of Art, History and Science, Albuquerque, 202
Museum of Northern Arizona, Flagstaff, 297
Museum of the Horses, 270

N
Nachtleben, 337-343
National Astronomy Observatory Very Large Array, 241
National Atomic Museum, Albuquerque, 206
National Finals Rodeo, 304
National Monuments in Neu-Mexiko, 57
Native American Free Exercise of Religion Act, 85
Natural Bridges National Monument, 177
Navajo, 34, 38, 74, 79, 88, 111, 181, 179, 316
Navajo Arch, 171
Navajo National Monument, 186
Needles, 173
Neu-Mexiko, 7, 41, 339
Nevada, 6
New Mexico Institute of Mining and Technology, 241
New Mexico Museum of Natural History, Albuquerque, 202
New Mexico Outlet Center, 322
New Mexico Symphony, Albuquerque, 205
Newman, Paul, 176
Newspaper Rock, 174
Nichols, John, 109
Nob-Hill-Viertel, 321
Nogales, 270
North Valley, 207
Northern Arizona University, 297

O
Oak Creek Canyon, 294, 295
Oak Creek Vista, 296
Oakley, Annie, 237
O'Keeffe, Georgia, 107, 108, 233

REGISTER

Ökosystem, 8
Old Mill Museum, Cimarron, 237
Oper, Santa Fe, 220
Oracle, 268
Oraibi, 190
Orchard, Sadie, 248
Organ Mountains, 259
Organ Pipe Cactus National Monument, 269
Ortiz, Simon, 109
Outlet Malls, 323

P
Painted Desert, 299
Pancho Villa State Park, 249
Papago, native Amerikaner, 76, 267
Paunsaugunt-Plateau, 170
Peabody Coal Company, 35, 37
Peach Springs, 161
Pecos National Monument, 223
Peña, Amado, 105
Penitentes, 87
Pensionäre, 82
Peñuela, Marqués de la, 219
Peralta, Pedro de, 212
Percha Creek Valley, 248
Petrified Forest National Park, 298
Petroglyph National Monument, 209
Peyote, 85
Phillips, Burt, 107
Phippen Museum of Western Art, Prescott, 289
Phoenix, 275-285, 323, 341
Phoenix Open, 307
Photovoltaic Array, 177
Pima, 76
Pima County Courthouse, Tucson, 263
Pinos Altos, 249
Pioneer Historical Museum, Flagstaff, 297
Plaza de Las Armas, Tucson, 263
Polen, 81
Political correctness, 80
Pollock, Jackson, 102
Popejoy Hall, Albuquerque, 205
Posadas, 86
Posole, 328
Poston, Charles D., 34
Pothole Point Nature Trail, 174
Powell, John Wesley, 28, 34, 90
Prescott, 288
Presidio San Augustin del Tucson, 262
Pueblo, 94, 112, 212, 326, 327
Pueblo Bonito, 188
Pueblo Grande Museum, Phoenix, 277

Pueblo-Zeremonien, 129
Pulitzer, Joseph, 223

Q
Quarai Pueblo, 240
Quesado, Eugenio, 103
Quitobaquito Springs, 269

R
Ramirez, Joel Tito, 102
Rancher, 63, 80
Ranchos de Taos, 225, 233
Rawhide, 282
Red Rock Country, 292
Redford, Robert, 176
Religion, 85-95
Reorganization Act, 77
Restaurant Prairie Star, 208
Restaurants, 331
Richardson's Trading Company, 316
Rincon Mountains, 272
Rio Grande, 199, 227, 303
Rio Grande Blankets, 113
Rio-Grande-Stausee, 244
Rio Grande Zoological Park, Albuquerque, 203
Road Apple Rally, 304
Rock with Wings, 179
Rocky Mountains, 45, 60
Rodeo Theater, Albuquerque, 205
Roosevelt, Theodore, 158
Roosevelt-Stausee, 284
Route 66, 204
Ruidoso, 252

S
Sabino Canyon, 272
Sacramento Mountain Range, 255
Saguaro National Monument East, 272
Saguaro, Riesenkaktus, 67
Salinas National Monument, 239
Salt Lake City, 93, 95
San Agustin, 241
San-Carlos-Apache-Indianerreservat, 284
Sánches, Alex, 105
San Felipe de Neri, 201
San-Francisco-Berge, 104
San Gregorio, 240
San Ildefonso, 119
San Jose de Garcia del Rio, 86
San Jose de Tumacacori, 270
San Juan Basin, 38
San Juan County Sheriff Posse Rodeo, 304
San Luis Valley, 232
San Miguel, 241
San Miguel Mission, Santa Fe, 219

San Xavier del Bac, 86. 264
Sanchez, Alex, 105
Sand Dunes Oasis, 232
Sandia Crest House, 208
Sandia Mountains, 199, 208
Sandia National Laboratories, 36
Sandia Peak Tramway, 208
Santa-Ana-Indianreservat, 208
Santa Clara, 119
Santa Fe, 211-225, 302, 321, 339, 341
Santa Fe Factory Store, 322
Santa Fe Trail, 230
Santa Fe, Umland, 222
Santa Rita, 248
Santa Rita Open-Pit Copper Mine, 245
Sasson, Victor, 248
Schotten, 81
Schurz, Carl, 90
Scottsdale, 281, 302, 323, 341
Sedona, 292, 323
Sells, 267
Seven Falls, 272
Shakespeare, Geisterstadt, 249
Shalako-Ritual, 193
Sharp, Joseph, 107
Shidoni, 223
Shiprock, 179
Shopping, 313-323
Sierra Club, 37
Silver City, 245
Silver City Museum, 246
Silverton, 179
Sinagua-Kultur, 299
Ski Apache, 252
Slide Rock, 295
Slowaken, 81
Smith, Joseph, 91
Smith Spring, 255
Socorro, 241
Soda-Dam-Wasserfall, 224
Solarenergie, 36
Soleris, Paolo, 287
Spieler-Einmaleins, Las Vegas, 150
Spielindustrie, 42
Spiritualität, 88
Sport & Erholung, 301-311
Spring, Jemez, 224
St.-Francis-Kathedrale, Santa Fe, 218
Stahmann Farms, 254
Stanley, John Mix, 97
State Capital, Santa Fe, 219
Staude, Brunswig, Marguerite, 295
Steen, Charles A., 169
Steins, 249
Strawinski, Igor, 218, 220
Strukturdaten, 6
Summerhaven, 273

Sun Dagger, 189
Sundance Kid, 176
Sunset Crater National Monument, 297
Sunset Point, 287
Supai, 160
Superstition Mountains, 283

T
Taliesien West, 103, 282
Tamarind Institut, Albuquerque, 205
Tamayo, Rufino, 102
Taos, 106, 227, 302, 322
Umland, 233
Taos Pueblo, 234
Taos Ski Valley, 311
Taos Society of Artists, 231
Tapahonso, Luci, 109
Temple of Music and Art, Tucson, 265
Tesuque, 223
The Bowl, 255
The Carnivore 332
The Neck, 173
Tierweltmanagement, 64
Tlaquepaque, 293, 294
Tombstone, 271
Tonto Basin, 297
Tonto National Monument, 284
Töpferei, 118
Tortilla Flats, 284
Tourismus, 43
Traditionelle Tänze, 94
Trinity Site, 251
Truchas, 225
Truth or Consequences, 83, 242
Tuba City, 187
Tucson, 261-273, 302, 322, 339
Tucson Museum of Art, 263
Tucson Studios, Old, 265
Tusayan, 157
Tuzigoot National Monument, 289

U
Ufer, Walter, 107
Universität von Arizona, 265
University of New Mexico, Albuquerque, 205
Upheaval Dome, 174
Upper Sonoran Zone, 60
Utah, 7, **167-179**
Utah Construction and Mining Company, 34

V
Vaca, Alvar Nuñez Cabeza de, 258
Valle Grande, 224
Valley of Fires National Recreation Area, 251

Vargas, Diego de, 212, 216
Very Large Array, 241
Very Long Baseline Array, 242
Viehtrieb, 62
Village of Oak Creek, 292
Vishnu-Schiefer, 159
Vögel, 66, 68

W
Webindustrie, 113
Weihnachtsfeiern, 132
Weinanbau, 328
West Rim Drive, 157
Western Energy Supply and Transmission, 35
Western New Mexico University Museum, 247
Western New Mexico University, 245
Weston, Edward, 108
Wheeler Peak Wilderness Area, 236
Wheelwright Museum of the American Indians, Santa Fe 222
White House, 191
White Mountains, 252
White River, 177
White Sands National Monument, 256, 258
Wilson Arch, 169
Winrock Center, 321
Wirtschaft, 32-43
Witherspoon, Gary, 182
Wright, Frank Lloyd, 103, 282, 288
Wupatki National Monument, 298

Y
Yavapai Museum, 155
Yavapai Point, 161
Young, Brigham, 90, 93
Yucca, 7

Z
Zeremonie der Apachen, 125
Zuni, 77
Zuni Craftsman Cooperative, 194
Zuni Pueblo, 193
Zuni-Shalako-Zeremonie, 123